中国经济文库·应用经济学精品系列（二）

杨　琦
胡绍华 ◎ 编著
洪玉松

金沙江绿色经济走廊发展之丽江篇章

Jinshajiang Lüse Jingji Zoulang Fazhan
Zhi Lijiang Pianzhang

中国经济出版社
CHINA ECONOMIC PUBLISHING HOUSE
北京

图书在版编目（CIP）数据

金沙江绿色经济走廊发展之丽江篇章／杨琦，胡绍华，洪玉松编著．——北京：中国经济出版社，2020.4
ISBN 978-7-5136-6091-4

Ⅰ.①金… Ⅱ.①杨… ②胡… ③洪… Ⅲ.①绿色经济-经济发展-研究-丽江 Ⅳ.①F127.743

中国版本图书馆 CIP 数据核字（2020）第 039991 号

责任编辑 彭 欣
责任印制 巢新强
封面设计 华子图文

出版发行	中国经济出版社
印 刷 者	北京力信诚印刷有限公司
经 销 者	各地新华书店
开 本	710mm×1000mm 1/16
印 张	22.75
字 数	338 千字
版 次	2020 年 4 月第 1 版
印 次	2020 年 4 月第 1 次
定 价	68.00 元

广告经营许可证 京西工商广字第 8179 号

中国经济出版社 网址 www.economyph.com 社址 北京市东城区安定门外大街 58 号 邮编 100011
本版图书如存在印装质量问题，请与本社销售中心联系调换（联系电话：010-57512564）

版权所有 盗版必究（举报电话：010-57512600）
国家版权局反盗版举报中心（举报电话：12390） 服务热线：010-57512564

《丽江市发展蓝皮书》
丛书编委会

主　　任： 崔茂虎　郑　艺
常务副主任： 何玉兰
主　　编： 张祖武
副 主 编： 杨　圣　和文武　和文平　朱桂香　刘继生　李仁军
　　　　　　和丽东　杨宝琼
编委（按姓氏笔画排序）：

马丽锋	王　飞	木建华	木春燕	古尔多杰	
卢　成	付光德	白海霞	刘文强	刘东业	刘治中
刘　翔	李　云	李宗育	李家华	李章红	李　黔
杨万古	杨小明	杨　卓	杨叁山	杨海萍	杨　琦
杨智远	杨　瑜	肖德荣	沈紫拉	陆保中	陈钧祥
陈洪金	易慧杰	和一兰	和东云	和志强	和肖毅
和　武	和根吉	和凌霞	和鸿雁	和燕杰	和　鑫
周贵翔	郑全东	赵元孙	赵丽花	赵　琴	赵　蓉
胡文明	胡绍华	洪玉松	姚治明	徐兴宏	高烈明
郭树华	郭新榜	唐　杰	唐俊波	桑增光	彭江天
普　荣	曾松涛	黎　有	薛延金	戴　雯	魏建洪

序

以新发展理念为引领　服务并融入国家战略

党的十八大以来,以习近平同志为核心的党中央做出经济发展进入新常态的重大判断,提出了实施"一带一路"建设、京津冀协同发展、长江经济带发展等重大战略,为我国在新的历史征程中实现中华民族伟大复兴中国梦规划出宏伟蓝图。

云南作为我国西南地区的重要省份,习近平总书记多次对云南发展从顶层设计的层面提出了期望和要求。2015年1月,习近平总书记考察云南并做出重要指示,要求云南"主动服务和融入国家发展战略,闯出一条跨越式发展的路子来,努力成为我国民族团结进步示范区、生态文明建设排头兵、面向南亚东南亚辐射中心,谱写好中国梦的云南篇章",为云南在新时代全国战略布局下确定了新坐标、新定位,为云南改革开放和社会主义现代化建设提供了根本遵循和行动纲领。

2020年1月21日,习近平总书记考察云南时再次强调,"云南是我国西南生态安全屏障,承担着维护区域、国家乃至国际生态安全的重大职责""要正确认识和把握云南在全国发展大局中的地位和作用,坚决贯彻党中央重大决策部署……努力在建设我国民族团结进步示范区、生态文明建设排头兵、面向南亚东南亚辐射中心上不断取得新进展"。如何深入贯彻学习好、实践好、落实好习近平总书记对云南的重要指示精神,促进云南经济社会高质量跨越式发展,是摆在包括丽江在内的全省各地区、各民族干部群众面前的一个重大课题。

丽江作为长江上游的多民族欠发达地区，是长江经济带连接"一带一路"建设的重要桥梁和枢纽，在实施"一带一路"建设和长江经济带发展的战略对接中，具有独特区位和战略地位，并承担着国家重要使命和任务。丽江市委、市政府主动融入和服务"一带一路"建设及长江经济带发展国家战略，立足丽江实际发挥丽江优势，提出了建设金沙江绿色经济走廊、丽川经济走廊、空中经济走廊、大香格里拉文旅经济圈的"三廊一圈"的发展思路。2018年7月27日，中共丽江市委四届四次全会通过了《关于建设金沙江绿色经济走廊的决定》，在全省率先提出了建设"金沙江绿色经济走廊"的发展思路和战略决策。这不仅是丽江市委、市政府对以习近平同志为核心的党中央制定的国家战略的积极响应，更是丽江全市130多万各民族群众在新的历史机遇和历史挑战面前，为奋力谱写中华民族伟大复兴中国梦之丽江篇章而吹响的时代集结号。"金沙江绿色经济走廊"建设在"三廊一圈"发展思路中的地位，既是丽江起步发展的"根和魂"，也是丽江稳步前行的"压舱石"，更是丽江快速腾飞的"助推器"。在"三廊一圈"建设中，金沙江绿色经济走廊建设的成效事关全局，是全市经济社会繁荣发展的"牛鼻子"和关键点。

在大变革时代，在瞬息万变的国际国内形势下，丽江如何切实高效地抓住历史机遇、应对历史挑战，以新发展理念主动融入和服务国家重大发展战略，通过"金沙江绿色经济走廊"建设实现丽江与"一带一路"建设和长江经济带发展的对接与融合，是一个沉甸甸的、历史性的、划时代的重大命题。"云南生态地位十分重要"，要牢牢抓住生态保护这个突破口；"云南加快发展任务艰巨"，要牢牢抓住绿色发展这个突破口；"云南是开放的大通道和桥头堡"，要牢牢抓住扩大开放这个突破口；"云南脱贫攻坚任务艰巨"，要牢牢抓住如期脱贫这个突破口；"云南发展不平衡不充分问题较为突出"，要牢牢抓住整体统筹这个突破口。习近平总书记对云南的评价和定位不仅提出了问题，也为分析、解决问题提供了思路。如何学习好、领会好、实践好习近平总书记的重要指示精神，使之成为丽江繁荣发展的强大动力，考验着每个党员干部的智慧与担当。

丽江市经济发展研究中心作为丽江市委宣传部、丽江市社科联与丽江师范高等专科学校合办的研究机构，高度融合三家单位的政策优势、人才优势和学术优势，秉承"在理论上有新突破、在跟进新时代上有新突破、在决策咨询上有新突破、在服务群众上有新突破、在改革创新上有新突破、在精品力作上有新突破"等理念和担当精神，紧扣丽江市委、市政府"金沙江绿色经济走廊"建设重大发展思路，开展了深入的调查研究，凝结成《金沙江绿色经济走廊发展之丽江篇章》这一重大研究成果，从理论思考、实践剖析、对策建议等多个角度进行了精辟阐述。这是丽江市社科理论界的一项重大研究成果，必将为丽江市深入实施"金沙江绿色经济走廊"建设提供重要的思想理论支撑和实践指导作用，同时也将对全省的"创新、协调、绿色、开放、共享"发展产生积极影响，也为长江沿线其他城市的发展提供借鉴。

我真诚希望通过这本书，能够激励身处改革实践时代大潮中的广大党员干部对推动经济社会繁荣发展的理性思考，推进投身改革、勇于实践、促进发展的精神动力，最终形成全社会齐心协力推动丽江高质量跨越式发展的时代洪流；能够更多更深地激发热爱丽江、关心丽江发展的广大读者的思想共鸣，为丽江的发展积极献言献策；能够激发关注丽江的国际友人更多地了解丽江、宣传丽江，进而推动丽江打造成为世界一流的国际知名旅游城市。

是为序。

崔茂虎

中共丽江市委书记

2020年3月21日于丽江

前　言

党的十八大以来，习近平总书记对生态文明建设提出了一系列新思想、新观点、新论断，形成了习近平生态文明思想，为我们加强生态建设和环境保护提供了根本遵循和行动指南。2018年4月26日，习近平总书记在武汉主持召开深入推动长江经济带发展座谈会并发表重要讲话，明确提出"努力把长江经济带建设成为生态更优美、交通更顺畅、经济更协调、市场更统一、机制更科学的黄金经济带，探索出一条生态优先、绿色发展新路子"，为我们正确把握生态环境保护与经济发展的关系指明了方向。

现代经济发展已经进入"创新、协调、绿色、开放、共享"的新发展理念的阶段，云南要成为长江上游的重要生态屏障、生态资源富集地及面向东南亚的桥头堡，都离不开新发展理念的指导。2015年1月，习近平总书记在云南考察时提出，希望云南努力成为我国生态文明建设排头兵，谱写好中国梦的云南篇章。2020年1月19—21日，习近平总书记考察云南时再次强调，"云南是我国西南生态安全屏障，承担着维护区域、国家乃至国际生态安全的重大职责""要正确认识和把握云南在全国发展大局中的地位和作用，坚决贯彻党中央重大决策部署"。

长江全长6300公里，金沙江为长江上游干流，全长2308公里，其中云南境内有1560公里，这段金沙江是云南实施长江经济带发展战略最便捷的通道及最宝贵的资源。丽江位于金沙江的中游，流经丽江市615公里，占长江全长的1/10，占金沙江全长的1/4，占金沙江云南段约1/2。丽江市金沙江流域面积为2.04万平方公里，占全市总面积的98%。金沙江干流沿江段有27个乡（镇、街道），地域面积1.01万平方公里，占全市总面积的49%。长江经济带发展，金沙江的保护与开发是重点；金沙江的保护与开发，丽江段是关键。金沙江丽江段的资源丰富，在长江经济带发展中也会大有作为。金沙江丽江段植物种类繁多，有1.3万多种植物，约占全国植物种类的一半，这既是丽江发展高原特色农产业、生物医药大健康产业的深厚基础，也是打好"绿色食品牌""健康生活目的地牌"得天独厚的条件。金沙江丽江段生态功能突出，森林覆盖率68.48%，是长江上游重要的生态安全屏障。金沙江丽江段水能资源丰富，开发潜力巨大，理论蕴藏量超过2500万千瓦，约占云南省的1/5。现已建成梨园、阿海、金安桥、龙开口、鲁地拉、观音岩6座大型水电站，装机容量1376万千瓦，年均发电量650亿千瓦时，是云南省重要的绿色能源基地和清洁载能产业基地，打好"绿色能源牌"的优势十分明显。金沙江丽江段的旅游资源也十分丰富，不仅具有独特的高原风光、多姿多彩的民族风情，融雪山、草甸、森林、江河、古城、田园、人文于一体，而且许多风光和人文风情都具有唯一性、排他性，这些都是丽江打造世界一流旅游城市无可比拟的优势和条件。

金沙江丽江段也是生态脆弱区、脱贫难点区、经济落后区。丽江市深度贫困村大多位于金沙江沿线干热河谷区和深山区，生存环境恶劣、发展条件差、贫困程度深，致贫原因复杂，基础设施和公共服务落后，脱贫攻坚任务十分艰巨。金沙江丽江段流域自然灾害频发，环境承载能力低，生物多样性稳定度低，对外部干预十分敏感。金沙江丽江段沿线交通、水利、公共服务设施建设滞后；公路等级低，多种运输方式衔接不畅；产业发展层次不高，农业现代化水平低，干热河谷农业优势尚未得到充分发挥；工业发展方式较为传统粗放；旅游文化、商贸物流等服务业发展不足，经济发展总体水平较低。

习近平总书记强调，长江经济带发展要共抓大保护、不搞大开发，要探索生态优先、绿色发展新路子。"共抓大保护"和"生态优先"讲的是生态环境保护问题，是前提；"不搞大开发"和"绿色发展"讲的是经济发展问题，是结果；"共抓大保护"和"不搞大开发"侧重当前和策略方法；"生态优先"和"绿色发展"强调未来和方向路径，彼此都是辩证统一的。生态环境保护的成败归根结底取决于经济结构和经济发展方式。金沙江丽江段生态好，但经济穷；山水美，但贫困深；资源富，但发展慢。如何把绿水青山蕴含的生态产品价值转化为金山银山，如何以绿水青山的颜值提升金山银山的价值，是亟待破解的重大课题。

2018年7月27日，中共丽江市委四届四次全会通过的《中共丽江市委 丽江市人民政府关于建设金沙江绿色经济走廊的决定》提出："到2020年，完成乡村振兴'百村示范'行动金沙江丽江段沿线100个以上美丽乡村示范点打造。金沙江干流流出丽江市断面水质持续保持优良，森林覆盖率达到69%以上。建成金沙江中游六级水电站库区高等级航道260公里，公路通车总里程达到9000公里，其中高速公路500公里，铁路运营里程达到150公里，丽江机场旅客吞吐量突破1000万人次，泸沽湖机场旅客吞吐量突破45万人次。电力总装机规模达到1456万千瓦，年发电量达到600亿千瓦时，清洁载能产业产值突破150亿元，实现工业增加值45亿元。实现生态环境更加优美、能源保障更加有力、经济实力更加强劲、区域发展更加协调的目标。到2035年，乡村振兴取得决定性进展，金沙江绿色经济走廊全面建成。到2050年，乡村全面振兴，金沙江绿色经济走廊成为长江中上游地区科学发展、转型发展、绿色发展的典范。"

建设金沙江绿色经济走廊，是贯彻落实习近平总书记在深入推动长江经济带发展座谈会上重要讲话精神的具体实践，是打赢脱贫攻坚战、决胜全面建成小康社会、推进乡村振兴战略的重要切入点，是科学处理保护与发展关系的重大决策，是对绿水青山蕴含的生态产品价值转化为金山银山的有益探索，是完善"三廊一圈"（金沙江绿色经济走廊、丽川经济走廊、空中经济走廊、大香格里拉旅游经济圈）总体战略布局的关键一环，是推动丽江高质量跨越式发展的有力抓手；对于丽江主动对接和服务"一带一路"建设及长江经济带发展等国家战略，贯彻落实云南省委、省政府特色产业"两型三化"发展和打好绿色能源、绿色食品、健康生活目的地"三张牌"决策部署，推动丽江文化旅游、清洁载能、高原特色农产业、生物医药大健康四大产业发展壮大，把丽江建设成为民族团结进步示范区、生态文明建设排头兵和世界一流旅游城市，打造丽江经济社会发展升级版具有十分重要的意义。

建设金沙江绿色经济走廊，是辩证统一绿水青山与金山银山的关系，而不是对立二者的关系；是区域经济概念，而不是针对一条线或某几个范围；是城乡统筹和区域协调发展进程，而不是畸轻畸重、单兵突进、顾此失彼；是重点突破基础之上的整体推进，而不是谋一域而不谋全局；是推动丽江高质量跨越式发展的大合唱，而不是金沙江丽江段沿线的独角戏；是为长江生态环境改善和长江经济带发展做出应有的贡献，而不是以此为噱头进行"等靠要"。因此，建设金沙江绿色经济走廊，关键是要正确把握整体推进和重点突破、生态环境保护和经济发展、总体谋划和久久为功、破除旧动能和培育新动能等关系，坚持新发展理念，坚持稳中求进工作总基调，加强改革创新、战略统筹、规划引导，使金沙江绿色经济走廊成为引领丽江高质量跨越式发展的生力军，让"一江清水"流淌出幸福生活和美好未来。

为深入贯彻落实《中共丽江市委　丽江市人民政府关于建设金沙江绿色经济走廊的决定》（丽发〔2018〕14号）精神，切实做好"建设金沙江绿色经济走廊"的理论研究，在丽江市委宣传部的关心和支持下，"丽江市金沙江绿色经济走廊发展研究"获得丽江市社科联基层智库建设课题立项，并被列为市社科联年度重点课题。该课题研究以习近平新时代中国特色社会主义思想为指导，以习近平生态文明思想、习近平总书记关于推动长江经济带发展的重要论述为导向，依据《长江经济带发展规划纲要》《国家乡村振兴战略规划（2018—2022年）》《云南金沙江开放合作经济带发展规划（2016—2020年）》《云南省主体功能区划》《长江经济带发展云南实施规划》等规划要求，按照《中共丽江市委　丽江市人民政府关于建设金沙江绿色经济走廊的决定》（丽发〔2018〕14号）精神，就当前金沙江绿色经济走廊建设发展中的一系列重大问题进行了深入研究，提出了一些对策建议，仅为丽江经济社会持续健康发展提供决策参考。

目 录

第一章　丽江市金沙江绿色经济走廊发展战略定位研究……………… 1
第二章　丽江市金沙江绿色经济走廊总体规划研究……………………… 16
第三章　丽江市金沙江绿色经济走廊建设研究 …………………………… 87
第四章　丽江市智慧旅游发展研究………………………………………… 106
第五章　丽江市科普旅游发展研究………………………………………… 126
第六章　丽江市红色旅游发展研究………………………………………… 155
第七章　丽江市全域旅游发展研究………………………………………… 173
第八章　丽江市全域自驾游可行性研究…………………………………… 197
第九章　丽江市营商环境研究……………………………………………… 268
第十章　丽江市积极服务并主动融入大滇西旅游环线研究……………… 277
第十一章　丽江市贯彻落实城乡建设用地增减挂钩政策支持脱贫攻坚
　　　　　研究……………………………………………………………… 288
第十二章　丽江市区发展夜间经济研究…………………………………… 295
第十三章　全面推进旅游业转型升级　努力建设世界一流旅游城市…… 312

参考文献……………………………………………………………………… 322
附　　录……………………………………………………………………… 325
后　　记……………………………………………………………………… 346

第一章　丽江市金沙江绿色经济走廊发展战略定位研究

生态兴则文明兴，生态衰则文明衰。生态环境是人类生存和发展的根基，生态环境直接影响文明的兴衰演替。党的十八大以来围绕生态文明建设提出了一系列新理念、新思想、新战略，开展了一系列根本性、开创性、长远性工作，使生态文明理念日益深入人心。生态文明建设是关系中华民族永续发展的根本大计。习近平总书记指出："要像保护眼睛一样保护生态环境，像对待生命一样对待生态环境。"生态环境没有替代品，用之不觉，失之难存。必须坚持节约优先、保护优先，以自然恢复为主的方针，坚定不移走生产发展、生活富裕、生态良好的文明发展道路，建设人与自然和谐共生的现代化。

生态环境问题归根结底是发展方式和生活方式问题。要从根本上解决生态环境问题，就必须贯彻绿色发展理念，坚决摒弃损害甚至破坏生态环境的增长模式，加快形成节约资源和保护环境的空间格局、产业结构、生产方式、生活方式，把经济活动、人的行为限制在自然资源和生态环境能够承受的限度内，给自然生态留下休养生息的时间和空间。习近平总书记指出："我们既要绿水青山，也要金山银山。宁要绿水青山，不要金山银山，而且绿水青山就是金山银山。"这既是重要的发展理念，也是推进现代化建设的重要原则。

2015年1月，习近平总书记考察云南并发表重要讲话，要求云南"主动服务和融入国家发展战略，闯出一条跨越式发展的路子来，努力成为我国民族团结进步示范区、生态文明建设排头兵、面向南亚东南亚辐射中心，谱写好中国梦的云南篇章"。2020年1月19—21日，习近平总书记考察云南时再次强调,"云南是我国西南生态安全屏障,承担着维护区域、国家乃至国际生态安全的重大职责""要正确认识和把握云南在全国发展大局中的地位和作用,坚决贯彻党中央重大决策部署"。

建成生态文明建设排头兵,云南的潜力和优势无限。云南拥有蓝天白云、绿水青山、良田沃土,素有"动物王国""植物王国""世界花园"之美誉,肩负着西部高原、长江流域、珠江流域三大生态安全屏障的建设重任。五年来,云南把生态环境保护放在更加突出位置,坚定不移践行"绿水青山就是金山银山"的发展理念,打响蓝天、碧水、净土三大保卫战,铸就生态文明建设高地。

一、研究背景

国家在"十三五"规划中提出,深入实施西部开发、东北振兴、中部崛起和东部率先发展的区域发展总体战略,创新区域发展政策,完善区域发展机制,促进区域协调、协同、共同发展,努力缩小区域发展差距。

在区域协调发展总体规划中,把深入实施西部大开发放在优先位置,更好地发挥"一带一路"建设对西部大开发的带动作用。加快内外联通通道和区域性交通枢纽建设,进一步提高基础设施水平,明显改善落后边远地区对外通行条件。同时推进长江经济带发展,坚持生态优先、绿色发展的战略定位,把修复长江生态环境放在首要位置,推动长江上、中、下游协同发展,东、中、西部地区互动合作,建设成为我国生态文明建设的先行示范带、创新驱动带、协调发展带。习近平总书记指出:"要把修复长江生态环境摆在压倒性位置,共抓大保护、不搞大开发,探索出一条生态优先、绿色发展新路子。"

2016年9月,国务院印发了《长江经济带发展规划纲要》,确立了"一轴、两翼、三极、多点"的长江经济带发展新格局,强调长江经济带建设要坚持生态优先、绿色发展,充分发挥长江黄金水道作用,促进产业分工协作和有序转移,充分发挥市场作用。

为全面贯彻落实习近平总书记重要讲话精神,深入贯彻党中央、国务院关于推动长江经济带发展重大战略部署,坚持"共抓大保护、不搞大开发"和"生态优先、绿色发展"的战略导向，认真落实《长江经济带发展规划纲要》，主动服务和融入长江经济带发展战略，有助于共抓大保护、不搞大开发，筑牢长江上游重要的生态安全屏障，云南省于2018年制定了《长江经济带发展云南实施规划》。

从2019年4月开始，"大滇西旅游环线建设"成为云南省继"旅游革命"和"一部手机游云南"建设后，推动云南旅游业高质量发展、打造"生物多样、生态优美、文旅融合、路景一体、智慧友好"的世界独一无二旅游胜地的重要战略举措。这是自1994年确立旅游业为云南省战略支柱产业以来，再一次将云南旅游转型升级发展提升到全省核心战略的高度。

丽江处于青藏高原东南部、滇川藏交界处，是生态富集地和民族文化交融地，是西部大开发的重点区域，是金沙江上段流域，是确保长江水质的重要生态屏障，也是大滇西旅游环线的重要枢纽。其地理位置和区位优势决定了丽江金沙江流域开发的重要地位。同时，丽江作为历史上茶马古道重镇和世界知名旅游城市，决定了在当下特别是在"十四五"规划发展中以及以高铁为代表的高速度、快节奏的发展态势下，要承担更多经济社会发展重担。

二、云南金沙江绿色经济走廊建设的意义

金沙江云南段分别流经迪庆、丽江、大理、楚雄、昆明、曲靖、昭通7州市23个市县区，长1560公里，占长江全长6300公里的1/4，涉及人口众多。因此，云南是维系长江经济带生态安全最重要的省份之一，在长江经济带发展中地位极其重要，建设云南省金沙江绿色经济走廊将有利于推动云南省高质量跨越式发展。

（1）有利于云南省整合优化资源配置。

充分发挥全省"一盘棋"的统筹作用，加大力度整合政策、资金、项目等资源，应用丽江经验统一谋划，整体推进，全面打造金沙江绿色经济走廊。在1560公里金沙江沿线及周边地区综合推进城镇建设、产业发展、脱贫攻坚、乡村振兴，形成新的增长点和增长极。

(2) 有利于推进省际互动合作。

发挥金沙江绿色经济走廊的平台作用，推动云南省与周边省区市在长江流域共治、生态环境联防联控、基础设施互联互通、公共服务共建共享、旅游开发合作共赢等方面实现新合作，与长江经济带各省区实现错位发展、协调发展、有机融合，形成整体合力。

(3) 有利于云南省深度融入国家发展战略。

建设金沙江绿色经济走廊将有利于云南省更加有效地融入长江经济带发展、"一带一路"建设、西部大开发战略，有效对接国家重大政策、重大项目、重大措施，全局谋划服务全省"三个定位"战略目标，把金沙江绿色经济走廊建设成为全国生态文明先行示范带、长江上游绿色发展战略增长极、民族地区城乡统筹和团结进步示范带。

(4) 有利于云南省打好"三张牌"。

建设金沙江绿色经济走廊将充分利用金沙江沿线动植物种类繁多、生态功能突出、森林覆盖率高、水能资源和光热资源丰富的优势，建设好我国最大的清洁能源基地和绿色产业重要基地，依托金沙江良好宜居的生态环境、丰富的自然景观、发达的旅游业打好"三张牌"。

三、丽江金沙江绿色经济走廊建设的先导典范作用

国家实施长江经济带发展战略以来，习近平总书记多次做出重要指示，云南省制定出台了《长江经济带发展云南实施规划》《云南金沙江开放合作经济带发展规划（2016—2020年）》，积极服务和融入国家发展战略。

丽江市委、市政府主动服务和融入长江经济带建设，主动贯彻落实党中央决策部署，"守土有责、守土负责、守土尽责"。在规划政策、产业转型、生态文明建设等方面积极采取了一系列行动，实施了一系列项目，落实了一系列举措。

丽江市在融入长江经济带发展中积极践行新发展理念。2018年7月27日，中共丽江市委四届四次全会通过了《关于建设金沙江绿色经济走廊的决定》，在全省乃至金沙江流经省区率先提出了建设"金沙江绿色经济走廊"的发展思路和战略决策。这是丽江市委、市政府增强"四个意识"、坚

定"四个自信"、做到"两个维护"的充分体现，既是对党中央决策部署和国家战略的积极响应，也是丽江130多万各民族群众在新的历史机遇和历史挑战面前，奋力谱写中华民族伟大复兴中国梦之丽江篇章的集结号。

（一）以"创新、协调、绿色、开放、共享"的新发展理念带动全局，抓住要点

正确认识和把握金沙江流域发展在长江经济带发展中的地位和作用，深入推进金沙江绿色经济走廊建设，将新发展理念注入开发行动中。

1. 以"创新、协调、绿色"的理念重启大江大河文明

人类文明起源于大江大河，如古埃及有尼罗河文明，阿拉伯世界有两河文明，我国则有着有数千年历史的黄河长江文明。人类为发展工业经济，给自然环境留下了大量污染，给生态造成了巨大破坏。工业时代之后如何发展需要一个先进的发展理念作为先导，回归自然、回归生态是必然选择，保护生态、发展绿色经济是必然之路。

金沙江作为长江的源头，在丽江境内沿岸发现了大量的远古时代人类留下的岩画，证明了早期人类曾在此居住。随着几千年的繁衍生息，在金沙江丽江段河谷地带形成了许多有特色的乡（镇）、村落。例如，有利用自然资源发展特色种植养殖业的，有利用自然景观、历史遗存发展旅游产业的，有利用产业优势发展加工基地、交易中心的。利用好金沙江流域的自然和文化资源虽然在发展方式上可以多样，但在发展理念上必须以创新的思维走协调生态的友好型道路，发展绿色经济。

2. 以"开放"的理念积极主动融入大经济圈，开展区域经济合作

现代经济是一个开放的经济，你中有我，我中有你，互利合作，共同发展。丽江市提出的"三廊一圈"发展战略，正是适应这一时代背景的战略性发展抉择。

丽江境内的金沙江经济走廊，从东北方向连接着长江黄金水道，是主动服务和融入长江中下游经济带的重要阵地；北面和西北面则连接着四川和西藏，发展丽川经济走廊和大香格里拉经济圈，是丽江跨出西南边陲，开展经济与文化交流合作，实现高质量跨越式发展的必然之路。

云南建设面向南亚东南亚辐射中心，打造对外开放新高地，丽江金沙江绿色经济走廊应该积极主动参与到这一战略发展中。丽江原本就是历史文化名城、国际知名旅游城市，在利用金沙江绿色经济走廊的自然文化资源参与国内区域经济合作的同时，加大与东盟的经济合作，参与孟中印缅经济走廊建设，努力把金沙江建成开放之江、与南亚东南亚的合作之江。

3. 以"共享"的理念发展包容性经济

社会主义的本质要求是共同富裕，要达到这一要求则需要以共享的理念，发展惠及十几亿人的包容性经济，以人民的权利和平等的机会共同参与经济发展。

丽江境内金沙江流域处于横断山脉，山水美丽但贫困面广，资源富集但经济落后，发展不平衡不充分比较突出。特别是这一地区为少数民族聚居地，要让各民族群众共享经济发展成果，实现各民族共同繁荣发展。

破解这一问题要以共享理念为先导，发展惠及广大人民群众的包容性经济；以丽江金沙江流域为主进行整体规划、统筹兼顾；以乡村振兴为契机，全面推进；以激活微观经济主体为突破口，打造一批特色乡（镇）和有潜力的经济文化龙头产业。

在实践中，要真正做到崇尚创新、注重协调、倡导绿色、厚植开放、推进共享。践行新发展理念，统筹推进"五位一体"总体布局和协调推进"四个全面"战略布局，闯出一条高质量跨越式发展的丽江之路。

（二）深入实施一系列举措

1. 规划先导，制定了《丽江金沙江绿色经济走廊总体规划》

2018年7月，丽江市启动金沙江绿色经济走廊建设。依据《长江经济带发展规划纲要》《长江经济带发展云南实施规划》《国家乡村振兴战略规划（2018—2022年)》《云南省主体功能区划》《云南金沙江开放合作经济带发展规划（2016—2020年)》等规划要求，以及丽江市委、市政府《关于建设金沙江绿色经济走廊的决定》（丽发〔2018〕14号）文件精神，编制出台《长江经济带丽江金沙江绿色经济走廊总体规划》。在丽江市辖一区四县推进金沙江绿色经济走廊建设，在分析宏观环境、发展基础后，提出了建设发展的指导思想、基本原则、战略定位和发展目标、具体的路径安排等，以推进丽江金沙江流域和沿江段的保护与发展。

2. 人才引领，制订了英才计划

千秋功业，关键在人才。丽江市委、市政府一直深入实施人才兴市战略，推进丽江英才计划，深化人才特区建设，加大高层次人才和创新团队引进力度，加大对市级中青年学术和技术带头人、科技领军人才的选拔、培养和扶持力度。启动实施百名丽江名师、百名丽江名医、百名丽江农科人才、百名丽江企业家、百名丽江数字（信息化）人才、百名丽江财经人才、百名丽江文化旅游人才、百名丽江工匠人才"八个一百"工程。优化人才激励机制，坚持用荣誉留人、事业留人、待遇留人。

3. 基础先行，夯实发展基础

加大基础设施补短板力度。建成大丽高速、丽香高速丽江段、宾永高速，高速公路通车里程134.7公里。2020年底建成华丽、鹤关、丽香高速，高速公路通车里程将达350公里。目前，永宁高速加快建设，古城至宁蒗、泸沽湖至香格里拉高速即将开工建设，丽江至维西、华坪至宁蒗、稻城至丽江高速的拉伯至大东段、华坪至楚雄等高速公路前期工作正在开展。建成大丽铁路和仁丽铁路，2020年底丽香铁路即将建成，大丽攀铁路项目在2020年内开工，昆明至丽江、丽江至宁蒗至西昌、丽江至泸水至腾冲高速铁路前期工作正在开展。丽江机场4E改扩建工程已开工建设，永胜县、华坪县通用机场项目前期工作加快推进。铁路迈入动车时代，目前丽江至昆明动车增开至10对，开通大丽城际列车和直达桂林班次。拥有丽江机场和泸沽湖机场，是云南省第二个"一市两机场"的地级市。"智慧丽江""互联网+"建设深入实施，开通云南首个5G试验基站。

4. 生态优先，坚持绿色理念发展

实施林业生态扶贫项目建设，全面开展金沙江流域森林抚育、公益林培育、防护林建设，森林覆盖率达68.48%。修订颁布《云南省程海保护条例》，制定实施《丽江市泸沽湖保护条例》，泸沽湖、程海、拉市海、金沙江干流水质稳定向好，丽江市河流水质达标率81.8%，为长江经济带可持续发展提供了生态保障。文化旅游、清洁载能、高原特色农产业、生物医药大健康四大产业发展有力推进，绿色能源、绿色食品、健康生活目的地"三张牌"打造态势良好。中药材种植面积25.3万亩。"丽果"牌杞果入选云南"十大名果"，"华桂"牌云木香、"云全1号"牌滇重楼入选云南"十大名药材"，云鑫重楼、得一当归、华利木香、御府堂附子被认定为云南省首批"定制药园"。云南绿A生物产业园、永胜边屯食尚养生园、华坪金杞果公司入围云南省绿色食品"20佳创新企业"，丽江现代花卉产业园被列为全省重点打造的高原特色现代农业示范园。

实施"五个一百"重点项目，通过在金沙江沿线建设100万亩高产稳产高标准农田、100个提水项目、连片种植100万亩特色优质经济作物、打造100个乡村振兴示范点，努力把金沙江沿线打造成绿色发展示范区，力争创造100亿元以上的收入。

5. 文旅融合，推进多元化转型发展

线上线下融合推进"旅游革命"，旅游市场秩序整治形成压倒性态势，旅行社集团化整合取得重大进展。2018年，"一部手机游云南"工作全省排名第2位。丽江市依托"一部手机游云南"促进旅游业快速发展，被列为国务院第五次大督查典型经验做法，使旅游业转型升级迈出坚实步伐，丽江旅游形象不断提升。2019年，接待游客5402.4万人次，增长16.4%；完成旅游业总收入1078.3亿元，增长8%。呈现旅游人次、旅游业总收入、游客满意度持续上升和游客投诉率、社会治安发案率大幅下降的"三升两降"良好态势，旅游业进入全面转型升级的新发展阶段。

产业融合发展水平提升，形成一批多元化产业融合主体，建立起多形式利益联结机制。通过"农业+""旅游+"多业态融合，农业与旅游相结合的休闲农业及乡村旅游发展模式，实现了文化与旅游、旅游与康养、生物医药与大健康产业融合发展，有效延长产业链、提升价值链、完善利益链。丽江市古城区被认定为全国休闲农业和乡村旅游示范县（区），建成了东巴王国、玉水寨、观音峡、丽江宋城旅游区等一大批文旅融合星级旅游景区，特色水果、高山花卉、道地中药材等绿色健康食品精深加工稳步发展。

丽江市实施金沙江绿色经济走廊建设以来,始终坚持走理念先导、生态优先、人才引领、绿色发展的路子,绿色产业不断发展壮大,使绿水青山持续发挥生态效益、经济效益、社会效益,绘就了建设金沙江绿色经济走廊的丽江篇章。

四、丽江金沙江绿色经济走廊建设的意义、作用及战略定位

丽江位于长江上游的金沙江中游。金沙江为长江上游干流,全长2308公里,其中云南境内1560公里,流经丽江市615公里。金沙江丽江段占长江全长的1/10,占金沙江全长的1/4,占金沙江云南段约1/2。丽江市金沙江流域面积2.04万平方公里,占全市总面积的98%。金沙江干流沿江段有27个乡(镇、街道),地域面积1.01万平方公里,占全市总的49%。

(一)意义

第一,丽江金沙江绿色经济走廊区域位于青藏高原东南部、横断山脉和"三江并流"区域,是维护生态平衡和安全的重要区域。第二,这一区域是云南省对接四川、开展与四川经济合作的重要通道,是云南对外发展的重要廊道之一。第三,这一区域是滇藏公路的重要枢纽。随着入藏高速公路和铁路的修通,这一区域对对接藏区具有更重要的经济、文化和社会意义。第四,这一区域是滇川藏结合部大香格里拉文化经济圈的核心区域之一,是实现藏族、白族、纳西族、彝族、傈僳族等十多个民族共生共荣的重要栖居地。定位好、发展好这一区域,对生态建设、经济发展、民族文化繁荣有着极为重要的意义和作用。

(二)作用

1. 有利于积累并提炼丽江经验,为整个金沙江流域绿色发展发挥示范效应

现代经济逐步从各自为政的竞争经济走向合作开发的区域经济,从单纯追求高速度增长转变成生态优先、追求综合效益的可持续发展。建设丽江金沙江绿色经济走廊,将在西部这一生态脆弱、经济落后、民族众多地区为如何走出一条保护生态、绿色发展、加强区域合作道路提供大量案例,

既为云南省金沙江其他地区的发展提供了借鉴，也为西部深入开发建立了新的经济增长点和增长极。

2. 有利于建立生态安全屏障，服务长江经济带建设

金沙江位于长江上游，建设金沙江绿色经济走廊将为长江经济带建设提供极其重要的生态保障。金沙江是长江上游重要的生态安全屏障和水源涵养地，是我国珍稀濒危动植物资源、高山林区及其主要生态系统、生物多样性富集地区。建设丽江金沙江绿色经济走廊，发展绿色经济，打造沿金沙江生态保育带将有力促进长江上游金沙江生态修复，筑牢长江上游生态屏障，为整个长江经济带建设提供生态保障。

3. 有利于建立大香格里拉文旅经济圈，发挥重要的战略枢纽作用

金沙江绿色经济走廊位于滇川藏的多民族文化和经济的交汇点，以丽江金沙江绿色经济走廊建设带动丽江市"三廊一圈"战略的大香格里拉文旅经济圈战略。建立大香格里拉文旅经济圈将有力地整合滇、川、藏三省区的政策优势、资源优势和人才优势，形成新的经济增长极，对推动整个西部大开发具有重要的作用。

同时，金沙江绿色经济走廊位于"一带一路"建设、长江经济带发展两大国家战略的重要融汇点，在"一带一路"建设中发挥着联外接内的独特区位优势。"一带一路"的中新亚欧大陆桥、中国—中南半岛、中巴、孟中印缅国际经济合作走廊涵盖金沙江绿色经济走廊。建设金沙江绿色经济走廊将依托长江经济带东连沿海、中贯内陆，充分叠加"一带一路"建设优势，与"一带一路"建设有机融合，成为长江经济带各省区走向南亚、东南亚、中亚的战略支点。建设金沙江绿色经济走廊将有利于青、川、藏、滇四省区拓展对内、对外开放新空间，有效融入长江经济带发展、"一带一路"建设等国家战略。

4. 有利于推进金沙江沿线省区市经济社会全面发展

中共中央、国务院于2019年出台了《关于推进新时代西部大开发形成新格局的指导意见》，更加注重抓好大保护、大开放，推进西部大开发。建设金沙江绿色经济走廊将更加有利于把金沙江流域比较优势转变为发展优

势，推动解决金沙江沿线地区发展不平衡不充分问题，推进金沙江流域经济社会发展，不断满足各民族人民对美好生活的向往，有力促进区域繁荣稳定。

金沙江流域是国家西部大开发战略覆盖区域，沿线有青海、四川、西藏、云南四省区，占西部大开发省区市面积的42.5%，占中国国土面积的29.2%。其中，云南、四川是长江经济带覆盖省份。从青海省的河源至四川省宜宾市，金沙江干流长3481公里，流域面积50.2万平方公里，约占长江流域面积的26%，可见金沙江在长江上游流域的地位非常重要。建设金沙江绿色经济走廊对国家推进长江经济带发展、实施西部大开发具有重大意义和作用。

(三) 战略定位

1. 以打造世界级旅游目的地为出发点，以丽江市"三廊一圈"战略配合云南省大滇西环线建设，推进滇西一体化，建设滇西北的重要枢纽

在保护生态、提升文化、打造特色小镇的基础上加强文旅融合，加大招商引资和投融资力度，发展生态旅游、科普旅游、红色旅游、绿色旅游、全域自驾游。建设半山酒店、大型旅游综合体、田园综合体与农业产业园等旅游基础设施，打造旅游新产品、新业态，实现观光旅游向康养型旅游的转变。以智慧旅游和全域旅游的理念打造大滇西旅游环线重要的游客集散地和大香格里拉文旅经济圈的核心地带。

在云南省建设面向南亚东南亚辐射中心过程中，积极利用云南省的两条国外廊道，即澜沧江—湄公河的东南亚通道和面向南亚的孟中印缅经济走廊，积极开展与南亚东南亚各国的经济与文化交流。

2. 以构建生态屏障理念为指导，主动服务并融入长江经济带发展，力争纳入国家发展战略规划

长江经济带发展，金沙江的保护与开发是重点；金沙江的保护与开发，丽江段是关键。金沙江丽江段也是生态脆弱区、脱贫难点区、经济落后区。丽江市深度贫困村大多位于金沙江沿线干热河谷区和深山区，生存环境恶劣、发展条件差、贫困程度深，致贫原因复杂，基础设施和公共服务落后，脱贫攻坚任务十分艰巨。金沙江丽江段流域自然灾害频发，环境承载能力弱，生物多样性稳定度低，对外部干预十分敏感。因此，在发展丽江金沙江绿色经济走廊的过程中，要以绿色发展理念为指导，走生态友好型的保护性开发的路子，利用区域内丰富的生物资源、文化资源大力发展绿色环保产品。

在今后的发展过程中，丽江金沙江绿色经济走廊要利用先导典范优势，在积极打造一批发展示范点的基础上，积极融入云南省金沙江发展战略。特别是在"十四五"规划中，以金沙江云南段的7州市一体推进金沙江绿色经济走廊建设，成为云南省发展金沙江绿色经济的先锋模范，并主动服务和融入长江经济带发展，统筹利用资源优势、人才优势、资金优势、政策优势，力争纳入国家发展战略规划。

而在更长远的规划中，发挥丽江金沙江绿色经济走廊的引领带动作用，推动建设金沙江绿色经济走廊进入国家规划，统筹青海、四川、西藏、云南四省区共同建设金沙江绿色经济走廊，则必将更有利于促进西部地区整体开发，提升西部地区发展的质量与效益。

3. 以繁荣文化为核心动力，促进经济转型升级、民族文化提升、打造多民族共生共荣的丽江金沙江流域经济与文化融合圈，成为民族文化多样性的典范，为可持续发展与繁荣积累基础

坚持各民族共同繁荣发展，是中国民族政策的根本立场，同时各民族优秀的民族文化也是经济发展的基础、社会和谐的保证。各民族只有相互交流学习、优势互补才能相互提升，构建更加和谐稳定的社会。

丽江金沙江绿色经济走廊区域内，有众多的民族和多样化的生活方式。在新时代坚持共同富裕和各民族共同繁荣的政策指导下，要坚持走差异化发展、特色化发展之路，研究民族地区经济发展之路，在保持经济发展的同时保持民族文化特色，为可持续发展和繁荣蓄积后劲。

丽江金沙江绿色经济走廊区域的地理位置、历史文化决定了其在今后区域发展中的重要意义和作用，为丽江金沙江流域发展奠定了重要的生态屏障定位、经济发展极定位和民族文化共生共荣地位。打造丽江金沙江绿

色经济走廊,推动其进入云南省规划和国家战略规划,统筹利用政策、人才、资金、资源,推进国家生态安全战略和西部地区深入开发,消除东、西部地区不均衡发展局面,促进各民族共同繁荣与发展,是丽江金沙江绿色经济走廊建设与发展的生态、经济、文化、社会意义之所在。

五、丽江金沙江绿色经济走廊发展路径

(一) 困境分析

丽江市委、市政府提出的"三廊一圈"总体战略规划,立足于丽江实际,思路清晰、定位精准,立体式、全方位,高瞻远瞩地描绘了丽江今后发展的宏伟蓝图。在这个总体战略规划当中,金沙江绿色经济走廊是发展的主线,是生态之根、资源之根、微观经济主体之根;丽川经济走廊和空中经济走廊是"助推器";建设包括滇、川、藏的大香格里拉文旅经济圈是归属。建设和发展金沙江绿色经济走廊必须要在"三廊一圈"总体战略规划中统筹考虑。"三廊一圈"建设不是各自为政,而是相互支撑和配合,实现包括金沙江绿色经济走廊在内的大香格里拉区域的发展与繁荣。丽江市委、市政府提出的"三廊一圈"发展战略是对区域经济发展的创新,为区域经济理论的发展提供了示范。

1. 丽江金沙江绿色经济走廊建设困境

丽江金沙江绿色经济走廊区域海拔落差大,地质复杂,生态脆弱,交通落后,贫困面积大,自身造血能力差,内生发展动力不足。在开发过程中尤其需要来自国家层面的政策、资金、人才等的大力扶持。

2. 丽川经济走廊建设困境

丽川经济走廊建设要以基础设施为支撑,要以合作机制为平台,要以经济、文旅、社会的广泛融合为主线。目前,虽然华丽高速在建,但还没有攀枝花对接丽江的铁路。开展合作机制平台尚未建立,无法开展深入的政府间、民间、商业界的经济和文化交流合作。

3. 空中经济走廊建设困境

空中经济走廊不仅包括充分利用国内外航线开展旅游商务经济,还包

括利用网络开展电子商务和充分发展国际贸易等。空中经济走廊对处于偏远位置但资源丰富的丽江尤为重要。丽江文化资源、生物资源丰富，但在开展电子商务、国际贸易方面缺乏宣传、营销、策划方面的专业人才。在国家"一带一路"建设沿线和云南省开辟两条国际廊道（面向东南亚的澜沧江—湄公河国际廊道和面向南亚的孟中印缅廊道，两条廊道的人口接近30亿）的大背景下，丽江可利用国际知名度和自身的自然文化资源建设"空中经济走廊"，开展与东南亚、南亚国际贸易。因此，急需外语、法律、经济、贸易方面的人才。

4. 大香格里拉文旅经济圈建设困境

大香格里拉文旅经济圈涵盖川西南、滇西北、藏东南等区域的多个州市，地形地貌复杂，文化与经济多样化，因此开展区域协调与合作有很大难度，需要国家总体的政策指导和规划。

（二）发展路径

以战略定位为引领，按照发展战略三步走统筹规划、整合优势，逐步推动丽江金沙江绿色经济走廊纳入云南省和国家发展战略规划。

第一，加强宣传、整合优势。以丽江金沙江绿色经济走廊建设为主，带动丽川经济走廊和空中经济走廊建设，推动大香格里拉文旅经济圈区域经济和文化的发展与繁荣。坚持不懈按照"大产业+新主体+新平台"的思路发展"一县一业"，加快推进绿色产业链的发展，为高质量发展夯实基础。充分利用丽攀高速公路通道，加强与四川省经济合作，有效发挥丽川经济走廊对丽江经济的推动作用。借助丽江优势资源，以云南省发展自由贸易区为契机，创建"跨境电商产业园"并建设成为丽江开放型经济平台，深度融入南亚、东南亚市场，壮大空中经济走廊的经济增长总量、提升经济增长质量。初步实现丽江市"三廊一圈"总体战略规划，打造金沙江绿色经济走廊发展之丽江篇章。

第二，借助丽江金沙江绿色经济走廊发展的先导典范作用，在"十四五"规划即将出台之际，力争让其进入云南省"十四五"规划，整合云南金沙江段的7州市为一体，推进金沙江绿色经济走廊建设，从而更好地推动丽江金沙江绿色经济走廊建设，成为云南省发展金沙江绿色经济的先锋模范，打造金沙江绿色经济走廊发展之云南篇章。

第三，积极响应国家长江经济带发展战略，主动服务和融入长江经济带发展。以丽江金沙江绿色经济走廊建设为样板和纽带，推动青海、西藏、四川、云南统筹规划金沙江流域经济社会发展，以国家战略规划四省区金沙江绿色经济走廊建设与发展，统筹利用资源优势、人才优势、资金优势、政策优势，为东部建设生态安全屏障，为西部大开发打造新的经济增长极。

生态文明是人类回归自然的终极目标，区域经济合作是走向经济全球化的基础和条件。以"创新、协调、绿色、开放、共享"的新发展理念为引领，结合国内国外发展形势，科学定位与谋划丽江金沙江绿色经济走廊发展，是丽江在以"一带一路"建设、长江经济带发展等为代表的生态文明、大区域经济合作时代下的创新发展。建设大滇西重要枢纽，打造世界级旅游目的地，是丽江全面提升的出发点。建设丽江金沙江旅游经济走廊，培育绿色经济产业链，并推动云南省7州市一体化建设金沙江绿色经济走廊，是生态文明建设的重大举措。组织协调金沙江流域青、藏、川、滇四省区打造金沙江绿色经济走廊流域的大香格里拉文旅经济圈，培育新的经济增长极，是国家战略发展的跨越式西进决策，是开创金沙江绿色经济走廊发展之国家新篇章。

第二章 丽江市金沙江绿色经济走廊总体规划研究

金沙江为长江上游干流，从青海玉树巴塘河口至四川宜宾岷江口，全长2308公里，其中云南省境内1560公里。丽江地处金沙江上游至中游段。金沙江流经丽江市境内615公里，实际控制流域面积2.04万平方公里，占全市总面积的98%。

加快丽江金沙江流域和沿江段的保护与发展，是主动对接和服务"一带一路"建设及长江经济带发展、乡村振兴等国家战略，完善丽江"三廊一圈"总体战略布局的重要举措，对贯彻落实云南省委、省政府"两型三化"和打好绿色能源、绿色食品、健康生活目的地"三张牌"，推动城乡统筹和区域协调发展，打造经济社会高质量跨越式发展的新动能和重要增长极具有重要意义。

依据《长江经济带发展规划纲要》《长江经济带发展云南实施规划》《国家乡村振兴战略规划（2018—2022年)》《云南省主体功能区规划》《云南金沙江开放合作经济带发展规划（2016—2020年）》等规划要求，以及丽江市委、市政府《关于建设金沙江绿色经济走廊的决定》（丽发〔2018〕14号）文件精神要求，编制本规划。

规划范围为丽江市下辖一区四县，总面积2.06万平方公里。其中，重点范围为金沙江干流沿江段27个乡镇（街道），总面积1.01万平方公里，占全市总面积的49%。规划期为2019—2035年，远景展望到2050年。

一、规划背景

(一) 宏观环境

党的十八大以来,党中央始终把生态文明建设放在"五位一体"总体布局和"四个全面"战略布局的首要位置,统筹推进社会经济各方面工作的开展,形成了习近平生态文明思想这一集体智慧。"绿水青山就是金山银山",深刻指明了保护生态环境就是保护生产力、改善生态环境就是发展生产力的硬道理,指明了实现发展和保护协同共生的新路径。

在习近平生态文明思想指引下,长江经济带发展战略提出的核心理念即是"生态优先、绿色发展",重点解决在长江经济带开发建设过程中出现的生态保护与发展之间的矛盾冲突问题。2016年9月,我国正式印发的《长江经济带发展规划纲要》指出,要把长江经济带建设成为"生态文明建设的先行示范带、引领全国转型发展的创新驱动带、具有全球影响力的内河经济带、东中西互动合作的协调发展带"。

丽江地处长江经济带上游,生态基底良好,是长江上游重要的生态屏障;丽江又属于云南省经济后发地区,发展不平衡不充分问题在区县间和城乡间普遍存在。如何在不破坏区域生态平衡的前提下,推进区域经济高质量发展,推进城乡协同发展,是建设"丽江金沙江绿色经济走廊"的主要出发点。

(二) 发展基础

丽江地处长江经济带上游,滇、川、藏三省交会区域,既是长江经济带发展和"一带一路"建设双重辐射影响的区域,也是滇西北交通主通道与全国西南交通主通道的重要转换枢纽,区位和交通条件极为优越;丽江是滇金丝猴等众多珍稀动物的栖息地,境内老君山、玉龙雪山、泸沽湖、程海、拉市海等地域对维护区域生态系统独特性和生物多样性具有极其重要和关键的作用,是长江上游、滇西北区域一道重要的生态屏障;丽江位于藏区与云南多民族地区过渡地带,以纳西族为主的少数民族历来混居、杂居,相互影响、和谐共存,是维系滇西北多民族关系和藏区稳定的重要纽带；丽江民族文化底蕴深厚，拥有多项世界级的自然人文景观，品牌影响力大，旅游发展基础较好；水能资源丰富，高原农业产品特色较为突出，具备良好的绿色发展基础。

同时，丽江发展面临诸多亟待解决的困难和问题，主要表现在：一是生态环境保护压力仍然较大，矿产资源和水资源开发与生态环境保护、生物多样性保护之间矛盾突出，重大基础设施建设给沿江生态安全保障带来巨大压力，金沙江水生生物保护形势严峻；二是各区县发展不平衡问题显著，传统的粗放型发展方式仍在持续，产业转型和绿色发展任重道远；三是公共服务和交通等基础设施配套建设不足，乡村脱贫任务艰巨；四是上下游、跨区域的生态补偿协调机制尚未建立。

二、总体要求

（一）指导思想

以习近平生态文明思想为指导，认真贯彻落实习近平总书记关于推动长江经济带发展的重要论述；以"共抓大保护、不搞大开发"为导向，坚持"绿水青山就是金山银山"的理念，坚持人与自然和谐共生的基本方略；以提高发展质量和效益为中心，着力优化全域国土空间，全面加强生态保护和污染防治。积极倡导绿色健康生活方式，实现产业振兴、人才振兴、文化振兴、生态振兴、组织振兴，努力把金沙江绿色经济走廊建设成为生态更优美、交通更顺畅、经济更协调、市场更统一、机制更科学的绿色经济带，走出一条丽江特色的生态优先、绿色发展新路子。

（二）基本原则

1. 生态优先、绿色发展

把生态保护放在第一和压倒性的位置，坚持维系生态平衡，坚持保护生态环境，坚持发展生态友好型产业，使绿水青山产生巨大的生态效益、经济效益和社会效益，有效支撑可持续发展。

2. 战略引领、问题导向

以落实国家、云南省和丽江市委、市政府对金沙江绿色经济走廊的发展要求为引领，以解决丽江社会经济运行、生态保护建设中遇到的实际问题为根本和导向，谋划保护与发展整体布局。

3. 全域统筹、内外联动

坚持沿江与非沿江区域一盘棋统筹考虑，坚持产业联动、交通互通、生态共保、城乡共荣，注重区域发展的平衡，促进市域沿江内外保护与发展的协调联动。

4. 空间传导、注重实施

坚持规划前瞻性与传导性，为编制全市国土空间规划提供支撑和依据；同时以项目为抓手，加强规划的实施和落地。

（三）战略定位

1. 全国生态文明先行示范带

落实主体功能区划，优化建立保护与发展统筹的空间格局；筑牢长江上游生态屏障，加强生态系统和生态环境保护力度，实施最严格水生态保护和水污染防治制度，确保向长江中下游地区送出"一江清水"；更加节约和有效利用各种自然资源；健全生态文明建设目标体系和考核办法，努力建成全国生态文明先行示范带。

2. 长江上游绿色发展战略增长极

紧抓长江经济带和云南金沙江开放合作经济带建设的重大机遇，以交通基础设施建设为先导，推进全市绿色发展、特色发展、高质量发展，以文旅产业和康养产业为龙头，高起点地构建绿色产业体系；因地制宜地引导市域城镇化，增强中心城市和县城的辐射带动能力，实现经济发展、生态保护和国土空间高品质利用的有机统一，将金沙江绿色经济走廊打造成为长江上游、滇川藏交会区重要的绿色增长极。

3. 全国民族地区城乡统筹和团结进步示范带

以城带乡，加强城乡融合发展；完善公共服务体系建设，推进基本公共服务均等化；引导乡村特色产业发展和环境整治提升，实现全市乡村全面振兴；加强历史文化的保护，在合理利用中传承和发扬民族优秀传统文化，将丽江金沙江绿色经济走廊建设成为全国民族地区城乡统筹和团结进步示范带。

（四）发展目标

到 2020 年，金沙江绿色经济走廊初步建成，保护与发展统筹布局基本形成，生态文明建设水平与建成小康社会相适应，具体实现以下目标。

1. 生态屏障得到巩固

生态建设和环境治理取得重大进展，金沙江流域生态环境保持良好，河湖、湿地生态功能基本恢复，金沙江干流流出丽江市断面水质持续保持优良，生态文明建设走在长江流域前列，成为长江经济带生态文明建设排头兵。

2. 绿色发展势头形成

经济实力更加强劲，"十三五"规划中确定的主要经济指标全面完成，全市经济增速保持高于全省平均增速，地区生产总值和城乡居民可支配收入比 2012 年翻一番，人均地区生产总值、城乡居民人均可支配收入高于全省平均水平。产业结构更加优化，清洁载能产业成为重点支柱产业，参与区域分工的能力得到显著加强。资源利用更加节约，万元生产总值能耗有效降低，水资源利用率显著提高，清洁能源成为全市能源的主要组成部分。

3. 城乡发展更趋协调

全市城镇体系更加完善，城市的主要辐射带动作用增强，城乡公共服务均衡性得到有效改善。全面打赢脱贫攻坚战，在现行标准下全市贫困人口全部实现稳定脱贫，城乡各族人民生活水平和质量普遍提高。

4. 立体交通便捷通畅

交通瓶颈得到有效改善，立足西南、融入国内、联通周边、接轨国际的开放合作新格局初步形成。全市有效构建起融公路、铁路、航空、水运为一体的更加便捷的综合交通网络。

到 2025 年，金沙江绿色经济走廊基本建成。保护与发展空间布局相互协调，绿色发展在全国占据示范引领地位；生态建设和环境治理取得重大成绩，水、空气、土壤环境保持优良；全市产业转型完成，绿色产业体系基本完善；对市域和周边地州临近县（区、市）的辐射作用日趋显著；城乡公共服务均等化初步实现；乡村振兴取得重大成就；城乡各族人民生活水平有极大的提升；辐射长江经济带、"一带一路"建设的综合枢纽初步形成。

到2035年，金沙江绿色经济走廊全面建成。保护与发展空间布局和谐；生态文明建设取得重大进展，绿色发展、高质量发展在全国具有先行示范作用；绿色产业体系成熟，产业结构更加合理，对长江上游和滇、川、藏交会区辐射带动能力显著增强；城乡公共服务均等化基本实现，城乡融合发展体制机制更加完善；乡村振兴取得决定性进展，人民群众的幸福感全面高涨；综合交通体系全面建成，与省内外地州合作机制顺畅，辐射长江经济带、"一带一路"建设的综合枢纽全面形成。

到2050年，全面建成生态文明社会。全市形成科学合理的生产、生活和生态空间，成为长江经济带科学发展、绿色发展、高质量发展的生态文明典范区域，全面实现产业强、环境美、人民富。

主要规划指标如表2-1所示。

表2-1 丽江市金沙江绿色经济走廊主要规划指标

目标	分目标	指标	现状	2020年	2035年	备注
生态文明	底线管控	永久基本农田红线（公顷）	174231	167447	—①	约束性
		生态保护红线（平方公里）	—	7351.70	—②	约束性
		城镇开发边界（平方公里）	87.97③	120④	120⑤	约束性
	生态保护	森林面积（万亩）	2112.60	2240.30	>2350	约束性
		湿地面积（万公顷）	3.6211	3.623	3.627	约束性
		森林覆盖率（%）	68.48	69.60	>73	约束性
		草原综合植被盖度（%）	—	87	>92	预期性
		自然保护地占全市总面积（%）	11	>15	>20	约束性
	生态修复	新增水土流失治理面积（平方公里）	—	624	2775	约束性
		河流湖泊水质达优良率（达Ⅲ类或优于Ⅲ类）（%）	87.50	95	100	约束性

续表

目标	分目标	指标	现状	2020年	2035年	备注
绿色发展	经济实力	地区生产总值（亿元）	290	515	2151	预期性
		人均地区生产总值（元/人）	22702	38950	141875	预期性
		地方一般公共预算收入（亿元）	47.80	61	126.80	预期性
		固定资产投资（亿元）	321.90	567.30	3105.20	预期性
		社会消费品零售总额（亿元）	93.60	166	908.60	预期性
	产业结构	第三产业增加值占地区生产总值比重（%）	36.25	60	>80	预期性
		战略性新兴产业增加值比重（%）	<10	15	>25	预期性
		农产品加工产值与农业总产值的比值	—	1:1	2:1	预期性
		清洁载能产业产值（亿元）	—	150	400	预期性
	资源节约	万元生产总值能耗降低（%）	—	30	50	约束性
		农业灌溉用水有效利用系数（%）	48	54	65	预期性
		单位工业增加值用水量（立方米）	81	53	<40	约束性
		用电量（亿千瓦时）	14.90	48	100	预期性
		清洁能源在全市能源中的占比（%）	—	>80	>90	预期性
城乡协调	人口与城镇化率	市域常住人口规模（万人）	128	131	155	预期性
		市域城镇常住人口规模（万人）	45.60	56.30	100	预期性
		常住人口城镇化率（%）	40.44	42.00	64.50	预期性
		人口自然增长率（‰）	4.80	4.90	5.20	预期性
	城乡收入	城镇常住居民人均可支配收入（元）	25803	42000	175444	预期性
		农村常住居民人均可支配收入（元）	7924	14000	76630	预期性
	城乡环境	单位生产总值二氧化硫、氮氧化物排放量降低（%）	—	40	50	约束性
		城镇生活垃圾无害化处理率（%）	98.74	99	100	约束性
		城镇污水集中处理率（%）	87	92	100	约束性
		农村自来水普及率（%）	—	90	100	约束性
		农村垃圾转运设施普及率（%）	—	90	100	约束性
		农村卫生厕所普及率（%）	—	80	100	约束性
	社会保障	城镇职工基本养老保险参保人数（万人）	8.10	12	>50	约束性
		城乡居民养老保险参保人数（万人）	60.49	62	155	约束性
	脱贫攻坚	稳定脱贫率（%）	—	100	100	约束性
	教育	九年义务教育巩固率（%）	93.20	95	100	预期性
		高中阶段教育毛入学率（%）	70.50	90	100	预期性

续表

目标	分目标	指标	现状	2020年	2035年	备注
交通顺畅	公路	公路总里程（公里）	7243	9000	12100	预期性
		其中：高速公路里程（公里）	67.80	500	>1000	预期性
	铁路	铁路运营里程（公里）	41.185	94	220	预期性
	航运	金沙江水运航道里程（公里）	<80	260	>350	预期性
	航空	机场客运吞吐量（万人）	562.70	1000	1800	预期性

注：①2035年红线控制目标待省级国土空间总体规划确定后下达。

②最终生态保护红线面积按照经国家认定的生态红线优化调整方案确定。

③城镇开发边界总量现状为城镇用地和独立工矿用地总规模。

④⑤表示2020年、2035年城镇开发边界总量还需省级国土空间总体规划确认，本规划为初步建议。

三、空间格局

（一）国土空间总体格局

贯彻长江经济带保护发展和云南省主体功能区规划要求，结合丽江市域生态保护、农业生产、城镇建设的需要，构建"一带一屏、两区两轴"的国土空间总体格局。

重点打造沿金沙江生态保育带；巩固提升滇西北高山湖泊生态屏障；做优、做特西部—北部高山生态农牧和文化旅游发展区、东南部高效农业和乡村旅游发展区；做强华坪—古城—玉龙和永胜—宁蒗两条发展轴。

（二）生态安全格局

在"一带一屏"的基础上，以全市金沙江、雅砻江、澜沧江的二级及以上支流93条河流①为廊道，串联形成流域"带屏+廊道"网络化的生态安全格局。

---

① 包括巨甸河、金庄河、冲江河、漾弓江、黑白水河、大具河、五郎河、仁里河（马过河）、片角河（达旦河）、枯木河（落漏河）、新庄河、乌木河、宁蒗河等13条重要河流以及80条一般河流，共计93条。

1. 沿金沙江生态保育带

依托金沙江干流沿岸良好的生态基底，加快推进沿江生态保护和培育，加快地质灾害治理、乡村基础设施配套，适度促进农旅绿色产业发展，建成沿金沙江生态保育带。

优化金沙江沿岸土地利用结构和布局，在金沙江主干道两侧划定不低于50米的生态隔离带及1000米的生态缓冲带，加强河岸生态保护林建设，清理生态隔离带内非法和废弃的建筑物和构筑物。因地制宜调整好水旱田种植结构，逐步改进农业节水措施，实施节水农业；积极开展入河废污水深度处理及沿岸农村垃圾收集处理，控制沿岸乡村土地开发强度，加强金沙江中段六级水电站库区内地质灾害的预防和治理，保护金沙江水系生态功能。

2. 滇西北高山湖泊生态屏障

以老君山、玉龙雪山和绵绵山等高山和极高山区域以及拉市海、泸沽湖、程海等重要湖泊湿地为核心，以保护珍稀动植物生态系统的自然保护地体系建设为保障，构建滇西北高山湖泊生态屏障。

强化老君山、玉龙雪山、绵绵山、泸沽湖、拉市海、程海生态屏障中现有世界自然遗产地、省级自然保护区、云南省国家公园、国家级风景名胜区、国家地质公园、云南省九大高原湖泊、国家一二级公益林、水产种质保护区等现有保护地内生态系统的整体性保护，按照表2-2空间管控规则进行建设和其他行为的管制。

探索建立市域自然保护地体系。以现有各类保护地为基础，在全市生态红线范围探索建立自然保护地体系①，力争到2035年全市自然保护地面积达到市域面积20%以上。

3. 河流生态廊道

加强流域河流生态治理，建设生态廊道。重要河流②两侧划定不低于30

---

① 对接《关于建立以国家公园为主体的自然保护地体系的指导意见》。
② 巨甸河、金庄河、冲江河、漾弓江、黑白水河、大具河、五郎河、仁里河（马过河）、片角河（达旦河）、枯木河（落漏河）、新庄河、乌木河、宁蒗河等13条河流。

米、一般河流两侧划定不低于10米的生态控制区域,区域内可以发展绿色农业和生态旅游业,但禁止工业和污染性养殖产业的发展,严控化肥使用,严格控制小水电建设,已有的居民点应有序逐步退出,实施河流沿岸生态修复工程,形成网络化的全市河流生态廊道体系。

(三) 农业发展格局

在西部—北部高山生态农牧区、东南部高效农业区的总体格局上,加强县区特色农林主导产业建设,形成全市"两区、五片"的农产业发展格局。

1. 两个特色发展区

西部—北部高山生态农牧区主要包括玉龙县和宁蒗县等高海拔区域。此区域海拔相对较高,生态敏感脆弱,环境承载力相对较低,未来以发展高海拔特色农牧业和林下经济为主。

东南部高效农业区主要包括永胜县和华坪县。此区域海拔相对较低,环境承载力较高,未来以发展高效高产的特色林果种植业为主。

2. 五个农产品主要生产片

因地制宜、突出特色,加强五个农产品主要生产片区建设,包括"丽江—拉市—太安休闲农业片",重点发展高山花卉、雪桃、马铃薯种薯等特色种植、精深加工产业以及农旅融合的观光休闲农业;"鲁甸—塔城丽药生产片",重点发展道地中药材种植及中药材精深加工产业;"宁蒗中南部太阳红苹果生产片",重点发展高原"太阳红"苹果种植和加工产业;"三川—程海—期纳—涛源—片角软籽石榴生产片",重点发展软籽石榴种植和加工产业;"华坪新庄河谷晚熟杧果生产片",重点发展晚熟杧果种植、加工产业以及农旅融合的乡村休闲产业。

(四) 城镇空间格局

统筹全市城镇和产业发展,增强中心城市对周边区域的辐射带动作用,大力引导人口和产业向两轴附近环境承载力较高的区域集聚,综合形成"两轴、一核、一极、两心、多点"的多中心、组团式、生态化城镇空间格局。

1. 城镇发展轴线

华坪—古城—玉龙发展轴，即华坪—永胜—古城—石鼓—巨甸城镇发展轴带。

永胜—宁蒗发展轴，即永宁—大兴—战河—永北—程海—片角城镇发展轴带。

2. 城镇发展极核和中心

（1）古城—玉龙一体化发展核。

重点发展旅游新业态和创新经济，推动现有产业向中高端产业升级，推进区域城乡统筹、公共服务共享等一体化建设，建成带动全市高质量发展，融入服务长江经济带、"一带一路"建设增长引擎。

以古（城）玉（龙）一体化发展为目标，做优中心城区，打造具有鲜明地方民族特色、融"山、水、田、城、村"为一体的世界一流旅游目的地，国家历史文化名城、滇西北中心城市、全国纳西文化传承地。

重视生态环境约束，加强城市开发边界的管控要求，打造优美田园风光带。高质量建设主城、金山、文化、玉龙、南口等城市组团，有序推进"城市双修"和城中村更新工作，增强中心城区宜居、宜业、宜游功能，实现城市紧凑、高效、和谐发展。

（2）华坪城镇组合增长极。

包括华坪县城（含中心镇和荣将镇）、石龙坝镇、兴泉镇，积极对接攀枝花国家重要工业基地，大力推进绿色工业和生产性服务业发展，加快新型城镇化进程，推动城乡公共服务均等化，打造成辐射联动市域东部、面向攀西、对接成渝，以绿色产业为主的重要增长极。

将华坪县城建设成为丽江旅游东部迎客厅、丽攀经济走廊重要承载区、丽江绿色工业发展核心区和示范区。

（3）永胜中心城镇。

将永胜县城建设成为全省重要的农产品基地、独具边屯文化特色的现代园林城镇。

(4) 宁蒗中心城镇。

将宁蒗县城建设成为以彝族文化和摩梭文化为特色的生态文化城镇、小凉山区域政治经济文化中心。

加强华坪、永胜、宁蒗县城与周边乡镇在交通、产业、就业、公共服务、生态保护等方面的协同发展，强化县城综合服务和特色产业功能，建设美丽县城，提升教育、医疗、体育、文化等设施水平，提升就业服务能力，推动农业转移人口就地、就近城镇化。

3. 重点乡镇

(1) 13 个中心乡镇。

包括巨甸、九河、拉市、七河、永宁、战河、兴泉、石龙坝、三川、期纳、程海、片角、仁和。

(2) 40 个特色乡镇。

包括塔城、鲁甸、黎明、石鼓、石头、白沙、太安、龙蟠、大具、宝山、鸣音、奉科、大东、金安、金江、拉伯、翠玉、红桥、宁利、金棉、新营盘、烂泥箐、西川、西布河、跑马坪、蝉战河、永宁坪、松坪、光华、羊坪、大安、顺州、涛源、鲁地拉、东山、六德、通达、船房、新庄、永兴。

(五) 三线划定[①]与管控

1. 永久基本农田红线

按照《丽江市土地利用总体规划（2006—2020 年）修改完善方案》，全市 2020 年永久基本农田红线为 1674.47 平方公里，2035 年永久基本农田红线待省级指标下达后按照相关要求进行划定并严格保护。

对位于自然保护地核心区、生活饮用水水源地保护范围等禁止人为活动区域内的永久基本农田应有序退出；位于一般控制区和其他生态红线内的，若对生态功能造成明显影响的应退出；退出的永久基本农田应在县级行政区划内同步补划，确实无法补划的在全市补划。确保坝区的永久基本

---

① 由于本规划不属于法定规划，所以本规划的三线划定最终应与《丽江市国土空间总体规划》相衔接。

农田占总量的80%以上。

2. 生态保护红线

按照《云南省生态保护红线划定方案》，全市2020年生态保护红线面积为7351.70平方公里。目前，正在开展生态红线评估优化工作，最终生态红线的面积按照经国家认定的调整方案确定。

建立自然保护地体系后，应将自然保护地全部划入生态保护红线，自然保护地发生调整的，生态保护红线相应调整。划入自然保护地核心区的生态保护红线，应严格禁止各种人为活动；其他区域严格禁止开发性、生产性建设活动，除国家重大战略项目外，仅允许对生态功能不造成破坏的有限人为活动，包括零星的原住民在不扩大现有建设用地和耕地规模前提下，修缮生产生活设施，保留生活必需的少量种植、放牧、捕捞、养殖；因国家重大能源资源安全需要开展的战略性能源资源勘查，公益性自然资源调查和地质勘查；自然资源、生态环境监测和执法包括水文水资源监测及涉水违法事件的查处等，灾害防治和应急抢险活动；经依法批准进行的非破坏性科学研究观测、标本采集；经依法批准的考古调查发掘和文物保护活动；不破坏生态功能的适度参观旅游和相关的必要公共设施建设；必需且无法避让、符合县级以上国土空间规划的线性基础设施建设、防洪和供水设施建设与运行维护；重要生态修复工程。

3. 城镇开发边界

按照集约适度、绿色发展的要求划定城镇开发边界。全市城镇开发边界包括城镇集中建设区、城镇弹性发展区、特别用途区和独立的工业开发区，主要分布在丽江坝区、永胜—三川—程海—期纳坝区、宁蒗县城以及华坪县城和石龙坝镇。2035年，全市城镇开发边界控制在120平方公里左右，占全市总面积的0.58%。

城镇开发边界应在全市国土空间规划中予以最终划定，最终划定面积原则上不应超过150平方公里。

4. 三线管控

加强三线内空间开发建设及其他行为管控（见表2-2）。

表 2-2 丽江市三线管控规则一览

三线	细分空间	管控规则
城镇开发边界	城镇集中建设区	严格执行相关规划的控制要求，新增建设用地受规划指标和年度计划指标约束，统筹增量与存量用地；优化城镇功能布局，节约集约利用土地；统筹布局建设交通、能源、水利、通信等基础设施廊道，避免对城镇建设用地形成切割；注重城市特色塑造，禁止破坏性建设；集中建设区用地规模占城镇建设用地总规模的90%以上
	城镇弹性发展区	总规模不超过城镇集中建设区规模的15%；满足特定条件才可进行城镇开发和集中建设的空间
	特别功能区	主要包括与城镇关联密切的生态涵养、休闲游憩、防护隔离、自然和历史文化保护等地域
永久基本农田红线		按照"应保尽保"原则，将连片程度和耕作质量相对较好的农田补充划入基本农田，保障基本农田总量和质量；基本农田一经划定，任何单位和个人不得擅自占用或者改变其用途，确保永久基本农田数量只增不减；禁止任何单位和个人在基本农田保护区内建房、建坟、挖沙、采石、采矿、取土、堆放固体废弃物或者进行其他破坏基本农田的活动；禁止任何单位和个人闲置、荒芜基本农田；国家能源、交通、水利、军事设施等重点建设项目选址确实无法避开基本农田保护区，需要占用基本农田，涉及农用地专用或者征收土地的，必须经国务院批准
生态保护红线	自然保护区、国际重要湿地、云南省九大高原湖泊的核心区	允许开展符合《中华人民共和国自然保护区条例》及相关法规规定的活动；因科学研究的需要，必须进入核心区从事科学研究观测、调查活动的，应当事先向自然保护区管理机构提交申请和活动计划，并经省级以上人民政府有关自然保护区行政主管部门批准；自然保护区缓冲区只准从事科学研究观测活动时进入；自然保护区实验区，可以允许进入从事科学实验、教学实习、参观考察、旅游以及驯化、繁殖珍稀濒危野生动植物等活动；自然保护区实验区内允许建设有利于环境治理、资源保护或景观维护的基础设施，可以开展必要的科学实验以及法律、法规另有规定的相关活动

续表

三线	细分空间	管控规则
生态保护红线	自然保护区缓冲区、实验区；国际重要湿地缓冲区、实验区；云南省九大高原湖泊缓冲区、实验区；风景名胜区一、二级保护区；地质公园一、二级保护区等一般控制区	允许零星的原住民在不扩大现有建设用地和耕地规模前提下，修缮生产生活设施，保留生活必需的少量种植、放牧、捕捞、养殖；允许因国家重大能源资源安全需要开展的战略性能源资源勘查，公益性自然资源调查和地质勘查；允许自然资源、生态环境监测和执法，包括水文水资源监测及涉水违法事件的查处等，灾害防治和应急抢险活动；允许经依法批准进行的非破坏性科学研究观测、标本采集；允许经依法批准的考古调查发掘和文物保护活动；允许不破坏生态功能的适度参观旅游和相关的必要公共设施建设；允许必需且无法避让符合县级以上国土空间规划的线性基础设施建设、防洪和供水设施建设与运行维护；允许重要生态修复工程
	国家一级生态公益林	允许符合《国家级公益林管理办法》（林资发〔2013〕71号）及相关法律、法规管理办法的建设项目；除国务院有关部门和省级人民政府批准的基础设施建设项目外，不得征收、征用、占用一级国家级公益林地；对于国家级公益林地中的宜林地、疏林地，经营者应当结合实际严格保护并积极采取封山育林、人工促进天然更新或者人工造林等措施增加森林植被，提升生态功能
	饮用水源地一级保护区；水产种质资源保护区	允许新建、改建、扩建与供水设施和保护水源相关的建设项目；允许符合《饮用水水源保护区污染防治管理规定》〔（89）环管字第201号〕和饮用水水源保护规划的建设项目；允许饮用水水源保护区及相关流域、区域的生态建设，如有关加强水土保持功能和水源涵养林、人工湿地建设等项目；水库改造提升及附属工程建设（由水库改造引起的道路改建以及移民安置）；允许从事符合城市防洪减灾规划的建设活动；允许已获审批的符合饮用水水源保护相关法律、法规和管理规定的项目
	其余生态保护红线	按照禁止开发区域的要求进行管理，严禁不符合主体功能定位的各类开发建设活动；严禁改变用地性质；坚持实施"退耕（耕地）、退公（公共设施）、还林、还水"等措施，坚持实施生态保护和修复，国家和省级以上重要区域公共设施除外；严禁损害主导生态系统服务功能的建设项目

四、保护流域生态文化环境

(一) 生态保护和修复

1. 加强生物多样性保护

加强珍稀动植物及其生存环境的保护,重点保护滇金丝猴、黑颈鹤等野生动物及其栖息地;加大极小种群和极度濒危生物的保护力度;加强生物多样性保护调查评估与监测研究;建立生物多样性保护长效机制;减少人类活动对生态保护的影响,引导生态红线内人口有序转移。

在现有各类保护地基础上,探索建立市域自然保护地体系。积极推进老君山国家公园的建设。

2. 加强森林草原等植被保护

保护森林资源,建设国家储备林基地;提升森林质量,加强退化林的人工干预和修复;加快金沙江两岸造林绿化,强化沿江生态防护林建设。建立市、县、乡、村四级林长制体系,全面落实责任主体,加强重要国家级公益林等重要森林地域的日常监管。

划定基本草原保护红线,实施退牧还草工程。对现有荒山荒坡按生态用地标准进行规划,对25°以上非基本农田坡耕地实施退耕还林还草。

3. 加强江河湖库水生态保护

加强水生态保护和修复。通过退耕还水、还湿、封育保护、水源涵养等措施,加强江河湖库水生态的保护。综合运用截污治污、河湖清淤、生物控制、生态调度、自然修复等措施,推进江河湖库的生态修复。重点推动白水河、漾弓江、拉市海、程海湖、羊坪水库等江河湖库的水生态保护和修复,建设青龙河、东界河、鱼米河、清溪河、玉河、东山河等6条入城河道的生态廊道。全面推行河湖长制工作,加强江河湖库的日常监管。

加强湿地保护和修复。严格湿地用途管制,严禁生态以外用途。全面摸清湿地资源,明确湿地边界和保护管理主体及责权。采取自然恢复和人工辅助等措施,修复退化自然湿地。重点实施程海、泸沽湖、拉市海等重要湿地的生态保护与修复工程。

4. 加强生态退化区域的生态修复和监测

加强水土流失和石漠化区域的生态修复。积极推进植树造林，加强水土流失区域水源涵养和水土保持功能。引导种植油橄榄、软籽石榴等经济林果，加强石漠化区域的综合治理。积极推进以小流域综合治理的手段加强水土流失的综合治理和防治。加强市域重点区域的水土流失监测。

加强矿山地质环境保护与治理。扎实开展丽江市矿山地质环境保护与治理工作，对在建、生产、关停、关闭及废弃矿山进行矿山地质环境治理；完成历史遗留重点非煤矿山采空区和废弃矿井预防、治理、监测工程。加快绿色矿山建设，加强矿产资源开发全过程中地质环境保护的监督管理。开展丽江市废弃工矿土地生态修复治理项目。

加强水电开发区的生态监测。加强水电开发项目的环境影响评估，实施水电开发区日常生态监管与监测。重点实施全市小水电综合整治工程。

专栏一：全市生态建设重点项目

1. 生物多样性保护工程。老君山、玉龙雪山和泸沽湖等保护地的生物多样性保护项目；鸡冠山森林公园建设项目；宁蒗青龙海森林公园建设项目；宁蒗永胜他尔波忍森林公园建设项目。

2. 森林保护。金沙江沿江生态林建设工程；天然林资源保护工程；宁蒗、华坪人工造林和退化林修复工程。

3. 草原保护。全市5万亩草地退牧还草项目、坡耕地退耕还草项目。

4. 江河湖库水生态保护和修复。全市小水电综合整治项目；白水河、漾弓江、程海、拉市海等生态脆弱区域生态保护和修复工程；青龙河等6条入城河流生态廊道建设；鲁地拉、程海补水和华坪县北水南调等2项生态补水工程。

5. 湿地保护。泸沽湖、程海、拉市海等湿地生态保护和修复工程。

6. 水土流失和石漠化治理。梭罗河、民主河、龙泉河、拖泽河、干箐沟等150平方公里流域治理项目；奉科至鲁地拉段金沙江中段的土壤石漠化综合治理项目；三川、程海断裂地带、仁里河、马过河峡谷段水土流失综合治理项目。

7. 自然保护地体系建设。老君山等申报（国家级）国家公园项目。

（二）环境保护和治理

1. 保障水环境安全

加强水环境质量监管。设定河流、湖泊、湿地、水库以及地表水分区水质控制目标（见表2-3、表2-4），2020年全面完成水质达标任务。

表2-3 丽江市各主要河流、湖泊水环境质量控制目标（分阶段）

序号	水体	断面名称	2020年环境质量底线	2025年环境质量底线	2035年环境质量底线	责任县（市区）
1	金沙江	新华	Ⅱ	Ⅱ	Ⅱ	玉龙县
2	金沙江	金江桥	Ⅱ	Ⅱ	Ⅱ	永胜县
3	金沙江	观音岩	Ⅱ	Ⅱ	Ⅱ	华坪县
4	漾弓江	开文村	Ⅲ	Ⅲ	Ⅲ	玉龙县
5	三束河	三束河北郊	Ⅱ	Ⅱ	Ⅱ	玉龙县
6	玉河	玉河御龙桥	Ⅲ	Ⅲ	Ⅲ	古城区
7	新庄河	新庄河入江口	Ⅲ	Ⅲ	Ⅲ	华坪县
8	冲江河	冲江河入江口	Ⅲ	Ⅲ	Ⅲ	玉龙县
9	宁蒗河	宁蒗河红旗	Ⅲ	Ⅲ	Ⅲ	宁蒗县
10	五郎河	五郎河总管田	Ⅱ	Ⅱ	Ⅱ	永胜县
11	仙人河	仙人河永胜城南	Ⅲ	Ⅲ	Ⅲ	永胜县
12	马过河	马过河红心桥	Ⅲ	Ⅲ	Ⅲ	永胜县
13	鲤鱼河	鲤鱼河阿支德桥	Ⅳ	Ⅳ	Ⅳ	华坪县

续表

序号	水体	断面名称	2020年环境质量底线	2025年环境质量底线	2035年环境质量底线	责任县（市区）
14	乌木河	乌木河船房	Ⅱ	Ⅱ	Ⅱ	华坪县
15	泸沽湖	落水	Ⅰ	Ⅰ	Ⅰ	宁蒗县
16	程海	程海南	Ⅳ	Ⅳ	Ⅲ	永胜县
17	拉市海	打渔村	Ⅲ	Ⅲ	Ⅲ	玉龙县

表2-4 丽江市各主要饮用水水源水环境质量控制目标（分阶段）

序号	水源	2020年环境质量底线	2025年环境质量底线	2035年环境质量底线	责任县（市区）
1	三束河（白沙）	Ⅰ	Ⅰ	Ⅰ	玉龙县
2	黑龙潭	Ⅰ	Ⅰ	Ⅰ	古城区
3	清溪水库	Ⅱ	Ⅱ	Ⅱ	古城区
4	团山水库	Ⅱ	Ⅱ	Ⅱ	古城区
5	羊坪水库	Ⅱ	Ⅱ	Ⅱ	永胜县
6	赵家山箐	Ⅱ	Ⅱ	Ⅱ	永胜县
7	小龙洞	Ⅱ	Ⅱ	Ⅱ	宁蒗县
8	白岩子龙洞	Ⅱ	Ⅱ	Ⅱ	宁蒗县
9	雾坪水库	Ⅱ	Ⅱ	Ⅱ	华坪县
10	田坪溶洞	Ⅱ	Ⅱ	Ⅱ	华坪县

完善水环境污染物总量控制，对各区县不同污染物的允许排放量进行严格把控（见表2-5）。

表2-5 全市水环境污染物允许排放量

单位：吨

污染物	区县	2020年预测排放量			2020年允许排放量
		总量	城镇生活源	工业源	
化学需氧量	古城区	1695	1321	163	1744
	玉龙县	734	310	297	734
	永胜县	1518	601	738	1518
	华坪县	1172	554	521	1172
	宁蒗县	899	601	233	899
	丽江市	6019	3386	1953	6067

续表

污染物	区县	2020年预测排放量			2020年允许排放量
		总量	城镇生活源	工业源	
氨氮	古城区	288	158	9	358
	玉龙县	167	37	14	167
	永胜县	157	72	20	157
	华坪县	203	66	88	203
	宁蒗县	147	72	25	147
	丽江市	962	405	157	1032

完善城乡污水处理设施建设。加快完善城镇污水处理设施、配套管网设施建设，实现流域城镇污水全收集、全处理。加快推进乡村污水处理设施配套，鼓励农村采用分村或联户收集污水，经过处理达标后再行排放。生态红线内、沿江范围内的乡村污水处理原则上需达到《地表水环境质量标准》（GB 3838—2002）Ⅲ类功能水域直接排放标准。工业园区设置集中污水处理厂，经处理达标后再行排放。

全面治理农业面源污染。推动农药、化肥减量和替代利用，降低农药和化肥使用强度。加大农业畜禽、水产养殖污染物排放控制力度，强化金沙江干流河道及泸沽湖、程海、拉市海等重要水体周边1公里内畜禽禁养区管理。

严格防控船舶污染。执行船舶环保标准，推广清洁能源动力船舶。

2. 提升大气环境质量

分区管理大气环境质量。一类功能区包括拉市海国际重要湿地、"三江并流"世界自然遗产地、泸沽湖国家重要湿地、玉龙雪山自然保护区以及丽江市中心城区城市开发边界内，执行《环境空气质量标准》（GB 3095—2012）一级标准。除一类功能区以外的其他区域为二类功能区，执行《环境空气质量标准》（GB 3095—2012）二级标准。

保障丽江市城区空气质量优良率天数比例为100%，达一级标准天数比例在85%以上；丽江市城区城市细颗粒物PM2.5浓度低于15微克/立方米，PM10浓度年均低于30微克/立方米；丽江市下辖区县污染物浓度达二级标准要求。

设定大气污染物总量控制目标（见表2-6）。

表2-6 全市大气污染物允许排放量

污染物	区县	2016年排放总量（吨）	工业污染物去除率（%）	工业源排放占比（%）	排放强度（千克/万元GDP）	排放强度下降比例（%）	2020年允许排放量（吨）
二氧化硫	古城区	756	0	27.57	0.65	37	710
	玉龙县	321	0	70.32	0.60	30	374
	永胜县	1183	0	80.97	1.66	35	1356
	华坪县	5256	23.95	95.68	15.20	50	4946
	宁蒗县	419	0	77.17	1.26	30	504
	丽江市	7935	18.91	84.99	2.57	40	7889
氮氧化物	古城区	981	69.84	85.99	0.84	30	1040
	玉龙县	148	0.00	79.50	0.28	30	172
	永胜县	832	46.67	91.90	1.17	35	953
	华坪县	5992	15.64	98.87	17.33	45	6202
	宁蒗县	83	0.00	70.45	0.25	20	114
	丽江市	12603	32.85	61.17	4.08	37.4	13049

加强城市大气污染治理。深化城市扬尘污染治理，推进城市及周边绿化和防风防沙林建设。加强餐饮业油烟控制。强化机动车污染防治，大力促进新能源汽车的推广及使用。

加强工业源综合防治。全面整治燃煤小锅炉，加快推进工业脱硫脱硝进程。

3. **改善土壤环境质量**

设定土壤环境污染控制目标。到2020年，全市土壤环境质量总体稳中向好，受污染耕地安全利用率达到62.6%，污染地块安全利用率不低于90%；到2035年，土壤环境污染率低于1%。

控制和减少土壤污染源，加强污染源管控。推进农业投入品减量使用，加快废旧地膜和包装废弃物回收处理。建立土壤污染高风险工业企业清单。全程管控土地利用环境风险，有效保障农用地和建设用地土壤环境安全。有效保护及监管粮食基地、集中式饮用水水源地保护区等重点区域，保障农产品质量安全及居民居住环境安全。

加强重点区域土壤环境优先保护。主要包括耕地和县级以上集中式饮用水水源地，明确范围及面积并建立名册。排查土壤环境保护优先区及周边区域污染源。严格项目审批与监管，禁止或限制开发造成土壤污染的建设项目。

专栏二：全市环境污染防治治理重点项目

1. 水环境综合治理。古城区漾弓江流域水污染防治项目；永胜县马过河流域污染综合防治工程；华坪县新庄河流域环境综合治理项目；程海水环境及流域水污染治理项目；拉市海水环境及水染治理项目。

2. 农业面源污染治理。玉龙县农业面源污染防治项目；宁蒗县农业面源污染防治项目。

3. 城镇污水和垃圾处理设施。主要城镇污水处理厂、垃圾处理设施建设项目。

4. 乡村污水处理和垃圾处理设施。程海流域村落污水收集处理系统提升改造工程；泸沽湖环湖污水收集处理建设工程；沿江乡村污水处理设施建设约500套；沿江乡村垃圾收集转运装置建设。

5. 工业园区污水配套设施。主要工业园区配套污水处理厂建设。

6. 土壤污染治理。华坪县杧果种植土壤污染修复与治理技术应用示范项目、华坪县煤矸石污染调查及生态恢复工程、玉龙县拉市镇恩宗砂场矿山地质环境保护与恢复治理项目。

（三）水资源保护

1. 明确水资源利用红线

全市2020年、2025年、2030年、2035年水资源利用上限分别为8.35亿立方米、8.415亿立方米、8.48亿立方米、8.545亿立方米（见表2-7）。

表 2-7 全市(区、县)水资源利用上限控制

年份	用水总量(亿立方米)						万元GDP用水量下降(%)						农用灌溉水有效利用系数					
	全市	古城区	玉龙县	永胜县	华坪县	宁蒗县	全市	古城区	玉龙县	永胜县	华坪县	宁蒗县	全市	古城区	玉龙县	永胜县	华坪县	宁蒗县
2015	7.05	1.20	1.62	2.01	1.35	0.87	32	37	34	31	31	26	0.48	0.60	0.48	0.48	0.48	0.48
2020	8.35	1.35	1.83	2.56	1.58	1.03	33	20	35	30	35	30	0.54	0.55	0.54	0.54	0.54	0.53
2025	8.415	1.367	1.837	2.577	1.587	1.28	36	33	38	36	38	33	0.57	0.58	0.57	0.57	0.57	0.56
2030	8.48	1.38	1.38	2.59	1.60	0.95	40	37	39	40	40	37	0.60	0.61	0.60	0.60	0.60	0.59
2035	8.545	1.393	1.863	2.603	1.613	0.900	42	39	39	39	39	39	0.65	0.67	0.65	0.65	0.65	0.64

2. 建设节水型社会

提高水资源利用效率。到2020年，水资源利用效率控制在万元GDP用水量比"十二五"末期下降33%，达到国家先进水平；到2035年，万元GDP用水量比"十二五"末期下降42%，达到世界先进水平。

加强农业节水发展。加强农业节水技术与产品推广应用，改进农业粗放用水模式，大力推行田间节水灌溉技术，推广喷灌、滴管、低压管灌等高效节水灌溉技术的试点，提高水利用系数和灌溉保证率。2020年全市农田灌溉水有效利用系数达到0.54以上，2025年该系数达到0.57以上，2035年达到0.65以上。

推进工业生产全过程节水。对传统产业进行节水技术改造，鼓励循环用水。鼓励园区内企业间多级串联用水。支持企业采用节水新工艺、新技术、新设备。力争2025年单位工业增加值用水量下降25%，2035年再下降25%。

推进节水城镇建设。试点海绵城市建设，加快城镇供水管网改造，降低管网漏失率。推动公共建筑、公共服务、生活小区中水回用设施建设，加大节水设备和器具的推广力度。组织开展节水型企业、学校、机关、社区等创建活动。

3. 加强水源地保护

加强三束河、吉子水库、文海水库、清溪水库等16个饮用水源地的保护工作，划定保护范围，依法清理饮用水源地保护区内违法建筑和排污口（见表2-8）。

表2-8 丽江市饮用水源地保护工程

水源地名称	水源地类型	供水城市
吉子水库	水库	玉龙县
三束河集中式饮用水水源地保护区建设项目	水库	玉龙县
文海水库	水库	玉龙县
三岔河水库	水库	宁蒗县
羊坪水库饮用水源地保护工程	水库	永胜县
八湾水库饮用水源地保护工程	水库	永胜县

续表

水源地名称	水源地类型	供水城市
马场坪水库饮用水源地保护工程	水库	永胜县
马鹿槽水库饮用水源地保护工程	水库	永胜县
白草坪水库饮用水源地保护工程	水库	永胜县
务坪水库水源地保护工程	水库	华坪县
腊姑河水库水源地保护工程	水库	华坪县
乡镇集中供水水源地保护工程	水库	华坪县
华坪县自来水厂务坪水库水源地保护工程	水库	华坪县
清溪水库水源地保护工程	水库	古城区
黑龙潭水源地保护工程	水库	古城区
团山水库水源地保护工程	水库	古城区

(四) 文化遗产保护

1. 加强文化遗产的保护传承体系建设

重视物质文化遗产、非物质文化遗产及其依托生态环境的保护，传承发扬优秀传统文化。严格按照《中华人民共和国文物保护法》，加强对国家级、省级、市级、县级等四级重点文物保护单位的保护；严格按照《中华人民共和国非物质文化遗产法》，加强对国家级、省级、市级、县级等四级非物质文化遗产项目及其代表性传承人的保护。

加强保护传承基础设施建设。包括丽江市博物馆、丽江市文化馆（非遗馆、美术馆）、古城区纳西文化博物馆等市区级场馆建设以及重点非物质文化遗产传习所建设。

2. 加强文化遗产整体性保护和区域性保护

编制保护规划，申报国家级文化生态保护区，促进非物质文化遗产和物质文化遗产的协调保护。

建设纳西东巴文化、石鼓红色文化、老君山多元民族文化、小凉山彝族文化、泸沽湖摩梭文化、宁蒗红桥普米族文化、永胜边屯文化、永胜他留文化、华坪傈僳族文化等9个文化保护展示区，保护丽江独特的多民族文化基因。

3. 加强传统文化的研究

加强对纳西文化、普米族文化、傈僳族文化等丽江少数民族文化的研究。加强对茶马古道、闽盐古道等历史文化及其物质载体的挖掘和研究。

专栏三：全市文化遗产保护重点项目

1. 民族文化保护工程。国家级、省级重点文物保护单位修缮项目；国家级、省级重点非物质文化遗产传习所建设。

2. 展示场馆建设。丽江市博物馆、丽江市文化馆（非遗馆、美术馆）、古城区纳西文化博物馆等市区级场馆建设。

3. 整体性保护和区域性保护工程建设。国家级文化生态保护区申报建设项目；纳西东巴文化保护展示区、石鼓红色文化保护展示区等9个文化保护重点展示区建设项目。

4. 民族文化研究工程。丽江茶马古道、闽盐古道研究计划。

五、壮大绿色产业体系

（一）旅游和健康服务业

依托丰富的民族文化资源和多样的自然环境条件，以城乡、田园、生态为空间载体，积极发展旅游休闲、运动健康、养生度假等核心功能，提升丽江旅游产业内涵，拓展旅游产业发展空间，重塑丽江旅游品牌，将丽江建设成为全球顶级的生态文化遗产旅游地、优质休闲度假地、健康生活目的地。

重点发展文化旅游、生态旅游、休闲度假、运动健康等四大旅游产品。

1. 加强文化旅游融合发展

结合多样的地域文化和民族传统文化，开发文学、绘画、音乐、传统民俗、传统商业、传统娱乐等主题文化观光和体验旅游。

以乡村特色文化资源和风景资源为依托,大力发展生态文化观光、民族风情观光旅游村落。

挖掘茶马古道线性物质文化遗产旅游利用价值,以建设绿道、国家历史步道的形式发展茶马古道文化体验游。

挖掘节庆民俗和民族传统歌舞活动,结合农特产品展卖,开发丽江地域特色节庆活动。

依托环境优良和文化底蕴深厚的区域,发展文化创意旅游。

结合手工艺等民族传统工艺,开发特色民族旅游商品。

专栏四:全市文化旅游重点项目

1. 民族文化观光和体验村落。拉市落村、拉市坝村、新主村、黎明村、格拉丹村、桃花村、玉湖村、石头城、落水村、永宁村、清水村、六德村、西马场村、梓里村、船房村等。

2. 茶马古道国家历史步道。重点在塔城—石鼓—拉市—丽江—梓里一线建设。

3. 民族文化节庆。丽江雪山音乐节、丽江国际文化旅游电影节、世界遗产丽江论坛、丽江国际非物质文化艺术节、纳西族三多节、东巴文化艺术节、永胜他留人粑粑节、边屯文化艺术节、小凉山彝族火把节、普米族吾昔节、泸沽湖摩梭朝山转海节、华坪傈僳族阔时节、华坪杧果节、华坪水龙文化节等特色节庆活动。

4. 文化创意旅游。建设泸沽湖摩梭民俗传承发展及文化创意产业基地、玉湖文创村、拉市文创村落(美泉、南尧、均良、吉余)、金江画廊文创村落(茨科村、格子村、新华村)等项目。

5. 民族特色旅游商品。将珐琅银器、纳西族铜器、纳西族手工造纸、纳西族服饰、彝族(他留人)火草纺织等制成旅游商品。

2. 结合生态文明发展生态旅游

以老君山申报创建国家公园（暨申报5A景区）为抓手，开发生态旅游产品系列，重点发展科考、研学、野营、探险、徒步等旅游产品，拓展丽江旅游西翼。

依托"长江第一湾"、老君山、拉市海、泸沽湖、玉龙雪山、金沙江峡谷等大地景观资源，发展低空旅游产品。

抓住大滇西旅游环线建设契机，以全市旅游风景道体系建设为依托，围绕老君山、玉龙雪山、金沙江、程海等优美自然风景建设覆盖全市的自驾游道路网络和房车营地体系，发展自驾游产品。

专栏五：全市生态旅游重点项目

1. 龙头景区建设。老君山生态文化旅游区（国家公园）建设暨5A景区申报项目。

2. 科普研学。格拉丹星空公园、高美古天文研学基地、滇金丝猴繁育研究中心项目、滇金丝猴观景平台、黎明高原丹霞地质学研学项目、石鼓"三江并流"世界自然遗产博物馆建设项目。

3. 徒步露营。老君山步道系统、玉龙雪山步道系统、老君山生态露营点（地）体系、泸沽湖生态露营地体系。

4. 低空旅游。空中看世遗、空中看"长江第一湾"、空中看雪山、空中看泸沽湖、空中看金沙江峡谷等空中看丽江系列。

5. 自驾游（房车）营地。石鼓、巨甸、大具、拉市、九河、期纳、永宁、顺州、涛源、荣将、船房等。

---

3. 利用优美环境发展休闲度假旅游

依托金沙江沿岸、程海期纳涛源沿线、新庄河谷沿线等区域优良的环境和相对适宜的海拔，发展以特色度假小镇和度假村落为载体的休闲度假旅游。

挖掘世界遗产、雪山圣湖、田园风光等优质环境周边现有农村存量建设用地潜力，面向企业等高端商务度假市场，配套建设独具丽江民族特色的企业会所、企业年会、VIP俱乐部等设施，建成滇西北重要的商务度假基地。

> **专栏六：全市休闲度假旅游重点项目**
>
> 1. 休闲度假小镇（村落）。石鼓特色小镇、石头桃花轻奢村落、大具营盘休闲小镇、巨甸茶马古道小镇、大东温泉村落、增明休闲小镇、涛源红酒小镇、片角温泉小镇、永胜清水休闲小镇、六德他留文化休闲小镇、兴泉田园小镇、永宁摩梭文化休闲小镇等。
>
> 2. 商务度假营地项目。白沙戴维营、石头戴维营、拉市戴维营、程海戴维营、泸沽湖戴维营。

4. 积极发展运动休闲和健康旅游

利用全市多样化立体的地形地貌条件，发展运动休闲和健康旅游产品。重点发展高原体能拉练、河谷运动康复、特种运动等多样化的运动旅游产品；结合境内丰富的医药资源，如鲁甸中药材、程海螺旋藻等，配套发展健康评估、咨询、保健等健康服务业，建设以医养为主题的特色小镇。

> **专栏七：运动休闲及健康旅游重点项目**
>
> 1. 运动休闲旅游项目。黎明丹霞国际攀岩小镇、大羊场高原运动中心、华坪运动康复中心。
>
> 2. 康（医）养旅游项目。丽江古城健康管理中心、鲁甸中药材小镇、程海螺旋藻医养小镇。

（二）高原特色现代农业

1. 保障粮食生产

深入实施"藏粮于地"战略，严守耕地红线，全面落实永久基本农田保护制度，加快划定和建设粮食生产功能区，积极申报并建设云南省特色农产品优势区，确保粮食产量稳定在49万吨以上。

2. "一县一业"县区主导产业建设

坚持市场导向、绿色生产、拓展加工、突出品牌、完善配套的总体原则发展高原特色现代农产业。重点发展六大农林产业，包括丽江特色水果、丽江高山花卉、丽江高山蔬菜、丽江道地中药材、丽江青刺果、丽江高端肉牛羊。

永胜县重点发展软籽石榴产业。提升全县软籽石榴规模化生产水平，把全县打造成以软籽石榴为主的全省"一县一业"示范县。重点布局区域：三川镇、程海镇、期纳镇。

玉龙县重点发展道地中药材种植。引导全县海拔2000米以上条件适宜的区域种植滇重楼、云木香、云当归、秦艽、附子等中药材品种，扩大种植规模。重点布局区域：鲁甸乡、太安乡、拉市镇、塔城乡、九河乡。

华坪县重点发展晚熟杧果产业。结合休闲农业大力发展杧果现代产业园，建设田园综合体。重点布局区域：中心镇、荣将镇、兴泉镇、石龙坝镇、新庄乡。

宁蒗县重点发展苹果产业。统一打造并叫响"丽江太阳红"苹果品牌，做好宁蒗苹果的品牌包装和营销。重点布局区域：新营盘乡、战河镇、红桥镇。

古城区重点发展高山花卉产业。主要发展球宿根花卉、优势鲜切花卉、食用花卉和花坛花卉等。重点布局区域：丽江坝、金安镇、七河镇、金江乡、大东乡。

3. "一镇一品"乡镇主导产业建设

引导乡镇特色农林产业发展（见本书附表一）。加强农业生产基地和加工基地建设，加快经营主体培育，加强产业配套设施建设。

(三) 绿色工业及配套服务业

依托丰富的水电资源,对接融入攀西经济区,培育清洁载能产业、发展绿色制造业,建成全省重要的清洁载能和绿色工业示范基地。

1. 培育发展清洁载能产业

积极利用全市高海拔特有的冷凉气候优势,发展云计算、区块链等智能计算产业,配套发展相关服务业。主要依托园区:丽江金山高新技术产业经济区。

立足清洁能源优势适度发展载能制造产业。重点发展水电硅材一体化、水电铝一体化等产业项目。加强企业环境排污监测,加强园区污水处理设施配套建设。主要依托园区:华坪经济开发区。

2. 积极发展绿色制造业

依托农林资源优势、民族文化资源优势,加快一、二、三产业融合,提升产品附加值,发展绿色加工业,包括农特产品精深加工业、旅游商品制造业。主要依托园区:宁蒗工业园、南口工业园、永胜工业园。

立足螺旋藻等生物资源和"丽系"中药材优势加强研发投入,发展药材精深加工、生物制药、基因制药、保健品制造等生物医药制造业。主要依托园区:南口工业园、永胜工业园。

培育发展绿色装备制造业。一是利用清洁载能制造业现有发展基础培育发展下游产业,延长产业链条,如芯片、液晶面板制造等电子信息装备制造业;二是对接攀枝花钒钛产业,利用土地优势配套发展钒钛装备制造业;三是利用丽江机场的空港优势,发展保税加工、新材料装备制造等产业。主要依托园区:华坪经济开发区、丽江金山高新技术产业经济区。

加强园区物流等配套服务业建设。在丽江金山高新技术产业经济区七河空港片区大力发展临空物流业和临空服务业。保障各重点产业园区物流产业用地。

3. 推进传统产业的转型升级

运用循环经济的理念改造已有资源型采掘和加工产业,提高资源综合利用效率,促进传统产业绿色转型和升级。

加快落后产能的淘汰。对环保、能耗、安全生产达不到标准和淘汰类的煤炭、钢铁、有色、水泥、铁合金、焦炭等行业产能要依法依规有序退出。

4. 加强工业园区发展引导

遵循绿色发展、分工统筹、加强配套、集约用地的原则，引导全市工业园区特色发展。

> **专栏八：重点产业园区发展方向引导**
>
> 1. 丽江金山高新技术产业经济区（包括文化片区、金山片区和七河空港片区）：主要发展电子信息装备制造、新能源汽车装备制造、智能计算、临空物流、临空服务等产业。
>
> 2. 丽江南口工业园区（包括太安片区、雄古片区和火车站片区）：主要发展生物医药制造、农特产品精深加工、旅游商品制造和物流等产业。
>
> 3. 永胜工业园区：主要发展生物医药制造、农特产品精深加工、物流等产业。
>
> 4. 华坪经济开发区：主要发展清洁载能制造业、绿色装备制造业等产业。
>
> 5. 宁蒗工业园区：主要发展农特产品精深加工、旅游商品制造、物流等产业。

（四）产业融合和创新

增强旅游龙头产业带动作用，挖掘一、二产业的旅游功能，促进产业融合创新发展。

重点促进农旅融合发展，即"农业+旅游"。利用农业景观资源、乡村文化资源和生态资源植入旅游功能，发展农业和乡村旅游。培育一批农业特色小镇、田园综合体、休闲农牧场、农业公园等项目，提升县域经济活力，带动农民脱贫致富。同时，加快配套基础设施建设，加快从业人员培训（见表2-9）。

表2-9 农旅融合发展重点

类型	主要内容	重点产业基地
家庭农场+ 农事体验	以"农家乐""渔家乐""茶家乐""采摘园"等形式居多，经营主体多是农户，以其住房、庭院和承包地等作为经营场所，让游客吃农家饭、住农家院、干农家活，享受劳动果实	适合各类村庄的配套服务
农业景观+ 观光旅游	以作物集中种植区、农区特色地形地貌、农业工程等形成的景观为旅游观光对象，如油菜花景观、稻田景观、梯田景观、草原景观、果园景观、花卉景观、水利工程景观等	花卉田园综合体（文祥村）、花海旅游观光休闲基地（海腰村、清水村、果园南村、谷宇村）、三川稻荷文化公园（清泉村）、美丽三川田园综合体（梁官村）、沃柑田园综合体（新庄村）、葡萄田园综合体（拉毕村）、果色天香田园综合体（哲理村、和爱村、龙头村）、华容庄田园综合体（船房村）
农业庄园+ 休闲度假	具备饮食、运动、体验、养生、商务等功能，满足人们在紧张工作之余的短期休闲	花海旅游观光休闲基地（白沙村、梅子村）、温泉休闲小镇（大东村、建新村、白水村）、玫瑰田园综合体（漾西村、启良村、贵峰村）、增明休闲度假小镇（增明村）、太安种薯农业公园（天红村）、玫瑰小镇及花海旅游观光休闲基地（共和村、西关村、新民村、金安村）、苹果小镇（新营盘村）、葡萄红酒休闲小镇（嘉禾村、甘庄村、太极村）、杧果小镇（荣将社区）、热带鲜花小镇（新文村）、田园小镇（新文村）
乡土风情+ 民俗旅游	主打农村文化、民风民俗、乡土建筑、民族风情等，比较典型的有少数民族村寨、传统村落、历史文化名村名镇、农业文化遗产地等	塔城勒巴纳西风情小镇（拉市落村）、茶马古道小镇（拉市坝村）、石鼓特色小镇（海螺村、竹园村、石支村）、石头城文化小镇（石头村）
美丽乡村+ 健康养生	凭借乡村优美的自然环境和健全的服务设施吸引城市居民来此养生、养老，尤其适合中老年和短期休养人群	鲁甸中药材小镇（鲁甸村）、程海螺旋藻医养小镇（星湖村、东湖村）

加强工业园区旅游功能的植入，即"工业+旅游"。重点发展工业园区标准化厂房科普、观光旅游，以及库区水上旅游等。包括丽江金山高新技

术产业经济区、华坪经济开发区内重点标准化生产厂房的工业旅游项目；阿海电站库区、金安桥电站库区、龙开口电站库区等金沙江中段库区峡谷观光水上旅游项目等。

（五）旅游产业布局和要素支撑

1. 加强旅游产业布局引导

在"西部—北部文化旅游发展区、东南部乡村旅游发展区"的基础上，结合旅游城镇和旅游廊道建设以及重点景区打造，整体形成"一心、一带、四区、四廊、多点"的产业空间布局。

"一心"为丽江文化旅游和健康服务产业核心，重点发展文化体验、文化创意、田园综合体、休闲采摘、健康咨询等旅游产品。

"一带"为金沙江沿江水陆旅游休闲带，重点发展乡村休闲、生态文化观光、休闲度假等旅游产品。

"四区"为"大三江并流"生态旅游区、宁蒗泸沽湖民族文化旅游区、永胜历史文化与乡村旅游区、华坪农业休闲区。"大三江并流"生态文化旅游区主要包括玉龙县，重点发展生态旅游、运动健康、野奢度假、纳西文化生态体验等旅游产品；宁蒗泸沽湖民族文化旅游区主要包括宁蒗县，重点发展摩梭、彝族文化生态体验和生态度假，以及休闲农牧场等旅游产品；永胜历史文化与乡村旅游区主要包括永胜县，重点发展历史文化游览、乡村休闲、康养度假等旅游产品；华坪农业休闲区主要包括华坪县，重点发展农业休闲、康养度假、工业旅游等旅游产品。

"四廊"为大丽香旅游廊、丽攀旅游廊、丽江泸沽湖旅游廊、大理永胜宁蒗泸沽湖旅游廊。

"多点"为丽江古城、泸沽湖、老君山、"长江第一湾"等龙头景区和多个旅游特色小镇。

2. 加强支撑要素建设

对接大滇西旅游环线建设，打造"3条大环线+6条小环线"。

专栏九：旅游环线建设

3条大环线：

西南大环线：丽江古城—拉市海—老君山九十九龙潭—剑川—通甸—大羊场—黎明景区—中兴—巨甸小河口（至其宗至香格里拉）—鲁甸、塔城—维西—德钦梅里雪山—香格里拉—丽江古城线路上系列景区、风景道。

东北大环线：丽江古城—香格里拉—普达措国家公园—白水台—虎跳峡景区—大具—宝山石头城—泸沽湖—宁蒗—永胜程海—宾川鸡足山—大理古城—洱源—丽江古城线路上系列景区、风景道。

东南大环线：丽江古城—香格里拉—泸沽湖—西昌—攀枝花—华坪—永胜程海—丽江古城线路上系列景区、风景道。

6条小环线：

北环线：大玉龙雪山—虎跳峡旅游环线（2~3日游线）串联古城—白沙古镇—玉龙雪山—大具—虎跳峡—拉市海—古城线路上系列景区、风景道。

东环线：宁蒗—泸沽湖—金沙江旅游环线（2~3日游线）串联古城—宁蒗—泸沽湖—金沙江—古城线路上系列景区、风景道。

西环线：老君山—"三江并流"旅游环线（2~3日游线）串联古城—拉市海—石鼓镇"长江第一湾"—老君山—鲁甸—维西—九十九龙潭—古城线路上系列景区、风景道。

南环线：永胜—华坪—金沙江旅游环线（3~4日游线）串联古城—永胜（程海、边屯文化、他留文化等）—华坪（芒果小镇等）—金沙江（涛源红酒温泉休闲区）—古城线路上系列景区、风景道。

西南环线（2~3日游线）：老君山九十九龙潭—大羊场—黎明景区—中兴—石鼓线路上系列景区、风景道。

沿江库区旅游环线（2~3日游线）：虎跳峡—大具—宝山—金安桥—龙开口线路上系列景区、风景道。

完善散客旅游集散服务体系。建成全市旅游集散中心、县级旅游集散站、旅游景点服务站三级旅游集散体系。

> **专栏十：旅游集散体系建设**
>
> 全市旅游集散中心：丽江市旅游集散中心。
> 县级旅游集散站：宁蒗、永胜、华坪等3个县级旅游集散站。
> 旅游景点服务站：老君山、石鼓镇、拉市海、大具虎跳峡、宝山石头城、玉龙雪山、泸沽湖、程海、他留、荣将、涛源等多个旅游服务站。

加快智慧旅游建设。围绕"国际化、高端化、特色化、智慧化"目标，加快建成旅游综合服务平台、旅游综合管理平台、旅游大数据中心，完善"一部手机游云南"的丽江应用，加快推进"旅游+互联网"深度融合，全力推动旅游业态、服务、管理三提升，推动旅游从高速增长阶段向优质发展阶段转变。

3. 推动区域产业合作共赢

推进与大滇西旅游环线地市合作，以老君山景区开发和滇西北交通枢纽建设为契机，联动迪庆、怒江、大理等周边地州，推动游客市场共享和旅游目的地共建，将丽江打造成为大滇西旅游环线的门户城市。

共建滇川藏边境大香格里拉生态旅游区。以泸沽湖生态旅游区建设为重点，与凉山州共同维护泸沽湖生态环境与旅游品牌。以永胜、华坪等金沙江干热河谷区为依托，与攀枝花市共建金沙江阳光康养度假旅游带。加强与迪庆州、大理州、怒江州以及四川省凉山州、攀枝花市和西藏自治区等相关县市的游线共建、品牌共享，打造"大香格里拉"生态旅游区。

六、完善基础设施网络

(一) 综合交通

1. 强化航空枢纽

充分发挥丽江航空口岸的区位优势，大力发展中转联程航班，加强与东南亚、南亚地区航空公司的对接与合作，加大政策优惠力度，进一步搭建直通式航空运输快线。

加快推进丽江三义机场4E级改扩建工程。把丽江机场建成连接国内主要城市，面向东南亚的区域性干线枢纽机场，结合丽江空港经济区及轨道交通、高速公路交会条件，构建综合交通枢纽。到2025年，新增国际和地区航线9条以上。

加快口岸大通关建设步伐，提升通关效率。充分发挥机场融旅游、商务、物流、通道服务为一体的综合功能，努力形成以丽江航空口岸为中心、辐射周边的空港产业集聚区。

抓住国家开放低空空域资源的机遇，建设永胜、玉龙（石鼓）、华坪通用机场。完善通用飞行管理、服务、保障体系。支持通用航空开展通勤航空飞行业务，积极发展低空观光旅游、航空护林、航空摄影、管网航巡、资源勘探、生态监测、救援飞行等通用业务。

专栏十一：通用机场重点建设项目

石鼓通用机场、永胜通用机场、华坪通用机场、白沙直升机场（二期）等通用机场建设。

---

2. 加快铁路建设

建设"两横两纵三连"的铁路网，使铁路通达丽江中心城市及三个区域中心（永胜县城、华坪县城、宁蒗县城）。"两横"分别为丽江至攀枝花铁路、丽江至西昌铁路。"两纵"分别为滇藏铁路丽江段、永胜至大理铁路丽江段。"三连"是指攀枝花格里坪至丽江华坪县石龙坝铁路（华坪铁路）、华坪（通用机场）至攀枝花城际轨道、玉龙雪山至古城区至三义机场城际轨道。

结合地区经济和产业发展需求，在华坪和永胜设置铁路站（场），扩大丽江综合型城镇对外联系效能。

3. 完善公路网络

优化形成"四纵三横"的高速公路网络。"四纵"分别为大丽香高速、武汉至大理高速的丽江关坡至大理鹤庆段、泸沽湖至宁蒗至永胜至宾川高速、跑马坪至华坪高速联络线；"三横"分别为G7611泸沽湖至香格里拉高速公路、G4216成丽高速丽江段（丽攀高速）、武汉至大理高速的丽江至宁蒗至川滇边境段。

完善市域内部交通网络。构建以国道、省道和县道为骨干的市域交通网络，实现对外及内部的快捷通达。

加强旅游专线公路建设。对接大滇西旅游环线，串联市域优质旅游资源，形成旅游快速通道。

专栏十二：国省干道暨旅游风景道重点项目

续建路段：G214继红桥至剑川段二级公路续建项目、G348丽宁公路丽江古城至宁蒗县城。

提级路段：G353华坪德胜坪至永胜大厂段至丽江长水段至巨甸小河口段、G348宁蒗川滇交界至宁蒗开元桥段、S210九河至老君山段、玉龙雪山东环线玉龙县大具桥至古城区云大旅游学院段、S210玉龙县巨甸至塔城段，S219宁蒗县战河至华坪县荣将三马桩段、宁蒗县腊坪至华坪县荣将至鼻唢呐段。

> 风景道建设：兰坪大羊场到黎明景区公路、中兴至黎明景区公路、石鼓至石头至大羊场公路、九河互通立交、拉市海环湖路、宁蒗县小环线延长线石佛山至永宁拖支公路、永胜程海环湖二级公路，沿江公路（三江口至龙开口右岸公路）、永北至顺州至龙开口电站至七河公路。

打造一体化旅游交通枢纽。推进丽江旅游综合交通枢纽建设，实现丽江机场"零换乘"集散及与市区的高效接驳。

> **专栏十三：客运站重点项目**
>
> 丽江旅游综合交通枢纽、古城旅游集散中心、丽江南客运站、丽江北客运站、丽江东客运站、丽江西客运站、石鼓客运站、拉市客运站、永胜客运站、华坪客运站、宁蒗客运站。

完善农村公路建设。按照"一乡一路、一村一路"的发展目标，加强通乡油路、通村硬化路项目的建设。加快实施县际相邻乡镇通畅工程，继续推进建制村硬化路工程。

> **专栏十四：农村公路重点项目**
>
> 建制村硬化路工程817公里，宁蒗县50户以上不搬迁自然村通硬化路建设1400公里，20户以上民族自然村通硬化路建设2000公里，撤并建制村通畅工程440公里，窄路基路面改造工程700公里，贫困地区重要县乡道暨旅游路、资源路、产业路改造30公里，危桥改造89座，安全生命防护工程3058公里，宝山公路提级改造为三级路。

（二）水利设施

提升丽江坝区水资源承载力。加快推进龙蟠提水工程建设，加强丽江坝区供水能力和水资源循环利用效率。

提升县域水资源承载力。建设南瓜坪、中所河等6座大中型水库，以及小长坪、建新等86座小型水库，改善全市水资源调蓄能力，提高生产、生活、生态用水的保障率。

提升缺水区域水资源调配能力。在充分论证的前提下，加强局部缺水区域小型拦水坝（塘坝、水窖）等水利工程建设。加强金沙江沿江区域农业灌溉用水提水工程建设。

专栏十五：全市水资源优化重点工程

1. 丽江坝水资源承载力提升工程。龙蟠提水项目，丽江污水处理厂再生水处理项目，丽江坝中水循环利用工程，古城清水循环工程，束河古镇清水循环工程。

2. 大中型水库。南瓜坪水库、中所河水库、宁利水库、兴隆水库、马鹿水库、小米田水库、架子桥水库。

3. 小型水库。文化、青龙湖、小长坪、大屋基、蒿枝地、树明底、忠义、中和、扎实德、马鹿塘、老鹰崖、左罗河、上库脚、席草地、寒坡林、建新等86处小型水库。

4. 小型拦水坝建设工程。沿江小型水窖、蓄水池、塘坝建设4.5万件。

5. 太阳能光伏提水工程。沿江居民点小型太阳能光伏提水设施约500件。

(三) 能源设施

1. 提高电力保障能力

建设现代化智能电网，加强输配电能力建设，增强域外电力输入和地方承接能力。完善电网骨架，加快实施华坪德茂500kV交流变电站等一批输变电项目，逐步将220kV供电网络转换为主干网络，形成覆盖全市腹地广阔区域的220kV网格状电网。依据全市清洁载能产业布局，在金山高新技术产业经济区、石龙坝工业园区等载能产业园区附近设置输变电项目，以保障园区正常运转。

扩大各乡镇驻地区域高压配电站的规模。改造农网系统，使中压配电站的服务半径尽可能满足规范要求，提高配电系统的经济性和安全可靠性；着力解决低电压、网架不合理等贫困地区电网发展薄弱环节和关键问题，力争2025年农村用电电压合格率达到97.9%以上，供电可靠率达到99.8%以上，乡村户均配电容量达到2kVA。

2. 加强油气供给和能源储备

以中缅油气管道为依托，建设稳定的天然气供给利用体系。加快丽江中心城市天然气管网和服务体系建设，逐步扩大用气范围。在保障城乡居民和公共服务用气的前提下，鼓励发展工业用气。调配输油体系和加油站建设，完善能源结构，丰富能源供应。

(四) 通信设施

建设骨干通信廊道。建设丽江中心城市与县城之间、县城与县城之间的骨干通信廊道。建设丽江中心城市与金山高新技术产业经济区文化片区、金山片区和七河空港片区通信廊道。推进互联网应用与三次产业融合创新，加快物联网基础设施建设。

积极提高全市宽带网络覆盖度。加快推进光纤宽带网络升级改造，推动农村地区宽带网络覆盖和能力升级。

提高全市高速通信网络覆盖率。近期重点推进县域、乡村地区4G网络覆盖率：各乡镇驻地地区、旅游地域完成移动网4G网络覆盖；其他主要农村地区在条件允许时，同步完成4G网络覆盖。

积极建设5G网络。争取列入全国第二批5G网络试点城市，推进5G网络建设。

七、建设美丽乡村

（一）乡村分类发展

将全市行政村分为集聚提升型、城郊融合型、特色保护型和搬迁撤并型等四类村庄，分类指引发展。

集聚提升型村庄为乡村振兴的重点。应科学确定村庄发展方向，强化特色农旅产业支撑，优化环境、提振人气、增添活力，保护乡村风貌、规范乡村建设，打造宜居、宜业的美丽村庄。

城郊融合型村庄主要包括中心城区和各县城周边的村庄。应加快基础设施和公共服务设施共建共享，提升管理水平，逐步承接城市功能外溢。

特色保护型村庄是彰显和传承丽江优秀传统文化的重要载体，二者应该是统筹保护与利用的关系，合理利用村庄资源发展乡村农旅产业。加快村庄基础设施改善，努力保持村庄完整性、真实性和延续性。

拆迁撤并型村庄主要为处于生态敏感或地质灾害频发区域的村庄，或人口流失较严重的村庄。坚持村庄搬迁撤并与新型城镇化、农业现代化相结合，依托适宜区域进行安置，避免新建孤立的村落式移民社区。应严格限制新建、扩建活动，统筹考虑拟迁入或新建村庄的基础设施和公共服务设施建设。搬迁撤并后的村庄原址应复垦或还绿，增加乡村农业或生态空间。农村居民点的迁建和村庄撤并必须尊重农民意愿并经村民会议同意，不得强制农民搬迁和集中上楼。

（二）完善乡村配套设施

1. 加强村寨建设

统筹推进村寨规划工作，保留村寨特有的民居风貌、农业景观、乡土文化，谋划村寨发展定位、产业发展、用地布局、建设项目安排，以危房改造和抗震安居工程建设为重点，着力改善农村住房条件，建设美丽宜居乡村。

2. 完善乡村基础设施配套

大力推进农村饮水安全巩固提升工程，重点建设集中连片供水工程配套、改造、联网，加强水源保护和节约用水。加快实施县际相邻乡镇通畅工程，继续推进建制村道路硬化工程。逐步开展垃圾分类，采用"村集中、镇（乡）转运、县（区）处理"的方式对农村生活垃圾进行集中收集和无害化处理。农村生活污水采用分村或联户收集污水，处理达标后再排入环境的方法。实现村村有安全饮用水，通电、通路，广电网、电信网、互联网通村到户。

3. 增强乡村公共服务供给

统筹推进村级公共服务中心建设，健全幼儿园、中小学校、卫生室、综合活动室、农家（社区）书屋、农贸市场、便民超市、社区公共管理合作社、乡村金融服务网点及电子金融设备等农村公共服务设施，完善社会保障和救助制度。加强农村文化阵地建设，大力实施农村电影放映、基层"两馆一站"免费开放等文化惠民工程，打造一批农民喜闻乐见的文化产品和服务（见表2-10）。

表2-10 乡村公共服务设施配置指引

设施类别	设施内容	一次生活圈（自然村）	二次生活圈（行政村）	三次生活圈（乡镇）
教育	幼托机构	○	●	●
教育	小学		○	●
教育	初中			●
教育	高中、职业学校			○
医疗	卫生室		●	
医疗	卫生院			●
文化	老年活动室	●	●	●
文化	文化活动中心、图书室		●	●
文化	广播电台、站		○	
体育	健身场地	●	●	
体育	标准篮球场		●	
体育	体育场馆			○

续表

设施类别	设施内容	一次生活圈（自然村）	二次生活圈（行政村）	三次生活圈（乡镇）
社会福利	养老服务站		○	
	敬老院			●
公共管理	村委会		●	
	派出所			●
	党政团体机构			●
商贸旅游	百货店	○	○	●
	餐饮		○	
	综合商店			●
	农家乐		○	
	宾馆			●
	旅游服务站			○
	快递网点		○	●
	农业服务设施（农技、农技服务等）		●	●

注：●为必须配置，○为选择配置。

（三）乡村脱贫攻坚

以宁蒗县贫困乡镇及贫困人口为重点，深入实施特色产业脱贫、转移就业脱贫、易地搬迁脱贫、教育发展脱贫、健康丽江脱贫、农村危房改造脱贫、生态补偿脱贫、社保兜底脱贫、基础短板补齐脱贫、金融支持脱贫等十大工程，以打赢脱贫攻坚战。动员社会各界广泛开展社会购买、大力实施渠道畅通、深入实施质量提升、推进休闲旅游升级等消费扶贫四大行动，为贫困乡镇的产业发展注入内生动力，促进贫困人口稳定脱贫，贫困乡镇产业持续发展。

八、统筹沿江保护与发展

（一）沿江分段发展引导

1.沿江上段发展引导

地域范围：塔城乡、巨甸镇、黎明乡、石鼓镇、龙蟠乡、大具乡。

发展引导：处理好生态保护与经济社会协调发展关系，强化生态服务功能，稳步推进城镇空间适度扩张，加强城镇公共服务设施配置，完善道路交通及市政公共设施建设，加强旅游等特色产业发展，建成滨江休闲旅游带。

产业方向：重点结合乡村振兴战略发展文化旅游、生态旅游、乡村休闲、户外运动等产业业态，引导发展规模化农业种养殖基地。

重点项目：见表 2-11。

表 2-11 沿江上段重点发展项目

重点项目	所在乡镇	项目内容
石鼓特色小镇	石鼓	依托"长江第一湾"景观、石鼓镇红色文化，打造特色旅游小镇
营盘虎跳峡小镇	大具	依托营盘村及周边雪山、虎跳峡等自然景观资源，以纳西文化、生态文化为内涵，打造融康养度假、乡村轻奢、旅居休闲为一体的旅游镇村
大具玫瑰田园综合体	大具（头台村）	依托优良的气候和种植条件以及景观条件，发展以玫瑰种植、玫瑰景观、玫瑰文化创意为特色的农旅融合综合体项目
塔城勒巴纳西风情小镇	塔城（拉市落村）	依托拉市落中国传统村落，打造具有勒巴风情的民俗小镇
巨甸茶马古道小镇	巨甸（拉市坝村）	依托曾经的茶马古道"小香港"，建设以茶马互市文化为特色的旅游小镇
黎明运动休闲小镇	黎明（黎明村）	依托红石街现有的攀岩和运动休闲条件以及康益的景观自然环境，打造以攀岩、休闲、傈僳风情体验为主题的度假小镇
金江画廊文创村落集群	石鼓（茨科村、格子村、新华村）	依托茨科、格子、新华等沿江开阔坝区，以文化、创意和休闲、度假为主题，打造若干个文创村落
金沙江油画走廊	黎明、石鼓、龙蟠	打造沿江旅游线路，串联金沙江岩画展示、红色文化体验、田园风光游览、水上活动体验、艺术采风驿站等活动与设施
老君山生态文化旅游区项目	黎明、石鼓、石头	依托老君山独特的地质条件、风景资源、生态系统、民族文化打造高品质生态文化旅游区
虎跳峡 A 级景区提升改造项目	龙蟠、大具	对景区的基础设施、服务设施、安全设施等进行完善

续表

重点项目	所在乡镇	项目内容
三股水景区开发项目	龙蟠	打造融田园风光、养生休闲、文化体验等为一体的精品旅游景区
食用菌生产基地	巨甸、黎明、石鼓、龙蟠	食用菌规模化生产和初加工基地
高海拔药材规范化生产基地	塔城	规范化种植滇重楼等具有地方特色的中药材,为县内生物药材产业基地的生产加工提供优质原料
牛羊猪鸡养殖繁育基地	巨甸、石鼓	生产优质牛、羊、猪、鸡肉的规模化生产基地

2. 沿江中段发展引导

地域范围：奉科镇、宝山乡、鸣音镇、大东乡、文化街道、金安镇、金江乡、拉伯乡、翠玉乡、金棉乡、松坪乡、大安乡、顺州镇。

发展引导：加强生态防护林建设，减少水土流失和土壤石漠化的发生，在离江区域发展城镇和农业，集聚人口拓展城镇功能，加强沿江乡村与中心镇联系，加强沿江道路、水上航运等基础设施建设，建成库区风光游览和生态保育带。

产业方向：重点结合库区航线和沿江道路建设，发展水上观光和乡村休闲等项目。推动沿江坡地发展农林产业，重点结合石漠化、水土流失治理发展经济林果产业，推动林下经济发展，增加农民收入。打造宝山石头城、增明村等若干旅游小镇、特色旅游村庄，加强农林种植产业与旅游业融合发展。

重点项目：见表2-12。

表2-12 沿江中段重点发展项目

重点项目	所在乡镇	项目内容
宝山石头城文化旅游小镇	宝山（石头村）	依托石头城文化打造文化创意、风情旅游小镇
库区水上观光游览项目	奉科、宝山、鸣音、拉伯、翠玉、金棉、大东、松坪、大安、顺州、金安	依托库区两岸自然山水等景观资源，开发水上观光和游览等项目

续表

重点项目	所在乡镇	项目内容
金江沿江风情村落	金江、松坪、大安、顺州	依托邑马珍、下喇嘛村、看牛坪村、西马场村等沿江重点村落开发沿江观光休闲、民族文化体验、乡村旅游等项目
大东乡温泉休闲小镇	大东（建新村）	依托温泉资源，开发养生度假休闲旅游小镇
增明村休闲度假小镇	金安（增明村）	依托增明自然风光及交通区位优势，发展融美食、度假、休闲为一体的旅游小镇
高山花卉种植示范基地	金安（龙山村）	融高山花卉种植、初加工、旅游观光为一体的现代农业示范园区
九色玫瑰小镇	七河	建设玫瑰种植基地、加工区以及高原花卉教学科研基地，同时打造精品乡居民宿、乡野美食，融合花卉观光、科普研学、文化体验、乡村旅游等项目
花海旅游观光休闲基地	七河	融高山花卉种植、展销、创新为一体的农旅融合项目
小米椒生产示范基地	金江（罗玄村）	融小米椒种植、初加工为一体的生产基地
油橄榄种植石漠化治理综合项目	奉科、宝山、鸣音、拉伯、翠玉、金棉、文化、金安、金江	推广油橄榄种植，治理土壤石漠化，发展林果经济
高山药材规范化种植基地	奉科、宝山、鸣音、拉伯、翠玉、金棉	规范化种植滇重楼等具有地方特色的中药材，为生物药材产业基地的生产加工提供优质原料
丽江猪（吾木黑猪）养殖示范基地	宝山	丽江五大国家畜禽遗传资源中丽江猪（宝山吾木黑猪）规范化养殖基地
宁蒗高原鸡生产加工基地	拉伯	大规模繁育并进行相关制品加工，强化"宁蒗高原鸡"品牌优势
宁蒗高原鸡休闲农场	拉伯（托甸村）	结合高原鸡科普、美食体验，发展特色休闲农场
优质高原红米种植加工基地	翠玉（官田村）	依托品质优良、在省内具有一定知名度的优质高原红米制成绿色食品、旅游商品
红米文化园项目	翠玉（翠玉村）	打造融红米文化科普、种植、食用、创新、体验为一体的农业休闲园
软籽石榴休闲园	顺州	结合软籽石榴采摘、观光和农家体验，发展农旅融合业态

续表

重点项目	所在乡镇	项目内容
蔬菜供应基地	顺州	优质大棚蔬菜及冷凉蔬菜供应基地
立体林业经济示范基地	松坪、大安	依托中海拔林区的地理优势，提质增效以核桃为主的经济林果基地，形成林药、林粮、林果、林菌间作的立体林业经济示范基地，并进行林产品综合加工

3. 沿江下段发展引导

地域范围：涛源镇、片角镇、鲁地拉镇、东山乡、仁和镇、荣将镇、石龙坝镇。

发展引导：加快城镇建设，着力提升土地开发利用效率，引导人口向涛源—片角和荣将—石龙坝集聚，加强区域城乡统筹建设，结合杧果等农特产品资源优势发展休闲产业，建成干热河谷农旅融合发展带。

产业方向：利用现有杧果、软籽石榴、沃柑等林果种植优势，结合乡村振兴战略发展休闲农庄、康养度假、健康管理、绿色农产品加工等特色产业；依托区位和交通优势，建设区域性农特产品交易中心。

重点项目：见表2–13。

表2–13 沿江下段重点发展项目

项目名称	所在乡镇	项目内容
库区傈僳风情村落	鲁地拉	依托和挖掘傈僳族传统文化、民间传说、建筑文化、美食文化，打造傈僳族风情村落，鼓励村民参与其中；改造村庄环境、完善基础设施，积极鼓励村民发展"农家乐""渔家乐"等乡村旅游业态
红酒康养小镇（含红酒养生中心）	涛源	依托温泉资源与葡萄种植产业，打造以红酒文化、温泉养生、休闲度假为主题的旅游小镇
温泉旅游综合体项目	片角	依托片角镇优质的旅游资源，打造以温泉休闲、商务会议、养生度假为主题的温泉旅游综合体
汇源果色天香杧果田园综合体	荣将	打造万亩果子山，培育本土品牌，农旅结合发展鲜果采摘、果园观光、杧果文化创意等内容
杧果小镇	荣将	打造以杧果为主题，融休闲娱乐、养生度假为一体的旅游小镇

续表

项目名称	所在乡镇	项目内容
华坪运动康复中心	荣将	打造集运动医疗、健康咨询、创伤康复、复后训练于一体的专业中心
软籽石榴生产基地	涛源、片角	依托金沙江干热河谷的优势发展软籽石榴，通过实现现代化、标准化、优质化的生产提高产出效率
农特产品交易中心	仁和、片角	以服务永胜、华坪和大理、楚雄、攀枝花等周边区域为主，汇聚肉类、特色林果等商品交易
农特产品加工基地	荣将、涛源	对杧果、柑橘、火龙果、苹果、梨、桃、水果、蓝莓等本土特色水果进行加工，形成系列鲜果、果干、糖制果品、果汁、果醋、果品罐头等
晚熟杧果生产基地	仁和、荣将、石龙坝	依托金沙江干热河谷的优势发展杧果等林果种植，通过实现现代化、标准化、优质化的生产提高产出效率

（二）特色城镇建设

1. 打造一批专业乡镇

发挥资源、产业、交通等优势，打造一批功能齐全、特色突出、带动力强的旅游名镇、产业重镇、商贸强镇，包括以石鼓、白沙、拉市、六德等为重点的特色旅游乡镇，以三川、程海、期纳、永宁、巨甸等为重点的综合服务乡镇，以鲁甸、太安等为重点的特色农业乡镇。

专栏十六：特色乡镇发展引导

综合服务型：巨甸镇、九河乡、七河镇、永宁镇、战河镇、三川镇、程海镇、期纳镇、片角镇、兴泉镇、石龙坝镇。

旅游型：石鼓镇、白沙乡、拉市镇、大具乡、石头乡、塔城乡、黎明乡、宝山乡、金江乡、六德乡。

农业型：鲁甸乡、太安乡、金安镇、拉伯乡、翠玉乡、红桥镇、新营盘乡、跑马坪乡、永宁坪乡、大安乡、顺州镇、涛源镇、仁和镇、新庄乡、船房乡、永兴乡。

2. 加强城镇市政和公共服务设施建设

加强公共服务体系建设。推进基本公共服务均等化，加强交通、教育和医疗等设施整合和共建共享。加强乡镇"一水两污"和公厕等基础设施建设，加快推进"七改三清"（改路、改房、改水、改电、改圈、改厕、改灶，清洁水源、清洁田园、清洁家园）工作，改善人居环境，建设安居乐业美丽家园。

供水基础设施建设。在沿江区域配置11座供水厂，为周边区域集中供水。其余无法集中供水的区域则采用分散式供水，即修建水利、集水设施等方法（利用雨水汇流，建设塘坝、水窖等）完善、扩建给水系统，提供符合国标规范的饮用水。

> ### 专栏十七：沿江供水厂重点工程
>
> 巨甸水厂（2500）、石鼓水厂（3000）、大具水厂（800）、文化水厂（2000）、金安水厂（1000）、七河水厂（12000）、涛源水厂（1000）、片角水厂（800）、仁和水厂（1000）、荣将水厂（20000）。
>
> 注：括号内数据为日供水能力，单位为吨。

污水处理设施建设。在沿江区域配置12座污水处理厂，集中处理周边区域污水。其余无法接入市政污水管网的区域则采用分村或联户收集污水，经过处理达标后，再排入环境的方法。污水处理应达到《地表水环境质量标准》（GB 3838—2002）Ⅲ类功能水域直接排放标准。

> ### 专栏十八：沿江污水处理厂重点工程
>
> 黎明污水厂（2000）、石鼓污水厂（2400）、大具污水厂（640）、文化污水厂（1600）、金安污水厂（800）、七河污水厂（9600）、

涛源污水厂（800）、片角污水厂（640）、仁和污水厂（800）、荣将污水厂（30000）。

注：括号内数据为日处理污水能力，单位为吨。

垃圾转运和处理设施建设。建设玉龙县奉科镇、永胜县仁和镇垃圾填埋场。农村生活垃圾采用"村集中、镇（乡）转运、片区处理"的方式，统一运送至片区垃圾处理设施进行最终处理。

（三）特色村落打造

实施沿江乡村振兴"百村示范"行动。在全市465个行政村、4902个自然村中挑选产业发展基础较好、未来发展潜力大的村庄，打造100个乡村振兴示范村，引领全市乡村振兴发展。

专栏十九：乡村振兴百村示范点名录

第一批（21个）

玉龙县（10个）：石鼓旅游特色小镇、宝山乡石头城纳西文旅小镇、石鼓镇吉北科、大具小米地村、龙蟠乡兴文村三股水乡村旅游景区、大具乡营盘村旅游小镇、石头乡桃园民俗生态旅游度假村、白沙乡玉湖村、龙蟠乡阿喜村、黎明乡黎明村（格拉丹大草原）。

古城区（4个）：大东乡建新村委会江边村民小组、金江乡金江村第三村民小组（邑马珍村）、金安镇增明村、七河镇金龙村。

永胜县（2个）：东山乡牦牛坪村委会大羊坪村小组、片角镇下六村委会橄榄坪村小组（永胜红酒康养小镇）。

华坪县（3个）：荣将镇哲理村、荣将镇龙头村果子山、中心镇华兴社区一组（红河谷庄园）。

宁蒗县（2个）：大兴镇拉都河村委会雷家村、永宁乡永宁村委会扎实村。

第二批（46个）

玉龙县（5个）：黎明乡黎光村（黎明丹霞禅修康养主题酒店）、石鼓镇松坪子村、鲁甸乡鲁甸村（生态中药材种植示范）、龙蟠乡岩羊村（养猪示范基地建设）、大具乡白麦村（油橄榄产业园项目）。

古城区（10个）：金山街道新团社区俄罗居民小组（丽江鹰猎文化风景区项目），开南街道贵峰社区三元居民小组（丽江高效现代花卉产业园），大东乡建新村委会果市村民小组（古城区油橄榄种植示范基地及观光农业发展项目），七河镇共和村委会西关村（观音峡景区生态旅游项目），大研街道义尚社区文林村（古城东郊环境整治），束河街道龙泉社区（束河古镇红山小镇），祥和街道八河社区第三、第四居民小组（颐养泰和苑），文化街道文化社区红水塘居民小组，文化街道拉马古社区，金安镇义新村。

永胜县（12个）：程海镇东湖村、河口村（程海康养小镇）、程海镇海腰村（程海康养玫瑰特色小镇）、顺州镇西马场村（丽江安盛综合田园体）、三川镇翠湖村（三川翠湖乡村特色旅游项目）、程海镇凤羽村委会毛家湾村（程海凤羽毛家湾边屯文化特色旅游项目）、涛源镇东安橄榄村、涛源镇上六村茅坪小组、光华乡光华村委会大地村小组、六德乡双河村委会二村（他留民俗文化旅游示范村）、仁和镇新田村委会石板箐小组、羊坪乡落雪坪村委会红石宝上组。

华坪县（10个）：中心镇梭罗村、中心镇河东村、中心镇楠木村、船房乡华荣村、永兴乡永兴村、石龙坝镇龙井村、新庄乡新庄村、石龙坝镇民主村、通达乡丁王村、兴泉镇兴泉社区。

宁蒗县（10个）：永宁镇落水村委会小落水村、烂泥箐乡马金子村委会新生村、红桥镇黄腊老村委会抓如村、西川乡大柏地村委会小坪子村、新营盘乡药草坪村委会苍浦塘村、跑马坪乡沙力坪村委会农场村、永宁坪乡永宁坪村委会苏嘎拉村、金棉乡红星村委会南堡村、宁利乡玉鹿村委会喇嘛村、大兴镇官地坝社区麻里坪村。

第三批（35个）

玉龙县（12个）：塔城勒巴纳西风情小镇（依陇村拉市落村小组）、巨甸茶马古道小镇（巨甸村拉市坝村小组）、茨科村（金江画廊休闲创意村落）、格子村（金江画廊休闲创意村落）、新华村（金江画廊休闲创意村落）、拉市美泉村雪桃农业公园、海南村花海旅游观光休闲基地、太安天红村观光休闲农业示范区、太安村种薯农业公园、白沙木都村鲜花田园综合体、大具头台村玫瑰田园综合体、大羊场高原休闲牧场。

古城区（5个）：金安镇龙山村高山花卉种植示范基地、金山街道金山居委会高山鲜切花生产示范基地、金江乡罗玄村小米椒生产示范基地、七河镇五峰村乡村旅游项目、文化街道东江居委会文化旅游项目。

永胜县（7个）：美丽三川田园综合体、松坪下喇嘛村特色旅游项目、三川金官村稻禾文化公园、六德乡玉水村他留乌骨鸡休闲农场、仁和镇仁和村农特产品交易中心、期纳镇清水村保护利用项目、期纳镇文凤村软籽石榴休闲农场。

华坪县（4个）：汇源果色天香田园综合体、兴泉镇兴泉村田园小镇、永兴乡习好村乡村休闲项目、通达乡维新村乡村休闲项目。

宁蒗县（7个）：新营盘苹果特色小镇、拉伯加泽村三江口旅游项目、拉伯托甸村宁蒗高原鸡休闲农场、红桥镇红桥村宁蒗高原鸡生产加工基地、翠玉乡官田村高原红米种植加工基地、翠玉乡翠玉村红米文化园项目、永宁乡温泉村摩梭风情小镇。

（四）沿江公路建设

因地制宜地建设沿江高等级道路。上段重点建设龙蟠至大具段沿江道路，中段重点建设三江口至龙开口沿江道路，下段重点建设涛源—鲁地拉沿江道路以及观音岩—河门口大桥段道路。

大力完善农村道路，力争2020年自然村道路覆盖率达到100%。

（五）金沙江水道建设

1. 金沙江水道及码头建设

加大金沙江电站库区航道建设力度。规划建设茨科至龙蟠以及鲁地拉库区、龙开口库区、金安桥库区、阿海库区航道。每条航道建设若干码头和停靠点，服务客运和水上旅游观光。2025年，建成金沙江高等级航道里程达260公里，沿江码头12个。

2. 金沙江过江通道建设

重点建设金沙江石鼓大桥、大具大桥等11座跨江桥梁。

专栏二十：金沙江码头和过江通道建设

金沙江码头：茨科码头、石鼓码头、龙蟠码头、奉科码头、宝山码头、大东码头、下喇嘛码头、增明码头、梓里码头、金江码头、涛源码头、鲁地拉码头。

过江桥梁：巨甸大桥、金江大桥（建成）、石鼓大桥、拉马洛大桥、松园大桥（建成）、继红大桥、大具大桥、三江口大桥、拉伯大桥、奉科大桥、东联大桥、树底大桥（建成）、金安大桥（建成）、龙门大桥、涛源大桥（建成）、湾碧大桥、河门口大桥。

（六）沿江景观风貌控制

按照"生态优先、文化传承、有机布局"的总体原则，针对沿江区域不同的景观风貌要素组合和特征特点,分别加以控制引导,具体如表 2-14 所示。

表 2-14 沿江景观风貌分区引导控制导则

分区	范围界定	功能定位	景观特征	建设控制	保护要求	景观引导
上段	塔城 巨甸 黎明 石鼓 龙蟠 大具	滨江特色城镇发展带及休闲旅游带	沿江坝区地势平缓,村寨农田星罗棋布,沿江景观开阔	1. 建设范围控制在城镇增长边界内,强调集聚发展,高效利用,限制无序蔓延 2. 沿河地区分段控制建设强度,协调整体布局,与自然山水景观有机结合 3. 按景观规划要求,控制沿河建筑形态、色彩	1. 保护沿河岸线和自然状态 2. 保护沿河重要山体 3. 保护城镇建设区内的自然景观 4. 保护有较高历史文化价值的民居聚落	1. 以"山、水、田"为一体的乡村聚落 2. 沿河形成中心突出,近河疏远河密的城镇发展界面 3. 充分利用山势地形和沿河开阔视野,强化和突出滨水山地城市景观特征
中段	奉科 宝山 鸣音 拉伯 翠玉 金棉 大东 松坪 金安 七河 金江 顺州	滨江风光游览带和生态保育示范带	沿江坝区地势险峻,峡谷景观凸显,非适宜人居环境	1. 建立改善高山峡谷生态保护机制,兼顾发展 2. 峡谷旅游路线应注意控制游客容量 3. 沿河地区严格控制建设强度,保证滨水空间的公共开敞和自然景观的特征	1. 保护沿河地区的自然景观特质 2. 保护沿河空间和重要景观点的公共使用 3. 保护典型的物种和地质现象 4. 保护沿河岸线和自然状态 5. 保护沿河重要山体	1. 依现有沿河山势地形,分期开发若干峡谷景观区域,并设置最佳观景点和游览路线,加强峡谷景观特色 2. 严格保护特色地形地貌,进行保护性开发
下段	涛源 片角 东山 鲁地拉 仁和 荣将 石龙坝	滨江农旅融合发展带	典型山谷地形特征,沿江干热河谷气候显著,石漠化集聚区域,植被条件普遍较差	1. 自然修复与人工抚育相结合,加快生态环境修复速度 2. 加大对开发建设项目的修复与改造,防止区域生态环境恶化 3. 种植生命力强、抗干旱的树种,发展具有较高的生态效益和社会经济效益的栽培模式	1. 保护优先,对脆弱的石漠化生态系统及现有林草植被实行严格保护 2. 严格限制破坏生态环境的毁林开垦、过度放牧等农牧活动	统筹山、水、林、田、湖、草系统治理,不断增加林草植被

（七）沿江生态修复

1. 加强沿江水土流失预防和治理

沿江上段重点加强水土流失预防。进行荒坡造林种草，疏林地补植补种，对现有林地、疏林地、造林进行封山育林；合理开发利用，重点发展林牧业；改造水土保持林；河谷地区改善农业生产条件，提高粮食产量，加强坡耕地改造、基本农田建设，同时做好25°以上坡耕地的退耕工作；建设太阳能发电站，推广电力使用，改变过分依赖薪柴的消耗性能源结构，解决好农村能源问题，避免乱砍滥伐，减少对薪柴的需求和对植被的破坏；对重要的地质灾害点采取工程与植物措施相结合的方式，进行重点治理。

沿江中段和下段重点加强水土流失治理。以小流域治理为主要手段，重点治理类型为坡耕地，配套小型蓄引排灌工程。在对泥石流进行危险性评价的基础上，在泥石流沟道形成区的支毛沟修建谷坊群，坡面配置水土保持林草设施；在流通区配置骨干型拦沙工程；在淤积区配置排导停淤设施；建立山洪灾害和泥石流预警预报系统。

2. 加强石漠化综合治理

重点区域为大具乡、宝山乡、奉科镇、拉伯乡、翠玉乡、鸣音镇、金棉乡、大东乡、文化街道、金安镇、金江乡、鲁地拉镇、东山乡和仁和镇等乡镇。

加大坡改梯水土流失治理力度，实施坡面水系工程和小型集雨引蓄灌工程，调整农业种植结构，在石漠化改造地区发展油橄榄等经果林；对现有疏幼林实施封山育林，对不宜耕种的坡耕地逐步实行退耕还林还草，营造山地水土保持林。

专栏二十一：沿江生态保护和建设重点项目

1. 生态林建设。金沙江沿江生态林建设工程。
2. 水土流失和石漠化治理。150平方公里以上小流域水土流失综合治理项目；奉科至鲁地拉段金沙江中段沿江石漠化综合治理项目；三川、程海断裂地带水土流失综合治理项目。

（八）防洪安全体系建设

1. 建设高标准防洪工程

防洪工程主要建设区域为沿江上段塔城至龙蟠段。到2025年，将完成上段金沙江干流及重要支流堤防达标建设，使金沙江干流整体防洪能力达到20年一遇标准。

专栏二十二：金沙江防洪重点工程

到2025年实施石鼓镇段、巨甸镇段、巨甸镇古渡河段、巨甸镇乐村段、塔城乡鸡公石段、塔城乡务鲁村段重点防洪工程，修复工程全长8.83公里。

---

2. 加强防洪风险管理

编制金沙江干流、重要支流堤防和大型水库风险图，推进洪水风险区划。建设洪水预警预报系统和防汛抢险应急体系，制定降低风险、回避风险、分担风险的各项制度和应急措施，提高预警预报、应急处理和洪水风险承受能力。

九、实施保障

（一）区域协调

1. 主动服务和融入长江经济带

加强与长江经济带沿线地区的经济合作。坚持统筹规划、改革创新、双向开放、特色发展的原则，积极承接长江中下游产业转移，壮大特色优势产业。加强与成渝城市群、攀西经济区的合作，重点开展农业科技、旅游资源开发、产业转移和引进、科技资源引进、高新技术创新等方面的互利合作。

注重金沙江生态建设和环境保护,推动丽江与长江中下游地区联动协调发展,通过大开放促进大发展。

2. 深度参与多边次区域合作

健全区域合作机制。推进与大理、怒江、迪庆、保山、楚雄、攀枝花等周边区域的合作,建立和完善区域一体化发展机制。主动与周边州市及县区在发展规划上进行有效协调,加强区域合作规划、资源利用与生态环境保护专项规划、产业规划、交通规划四类规划的编制和对接,争取实现规划统一、同步建设。倡导建立开放、规范、竞争的商品市场,消除地方市场壁垒,降低产品跨区域销售成本。积极建立和完善跨地区的产权交易市场、金融市场等资本市场建设,促进资本市场一体化发展。加强与周边区域的生态环境共保共治,探索建立区域生态监测和预警机制。

全方位拓展合作范围。积极沟通澜沧江开发开放经济带,努力融入孟中印缅经济走廊。提升与泛珠三角、长三角、成渝经济区等区域的合作水平,继续深化与川滇黔、滇川藏毗邻地区的交流合作,加强与大香格里拉生态旅游区、攀西经济区互动发展。稳步发展丽江航空口岸,积极开展与国际世遗城市的交流合作,扩大丽江的国际知名度。大力发展国际友好城市关系,构建对外开放国际交流合作平台。

(二) 制度建设

1. 完善机制体制建设

加强组织领导,明确责任分工。成立由市政府主要领导挂帅、分管领导牵头实施的领导小组和工作专班。按照市级统筹规划、区县组织实施、各部门各负其责、实行以奖代补的原则协调推进。

抓好监督评估,加强实施考核。明确分阶段发展任务,落实责任主体、时限要求和考核目标。进一步丰富考核方式和监督手段,适时委托第三方专业机构对规划实施绩效进行评估。完善社会参与和监督机制,引导社会力量参与规划、实施和监督。

2. 推进建立生态补偿机制

积极探索在长江上下游开发地区、受益地区与生态保护地区之间建立横向的财政转移支付[①]生态补偿机制,推动全市成为国家生态补偿的试点区域。

争取设立水电资源开发长效补偿机制,通过地方依法参股、留存电量等多种方式支持水电资源就地转化,并用于电站库区生态环境保护和扶贫开发。

3. 加大资金投入,拓宽投资渠道

优先重点保障规划实施所需资金,发挥市级现有投融资平台力量,推进重大项目建设。积极探索符合市场规律的项目建设和运营管理模式,逐步实现投融资渠道的多元化。

加快推进农村产权确权颁证和交易体系建设,促进农村土地、资产、金融等资源要素流动。

4. 优化土地管理,保障土地供给

对重大项目给予新增建设用地指标预留。对可挖潜的存量建设用地制定相应的开发利用政策。建立健全土地节约集约利用评价、动态监测和考核机制。

积极保障旅游业发展用地,在新增指标和供应方式方面予以保障与倾斜,有效落实旅游重点项目新增建设用地。

5. 保障人才服务,提升人才吸引力

在平台建设、资金引导、服务保障、具体政策支持等方面加大力度,打造云南省人才特区。落实人才激励机制和优惠政策,定期开展评选活动,创造良好的人才环境。

6. 加强宣传交流,扩大影响力

创新宣传机制,拓宽宣传渠道,积极搭建对外宣传与交流的平台。发挥社会各界的积极性,为金沙江绿色经济走廊发展提供智力支撑。设计具有较高辨识度的形象标识和宣传语,制作精良宣传片。

(三) 规划实施

1. 沿江高效高产农业带行动

丽江金沙江沿线具有发展高效高产农业带的优势。主要体现在:一是

---

① 主要指长江中下游地区对上游地区的资金补偿。

具有生物资源优势,如永胜县是特色水果主产地之一,玉龙县素有"云药之乡"的美称,华坪县被誉为"杧果之乡",永胜的程海是中国唯一能天然生长螺旋藻的湖泊。二是农业发展条件良好,金沙江沿线具有丰富的耕地资源、热区资源和水能资源。三是具有交通物流优势。四是具有旅游发展优势。

(1) 发展目标。

实现"六个一百",即"建设100万亩高产稳产标准农田、实施100个光伏提水项目、建设杧果—石榴—沃柑—中药材—油橄榄等100多万亩高产优质高效农业示范基地、打造100个乡村振兴示范点、集中养殖100万头生猪、培育100亿元以上收入农产业"。

(2) 产业布局。

沿江高效高产农业带主导产业为农林种植业,以永胜、华坪和玉龙为主要生产区,其中永胜为龙头和重点。

塔城至石鼓段主要发展道地中药材和烟草;石鼓至金安桥段主要发展油橄榄(青刺果);永胜段重点发展软籽石榴;华坪段重点发展晚熟杧果。

生猪产业重点在玉龙、永胜和华坪金沙江沿线布局(依法划定的禽兽养殖禁养区、限养区①除外)。

(3) 发展措施。

按照"一县一业、一镇一品"原则引导农产业特色化发展。大力扶持培养龙头企业,加快农产业规模化、专业化、组织化、市场化发展。加强品牌营建,申请欧盟认证,集中优势打造"丽江"这一个农特产品品牌。加强农特产品的精深加工,积极拓展产业链。加强农业与旅游休闲业相结合,拓展旅游新业态。

(4) 重点项目。

包含农林生产基地和加工基地建设,农旅融合项目和沿江水利设施建设等项目共计30项,总投资额88.1亿元(见表2-15)。

---

① 禁养区:县城建成区内,各乡镇、村人口集中区;县城、乡镇饮用水源保护区和居民取水点周边半径500亩范围陆域;自然保护区核心区和缓冲区。限养区:饮用水源保护区、自然保护区、旅游景区外延1000米范围内。

表2–15　沿江高效高产农业带行动重点项目

分类	项目名称	项目内容	近期估算投资额（万元）	投资主体
农林种植业	古城区高山花卉生产基地	金山街道、金安镇、开南街道、七河镇等高山花卉生产基地20万亩	10000	企业
	玉龙县道地中药材规范化种植及良种繁育基地建设项目	滇重楼、云木香等高山药材种苗繁育及规范化种植基地5万亩。重点是鲁甸、塔城、奉科、鸣音等区域	82175	企业政府
	玉龙县中药材基础设施建设及改造项目（含场地加工饮片生产线技改、基础设施等项改）	以全县11个中药材"一村一品"专业村为重点，辐射其他中药材主要种植村组，开展种植基地的道路改造工程、灌溉设施的建设工程、仓储物流及交易市场建设工程、产业数字化建设项目及工程等10个项目建设	36845	企业政府
	玉龙县中药材科技支撑能力建设	与省内外中药材领域各高校及科研院所开展科技合作，建设省、市级院士专家工作站3个、中药材绿色生产技术研究项目1个、中药材领域"三品一标"及相关认证项目1个，建设省级生物工程技术联合实验室1个	6400	企业政府
	玉龙县10万亩高标准油橄榄示范基地建设	新建基地面积5万亩；提质增效建设5万亩（含集约化喷灌管网）；建设示范基地果园简易公路、引水管网、提水设施、蓄水池等基础设施。重点在龙蟠乡、大具乡、奉科镇、宝山乡、鸣音镇	42700	政府
	玉龙县烤烟生产基础设施建设项目	1. 烟水配套：50立方米水池586个，总容量29300立方米；管网33件，管道总长180公里；沟渠368条，总长146公里；提灌站12座 2. 砂石路面机耕路95条，总长50.50公里 3. 购置烟叶调制设施烟夹650座 4. 烟草农用机械360台套 5. 育苗设施育苗大棚20座 6. 整理土地17片1.7万亩 7. 水源工程(江湾水库)1座，库容350万立方米	22431	企业
	宁蒗苹果生产基地建设	宁蒗2700米太阳红苹果生产基地30万亩	10000	企业
	永胜软籽石榴生产基地建设	三川、程海、期纳、涛源、片角等软籽石榴生产基地30万亩	10000	企业
	华坪晚熟杧果生产基地建设	荣将、中心、新庄、石龙坝等晚熟杧果生产基地50万亩	20000	企业
	永胜、华坪沃柑生产基地建设	两县沿江主要乡镇沃柑生产基地20万亩	10000	企业

续表

分类	项目名称	项目内容	近期估算投资额（万元）	投资主体
农旅融合产业建设	农业观光休闲基地	海南村花海旅游观光休闲基地、太安天红村观光休闲农业示范区、大羊场高原休闲牧场、六德乡玉水村他留乌骨鸡休闲农场、期纳镇文凤村软籽石榴休闲农场、拉伯托甸村宁蒗高原鸡休闲农场、顺州软籽石榴休闲园等一批农业观光休闲基地	30000	企业
	农业公园	拉市雪桃农业公园、太安村种薯农业公园、三川金官村稻禾文化公园、翠玉乡翠玉村红米文化园项目等一批农业公园	30000	企业
	田园综合体	汇源果色天香田园综合体、美丽三川田园综合体、白沙木都村鲜花田园综合体、大具头台村玫瑰田园综合体等一批田园综合体	30000	企业
农产品加工	玉龙县油橄榄加工产业园建设项目	特级初榨橄榄油加工厂2个；油橄榄果罐头和蜜饯加工厂2个；油橄榄叶有效成分提取工厂1个；油橄榄果渣生物提取工厂1个；油橄榄果水生物提取工厂1个；油橄榄博物馆、主题公园、民宿酒店建设；油橄榄产业电商、物流（冷链）体系建设及市场推广和集散中心建设，以及配套"三通一平"基础设施建设和在雄古工业园区招商引资1家油橄榄产业龙头企业	40500	政府企业
	玉龙县道地中药材加工基地	滇重楼等道地中药材精深加工基地，加强生物研发	30000	企业政府
	宁蒗高原鸡生产加工基地	大规模繁育并进行相关制品加工，强化"宁蒗高原鸡"品牌优势	10000	企业
	宁蒗县高原特色现代生态农业木本油料深加工项目	建设融核桃、花椒、青刺果为一体的木本油料深加工、配套产品仓储、物流与深加工基地，配置原料处理、烘干、精炼、速溶粉等配套生产线，完善木本油料深加工服务体系	10000	企业
	永胜软籽石榴生产加工基地	依托软籽石榴精深加工基地，加工成绿色食品、旅游商品	10000	企业
	翠玉高原红米种植加工基地	依托品质优良、在省内具有一定知名度的优质高原红米制成绿色食品、旅游商品	10000	企业

续表

分类	项目名称	项目内容	近期估算投资额（万元）	投资主体
农业配套	玉龙县道地中药材交易市场	依靠与云南白药集团等省内知名中药制药企业的合作，新建高山道地中药材交易市场1个，改造和建设县城高山道地中药材仓储物流及交易市场1个，改造产地交易市场10个，提升和改造鲁甸乡中药材批发交易市场	5000	政府企业
	仁和农特产品交易中心	以服务永胜、华坪和大理、楚雄、攀枝花等周边区域为主，汇聚肉类、特色林果等农产品交易	2000	政府企业
农林水利工程	金沙江干流治理工程	江堤10.6公里，护岸工程27.04公里。保护耕地面积1.2万亩、房屋2486栋	182000	政府
	华坪高标准农田建设项目	建设三面光渠道21.32公里，机耕路11.90公里，管道6.60公里，水池1座	1641	政府
	华坪石龙坝节水灌溉项目	建设300立方米水池15座，主管道22公里，支管道136公里，泵站1座，50立方米分水池130座。建设区域：石龙坝镇民主、德茂社区	888	政府
	古城区高标准农田建设项目	建设渠道12.97公里，田间道路5.64公里。建设区域：开南街道良美居委会、七河镇期和村委会	994.24	政府
	古城区节水灌溉项目	建设300立方米水池4座，50立方米水池12座；钢管道敷设1.8公里，敷设给水管道（PE110、PE160）32.6公里。建设区域：开南街道良美居委会	391.38	政府
	全市大中型重点水库和水利工程建设项目	近期重点是南瓜坪水库、中所河水库、宁利水库等	130000	政府
	沿江小型水利设施建设	近期重点是沿江乡镇小型水库建设，包括文化、青龙湖、小长坪、大屋基、蒿枝地、忠义、中和、扎实德、马鹿塘、老鹰崖、左罗河、上库脚、席草地、建新、寒坡林等	70000	政府
	沿江村落水窖、蓄水池建设工程	近期建设沿江村落水窖、蓄水池5000件	33000	政府
	沿江太阳能光伏提水泵站	近期建设100件	4000	政府企业
合计			880965.62	

2. 文化旅游产业振兴行动

文化旅游产业振兴行动实施重点包括：文化保护与传承、文化旅游、生态旅游、运动康养及绿色工业等项目，共计32项，估算总投资额147.11亿元（见表2-16）。

表2-16　文化旅游产业振兴行动近期重点项目

类别	分类	项目名称	项目内容	近期估算投资额（万元）	投资主体
产业项目	文化保护与传承	文博场馆建设	近期重点是丽江市博物馆、古城区纳西文化博物馆	20000	政府企业
		文物保护单位保护修缮	国、省重点文保单位保护修缮	30000	政府
		民族文化研究项目	茶马古道、闽盐古道研究计划	100	政府
	文化旅游	民族文化观光和体验村落打造	近期重点为金沙江沿江风情旅游村落打造，主要包括邑马珍、看牛坪村、西马场村等沿江重点村落开发沿江观光休闲、民族文化体验、乡村旅游等项目建设	100000	企业
		民族文化节庆	丽江雪山音乐节、丽江国际文化旅游电影节、世界遗产丽江论坛、丽江国际非物质文化艺术节、纳西族三多节、东巴文化艺术节、永胜他留人粑粑节、边屯文化艺术节、小凉山彝族火把节、普米族吾昔节、泸沽湖摩梭朝山转海节、华坪傈僳族阔时节、华坪杧果节、华坪水龙文化节等特色节庆活动	10000	政府企业
		金江画廊文创村落集群（茨科村、格子村、新华村）	依托茨科、格子、新华等沿江开阔坝区，以文化、创意和休闲、度假为主题，打造若干个文创村落	30000	企业
		拉市文创村落	依托美泉、南尧、均良、打鱼等沿拉市海村落，打造文化创意和休闲度假旅游村落	30000	企业
		玉湖文创村	开放玉湖旅游业态，打造艺术工坊、创作者之家、文化论坛等各种文创产业集聚的文创村落	30000	企业
		民族文化旅游商品制作	将珐琅银器、纳西族铜器、纳西族手工造纸、纳西族服饰、彝族（他留人）火草纺织等制成旅游纪念品	2000	企业

续表

类别	分类	项目名称	项目内容	近期估算投资额（万元）	投资主体
产业项目	生态旅游	老君山生态文化旅游区项目	近期重点开发格拉丹草原及老君山生态步道系统	50000	企业政府
		科普研学旅游项目	近期重点为三江并流世界自然遗产博物馆、高美古天文研学基地	15000	企业
		全市步道和露营系统	玉龙雪山步道系统、老君山生态露营点（地）体系、泸沽湖生态露营地体系	20000	企业
		低空旅游产品	空中看世遗、空中看长江第一湾、空中看雪山、空中看泸沽湖、空中看金沙江峡谷等空中看丽江系列	5000	企业
		全市自驾房车营地	石鼓、巨甸、大具、拉市、九河、期纳、永宁、顺州、涛源、荣将、船房等自驾营地30处	30000	企业
		库区水上观光游览项目	依托库区两岸自然山水等景观资源，开发水上观光和游览等项目	2000	企业政府
	特色小镇	石鼓特色小镇	依托长江第一湾景观、石鼓镇纳西文化、红色文化积淀，打造融山水人文为一体的特色小镇	150000	企业
		大具营盘虎跳峡小镇	依托营盘村及周边雪山、虎跳峡等自然景观资源，以纳西文化、生态文化为内涵，打造文化休闲小镇	50000	企业
		黎明红石街运动休闲小镇	依托红石街现有的攀岩和运动休闲条件，以及康益的景观自然环境，打造以攀岩、休闲、傈僳风情体验为主题的度假小镇	100000	企业
		塔城（拉市落村）勒巴纳西风情小镇	依托拉市落中国传统村落，打造勒巴风情民俗小镇	50000	企业
		大东建新村温泉休闲小镇	依托温泉资源，开发养生度假休闲旅游小镇	3000	企业
		涛源红酒康养小镇	依托温泉资源与葡萄种植产业，打造以红酒文化、温泉养生、休闲度假为主题的旅游小镇	5000	企业
		增明村休闲度假小镇	依托增明自然风光及交通区位优势，发展融美食、度假、水上休闲为一体的旅游小镇	5000	企业

续表

类别	分类	项目名称	项目内容	近期估算投资额（万元）	投资主体
产业项目	特色小镇	片角温泉旅游综合体项目	依托片角镇优质的旅游资源，打造以温泉休闲、商务会议、养生度假为主题的温泉旅游综合体	10000	企业
		荣将杧果小镇	以杧果为主题，打造融休闲娱乐、养生度假为一体的旅游小镇	40000	企业
	运动健康服务	运动康养中心	丽江古城健康管理中心、白沙云药养生中心、大羊场高原运动中心、华坪运动康复中心、涛源红酒养生中心等建设项目	50000	企业
	旅游支撑设施	丽江市旅游集散中心	包括旅游集散中心、交通接驳转换、信息建设等	5000	政府
		县级旅游集散站	宁蒗、永胜、华坪等三个县级旅游集散站建设，包括公交、信息和咨询等内容	3000	政府
		旅游服务点	老君山、石鼓镇、拉市海、虎跳峡、宝山石头城、玉龙雪山、泸沽湖、程海、他留、荣将、涛源等多个旅游服务站点建设	5000	企业政府
	绿色工业	金山工业园超算中心建设项目	项目总投资12亿元。建设一个融数据中心、办公为一体的超算产业园，将其发展成国内一流、国际领先的人工智能及区块链技术产业园	60000	企业政府
		金山工业园金融大数据中心项目	项目为金融大数据存储及数据开发应用。项目分2期建设，计划每期建设功率3万千瓦10座标准化机房	105000	企业政府
		华坪工业园多晶硅项目	年产4万吨多晶硅，占地800亩，年产值24亿元，年耗电14亿度，吸纳就业700人	150000	企业政府
		华坪工业园金沙云区块链项目	建设中心机房（含云计算机房167栋，网络机房4栋，智慧城市机房2栋），办公楼、宿舍楼、食堂等生产生活辅助设备；购置核心交换机、计算机、多媒体办公软硬件设备及安装网络安全设备，存储系统、安防系统、温控系统等设备	300000	企业政府

3. 绿水青山生态保障行动

绿水青山生态保障行动实施重点包括市域保护地体系建设工作；生态退化和环境污染区域的治理工作；金沙江及重要一级支流流域农村污水和垃圾设施配套工作等，共计38项，估算总投资额为62.69亿元（见表2-17）。

表2-17 绿水青山生态保障行动近期重点项目

类别	分类	项目名称	项目内容	近期估算投资额（万元）	投资主体
生态保护	自然保护地申报工作	国家公园申报工作	近期重点为老君山国家公园规划的制定和申报材料制作	500	政府
	生物多样性保护	老君山、玉龙雪山、泸沽湖等保护区生物多样性保护项目	加强生物多样性保护、保护物种多样性、生态系统和景观多样性，维护重要生态功能区	8000	政府
		鸡冠山森林公园建设项目	近期重点为森林公园规划的制定和步道体系建设	3000	政府
		宁蒗县青龙海森林公园	近期重点为森林公园规划的制定和步道体系建设	13000	政府
		（宁蒗永胜）他尔波忍森林公园建设项目	近期重点为森林公园规划的制定和步道体系建设	5000	政府
	生态林保护和建设	沿江生态林建设（暨水土流失预防）工程	近期重点为建设5万亩	25000	政府
		天然林资源保护工程	近期重点为保护3万亩	7000	政府
		宁蒗、华坪等人工造林和退化林修复项目	近期重点为造林7000亩	5000	政府
	草原保护	市域退牧还草项目	近期重点为退牧还草2.5万亩	1000	政府
	水生态保护和修复	全市小水电综合整治项目	近期重点为做好100座小水电综合整治	2000	政府
		江河湖库生态脆弱区域保护和修复工程	白水河、漾弓江、拉市海、程海湖、羊坪水库为主要规划河段及湖库，规划完成河湖水库的水环境及生境保护工程共18项	62000	政府
		青龙河等6条入城河流生态廊道建设项目	近期重点是青龙河、新庄河的综合整治	6400	政府
		鲁地拉程海补水工程	鲁地拉提水，补程海用水	11000	政府

续表

类别	分类	项目名称	项目内容	近期估算投资额（万元）	投资主体
生态保护	水生态保护和修复	文海水库等16个饮用水源地保护工程	近期重点是文海水库、吉子水库、清溪水库、三束河水库	21400	政府
		泸沽湖、程海、拉市海等湿地生态保护和滨湖生态带建设工程	近期重点是滨湖环境治理和农村环境整治	14000	政府
	水土流失治理	全市小流域水土流失综合治理项目	近期重点是梭罗河、民主河、龙泉河治理	8000	政府
		沿江石漠化综合治理项目	奉科至鲁地拉段金沙江土壤石漠化综合治理，近期人工植林（油橄榄、软籽石榴）约5万亩	15000	政府
		永胜水土流失综合治理项目	近期重点是三川、程海断裂地带、水土流失防治	10000	政府
	水环境综合治理	古城区漾弓江流域水污染治理和防治项目	近期重点是城乡管道配置和漾弓江主河道水环境治理	12000	政府
		永胜县马过河流域污染综合防治工程	近期主要是农村污水设施配套	3000	政府
		程海、拉市海水环境治理项目	近期主要是农村污水设施配套	10000	政府
	农业面源污染治理	玉龙县农业面源污染防治项目	近期重点是农业绿色生产改造工程	6000	政府
		宁蒗县农业面源污染防治项目	近期重点是农业绿色生产改造工程	6000	政府
	土壤污染治理	华坪县杧果种植土壤污染修复与治理技术应用示范项目	近期重点是调查和治理方案的制定	1000	政府
		华坪县煤矸石污染调查及生态恢复试点示范工程	近期重点是煤矸石堆场生态治理和生态修复	2400	政府
		玉龙县拉市镇恩宗砂场矿山地质环境保护与恢复治理项目	近期重点是矿山生态的治理和修复	3100	政府

续表

类别	分类	项目名称	项目内容	近期估算投资额（万元）	投资主体
生态保护	城乡环境治理和配套建设	沿线乡镇污水处理设施建设	黎明污水厂、石鼓污水厂、大具污水厂、文化污水厂、金安污水厂、七河污水厂、涛源污水厂、片角污水厂、仁和污水厂、荣将污水厂等建设	80000	政府
		沿江乡村污水处理设施配置	沿江乡村小型污水处理设施，近期配置250套	25000	政府
		沿江乡村垃圾收集转运装置	沿江乡村垃圾收集及转运装置，近期配置250套	25000	政府
		沿江乡村村容村貌整治	近期整治沿江100个自然村的农居风貌、私搭乱建等建筑乱象，整治村舍环境及村内道路	20000	政府
		程海流域村落污水收集处理系统提升改造工程	近期重点是污水管网建设	6000	政府
		泸沽湖（云南境内）环湖污水收集处理建设工程	近期重点是污水管网建设	12000	政府
		丽江市金山高新金山产业经济区文化片区污水处理工程项目	近期重点是污水处理设施建设	7000	政府
	岸线整治和灾害防治	金沙江干流治理工程	江堤10.6公里，护岸工程27.04公里。保护耕地面积1.2万亩，保护房屋2486栋	182000	政府
		宁蒗县泥石流治理项目	宁利、翠玉、金棉、西川等乡镇泥石流综合治理	7000	政府
	环境动态监测	水土保持动态监测	以中分辨率影像遥感普查水土保持动态变化，高分辨率遥感影像详查长江经济带水土保持监测和无人机详查与现场复核相结合的水土保持遥感动态监测	300	政府
		程海、拉市海、泸沽湖水质动态监测项目	程海、拉市海、泸沽湖水质动态监测及预警	600	政府
		金沙江流域水质监测自动站建设项目	在金沙江干流、支流及丽江市城镇集中式饮用水源地建设水质自动站20个	1200	政府

4. 基础设施网络提升行动

基础设施网络提升行动实施重点包括丽江坝水资源承载力提升等水利基础设施建设项目，全市骨干道路网络（暨改造）和三义机场4E级改扩建工程等交通基础设施建设项目，以及全市能源基础设施、通信基础设施建设等项目，共计29项，估算投资额427.25亿元（见表2-18）。

表2-18 基础设施网络提升行动近期重点项目

类别	分类	项目名称	项目内容	近期估算投资额（万元）	投资主体
基础设施	水利设施	龙蟠提水工程	龙蟠综合水利枢纽提水，补拉市海、丽江坝用水	8000	政府
		丽江坝水资源循环利用效率提升工程	包括丽江污水处理厂再生水处理项目、丽江坝中水循环利用工程、古城清水循环工程和束河古镇清水循环工程等，提升古城区水资源利用效率	12500	政府
	交通设施	沿江农村公路建设项目	近期建设4000公里	400000	政府
		G353丽江长水至巨甸小河口公路改扩建暨风景道建设项目	二级公路，全长109.1公里	120000	政府
		G348宁蒗至四川省盐源公路项目	二级公路，全长25.2公里	59000	政府
		巨甸至塔城二级公路	二级公路，全长42.6公里	85000	政府
		玉龙雪山东环线大具至大东	二级公路，全长152.2公里	540000	政府
		九河至老君山二级公路	二级公路，全长49.47公里，新建24.47公里，改扩建25公里	43000	政府企业
		沿江公路龙蟠至大具	二级公路，约25公里	50000	政府
		沿江公路拉伯过江大桥至阿海电站	二级公路，约40公里	120000	政府
		沿江公路阿海电站至金安桥电站	二级公路，约80公里	200000	政府
		沿江公路金安桥电站至永胜县城	二级公路，约54公里	54000	政府
		沿江公路涛源至鲁地拉	二级公路，约30公里	50000	政府

续表

类别	分类	项目名称	项目内容	近期估算投资额（万元）	投资主体
基础设施	交通设施	沿江公路闸门口大桥至观音岩水库	二级公路，约30公里	50000	政府
		中兴至黎明改扩建暨风景道建设	二级公路，约25公里	63000	政府
		黎明黎光至大羊场公路建设	三级公路、风景道标准，约40公里	80000	政府
		程海环湖路	三级公路，全长79公里，近期建设40公里	66000	政府
		大具大桥建设项目	大具—香格里拉过江大桥	15000	政府
		金沙江巨甸大桥	巨甸过江大桥	15000	政府
		金沙江湾碧大桥	湾碧过江大桥	15000	政府
		交通枢纽客运、货运站场	宁蒗客运站，华坪县客运站，丽江东、南、西、北四个客运站，玉龙县公交枢纽站；永胜县、华坪县货运站等	130000	政府
		丽江三义机场4E级改扩建项目	扩建为4E级民用机场（将现有跑道延长500米，按4E等级建航油站、停机坪，配套建设相关辅助设施等）	697000	政府
		石鼓通航机场	石鼓通航机场，服务老君山低空旅游	150000	政府企业
		金沙江客运码头建设	金沙江干流12个客运码头、80个停靠点及海事搜救基地建设	100000	政府
	能源基础设施	太阳能光伏项目	华坪县干箐光伏电站、密落槽子光伏电站、永胜县四角山并网光伏电站、华坪县水子坪光伏电站	300000	企业政府
		风能项目	宁蒗火木梁风电场、胜落雪坪风电场、古城区七河风电场	150000	企业政府
		电网建设	华坪德茂等一批输变电项目及220kV供电网络建设	300000	政府
		油气管道和网络	中缅油气管道、华坪攀枝花油气管道以及中心城区天然气管网和服务体系	200000	政府
	通信基础设施	4G塔台建设	覆盖全域4G塔台建设	200000	企业

第三章　丽江市金沙江绿色经济走廊建设研究

丽江是长江上游重要的生态安全屏障，是云南重要的绿色能源基地和清洁载能产业基地。加快丽江金沙江流域和沿江段的保护与发展，是完善丽江"三廊一圈"（金沙江绿色经济走廊、丽川经济走廊、空中经济走廊、大香格里拉旅游经济圈）总体战略布局的重要举措，对丽江主动对接和服务"一带一路"建设及长江经济带发展、乡村振兴等国家战略，贯彻落实云南省委、省政府"两型三化"和打好绿色能源、绿色食品、健康生活目的地"三张牌"，推动城乡统筹和区域协调发展，打造经济社会高质量跨越式发展的新动能和重要增长极具有重要意义。丽江市委、市政府审时度势、顺势而为，于2018年7月27日出台《关于建设金沙江绿色经济走廊的决定》（丽发〔2018〕14号），提出到2020年，完成乡村振兴"百村示范"行动，即金沙江丽江段沿线100个以上美丽乡村示范点打造。金沙江干流流出丽江市断面水质持续保持优良，森林覆盖率达到69%以上。建成金沙江中游六级水电站库区高等级航道260公里，公路通车总里程达到9000公里，其中高速公路500公里，铁路运营里程达150公里，丽江机场旅客吞吐量突破1000万人次，泸沽湖机场旅客吞吐量突破45万人次，使立体交通更加便捷。电力总装机规模达到1456万千瓦，年发电量达600亿千瓦时，清洁载能产业产值突破150亿元，实现工业增加值45亿元。实现生态环境更加优美、能源保障更加有力、经济实力更加强劲、区域发展更加协调的目标。到2035年，乡村振兴取得决定性进展，金沙江绿色经济走廊全面建成。到2050年，乡村全面振兴，金沙江绿色经济走廊成为长江中上游地区科学发展、转型发展、绿色发展的典范。"建设金沙江绿色经济走廊"发展思路的提出，是丽江今后相当长一段时间社会经济繁荣发展的一项重大决策，事关丽江改革和建设的全局。为了切实做好"金沙江绿色经济走廊建设"的理论研究，在云南省社科联的关心支持下，丽江市社科联的年度重点课题"丽江市金沙江绿色经济走廊建设研究"获得云南省社科联基层智库建设课题立项，并组织开展了课题研究，形成了本课题成果。

一、丽江市建设金沙江绿色经济走廊的背景和意义

建设金沙江绿色经济走廊的发展思路作为丽江市社会经济发展的重大决策，不是孤立的个案，而是在全国、全省大格局、大背景下的审时度势和顺势而为。

1. 国情背景

党的十八大以来，中国特色社会主义进入了新时代，党和政府在认真总结和回顾历史经验、历史成绩和历史使命基础上，面对新的世界发展大潮流和中国发展的大背景，在全面建成小康社会、努力实现中华民族伟大复兴中国梦的发展战略框架下，提出了"两个一百年"奋斗目标。为了实现这一奋斗目标，在国家层面提出了"一带一路"建设和"长江经济带""乡村振兴计划"等重大发展决策。"一带一路"建设从构建人类命运共同体的角度，为我国发展提供了外部视野，而"长江经济带""乡村振兴计划"等一系列重大决策则是立足国内发展，为我国今后的综合国力提升指明了方向。面对这样的国情背景，要促进丽江的发展，必须充分认识到丽江的特色和优势，主动融入国家发展的战略部署和决策，顺势而谋、乘势而发，成为国家发展大格局中的有机组成部分，与全国一起发展、一道腾飞。

2. 省情背景

2015年初，习近平总书记在考察云南时提出："希望云南主动服务和融入国家发展战略，闯出一条跨越式发展的路子来，努力成为民族团结进步示范区、生态文明建设排头兵、面向南亚东南亚辐射中心，谱写好中国梦的云南篇章。"对于云南而言，习近平总书记的这一重要指示是云南改革和建设过程中各项事业的总纲，是云南繁荣发展最精确、最核心、最关键的

目标定位和行动指南,既体现了云南在全国发展格局中的位置与功能,也体现了云南在南亚、东南亚区域发展中的位置与功能。丽江作为云南不可或缺的组成部分必须立足省情,在习近平总书记的重要指示下找到自己的位置,发挥好自己的功能和作用,成为云南经济社会繁荣发展的中坚力量,为云南发展提供丽江经验和丽江模式。

3. 区域背景

由于一个地方的发展在相当程度上被行政区划格块分割,因而往往掩盖了这个地方的自然属性、地理属性和人文属性。区域背景的淡化必然会让一个地方的区域价值和区域功能淡化。长期以来,因为行政区划,丽江的区域背景被淡化了使社会各界对丽江的认知往往还停留在"中国西南边陲"和"滇西北"的认知层面上。在这样的认知下,丽江便成了偏僻、边远、落后的代名词,它的独特价值一直没有受到足够的重视。事实上,从区域背景的角度和积极因素上看,丽江的区域位置应该是:一是滇川藏交界地区的交通枢纽。自古以来,丽江就是从四川攀(枝花)西(昌)地区进入云南,从云南滇中、滇西地区进入西藏的交通要道。二是茶马古道上的重要商业驿站。丽江一直都是云南和内陆商品进入西藏雪域高原地区的物资中转站,从经济、文化、民族、宗教等方面与西藏有着千丝万缕的联系。三是南方丝绸之路上的重要关隘。南方丝绸之路从四川、贵州进入云南,经丽江、大理、保山西出国门进入缅甸、印度,丽江起到了重要的中转作用。四是长江上游重要的经济、文化、生态交汇区。长江上游的金沙江流经丽江615公里,是我国重要的生态屏障、清洁能源基地、民族文化富集区,作为长江经济带的组成部分有着广阔的发展前景。五是我国从西南地区进入印度洋的重要通道。从滇西北地区来看,由于其特殊的地理位置,它在一定程度上既是长江经济带上游的组成部分,也是西南地区从陆路连接海上丝绸之路的重要出口。综上所述,丽江区域背景的复杂性和多样性,为丽江今后的发展提供了多重视角及多种途径和可能。

4. 价值意义

金沙江流经丽江615公里,流域面积2.04万平方公里,占全市地域面积的98%。金沙江流经丽江全部行政区划，其中流经玉龙县9个乡镇360多公里，流经古城区5个乡镇80多公里，流经宁蒗县3个乡镇100多公里，流经永胜县8个乡镇约215公里，流经华坪县2个乡镇约52公里，所流经乡镇占全市63个乡镇的42%。改革开放40多年来，在丽江区域经济发展格局中，城市、城镇集中了大量的资金、项目和人才，经济实力得到了空前的提升。但是与此同时，金沙江流域却因为交通条件的瓶颈限制成为丽江发展最缓慢的区域。而近年来，随着"一库八级"水电建设项目的实施，这一区域久闭的山门被打开，丰富的水能资源、矿产资源、光热资源、生物资源、自然风光资源、民族文化资源逐渐进入世人的视野。可以想见，有这么多种资源集中在金沙江沿线，金沙江流域在不久的将来必将成为政府、企业和资本竞相抢滩的热点区域，金沙江流域的经济价值在丽江的经济体系中不断凸显将成为不争的事实。集中力量开发金沙江流域，打破现有的经济发展格局，把这一区域列入丽江经济发展的战略规划，适时调整现有规划、积极探索金沙江流域发展思路和模式，强势介入金沙江流域综合开发，将为丽江经济体制改革打开一个巨大的发展空间，提供一个全新的视角，为丽江经济腾飞提供强劲的原动力，丽江经济发展格局也将因此不断得到优化与完善。与此同时，从另一个角度来看，在丽江，少数民族、贫困、山区三者往往是交织在一起的，丽江的贫困人口也往往集少数民族、山区居民于一体。尤其在金沙江流域，贫困人口占据了相当大的部分。丽江扶贫攻坚的工作重点也往往集中在这一区域。在当前，丽江全面建设小康社会，努力构建和谐社会，其前提条件就是要重点解决好贫困人口的脱贫致富问题，以及各民族团结和谐、共同繁荣发展的问题。由于金沙江流域的客观自然条件限制，交通极度不便，这一区域在信息上具有封闭性，因而造成了人民群众生产生活的封闭性，最后使社会经济发展相对缓慢。实施金沙江流域开发，促进这一区域各族群众的经济发展和社会进步，既可以比较直接地改善这一区域人民群众的生产生活能力和水平，也可以推动这一区域社会发展的进程，实现区域发展的一体化。

二、丽江市建设金沙江绿色经济走廊的现有举措

2018年7月，丽江市委、市政府《关于建设金沙江绿色经济走廊的决定》（丽发〔2018〕14号）的出台，在丽江市内外引起了强烈反响，也赢得了全市各级党委、政府和人民群众的广泛支持，达成了共识、形成了合力。

1. 丽江措施

丽江市委、市政府明确了要打好绿色能源、绿色食品、健康生活目的地这"三张牌"，让"绿色"成为金沙江绿色经济走廊的鲜明底色，让金沙江绿色经济走廊成为长江中上游地区科学发展、转型发展、绿色发展的典范。

（1）实施打造"绿色能源牌"行动。

一是加快园区基础设施建设。加快推进以发展单晶硅、多晶硅、水电铝等清洁载能产业为主的华坪工业园区和以发展云计算大数据存储、家用智能通信产品、新能源汽车等高新技术产业为主的丽江金山高新技术产业经济区的基础设施建设，切实提升园区对清洁载能产业的吸引力和承载能力。二是加大招商引资力度。充分发挥金沙江中游六级水电站全面建成投产优势，紧盯全国清洁载能产业龙头企业，加大项目招商引资力度，大力引进清洁载能产业项目，积极推动水电硅材、水电铝材一体化发展，努力减少"弃水""弃电"，实现能源供给与需求的平衡，把清洁载能产业打造成为丽江重要支柱产业。三是抓好项目推进实施。建立清洁载能产业项目审批绿色通道，实行项目入驻园区全程代办服务，全力为项目建设创造条件。全面推行"飞地经济"发展模式，引导清洁载能产业项目突破行政区划向优势区域集中，推动清洁载能产业集聚集群发展，加快形成完整的产业链，把丽江绿色能源优势转化为经济优势、发展优势。

（2）实施打造"绿色食品牌"行动。

培育生产经营主体，实现农业生产规模化。做强、做大农业龙头企业，扶持发展一批农民专业合作社、家庭农场和种养大户，加快培育新型职业农民。培育农业产业化联合体等新模式，加强同小农户的有机衔接。努力

培育世界一流的生产经营主体,通过土地流转实现农业生产的适度规模经营。构建绿色生产体系,实现基地建设标准化。围绕特色优势主导产业,采取绿色、有机生产标准,实施化肥农药零增长行动,加强农业废弃物循环利用,推行"从土地到餐桌"全程质量控制和追溯,努力打造世界一流的"绿色食品"生产基地。构建农产品加工链,实现产品加工系列化。以绿色农产品生产基地为基础,推动中药材、水果、花卉等特色产业加工向优势产区集聚,改善设施装备条件,引进和研发先进加工技术,夯实农产品初加工基础,提升农产品精深加工能力,打造世界一流的农产品加工基地。构建品牌培育体系,实现产品形象品牌化。将优良的生态气候、丰富的生物资源、独特的地域文化、绚丽的民族风情融入主导产业的品牌塑造和品牌策划,加大扶持力度,强化"三品一标"认证,加大品牌培育认证力度,打造独具特色、绿色生态、优质安全的"丽系"农产品品牌体系。构建物流销售网络,实现产品销售网络化。利用"互联网+"、大数据、"智慧农业"等平台,加快丽江"绿色食品"市场化营销体系建设。深入实施电子商务进农村综合示范,加快发展电商产业园、电商服务站(点),加快仓储和冷链物流体系建设,构建线上线下融合、农产品进城与工业品下乡的双向流通服务体系。

(3) 实施打造"健康生活目的地牌"行动。

建成全国最优质的天然药物和健康产品原料基地。以地道中药材规范化种植基地建设为基础,大力发展滇重楼、秦艽、云木香、云当归等中药材重点品种和市场紧缺药材品种,积极发展新资源食品,努力提升核桃、青刺果、油橄榄等产业综合效益。建成特色鲜明的生物医药和大健康产品研发生产基地。引进和培育知名优势企业,加强对中药饮片、生物药品、天然保健食品、特殊用途化妆品、不饱和植物油脂等产品的研发,打造系列知名品牌。建成生物医药和大健康产品商贸基地。利用"互联网+"、大数据、云计算等现代技术手段大力开展对内对外合作,以市场建设、企业经营管理信息化、商贸国际化为重点,着力打造药业保健品商贸物流基地。建设国内外知名的医疗养生养老基地。充分发挥丽江资源环境优势,以康复保健、养生养老、康体健身、健康服务为重点,将丽江建设成为国际知名的旅游养生地。

2. 古城区措施

古城区提出了"绿色发展先行区、民族团结进步示范区和世界级旅游目的地"三大目标，并在其中找准古城区的定位。一是在发展农业上抓特色，围绕打造"绿色食品牌"扶持高原花卉、有机蔬菜、中药饮品等特色农产品发展，推动云南高效现代花卉产业园项目于2019年开工建设。围绕建设金沙江绿色经济走廊，打造好4个"百村行动"示范点。围绕产业融合发展，发挥好全国休闲农业示范区的品牌优势，培育好乡村特色休闲度假产品，打造好五彩丽江生态农庄、普济农庄等一批现代旅游农业庄园，以推动休闲观光农业实现高速增长。二是在发展工业上抓培育，在强力推进朗德啤酒、西南水泥日产5000吨生产线等项目的同时，重点发展斐讯（丽江）大数据产业园、丽江超算中心、飞驰新能源汽车等清洁载能产业，扶持好双创园区、文化创意园、非遗产业园、影视产业园等"双创"基地建设，推动创投基金、瑞宝金融云大数据中心等项目落地，打造"金融小镇"和"双创"经济升级版，培育新的支撑产业。三是在发展旅游上抓转型，走高质量特色旅游发展之路，优化古城商业业态布局，培育一批古城本地旅游商品研发、生产、销售龙头企业，建立智慧旅游服务体系，推动旅游与康养产业融合，打造"候鸟式"的养生养老基地和健康生活目的地。

3. 玉龙县措施

玉龙县提出了"两带三网两提升"的发展思路，强调用好长江经济带发展"辩证法"，坚持生态、环保、绿色的发展理念，通过采取强有力的八项举措助推全县长江经济带科学发展、有序发展、高质量发展。一是强化组织领导，切实加大统筹协调力度。为加强对玉龙县推动长江经济带发展工作的组织领导和统筹协调，成立了玉龙县推动长江经济带发展领导小组。二是扎实推进固体废弃物大排查整治工作。根据省、市相关文件和会议要求，玉龙县委、县政府统一安排部署，开展了固体废弃物排查整改行动，坚决打击固体废弃物环境违法行为。三是扎实开展污染防治工作。以持续改善长江水质为核心，加快推进水污染治理。注重大气污染防治工作。认真开展农业面源污染防治工作。四是认真开展自然保护区和风景名胜区建设项目核查。对玉龙雪山景区、拉市海高原湿地省级自然保护区、老君山景区范围内已建和在建工程中涉及环保、规划、水务、林业用地等的各项审批手续是否完备，在建设实施过程中是否存在违反《中华人民共和国城乡规划法》等法律、法规和政策规定的行为等事项进行了全面核查整改。对县域内的中小水电项目涉及的取水、环保、环境安全隐患等问题进行了全面排查整改。五是推进金沙江绿色经济走廊乡村振兴"百村行动计划"。制定出台《玉龙县关于建设金沙江绿色经济走廊"两带三网两提升"实施意见》《玉龙县贯彻落实金沙江绿色经济走廊乡村振兴"百村行动计划"工作方案》。与丽江市旅投集团、玉龙股份公司签订了框架合作协议。在被列入市级的11个首批乡村振兴示范点中，有6个示范点已完成策划方案，5个示范点正在编制可行性研究报告。三股水、小米地等由玉龙股份以嵌入式打造成精品民宿。六是做好空间统筹规划。为高质量打造玉龙县金沙江绿色经济走廊，已委托中国城市规划设计研究院、中科院地理所编制《玉龙县保护与发展综合统筹空间规划》。同时，结合玉龙县长江经济带保护和发展要求，做好与"十三五"规划中期评估的对接和完善工作，加大统筹协调力度，努力创建全县上下共抓生态保护、合力建设长江经济带的工作格局。目前，规划编制工作正在积极推进。七是做好项目申报。强化项目支撑，以加强水污染治理、水生态修复和水资源保护为重点，继续实施好生态修复与环境保护工程建设项目。做好全县重点建设项目储备工作，重点抓好生态环境、交通运输、林业、水利、住建等部门涉及长江经济带生态环境保护修复和绿色发展项目环评、可行性研究报告等各项前期工作。2019年，玉龙县加快长江经济带项目储备力度，在长江岸线整治修复、沿江水体整治专项方面储备了15个项目，项目总投资近64亿元，并正在积极推进项目前期工作，积极争取国家、省对项目资金的支持。2018年以来，共争取到2018年扶持人口较少民族发展建设项目、退耕还林还草工程、岩溶地区石漠化综合治理工程等10余个中央预算内安排项目，争取到项目资金共5178万元。八是抓实项目实施。进一步加强水生态修复，认真组织实施林业生态建设工程项目，不断修复金沙江流域林业生态。强化森林资源保护，进一步加强森林生态安全保障。严守生态红线，严格审核工程项目征占林地；加大林业案件处罚力度，有效遏制偷砍盗伐、非法侵占林地等破坏森林资源违法犯罪势头，使林地、林木资源得到有效保护。稳步全面推行河长制，实行县、乡、村三级管理，建立"一河一策""一河一档"，定期开展巡查登记；做好河长制项目储备，正在规划17条重点河流综合治理及1项河库连通工程，规划总投资约8亿元。进一步加快玉龙县交通设施建设，切实抓好华丽高速、丽香高速、丽香铁路、G214建设、金沙江中游库区航运基础设施综合建设工程等省、市重点建设项目协调服务工作。完善玉龙县农村路网建设，继续实施玉龙县"十三五"农村路网一期工程，通过实施16个乡镇提升人居环境项目、美丽乡村建设项目、易地扶贫，使农村交通基础设施水平明显提高。积极推进全县产业优化升级。通过实施甾体激素原料药、药品产品升级及生产线迁扩建项目、油橄榄生产建设项目、滇重楼产业融合发展项目、云南白药（丽江）生态科技产业园建设项目、康美丽江健康小镇、玉龙县翔鹭五星级酒店等一批助推产业发展的项目，进一步带动全县产业结构优化升级。

4. 永胜县措施

永胜县委、县政府围绕"一江一湖"（金沙江、程海）发展战略，提出了坚持在发展中保护、在保护中发展，推进金沙江绿色经济走廊建设，让绿色成为促进高质量跨越式发展的基本底色的发展思路。

（1）坚持脱贫攻坚与金沙江绿色经济走廊建设相结合。

主动融入和服务于长江经济带发展战略，以加快推进金沙江绿色经济带建设为重要抓手，以促进贫困地区发展和贫困群众脱贫致富为重点，瞄准金沙江沿线"直过民族"傈僳族贫困群体，推进脱贫攻坚工作。一是实施易地扶贫搬迁。按照"应搬尽搬"的原则，对居住在生存条件恶劣、生态环境脆弱等"一方水土养不起一方人"六类地区的贫困群众实行整村整组搬迁。二是发展持续稳定产业。根据金沙江沿线贫困村海拔、气候、资源禀赋、市场前景和农户需求，采取以短养长、长短结合的方式，在每个贫困村选择1~2项主导产业进行重点扶持，以确保经济合作组织覆盖所有深度贫困村、产业覆盖所有建档立卡贫困户。三是做好退耕还林工作。按照"人要下山，树要上山；人要输出，树要输入；人要搬出，树要搬入"的总体要求，实施退耕还林和生态补偿工程。

（2）坚持产业发展与金沙江绿色经济走廊建设相结合。

发挥永胜县生态环境、清洁能源、乡村旅游等优势，打好绿色能源、绿色食品、健康生活目的地"三张牌"。在绿色能源方面，在招商引资上狠下功夫，推动清洁能源与硅、铝产业的融合，建设绿色能源基地。在绿色食品方面，以热带水果发展为重点，打好"绿色食品"永胜品牌。在健康生活目的地方面，高起点、高质量做好金沙江沿线绿色经济走廊的规划设计，打造万亩花海、万亩石榴、万亩沃柑、万亩绿色蔬菜等现代农业生态休闲观光庄园，推动涛源移民特色小镇和涛源田园综合体建设。

（3）坚持程海保护与金沙江绿色经济走廊建设相结合。

一是抓好项目建设。推进程海水环境保护治理"十三五"规划项目建设，做好项目的储备、申报工作。二是抓好"五退四还"工作。有序退出一级保护区内的农田、鱼塘、房屋、抽水泵房，全面完成螺旋藻养殖企业一级保护区内建筑物的退出任务。三是抓好农业产业结构调整。科学合理规划种植、养殖区域，发展绿色生态农业、观光休闲农业、生态高效农业，开展高效生态农业示范区、农业面源污染防治示范区创建工作，打造农旅融合田园综合体。四是抓好生活污水垃圾收集清理。规范整治流域餐饮住宿服务行业，健全和完善流域垃圾收集清运处理一体化机制，实施沿湖47个村落污水收集处理系统提升改造项目。五是抓好流域空间管控。严控湖周围新增建筑，强化水资源管理，加快程海沿湖螺旋藻养殖池外迁工作。六是抓好生态修复。加大程海流域生态环境治理力度，实施退耕还林、入湖河道综合治理、面山生态修复和水生态系统恢复工程。

（4）坚持基础设施建设与金沙江绿色经济走廊建设相结合。

支持配合华丽、宾永、宁永三条高速公路建设，稳步推进金沙江中游航运基础设施建设，实施永胜县金沙江沿线"直过民族"贫困人口通村公路建设，加快"四好农村公路"建设。抓好永胜通用机场、丽攀铁路项目建设。推进小米田水库、龙开口水资源综合利用一期配套灌渠工程，争取扎实德水库和小坪水库引蓄灌溉工程开工。实施永胜县金沙江贫困人口节水灌溉项目，推进乡（镇）重要脱贫基础支撑水利项目"五小水利"工程，解决金沙江沿线贫困村产业发展及灌溉用水困难问题。加快农村通信和电网改造，提升乡村4G网络质量，实现10千伏以上动力电"村村通"。

（5）坚持城乡融合发展与金沙江绿色经济走廊建设相结合。

实施乡村振兴战略，围绕"产业兴旺、生态宜居、乡风文明、治理有效、生活富裕"的总要求，打造顺州迪里、涛源和谐、期纳谷宇等15个乡村振兴示范村。加快移民新村建设，做实移民库区后期扶持项目，带动干渠沿线65公里的绿色经济走廊。主动融入丽江全域旅游，做好以程海、金沙江为重点，以边屯文化为核心的旅游文化产业发展规划，提早谋篇布局永胜旅游产业。推进省级园林城市创建工作，深入开展城乡"四治三改一拆一增"和村庄"七改三清"环境综合治理，加快实施农村饮用水安全集中供给、污水集中处理、垃圾无害化处理等设施建设。

5. 华坪县措施

华坪县提出了"打造金沙江华坪沿江百里柁果长廊和民族生态文化旅游廊道，努力建设长江上游绿色经济强县"的思路。2018年8月3日，华坪县委、县政府制定出台的《关于建设长江上游绿色经济强县的决定》明确提出，在当前和今后一段时期，要按照"创新、协调、绿色、开放、共享"新发展理念和建设"绿色发展先行区"的要求，大力实施生态立县、产业富县、工业强县、文旅活县、人才兴县、依法治县、乡村振兴、党建引领"八大战略"，加快推进全国绿色有机晚熟柁果示范基地、全省清洁载能产业示范基地、大香格里拉生态文化旅游经济圈阳光康养示范基地"三大基地"建设，努力将华坪打造成为丽江旅游东部迎客厅、丽攀经济走廊重要承载区、丽江工业发展核心区、金沙江绿色产业示范区"一厅三区"，将华坪全面建设成为长江上游生态环境优美、产业结构合理、经济实力雄厚、社会和谐稳定、人民幸福安康的绿色经济强县。同时强调，要突出三个核心：一要发展绿色产业。特别要大力发展有机晚熟柁果产业和绿色经济林，规划建设好金沙江华坪沿江百里柁果长廊，高标准建设"全国绿色有机晚熟杧果示范基地"。二要立足规划先行。要科学做好金沙江绿色经济走廊华坪段建设规划。特别在发展民族生态文化旅游方面，要以实施乡村振兴战略为契机，重点规划发展好中心镇—荣将镇—石龙坝镇—兴泉镇绿色城市经济带，观音岩库区综合旅游观光区和兴泉镇南阳村—船房乡—永兴乡—宁蒗县禅战河乡、荣将华坪汇源杧果特色小镇—新庄乡—通达乡—宁蒗县永宁坪乡、石龙坝龙井金花塘—临江鼻唢呐—荣将红椿箐—腊石渡口—温泉村—永胜县仁和镇3条民族生态文化旅游廊道，用3年时间在全县打造30个乡村振兴示范村，努力将华坪县建设成为"丽江市全域旅游重点县"。对金沙江华坪沿江百里杧果长廊和民族生态文化旅游廊道建设，要以交通互联、产业互补、人文交流为纽带，加快沿江道路交通等基础配套设施建设，按照二级路标准抓好金沙江华坪境内68公里沿江道路的前期工作，促进沿江一线村落优势互补，为实现一体化发展打好基础。三要强化生态保护。要落实好"共抓大保护，不搞大开发"的要求，履行好项目落地"零污染"职责，强化林政资源管理，坚决守住现有的绿水青山。要抓紧研究沿江一带杧果等农产业发展的布局规划和提质增效工作，加快建设华坪金沙江百里杧果长廊。

6. 宁蒗县措施

宁蒗县提出了围绕建成凉山地区最美彝乡目标，坚持生态立县、旅游强县、文化活县、教育兴县、依法治县，着力打造"开放宁蒗、生态宁蒗、文明宁蒗、和谐宁蒗、幸福宁蒗"，把宁蒗建设成为全省高原特色农业重点县、旅游文化特色县、民族团结进步示范县、重点生态功能区建设先进县。同时，强调了通过开展泸沽湖环境保护"利剑行动""绿色宁蒗"行动，实行最严格的水资源管理制度，打好净土保卫战。抓好中央生态环境保护督察整改工作，不折不扣地打好污染防治攻坚战，让良好生态环境成为人民幸福生活的增长点，成为经济社会持续健康发展的支撑点，成为展现全县良好形象的发力点。要坚持"两型三化"产业发展方向，加大调结构、转方式力度，着力培育壮大高原特色农业、新型工业和旅游文化产业，让绿色品牌成为宁蒗产业的基本底色和鲜明特色。

三、丽江市建设金沙江绿色经济走廊的对策建议

以习近平新时代中国特色社会主义思想为指导，认真贯彻落实习近平总书记关于推动长江经济带发展的重要论述，以共抓大保护、不搞大开发为导向，坚持"绿水青山就是金山银山"的发展理念，坚持人与自然和谐共生基本方略，以提高发展质量效益为中心，着力优化全域国土空间，全面加强生态保护和污染防治，积极倡导绿色健康生活方式，实现产业振兴、人才振兴、文化振兴、生态振兴、组织振兴，努力把金沙江绿色经济走廊建设成为生态更优美、交通更顺畅、经济更协调、市场更统一、机制更科学的绿色经济带，闯出一条丽江特色的生态优先、绿色发展的新路子。同时，要有明确的发展战略定位，即建成全国生态文明先行示范带、长江上游绿色发展战略增长极、民族地区城乡统筹和团结进步示范带、滇川藏交会区综合交通枢纽。

1. 全面规划，分步分层实施

建设金沙江绿色经济走廊是深入推动丽江经济社会繁荣发展的一项系统的、全面的、长期的、复杂的综合性工作，它的成效既是丽江在改革开放40多年既有成绩的基础上，如何实现新的跨越与腾飞，如何深入彻底地解决丽江在新的历史条件下实现全面建成小康社会的关键所在，也是进一步提升丽江核心竞争力，实现新的突破、探索新的发展路径的前提和基础。为深入贯彻落实丽江市委、市政府《关于建设金沙江绿色经济走廊的决定》（丽发〔2018〕14号）的文件精神，丽江市委、市政府专门委托中国城市规划设计研究院为丽江制定了《长江经济带—丽江金沙江绿色经济走廊总体规划》，并提出到2020年，金沙江绿色经济走廊初步建成，保护与发展统筹布局基本形成，生态文明建设水平与建成小康社会相适应，具体要实现以下几个方面的目标：生态屏障得到巩固、绿色发展势头形成、城乡发展更趋协调、立体交通便捷通畅。在这些发展目标之下，要形成"一核、一极、两翼、一带、一屏"的绿色发展格局。"一核"，即一个全市发展核；"一极"，即一个东部增长极；"两翼"，即两片绿色发展翼；"一带"，即一

条沿金沙江绿色发展带;"一屏",即一个长江上游重要生态屏障。

金沙江流域开发所面临的状况是经济条件差、经济基础弱,经济总量小,群众生活水平低,劳动者生产技能落后,这就要求我们在对金沙江流域进行深度开发的过程中,对这一特殊条件予以高度重视,避免盲目开发给区域内群众造成伤害。在开发过程中,要认真贯彻落实习近平总书记在长江经济带发展座谈会上提出的"共抓大保护,不搞大开发"的原则,突出在保护中开发、在保护中发展。在实施开发之前,我们应当紧密结合区域内各个具体环节的实际情况,制订一个全面系统、科学有序的发展规划,对金沙江流域进行有步骤、分阶段、多层面的整体开发。这个规划既应当贯穿市、县、乡三级行政体系的发展规划,也应当贯穿整个金沙江流域经济发展的产业规划,同时还应当贯穿各民族繁荣发展的社会发展规划,从而做到市、县、乡三级都有各自的发展规划措施,每个产业也都有相应的发展计划和步骤。在此基础上,我们的规划还应当注重长远,以"千里之行始于足下"的气魄,通过几届党委、政府的接力把金沙江流域的开发进一步贯穿于一个接一个的"五年规划"之中,成为"五年规划"的重要内容,从而实行持续开发。只有这样,金沙江流域的开发过程才具备基本的科学性和连贯性,金沙江流域内的贫困才有根本消除的可能。

2. 加大投入,强化基础设施

丽江是我国西部典型的欠发达地区,全市范围内贫困山区所占比重非常大,历史欠账负担沉重。在丽江,少数民族、贫困、山区往往是交织在一起的,丽江的贫困人口也往往是集少数民族、山区居民于一身。尤其在金沙江流域,贫困人口占据了这一区域相当大的一部分。由于金沙江流域客观的自然条件限制,交通极度不便,因此这一区域社会经济发展相对缓慢。丽江扶贫攻坚的工作重点也往往集中在这一区域。当前,丽江全面建设小康社会、努力构建和谐社会的前提条件就是要重点解决好贫困人口的脱贫致富问题,以及各民族团结和谐、共同繁荣发展的问题。丽江建设金沙江绿色经济走廊,首先必须解决金沙江流域水、电、路、通信、能源等生产要素极度贫乏落后的状态,尽可能集中各种积极因素以及各级各方动力，着力提升基础设施的水平、质量和效用，使区域内的生物资源、气候资源、矿产资源、民族文化资源被开发、激活，从而形成产业优势、市场优势和效益优势，最终促进全市经济社会全面持续发展。具体来讲，就是要完善基础设施网络。一是健全立体交通网络，包括强化航空枢纽、加快铁路建设、完善公路网络、加快金沙江航道和过江通道建设等；二是强化能源基础支撑，包括提高电力保障能力、加强油气供给和能源储备等；三是要加强通信网络建设，建设骨干通信廊道、积极提高全市宽带网络覆盖度和高速通信网络覆盖率，积极建设5G网络。

3. 突出特色，打造丽江品牌

金沙江绿色经济走廊建设必须突出丽江特色，依托产业打造丽江品牌，并结合丽江实际。主要是构建以旅游和健康服务业为龙头，以绿色工业为支柱，以高原特色现代化农产业为补充，优势突出、竞争力强的绿色产业体系，积极推进一、二、三产业融合创新发展。

(1) 全力发展旅游和健康服务业。

依托丰富的民族文化资源和多样的自然环境条件，以城乡、田园、生态为空间载体，积极发展旅游休闲、运动健康、养生度假等核心功能，拓展丽江旅游产业内涵，提升旅游产业发展空间，重塑丽江旅游品牌，将丽江建设成为全球顶级的生态文化世界遗产旅游地、优质休闲度假地、健康生活目的地。一要完善旅游产品体系，拓展旅游产业空间，重点发展文化旅游、生态旅游、休闲度假、运动健康等四大旅游产品。二要促进"旅游+"产业融合创新发展，培育旅游新业态，重点发展"旅游+农业""旅游+工业""旅游+民族文化""旅游+医药"等新业态。三要加强产业发展的空间布局引导，优化全域旅游布局，结合健康服务产业发展，综合形成"一心、一带、四区、四廊、多点"的产业空间布局。四要加强旅游和健康产业发展的支撑要素建设，对接大滇西旅游环线建设，打造市域内部四条旅游环线，完善散客旅游集散服务体系，加快智慧旅游建设。五要推动区域旅游合作共赢，推进与大滇西旅游环线地市合作，以老君山景区开发和滇西北交通枢纽建设为契机，联动迪庆、怒江、大理等周边地州，推动游客市场共享和旅游目的地共建，将丽江打造成为大滇西旅游环线的门户城市。

（2）做大做强绿色工业。

依托丰富的水电资源对接融入攀西经济区，稳步发展清洁能源产业，积极推进清洁载能产业，培育发展绿色制造业，将丽江建设成为全省重要的清洁载能和绿色工业示范基地。以华坪县单晶硅、水电铝和玉龙县的云计算大数据存储、新能源汽车为代表的清洁载能产业及高新技术产业，均充分发挥丽江的优势区位条件和政策扶持条件，树立丽江高新产业聚集地的形象，把丽江打造成为我国西南地区重要的高新技术产业硅谷。

（3）做精做特高原特色现代农产业。

在现有农产业发展基础上，做强六大优势产业引导"一县一业"主导产业发展，推进农产品生产加工基地建设，构建农产品品牌培育体系，加快农产业绿色发展、规模发展，全力打造"丽系绿色食品牌"。

丽江市委、市政府出台的《关于建设金沙江绿色经济走廊的决定》（丽发〔2018〕14号）强调，要因地制宜选择和培育特色水果、高山花卉、高山蔬菜、地道中药材、青刺果、高端牛羊肉六大产业，以龙头企业和其他新型农业经营主体为重点，打造农业全产业链，建设田园综合体、现代农业产业园等农业发展新平台，建设优质晚熟杧果、软籽石榴、油橄榄、苹果、花卉等一批生态果园、菜园、花园，推动产业提质增效，打造有影响力的绿色知名品牌，将乡村振兴"百村示范"行动示范点建设成为产业兴旺、生活富裕的绿色村庄。在这里，认清了丽江优势，体现了丽江的特色，抓住了丽江发展绿色产业的灵魂。众多的产业集群中，需要有一批能够代表丽江特色、展示丽江优势、形成丽江品牌的产品和产业，成为丽江绿色经济的"形象代言人"。从丽江绿色产业发展的现实条件来看，打造好丽江绿色产业品牌，一是以鲁甸中药材为代表，利用丽江作为生物基因库的优势树立丽江作为"云药之乡"核心区的形象，把丽江打造成为我国重要的中药材生产基地、滇西北中药材交易集散地。二是以程海螺旋藻金沙江流域自然条件为代表，利用丽江丰富的养生保健生物资源和绝佳的康养生活气候条件，树立丽江康养休闲天堂的形象，把丽江打造成为继旅游之后又一健康生活目的地品牌。三是以丽江雪桃、华坪芒果、永胜软籽石榴、宁蒗苹果为代表，充分挖掘丽江名特优水果资源优势，树立丽江作为我国滇西北地区重要的水果基地的形象，把金沙江流域打造成为中国著名的长江源头水果之乡。

4. 完善机制，有效规避风险

丽江的绿色经济产业大多数是基于农业生产前提下的高原生物资源开发与创新产生的延伸产业，从广义上看还是属于农业产业。农业基础薄弱，仍然属于高风险产业和脆弱行业，抵御各种风险的能力亟待加强。由传统农业向现代农业转变是一次全面而深刻的变革，在调整过程中除了要面对传统的自然风险和资源风险外，还将面临新的决策风险和市场风险、技术风险和管理风险。虽然现代农业抵御防范风险的能力要强于传统农业，但现代农业本身的高投入、高技术、高产业化和高市场化的特点又使其面临着巨大的市场风险、技术风险和信息风险等。通过建立风险防范机制化解生产经营管理中的风险，可以对现代农业和农户进行有效的风险管理和经济补偿。在现代市场经济背景下发展绿色产业，一要组织专门机构和专业人员，对既定的产业进行布局前的产业前景预测和风险预测，做到有备无患。二要强化"农户+基地+龙头企业+市场营销"的产业发展模式，对产业要素进行优势组合，以形成群体力量，增强抗风险能力，这样一旦出现风险，产业也不会在最脆弱、最基础、最核心的环节受损。三要加强产业生产过程中各环节的科技投入和科技保障，在产业发展过程中的选种育苗、病虫害防治、产品初加工、市场培植等方面加强科技含量，从而提升抗风险的能力和水平。四要形成风险补偿机制。通过设立政府产业扶持基金、配套基础设施建设、风险损失补偿基金等形式，加强对产业的帮扶力量；同时，还可以引入专业保险公司，引导和鼓励相关产业以农户、基地、企业等身份进行风险保险，从而提升产业相关要素的抗风险能力，促进产业良性发展。五要探索推行农产品期货市场。从国外经验来看，农产品期货是防范农业风险的有效手段，对于管理农业风险意义重大。目前，我国农产品期货市场经过多年发展，已经具备了快速发展的条件。丽江在建设金沙江绿色经济走廊的过程中，在发展绿色产业方面非常有必要借鉴农产品期货的既有经验，形成丽江绿色产业期货运作，既能促进丽江绿色产业品牌打造，又能成为丽江绿色产业有效规避市场风险的新视角、新思路、新途径。

5. 综合优势，多方介入市场

特色产业最核心、最关键的归属就是自始至终都要切实做到以市场为导向，根据本地自然资源、资本和劳动力的相对份额等要素禀赋结构，发挥本地比较优势，在相关产品或产业上构建经济增长极，形成主导产业，从而提高该区域经济增长的核心竞争力，推动该地区经济的快速、协调、可持续发展。丽江建设金沙江绿色经济走廊，目标是通过发展具有丽江特色的产业，在市场竞争、市场营销中取得经济效益，推动丽江发展。因此，市场才是检验各项产业成败的标尺与准绳。目前，丽江的交通、通信等基础设施得到空前改善，公路、铁路、航线、互联网、物流等要素的发展日新月异，在丽江建设金沙江绿色经济走廊的过程中，必须在全力发展产业集群的同时高度重视内外交流与沟通的基础设施、互联网、电商平台的建设与完善以及大数据的运用，从而使丽江与市外、省外、国外的多重市场进行对接与互动，真正实现"大众创业、万众创新"，拉近丽江与世界的距离。

6. 兼顾平衡，追求综合效益

金沙江流域的开发涵盖区域内整个社会经济领域，我们对这一系统工程效益的考量也应该是全面的、系统的。在金沙江流域开发中，各项工作必须同时兼顾五个方面的效益。一是经济效益。通过开发使区域内产业开发造福区域内的经济发展，使地方经济实力得到提升，经济总量得到提高，人民群众的生产生活水平和质量得到改善。二是社会效益。通过开发使区域内各民族实现共同繁荣发展，民族团结的局面不断得到巩固，社会氛围不断趋于和谐稳定，不断推进区域内社会进步。三是文化效益。通过开发使区域内民族文化得以传承发展，民族个性得到张扬，民族习俗得到保护和弘扬，并由此产生相应的民族文化延续空间，为区域内的可持续发展提供思想的人文动力。四是生态效益。通过开发使区域内的生态环境不断优化，避免因为在区域内实施全面开发而造成对区域生态环境的破坏，并高度重视生态环境的良性发展与循环，使生态环境的自我修复和自我发展能力得到保护与提升。五是益世效益。通过开发使区域内的各项效益对全社会形成良性的效益支撑，为国家和全社会的综合发展提供资源、产品的支持。同时，因为这一区域地处长江上游，在金沙江流域开发过程中尤其要始终坚持金沙江流域的开发不给下游地区造成生态环境压力的基本底线，做好环境、生态、物种的保护工作，既要做好综合开发，又要坚决履行长江上游应尽的职责与义务。

第四章　丽江市智慧旅游发展研究

丽江地处云南省西北部，总面积2.06万平方公里，总人口数量约129万。辖古城区及玉龙、永胜、宁蒗、华坪四县，是南方丝绸之路和由西藏入境的茶马古道中转站，拥有文化、自然和记忆三项世界遗产桂冠，是"国家园林城市""国家卫生城市""国家节水型城市"。丽江旅游业于20世纪90年代起步，经过多年发展逐步成为丽江的支柱产业。2018年，丽江全年接待国内外游客4643万人次，实现旅游总收入998.5亿元，同比增长分别为14.1%、21.5%，游客平均在丽江停留时间为2.5天/人，人均消费2150元/天。以旅游业为主的第三产业增加值占GDP的比重达到45.7%。2019年前三季度，全市共接待游客4518万人次，同比增长17.5%，旅游业总收入测算数为832亿元，同比增长3.6%。丽江旅游业的蓬勃发展对地方社会经济发展发挥了巨大的推动作用。一是旅游业带动了丽江社会经济的协调发展；二是旅游业的发展推进了丽江对外开放，促进了经济文化交流，形成了丽江品牌；三是旅游业的发展加快了城市化进程，提升了城市魅力；四是旅游业的发展保护了生态环境，实现了人与自然和谐发展；五是旅游业的发展推动了地方民族文化的保护、挖掘和传承，实现了旅游与文化双兴双赢。

2010年以来，随着信息技术在旅游业的广泛应用，全国兴起了一股"智慧旅游"的大潮。党中央、国务院高度重视旅游产业及旅游信息化发展，明确指出要以信息化为主要途径提高旅游服务效率，旅游信息化建设迎来了历史性的发展机遇。随着国务院《关于加快发展旅游业的意见》的出台，旅游业上升至国民经济战略性支柱产业和人民群众更加满意的现代服务业的战略地位。"十三五"期间，丽江各级旅游行政管理机构共同发力，掀起旅游产业建设高潮，为旅游信息化的快速发展奠定了坚实基础。随着市场发展形势不断变化，丽江开始高度重视以信息化为主要手段的智慧旅游建设工作，抢抓发展机遇，采取一系列工作措施，持续开展强科技、打基础等工作，推动丽江智慧旅游形成初步雏形。

一、智慧旅游发展概述

（一）智慧旅游基本概念

智慧旅游既是旅游信息化的最新发展，也是基于智慧地球与智慧城市（Smart City）提出的概念。

智慧地球也称智能地球，是IBM公司于2008年提出的理念，是指把感应器或其他传感设备嵌入电网、铁路、桥梁、隧道、公路、建筑、供水系统、大坝、油气管道等各种物体，并且被普遍连接，形成所谓"物联网"，然后将"物联网"与现有的互联网整合起来，实现人类社会与物理系统的整合。作为智慧地球子系统的智慧城市是数字城市与物联网相结合的产物，是运用信息和通信技术手段感测、分析、整合城市运行核心系统的各项关键信息，从而对包括民生、环保、公共安全、城市服务、工商业活动在内的各种需求做出智能响应。随着人类社会的不断发展，未来城市将承载越来越多的人口，迫切需要城市管理更加智能科学。智慧城市被认为是信息时代城市发展的方向、文明发展的趋势，其实质是运用现代信息技术推动城市运行系统的互联、高效和智能，实现城市智慧式管理和运行，进而为城市中的人们创造更加美好的生活，促进城市的和谐、可持续成长。

目前，我国正处于城镇化加速发展的时期。相关数据统计显示，截至2017年底，中国超过500个城市均已明确提出或正在建设智慧城市，预计到2021年其市场规模将达到18.7万亿元。

智慧旅游（Smart Tourism）也称智能旅游，一般被归入智慧城市中的智慧产业范畴，就是利用云计算、物联网等新技术，通过互联网、移动互联网，借助便携的终端上网设备，主动感知旅游资源、旅游经济、旅游活动、旅游者等方面的信息并及时发布，让人们能够及时了解这些信息，及时安排和调整工作与旅游计划，从而达到对各类旅游信息的智能感知、方便利用的效果。从游客层面来看，智慧旅游的介入让游客在旅游前、中、后期都能轻松获取资讯，从而极大地改善旅游体验。从经济价值层面来看，智慧旅游的实施能够提升游客在"吃、住、行、游、购、娱"等多个旅游消费环节中的附加值。目前，智慧旅游的功能主要集中在三个方面：一是游客的个性化需求。生产生活观念变化推动散客市场日渐兴盛，自助游和散客游已经成为人们未来主要的出游方式。散客的未来市场份额预计将呈不断扩大趋势，导致旅游市场上更加便利快捷的智能化、个性化、信息化的服务需求量将不断扩大。二是提升服务与管理水平。旅游信息化的高级阶段应是海量信息的充分利用、交流与共享。随着电子政务向构建服务型政府方向发展，以"公共服务"为中心的服务必须与管理流程实现无缝整合，只有实现科学、合理的服务与管理决策，才能极大地提高景区的信息化服务水平，让游客体验到更智慧、更高效、更便利、更美好的旅游生活。三是助推市场发展。在旅游产业布局中，中小企业是繁荣和活跃市场的重要力量，但是这个产业发展环节往往信息化程度不高，在智慧旅游建设过程中如何吸引中小旅游企业加快信息化进程，是目前各智慧旅游试点地区在实践中遇到的难点问题，而基于云计算的智慧旅游平台能够向中小旅游企业提供服务，为其节省信息化建设投资与运营成本，是中小旅游企业进行智慧旅游集约化建设的最佳方案。

（二）智慧旅游供给侧功能

1. 感知功能

旅游景区利用智能视频监控终端等各种传感设备，通过建立遍布风景区各处的传感前端，实现对景区实况的实时感知和智能管理。这样，一方面景区可对各种突发安全情况进行监控和应急处理，及早采取防范措施，确保旅游景区内人、财、物的安全；另一方面，游客可通过景区旅游公共服务门户连接景区内的智能感知终端，进行虚拟旅游，包括对景点的360°全景浏览和实时实景体验，获取身临其境的感觉、丰富的景区资讯，从而提高对景区的评价。

2. 联通功能

通过建立一个"智慧大脑",在对景区全面感知的同时可多个系统融合互通,整合原本独立的各子系统,实现系统互联和数据互通。同时,还提供对外接口,实现与风景区外第三方系统的互联互通;实现旅游行业管理系统与旅游景区、酒店、旅行社、旅游车船以及餐饮、商场、娱乐场所经营系统的各种资讯和商务数据的共享与智能交互;实现与其他政府部门和旅游相关行业的各种资讯和商务数据的共享与智能交互。

3. 测算功能

通过建设智慧景区,利用智能管理平台强大的商业智能功能,可测算进入景区的游客人数和实时流量,进行景区流量控制;可进行游客结构与旅游人数的统计分析,进行风景区各旅游季的动态票价规划,对旅游资源的深度开发给予决策支持;可以实现对历史数据的智能分析,并对预期客流量、车流量等未来数据进行预测。此外,部分公开数据还可支持游客进行旅游产品选择。游客可在景区旅游公共服务门户上,分类搜索查询各种多媒体旅游资讯,包括旅游政务信息、旅游企业诚信资讯,根据公开数据的趋势分析,进行风景区的旅游产品选择,预订或订购旅游产品、门票、客房、餐饮、旅游商品等。游客还可以在景区旅游公共服务门户上,对拟选择的旅游目的地依个人倾向进行定制化的智能路线优化,并以地图的方式予以显示。

4. 服务功能

通过智慧景区建设,实现数据的差异化处理,将处理后的定制化信息通过智能平台向游客或管理部门主动推送。游客可在景区旅游公共服务门户上,自动获得与其年龄、性别、地域、兴趣等相关度高的旅游产品推荐;管理部门则能获得诸如人、车流量自动提示等主动信息。在游客浏览景区旅游公共服务门户时,可根据上网地域自动推送的由当地出发的、具有季节性的旅游路线和产品进行选择;对于注册用户,还可根据个人特征(如语言、性别、年龄、爱好等)自动进行兴趣话题推荐和界面信息优化。可借助景区交通引导和智能视频监控子系统,向自助游游客提供旅游路线信息和附近的人、车流量信息,向自驾游游客提供目的地附近停车场位置和空闲车位信息,并进行路线导引。可对会员账户主动推送目的地营销资讯、个性化旅游产品信息、实时节庆活动介绍、旅游优惠活动提醒等资讯。游客利用自助导游仪,或者智能手机、平板电脑等终端设备下载自助导游客户端软件,可实现景区自助导览、目的地线路优化与导航、酒店、餐饮、购物、娱乐等导览消费,以及景区景观的信息自动推送和自助语音导游。

二、丽江市智慧旅游发展背景

(一) 市场背景

当前,旅游业已经成为全球经济中发展势头最强劲和规模最大的产业之一,在城市经济发展中的产业地位、经济作用逐步增强,对城市经济的拉动性、社会就业的带动性以及对文化、环境的促进作用日益显现。近年来,随着互联网技术、物联网技术、云计算技术等信息化技术在旅游业发展中的广泛运用,运用信息化技术助力旅游业发展的智慧旅游应运而生。作为智慧地球、智慧城市向旅游业态的延伸、扩展和具体化手段,智慧旅游以其高度的科技含量、战略性、关联性、延展性,被誉为旅游业的二次革命,正日益受到全国上下的广泛关注。在内需启动、消费升级以及国民收入不断提高的背景下,中国旅游业步入了黄金发展期。

通过发展智慧旅游,打造旅游服务品牌,提升旅游核心竞争力,正成为国内外旅游发达城市的共识和当今旅游业最受关注的全新课题。2010年,江苏省镇江市在全国率先创造性提出"智慧旅游"概念,开展智慧旅游项目建设。2011年7月,原国家旅游局提出我国将争取用10年左右时间,在全国初步实现基于信息技术的"智慧旅游"。自此,围绕推动地方智慧城市建设的实践和推进旅游业发展成为现代服务业的目标,原国家旅游局也对"智慧旅游城市"试点工作进行了部署,北京、苏州、南京、烟台、无锡等18个城市入选首批"国家智慧旅游试点城市"。除智慧旅游外,近年来各地在旅游信息化方面都提出了自己的发展理念,包括数字景区、电子景区、智慧景区等。

(二) 政策背景

2011年1月,我国提出要加快推动旅游业向现代服务业转变。具体措施是,抓住三网融合快速推进、移动互联网快速发展等机遇,推动旅游业广泛运用现代信息技术,以信息化带动旅游业向现代服务业转变;大力发展旅游电子商务,鼓励和支持旅游部门和旅游企业开展网络营销、网上预订、网上支付,发展在线旅游业务,鼓励各类旅游信息化发展模式创新。选择一批有条件的旅游城市,开展"智慧旅游城市"试点,大力推进宾馆饭店、景区景点和各类旅游接待单位信息化建设。

2012年和2013年,原国家旅游局批准两批共33家智慧旅游城市试点。2014年8月9日,国务院发布《关于促进旅游业改革发展的若干意见》,提出"抓紧建立景区门票预约制度,对景区游客进行最大承载量控制"和"完善国内国际区域旅游合作机制,建立互联互通的旅游交通、信息和服务网络"。

2013年11月,原国家旅游局发布了《关于印发2014中国旅游主题年宣传主题及宣传口号的通知》(旅办发〔2013〕189号),将2014年旅游宣传的主题确定为"美丽中国之旅——2014智慧旅游年",对市场服务与政府引导两方面的倒逼标志着智慧旅游发展建设的新高度。

2015年1月,原国家旅游局《关于促进智慧旅游发展的指导意见》出台,对如何开展智慧旅游提出了明确要求和建设指引,并发布了"515战略",提出"要积极主动融入互联网时代,用信息技术武装中国旅游业"。2015年8月,国务院办公厅发布《关于进一步促进旅游投资和消费的若干意见》,要求积极推动在线旅游平台企业发展壮大,整合上下游及平行企业的资源、要素和技术,形成旅游业新生态圈,推动"互联网+旅游"跨产业融合。支持有条件的旅游企业进行互联网金融探索,打造在线旅游企业第三方支付平台,拓宽移动支付在旅游业的普及应用,推动境外消费退税便捷化。加强与互联网公司、金融企业合作,发行实名制国民旅游卡,落实法定优惠政策，实行特惠商户折扣；放宽在线度假租赁、旅游网络购物、在线旅游租车平台等新业态的准入许可和经营许可制度。同时，提出了到2020年全国4A级以上景区和智慧乡村旅游试点单位实现免费Wi-Fi（无线局域网）、智能导游、电子讲解、在线预订、信息推送等功能全覆盖，在全国打造1万家智慧景区和智慧旅游乡村等目标。2015年12月16日，第二届世界互联网大会在浙江乌镇开幕。国家主席习近平出席大会开幕式并发表主旨演讲时提出："2014年，首届世界互联网大会在这里举办，推动了网络创客、网上医院、智慧旅游这些新的业态快速发展，让这个粉墙黛瓦的千年古镇焕发出新的魅力。乌镇的网络化、智慧化，是传统和现代、人文和科技融合发展的生动写照，是中国互联网创新发展的一个缩影，也生动体现了全球互联网共享发展的理念。"

2016年12月26日，国务院印发了《"十三五"旅游业发展规划》，提出我国已进入大众旅游新时代，旅游消费呈现出大众化与家庭化、个性化与多样化、散客化与自助化、休闲化与体验化、品质化与中高端化等特征。只有依靠现代信息技术创新旅游产品，转变旅游服务模式，提升旅游服务质量，才能不断满足游客日益增长的个性化需求。

三、丽江市智慧旅游发展的现实逻辑

（一）基于现实基础的发展规划逐步完善

改革开放以来，丽江市审时度势，顺应市场需求，踏上对旅游这一全新行业的探索历程。经过多年努力，丽江旅游从无到有、从有到强，成为丽江的支柱产业和宣传丽江的名片。为了继续做大旅游、做精旅游，近年来丽江市提出创建国家全域旅游示范区，打造世界级旅游目的地的建设目标。丽江市委、市政府出台了《"智慧丽江"2018—2020年总体规划》《丽江市工业和信息化发展"十三五"规划纲要》，建设立足丽江、面向云南、辐射全国的旅游大数据中心和国家级旅游大数据实验特区。提出要打造旅游品牌，创建古城区、玉龙县特色旅游城市和旅游强县。玉龙、华坪、宁蒗、永胜四县创建省级全域旅游示范区。泸沽湖、老君山黎明景区创建国家5A级旅游景区；有条件的2A、3A级景区创建国家4A级旅游景区；玉龙雪山、泸沽湖景区创建国家级旅游度假区；束河古镇创建省级旅游度假区。推动"旅游+文化""旅游+研学""旅游+康养""旅游+农业""旅游+体育"等融合发展，着力推进航空运动、天文旅游、体育赛事、会展旅游、康体康养康复等新业态，推动旅游向旅居转变。随着丽江立足现实基础的发展规划逐步完善，丽江旅游发展的方向更加明确，底气更足，部分工作围绕既定目标也已在顺利推进。

（二）旅游业发展实践与时俱进

1. 成功推出一批著名景区景点

推出丽江古城、玉龙雪山、"万里长江第一湾"、虎跳峡，以及被称为"世界植物基因库"的老君山、黎明丹霞风光、泸沽湖等著名景区（点）。玉龙雪山率先推出国内首份AR手册地图，该地图是全国首张动态交互景区手册和多维可视全息地图，其最大特色是将传统地图与移动互联网技术相结合，即"海量云端数据信息、3D立体实景和多媒体呈现形式"。游客只需用移动智能终端安装并打开旅游客户端扫描地图，所拍摄景点均会呈3D立体实景即刻浮现，点击景点即可获取吃喝玩乐、路线攻略、旅游特色等丰富信息。只需一部手机、一张地图，游客便可轻松游遍景区。

2. 实现文旅融合发展

先后推出纳西古乐、《丽水金沙》《印象·丽江》、丽江千古情、《云南的响声》《雪山神话》《马帮出行》等一大批文化产业品牌；打造了束河茶马古镇影视基地，吸引了《一米阳光》《千里走单骑》《木府风云》《新龙门客栈》等50多部电影、电视剧组到丽江拍摄。全面推进丽江古城"四馆"（丽江古城历史文化展示馆、丽江古城徐霞客纪念馆、洛克故居陈列馆、十月文学馆）、"两剧"（《遇见·丽江》街头情景剧、《喜院故事》沉浸式话剧）、"一府"（流官府衙）、"一院"（雪山书院）、"一地"（十月作家居住地）、"一址"（红二、六军团过丽江指挥部旧址）、"一楼"（接风楼）、"一店"（三联韬奋书店）等12个新文化项目建设，提升景区文化内涵。2018年，全市规模以上文化企业近50家，文化产业增加值完成20.5

亿元,增长6%,占GDP比重5.8%,名列全省前茅。

3. 积极培育并形成一批旅游新业态

逐步开发了以天文科普旅游、研学旅游等为代表的新兴体验产品。打造玉水坊VR纳西《创世纪》、益田文创园、白沙细乐传习馆、纳西象形文字绘画体验馆、特色美食、文化主题酒店（客栈）、户外乐园、纳西婚俗游、摩梭婚俗游、猎鹰文化等文化体验旅游新业态。具有丽江民族文化特征的"三多节""正月十五棒棒会""火把节""粑粑节""东巴文化艺术节""雪山音乐节"等特色文化旅游节庆活动成为助推丽江旅游发展的风景线。格兰芬多国际自行车赛、国际马拉松赛、国际武术文化节等赛事活动的引入，为丽江旅游业发展起到了助力鼓劲的作用。

4. 扎实推进"旅游革命"

（1）打造重点文旅活动，建设旅游重点项目。

目前，丽江市正在积极申报一批重点旅游项目，争取创建一批旅游名镇、名村；结合高原特色产业化建设，积极创建花田旅游（农业旅游）示范基地；结合旅游新业态发展需求，推进汽车旅游营地规划建设，启动蛇山汽车营地、东巴谷汽车旅游省级五星级营地建设，新建古城区、玉龙县旅游徒步道路里程800公里以上，以及宁蒗、永胜、华坪旅游徒步道路里程500公里以上。

（2）建设旅游公共服务设施。

在滇藏自驾旅游路线、丽维福自驾旅游路线、泸香自驾旅游路线、老君山自驾旅游环线4条精品自驾旅游路线沿线建设游客休息站、观景平台、应急救援站（点）。推进五星级酒店、精品酒店、精品民宿客栈建设，新建、改建旅游厕所。

（3）积极组织举办国际性、全国性、全省性文旅活动。

优化提升纳西古乐、《印象·丽江》《云南的响声》《丽水金沙》、丽江千古情、《花楼恋歌》等旅游演艺节目。加大宣传推广力度，积极支持《雪山神话》《遇见丽江》《天籁纳西非遗歌舞乐民族服饰展演》等新打造的旅游演艺节目。积极争取更多文化和旅游品牌荣誉。

(4) 不断提升智慧化水平。

按照国际化、高端化、智慧化、标准化要求，加快智能技术平台建设。全市上线 122 路慢直播，有 47 路慢直播入选全省精品慢直播，玉龙雪山、丽江古城入选全省首批 13 家开展慢直播的景区。全市 A 级景区全部上线"一部手机游云南"平台，实现 32 个 A 级景区停车场的地理信息上传和 3A 级以上景区基础地图测绘、AI 识物素材采集上传；4A 级以上景区实现智慧厕所全覆盖，"游云南智慧景区"导游导览小程序全部上线，5A 级景区主要景点实现扫码识景点。玉龙雪山景区智慧停车场已能在景区微信公众号上实现车位预约、停车导航、取车导航等功能。在景区安防、应急处理、景区交通、旅游管理、旅游导航、景区酒店管理、餐饮服务管理等方面推进物联网应用的不断提升。

5. 管理服务框架体系逐步构建

(1) 智慧旅游体系。

全面借助"一部手机游云南"平台，通过权威的官方攻略、高水平的导游导览、人性化智慧厕所和停车场、AI 识景、景区人脸识别入园等技术，全面提升了景区管理和服务的智慧化水平，并逐步向高速公路"无感支付"、智慧酒店、智慧租车、智慧监管等延伸。开展丽江古城数字小镇建设，启动 5G 体验厅、智慧垃圾桶、智慧厕所、智慧健康、历史文化展示馆、刷脸入住酒店、区块链电子发票等 8 个试点项目，让"行"更便捷、让"游"更自在、让"购"更放心、让"服务"更到位。

(2) 旅游诚信体系。

依托"一部手机游云南"平台，在全省率先建设以规范指数、品质指数、体验指数为核心的旅游诚信评价体系，形成以政府评价为主的规范指数，以行业协会和第三方机构暗访体验为主的品质指数，以游客评价为主的体验指数。全面开展旅行社、餐饮经营户、住宿经营户、旅游汽车公司、租赁汽车公司 5 类涉旅经营户的诚信评价工作，完成 5484 家涉旅企业的诚信评价工作并上线"一部手机游云南"平台，基本实现涉旅企业诚信评价全覆盖。

(3) 新型旅游营销体系。

借助"一部手机游云南"平台,精心制作城市景区名片、精心策划事件直播、精心设置慢直播点位、精心编制旅游攻略,实时发布景区动态。

(4) 投诉快速处置体系。

在全省率先探索建立"1+5+N+1"旅游市场综合监管模式、"1+16+129+X"旅游投诉快速处置机制。组建由19个部门共340人构成的市、县两级旅游综合指挥调度中心。完成了340个政府职能部门投诉处理账号和1088个涉旅企业投诉处理账号的激活,严格执行"投诉有门、投诉有果、投诉24小时内办结"标准。

(5) 全域旅游发展体系。

通过"一部手机游云南"平台,提供了全市景区实时客流状态,使传统模式下游客空间分布冷热不均、全域旅游发展不平衡不充分的问题得到缓解。

(6) 新型旅游生态体系。

严格实施A级景区门票大幅度降价,按照"政府引导、协会牵头、企业自愿、行业自律、市场化运作"的原则,全面实施旅行社集团化改革,全市143家旅行社自主整合为13家旅行社集团。

四、丽江市智慧旅游发展优势分析

(一) 政策优势

实施"十三五"规划以来,国家继续保持推动旅游业发展的积极态势,针对旅游业的现状和模式出台了一系列政策。2016年,我国相继出台了《中华人民共和国国民经济和社会发展第十三个五年规划纲要》《全国生态旅游发展规划(2016—2025年)》等文件,明确了旅游产业的发展方向和原则,提出了2020年生态旅游发展目标和2025年生态旅游发展目标、旅游产业未来发展策略与发展方向,对个别地区旅游产业发展作出指导。2017年,我国密集出台了5份有关旅游的文件。其中,《关于深入推进农业供给侧结构性改革 加快培育农业农村发展新动能的若干意见》中首次提出"旅游+"概念,重点通过改善乡村旅游服务、完善乡村旅游产业标准等方式发展乡村休闲旅游产业;《全域旅游示范区创建工作导则》指出创建旅游示范区要实施的五个目标、要坚持的三大方针,并建立相应的示范区管理和退出机制;《旅游经营者处理投诉规范》(LB/T 063—2017)、《旅游民宿基本要求与评价》(LB/T 065—2017),对旅游民宿的相关行业标准进行了规定,完善投诉处理办法,有利于实现民宿产业规范化;《旅行社在线经营与服务规范》(LB/T 069—2017)对在线经营的旅行社按提供服务功能进行分类,规范线上交易和旅行社的线上信息。2018年3月,国务院办公厅印发《关于促进全域旅游发展的指导意见》,就加快推动旅游业转型升级、提质增效,全面优化旅游发展环境,走全域旅游发展的新路子做出重要部署。2018年6月,国家发展改革委出台《关于完善国有景区门票价格形成机制 降低重点国有景区门票价格的指导意见》(发改价格〔2018〕951号),要求实现国有景区门票价格形成机制"两步走"目标,体现国有景区的公益属性。2018年11月,文化和旅游部、财政部联合下发《关于在文化领域推广政府和社会资本合作模式的指导意见》(文旅旅发〔2018〕3号),提出促进文化和旅游等领域深度融合发展的文化项目。2019年7月,文化和旅游部正式公布旅游行业标准《旅游民宿基本要求与评价》(LB/T 065—2019),代替《旅游民宿基本要求与评价》(LB/T 065—2017),将旅游民宿等级由金宿、银宿两个等级修改为三星级、四星级、五星级3个等级(由低到高)并明确了划分标准。国家出台的一系列政策措施,标志着国家对旅游产业越来越重视,改变了旅游业的从属行业地位,为丽江推进智慧旅游带来政策机遇。

(二) 生态环境和景观优势

丽江辖区内水文、湖泊资源丰富。境内有云南省九大高原湖泊中的程海湖、泸沽湖,高原湿地拉市海等,河道纵横,流域面积在200平方公里以上,长江流域金沙江水系横贯全市4县,流程615公里,沿线有"长江第一湾"、虎跳峡和6个金沙江梯级电站形成的库区湖,构成丽江的自然景观资源一张网。全年平均气温12.6℃~19.9℃,年平均日照时数为2321小时,年平均降雨量910~1040毫米。境内山清水秀、天蓝地绿,四季如春,空气质量优良率达100%,适合避暑休闲。自然景观各具特色。玉龙雪山5A级旅游景区自然资源丰富，雪山和玉水寨、东巴谷、玉柱擎天、东巴万神园、东巴王国、玉峰寺、白沙壁画系列景区组成"大玉龙"景区，涵盖城市高山雪域景观、水域景观、森林景观和草甸景观。美国学者洛克曾旅居的泸沽湖是国家4A级景区、国家水利风景区，共有17个沙滩、14个海湾，湖中散布5个全岛、3个半岛、1个海堤连岛。连绵数百里的丽江老君山，是世界自然遗产"三江并流"的八大片区之一。含黎明高山丹霞片区、九十九龙潭片区、格拉丹高山草原片区、金丝厂片区"四大片区"，已开发景观区6处，有景点179个。老君山保护区现有国家级保护动植物102种，有中草药830种之多，被称为"国家中草药基因库"。主峰"金丝玉峰"海拔4515米，被历代史学家称为"滇省众山之祖"。境内还有拉市海、程海、虎跳峡等自然景观资源。

（三）人文环境优势

丽江历史悠久，少数民族文化特色鲜明，丽江古城是第二批被批准的中国历史文化名城之一，是中国以整座古城申报世界文化遗产获得成功的两座古城之一。丽江古城布局自由灵活，不拘一格，民居、集市、道路、水系组织聚散合理，配置得当。民居构造简单、粗犷，庭院布置和房屋的细部装饰丰富而细腻。1998年春，重建的木府原系丽江世袭土司木氏衙署，占地46亩，建有忠义坊、义门、前议事厅、万卷楼、护法殿、光碧楼、玉音楼、三清殿、配殿、阁楼、戏台、过街楼、家院、走廊、宫驿等15幢，大大小小房间共计162间。衙内挂有几代皇帝钦赐的11块匾额。黑龙潭公园北端云南省重点文物保护单位五凤楼（原名法云阁）始建于明万历二十九年（1601年），建筑风格含汉、藏、纳西等民族艺术。古城北有白沙民居建筑群和束河民居建筑群，白沙是宋元时期丽江政治经济文化的中心。丽江传统美食、纳西古乐、东巴仪式、占卜文化、纳西族火把节等特色文化近年来在海内外享有盛誉。东巴文化已有1000多年历史，是古代纳西族人民的"百科全书"，包括象形文字、东巴经、东巴绘画、东巴音乐舞蹈等。纳西族东巴原始宗教及其古老经典被中国社会科学院列为中华十五项重点保护的绝学之一。国际性的纳西东巴文化学已经形成。一个世纪以来，先后有法国、英国、美国、俄国、德国、挪威、意大利、加拿大、日本、瑞士、波兰等国家的学者，前来收集、调查、研究纳西族东巴文化。另外，境内彝文化、傈僳族文化等民族文化和边屯文化已经逐渐引起国内专家、学者重视。

（四）区位优势

丽江是青藏高原向云贵高原过渡地带和滇、川、藏大三角区域，是整个滇北旅游资源的核心区域，北通香格里拉和泸沽湖，南通昆明、大理和腾冲。公路通车总里程7820.9公里，高等级公路通车总里程638.9公里。火车经大理、楚雄通省会城市昆明。丽江三义机场已经升级为我国西南地区五大区域枢纽机场之一，泸沽湖机场已经建成通航，丽江至大理高速公路200多公里处还有大理机场，航旅优势明显。2019年，高原动车的开通标志着丽江进入了"高铁时代"，为丽江加快构建"快旅慢游"的旅游体系打下了坚实基础。随着国家持续加大对西部地区重大基础设施建设的投入力度，丽攀高速、丽香高速、丽攀铁路建成指日可待，丽江与沿线客源城市的旅游开放合作交流将加速度推进。

（五）智慧化建设基础优势

丽江市区基础网络建设已经实现光纤到户，主干信息网络通道能够满足未来3~5年信息化应用，城市无线网络4G信号实现全覆盖，政务基础设施建设集约推进，基础数据库建设全面展开，积累了大量宝贵的人口、法人、空间地理、宏观经济等信息资源，多家单位网站联通运行，政务信息基础设施的运行效率高。

2019年1月25日，中国移动在丽江古城玉河广场举行5G首发启动会，中国电信在古城四方街也同时举行5G试验网开通发布会，这标志着丽江开启了5G时代。5G是继4G之后的新一代技术创新，具有高速率、低时延、广连接的特点。在传输速度方面，5G是4G的100倍以上。4G时代下载一部高清电影需要数分钟，在5G环境下仅需几秒；在超低时延方面，5G的空口时延可低至1毫秒，能为客户提供身临其境的风景观赏、全息直播、全息摄影等AR/VR全新应用体验。5G的速率和接入能力更加强大，将跳出互联网，让万物互联城市生活，包括交通安防教育、旅游等在内的各个方面将变得更加智慧。

丽江人口计生信息系统（PIS）库姓名、身份证一致率平均达 99.90%；环境信息建设实现污染源在线监测、GIS 信息、公众号、内部办公 App、空气质量检测发布。智能交通子系统正式运行，古城区、玉龙县、玉龙雪山景区的核心区域主要交通路段已建设 44 个路口信号灯联网控制及路口数据采集、44 个路口多功能复合型电子警察、12 套卡口带测速、17 块交通诱导屏、217 套道路监控、189 个道路智能监测点，全市整合各类治安监控点 3000 多个，新增人脸识别摄像机 120 个。旅游综合指挥调度中心市级可视化管理平台接入全市 A 级景区视频数据、公安视频数据、部分 A 级景区的管理数据、旅游执法移动终端数据，完成 2253 家住宿单位、2656 家餐饮单位、136 家旅行社、390 家商品零售企业、33 家特色商品企业、10 个旅游包车公司、6 个租赁汽车公司诚信评价并上线"一部手机游云南"平台；上线导游有 843 名，丽江机场高速公路收费站实现"无感支付"。玉龙雪山、泸沽湖、东巴谷、玉水寨、观音峡等景区实现人脸识别、刷二维码等多种方式入园。上线"一部手机游云南"的景区门票，可通过手机购买，即购即入。

初步实现的丽江旅游咨询高效化、服务购买便捷化、游览过程智慧化和行业监管高效化，为丽江智慧旅游发展打下了良好基础。

五、当前丽江市智慧旅游发展中存在的问题

（一）对发展智慧旅游认识不到位

智慧旅游发展是旅游产业与科技前沿技术相结合的产物，既是旅游产业走国际化发展路径的必然选择，也是当前旅游业顺应电子技术融入大众便捷生活的市场发展需要。由于我国智慧旅游的发展还不成熟、不完善，到目前都还没有形成系统、全面的定义，部分机构、企业等对智慧旅游的理解不深入，认识不到位。丽江在发展智慧旅游方面同样不同程度地存在站位不高的问题，智慧旅游产业在利用高技术赋能开发新模式、打造新的共享旅游生态的同时，要体现与国家治理体系和治理能力现代化目标的一致性。受资金、技术等因素限制，丽江智慧旅游从设计到建设各个环节的

定位是否精准，建设标准是否满足市场需求都有待于发展实践的检验。要坚持把智慧旅游与落实改革发展和创新理念，抢占发展和市场先机，推动科技强市、旅游强市结合起来，解决好发展智慧旅游的站位问题，避免在智慧旅游建设发展中贻误时机，或出现失误，或走弯路，带来不可弥补的损失。

（二）统筹协调工作需要不断强化

智慧旅游系统是一个复杂的需要多部门协作的系统，在培育、发展、壮大的过程中，市场因素和管理功能也在不断发展变化，需要政府部门加强总体设计，加大统筹协调力度，把各个部门机构调动起来，相互协作、相互配合。丽江市委、市政府已经多次强调要加快推进智慧旅游系统建设，当前迫切需要一个详细的具体实施指导意见，凸显规划的长远性、政策的引导性，以确保丽江智慧旅游发展在指导推动层面规范有序推进。

（三）信息数据平台建设运用滞后

智慧旅游关键是靠信息支撑，大数据平台是智慧旅游的基础核心，丽江信息技术发展相对滞后，虽然经过不断努力，各级各部门按照职能建成了不同区块的智慧平台，但是因缺乏整合技术和能力，覆盖全市互通互享的智慧旅游大数据平台的建立还需要花更多工夫。当前，基础数据采集模式相对落后，智慧旅游云、旅游信用信息系统、旅游信息公共服务平台、游客流量监控预警系统等方面的建设也有差距，如何在短期内补齐旅游大数据平台发展滞后短板，是全面提升丽江智慧旅游发展的关键。

（四）新型人才不足

丽江智慧旅游作为新生事物正处于发展期，需要大量的管理人员和技术人才，尤其是复合型智慧旅游人才。人才的缺乏是智慧旅游产品开发创新不足、产品附加值低最迫切需要解决的制约因素，导致了丽江智慧旅游发展不全面，进展缓慢，甚至造成恶性循环。加强对智慧旅游人才的引进和培养是摆在政府面前的一大挑战。

（五）旅游电子商务发展欠缺

在智慧旅游发展中，电子商务的作用举足轻重。游客在旅游过程中的各项活动都可以借助电子商务实现,如酒店预订、门票预约、餐饮服务等。但是,丽江的电子商务起步晚,本土的旅游电商发展严重不足,技术落后、操作不规范,与大城市相比差距很大,不能满足当下需要,因此需要政府部门加强引导、支持和规范。

(六)产业整合度不强

就目前而言,丽江部分景区已经实现了智慧旅游的线上订票、线下取票、查询资质、景区电子讲解和3D导览图等服务,但是各景区各自为政,没有充分整合资源,相关产业之间也没有形成完善的体系,信息不能互通共享。一方面基础建设投入存在严重不足的问题,另一方面存在建设重复、资源浪费的现象。

六、丽江市智慧旅游发展的对策及建议

(一)要及时借鉴吸纳智慧旅游研究的前沿成果

旅游业是信息密集型产业,智慧旅游的出现正在改变传统旅游业的发展模式。目前,国内对智慧旅游比较权威的研究主要表现在五个方面:一是涵盖技术、应用、产业、关联四个层面的智慧旅游体系研究。二是由智慧旅游的能力、智慧旅游的属性、智慧旅游的应用三个层面构成的智慧旅游CAA框架体系研究。三是景区智慧建设体系,即涵盖信息基础设施、数据基础设施、共享服务设施"3个平台",资源保护系统、业务管理系统、旅游经营系统、公众服务系统、决策支持系统"5大体系",管理政策、运行机制、资金投入、信息技术、规范标准、人才队伍、安全保障"7项保障"的智慧景区建设框架研究。四是五类智慧旅游应用主体(主要包括旅游者、旅游企业、旅游目的地、旅游管理组织、相关部门与产业等)研究。五是涵盖资源配置层、数据采集与处理层、业务应用层、客户感知层的智慧旅游评价体系研究。上述研究主要集中在智慧旅游理论分析和模式构建、涉旅企业或旅游智慧化服务、智慧旅游技术、市场影响、效果分析等方面,对智慧旅游的阐述多强调信息技术的支撑作用,普遍提到了云计算、物联网、互联网等技术手段及便携式的移动通信设备,认为先进的技术和设备

优化了旅游相关者交互信息的过程及结果。当前，要及时了解掌握智慧旅游研究前沿动向，借鉴吸纳智慧旅游研究前沿成果开阔视野，对接国家政策，更好地预测市场走向，超前推进丽江智慧旅游的建设发展。

（二）要凸显政府主导作用

管好、用好、发展好地方旅游资源既是地方政府的职责所在，也是推动地方经济社会发展，解决民生问题的重要方式。政府主导作用体现在以下几个方面。

1. 发展理念

要基于丽江的区域性特征，抓住丽江智慧旅游的本质，丽江整体与内外的联系，以及智慧旅游在丽江固有的适应范围进行科学确定。同时，遵循智慧化发展规律，采取行之有效的方式，按既定的方法进行，凸显政府主导作用。丽江文旅结合推动转型升级的"文化引领、保护优先、彰显特色、融合发展"的理念，是综合国际国内"智慧旅游"成果经验、发展预期、国家政策导向和地方比较优势、财力等因素，对进行总体考量的丽江智慧旅游发展理念的启迪，因此要不断完善和推进。

2. 政策制定

随着丽江智慧旅游建设发展的不断推进，相时而动、应势而生的丽江智慧旅游发展政策就是行动准则。政策的制定关系丽江智慧旅游阶段性任务的明确性，工作步骤和具体措施的科学性、可行性，以及奋斗目标的顺利实现，丝毫不能忽视和迟滞。

3. 建设发展

智慧旅游的建设目的是满足海量游客的个性化需求、实现旅游公共服务与公共管理的无缝整合，为企业尤其是中小企业和小微企业提供服务。初期阶段的主要推动力量是政府，推动建设公用事业类的基础设施等，为后续智慧旅游的运营和发展创造良好的环境，初步培养用户的习惯和黏性。在市场达到一定规模、智慧旅游取得一定发展之后，才能适时扩大应用范围，引入商业竞争，提升运营效率，提高整体水平和服务能力。对于丽江智慧旅游建设发展方面，政府的主导作用首先应侧重于基础性工程谋划、政策争取和项目资金的落实来加快建设。在这一方面，丽江经历了旅游发展从无到有、从有到强的历程，特别是国家级景区的建设打造，汇聚了政府主导过程的无数高质量案例。丽江要在继续总结、发扬经验成果的基础上把握国家政策导向，先行谋划，争取更多的政策红利。

4. 管理服务

管理服务是地方政府治理水平和能力的具体体现。目前，丽江已经建成的智慧旅游体系、旅游诚信体系、新型旅游营销体系、投诉快速处置体系、全域旅游发展体系、新型旅游生态体系"6大体系"，是丽江智慧旅游管理服务的主要基础。不断健全完善各项体系，率先在国内完成体系评价标准的制定，不但能产生高质量的经济效益、社会效益，而且还有机会把丽江推向国内智慧旅游标准化示范基地的前沿，为今后丽江经济发展抢占先机奠定坚实的基础。

（三）要继续培育延伸现有比较优势

丽江智慧旅游具有国家政策导向优势、生态环境和景观优势、人文环境优势、区位优势、智慧化建设优势。但国内有著名景区发展失败的案例并不少，丽江也经历过旅游负面影响的阵痛。如何发挥比较优势，吸取经验教训，避免丽江智慧旅游走弯路，实现快速推进和高质量发展，是政府主导作用发挥的重要课题。当前，丽江正在大力推广"一部手机游云南""一部手机办事通""一部手机云品荟"等省级平台在丽江的应用，加速推动信息技术与实体经济的深度融合，实现公共管理、社会服务和产业发展的数字化转型。同时，提出要在全省率先打造好丽江古城数字小镇，加快智慧景区建设，着力推进"智慧党建""智慧政务""智慧旅游""智慧商务""智慧医疗""智慧教育""智慧交通"等10项重点工程，逐步实现全市社会经济各领域全面数字化。政府的主导作用就是要持之以恒地推动示范标准建设，加快创新融合发展，推进数据开放共享。

（四）要充分发挥市场作用

智慧旅游建设具有强大和旺盛的市场需求。智慧化是人类社会继工业化、电气化、信息化之后的又一次深刻变革。智慧旅游整体行业具有互融性，需要通过开放融合的方式不断挖掘资源，实现对于市场需求的覆盖和更高的运行效率。

1. 公共服务职能要市场化

新修订的《中华人民共和国旅游法》以法律形式进一步明确了国务院旅游主管部门及县级以上人民政府承担的旅游公共服务职能，包括旅游公共信息的提供和咨询服务；旅游形象推广；景区旅游者流量控制；旅游目的地安全风险提示；旅游投诉受理等。为履行好这些公共服务职能，文化和旅游部明确可以通过特许经营方式，将上述职能中适合社会力量承办的部分交付市场主体承办。政府要超前谋划，及早抽身，把能够交付市场的职能交予市场采取竞争性运行，防止陷入包办性替代和既是监督者又是运营者的尴尬境地。

2. 智慧旅游要产业化

智慧旅游是智能经济的应用层级。基础是信息技术，产品是智能制造，用发展产业的理念综合分析智慧旅游，消费者的喜好是产品能够转换为价值的关键。随着旅游市场的发展，游客体验需求多样化、高端游客增长成为旅游发展的趋势。丽江旅游应顺应市场需求，旅游产品逐渐朝多元供给转向，旅游服务文明化、人性化步伐加快并形成长效机制。下一步，关键着力点是旅游产品的打造能不能得到消费者的认可，使其愿意消费，需要综合产业发展的基地（基础）、产品、营销、消费者四大要素，用市场化手段迅速推进。

3. 智慧旅游要企业化

智慧旅游的核心在市场，市场动力需要企业跟进才能产生。对未来旅游企业的发展来说，打造智慧旅游必须推动旅游企业智慧建设。世界已经全面进入信息化时代，互联网、移动互联网、大数据深刻地改变着世界的面貌，同样也深刻地改变着旅游业的运行方式。因此，只有与时俱进，主动融入信息化变革，积极运用信息化手段，打造一批智慧旅游企业，借力互联网全面革新管理方式，提高管理水平，丽江的旅游业发展才能跟上全国乃至全世界旅游业发展的步伐。

第五章　丽江市科普旅游发展研究

党的十八届五中全会提出了"创新、协调、绿色、开放、共享"的发展新理念，并被视为关系中国发展全局的一场深刻变革。2019年4月16日，丽江市委书记崔茂虎就"扩展天文科普旅游合作，促成中国科普产学研创新联盟落地丽江建科研成果转化基地"这一重大事项作出了明确指示，要求尽快推动丽江科普旅游发展。为贯彻好这一新发展理念，2019年8月6日召开的丽江市委四届六次全会提出，要深入推进供给侧结构性改革，推动新发展理念落地见效，加快丽江高质量跨越式发展，努力把丽江建设成为民族团结进步示范区、生态文明建设排头兵和世界级旅游目的地。要坚持绿色发展，牢固树立"绿水青山就是金山银山"的理念，严守生态红线和环保底线，坚定不移地走生态优先、绿色发展和生态建设产业化、产业发展生态化的新路子。为此，丽江根据自身优势和特点，把旅游业确立为龙头产业进行重点培植和加快发展。然而，传统的观光休闲旅游已不能满足游客对更高层次旅游体验的需要，丽江需在提质增效和转型升级上下足功夫，努力开创丽江旅游发展新局面。按照崔茂虎书记的指示和市委四届六次全会精神，为推进丽江"科普+研学+旅游"模式创新发展，充分利用丽江优质科普资源发展科普旅游，助力丽江旅游产业转型升级和高质量发展，本课题组在弄清科普旅游的概念和特点及其开发意义的基础上，再次对丽江市科普旅游资源的现状进行了摸底调查，分析了其科普价值及发展科普旅游的前景，最后结合丽江实际提出了丽江市科普旅游发展的几点对策和建议。

一、科普旅游概述

研究科普旅游，首先要对其概念和特点及其开发意义等问题有一个基本的认识，才能为后面的研究提供依据，打下基础。

（一）科普旅游的概念

科普旅游是一种新兴的旅游形式，当前对其理论研究尚处于初始阶段。关于科普旅游的概念，学者们从不同角度给予了不同的定义。例如，有学者指出"科普旅游是通过旅游地深层次开发，突出其科学文化内涵，以满足人们探索大自然奥秘的好奇心，提高自然科学知识普及的生态旅游精品项目"。另有学者指出，"科普旅游指的是集科普教育和旅游为一体的旅游产品，其目的在于使游客在旅游过程中受到教育，寓教于游、寓教于乐，是以旅游活动为载体，在旅游产品中增加科普教育含量，使游人在旅游过程中心灵受到熏陶，提高游人素质的一种新的旅游形式"。

此外，还有学者提出了科技旅游、科考旅游的概念。例如，科技旅游是"把休闲娱乐与了解科学技术知识融为一体的旅游方式"；"科考旅游是一种高品位的生态旅游活动，是通过对旅游地深层次开发，突出其科学文化内涵，以满足人们探索大自然奥妙的好奇心，提高科学知识水平的旅游项目"。其实，科技旅游和科考旅游都是科普旅游的一部分。

综上所述，本课题认为科普旅游可以从广义和狭义两方面理解。狭义的科普旅游是指以旅游活动为载体，以传播普及科学文化知识为主要目的的旅游形式。广义的科普旅游是指凡是通过旅游活动获得科学文化知识的旅游形式均属于科普旅游。它是以游览为主要目的，在游览过程中普及科学知识，寓教于乐、寓学于游，集娱乐性、参与性、知识性、教育性于一体的旅游活动。

（二）科普旅游的特点

科普旅游作为旅游活动的一种，除了应该具有一般旅游活动的特点外，还具有以下特点。

1. 科普旅游的首要功能在于普及科学知识

科普旅游的宗旨在于使游客获得科普知识,宣传与大众日常生活相连的、与自然或社会热点问题相关的科学知识,逐步培养人们相信科学、尊重科学、依靠科学、崇尚科学的意识。游客可以通过旅游活动了解有关自然现象的成因、特征、规律,明了人类历史上各民族的重点任务和典型事件以及各个政权的发展演变,参观当今社会科技进步的文明成果,激发人们的创新创造热情。

2. 科普旅游的产品具有专门性

对科普旅游来说,没有哪一个旅游区可以将所有的科学知识全部加以介绍,因此科普旅游必然具有专门性的特点。每个科普旅游项目或产品只能就一个层面或专题进行科普旅游活动。

3. 科普旅游正从特定旅游者向大众延伸

在科普旅游发展的早期,科普旅游的参与者多为具有较高受教育程度和文化素养的人;在爱国主义教育方面的科普旅游中,青少年学生所占比重较大。随着旅游活动的不断发展,特别是人们认识水平的不断提高,科普旅游将逐渐普及,将不断向普通人群延伸,并将成为人们的一种时尚消费热潮。

(三) 科普旅游的开发意义

科普旅游符合时代发展的潮流,对经济、社会发展以及人类自身发展都具有积极的推动作用。

1. 科普旅游是知识经济时代社会发展的需要

现代科学技术具有先进性、神秘性,是人类智慧的结晶,到处散发出智慧的光芒,这些特点正好迎合了人们的好奇心理,吸引了大批游客前去获取新知识、体验新感觉、探寻未来知识的奥秘。科普旅游逐渐成为现代人追求知识的重要途径和旅游目标。

2. 科普旅游有利于完善中心城市的功能

科普旅游有助于进一步健全城市旅游体系,增强中心城市的旅游吸引力；可以有效集聚区域科技发展成果以及科技人才，为创新开发科技产品创造更有利的条件和更广阔的空间；有助于更前沿、更快捷、更广泛地开展国内国外各种科技信息的交流，发挥中心城市信息流的作用，加强与周边城市的互动并带动周边城市的发展；可以有效盘活大量的科技无形资产，提高城市品牌的科技含量，扩大城市的影响力，创造新的社会经济效益，进一步完善中心城市功能。

3. 科普旅游有利于提高市民的综合科学文化素养

开展科普旅游为提高全民科学文化素养提供了良好的智力支持。科普旅游有利于广大游客学习科学知识，拓宽知识领域，增加获取知识的乐趣和渠道；有利于培养中小学生从小热爱科学技术知识的兴趣和精神，为培养大批科技后备人才打下良好的基础。

4. 科普旅游是旅游业可持续发展的需要

旅游业可持续发展主要表现为公平性、可持续性和共同性。科普旅游可以让游客更多地感受人与自然和科学之间的密切关系，有助于提高人们热爱自然进而主动利用科学保护自然的意识。同时，旅游的可持续发展需要优化的产业结构做支撑，科普旅游弥补了旅游业的市场空缺与结构单一的不足，为旅游业的发展寻找到新的闪光点，满足了旅游业可持续发展的需要。

二、丽江市科普旅游资源概述及其价值分析

丽江因旅游而兴，旅游让丽江这个曾经贫穷落后的边陲小镇发展成为富裕、繁荣、文明、和谐的旅游文化名城，可以说，旅游已成为丽江的一大经济发展支柱。但是要适应新的发展需要，丽江旅游就必须进行转型升级。本课题组认为，发展科普旅游可以为丽江旅游找到一个新的突破口和增长点。而研究这个问题时，首先就要对丽江科普旅游资源状况有一个比较清晰的认识。整体而言，丽江以神奇壮观的自然景观、丰富深邃的历史文化、绚丽多姿的民族风情、神秘深邃的宗教文化，形成了自然与人文交相辉映的资源优势。然而，尽管这些资源都具有丰富的科普内涵，都可以

作为科普旅游资源进行开发，但是本结题报告将着重探讨自然科普旅游资源。原因在于，人文科普旅游资源在过去许多年中已得到较大程度的开发，只是有些科普内涵还未被充分挖掘，如东巴文化、毕摩文化、韩规文化中还有很多值得我们进一步探讨和研究的东西；有些虽然已被开发，但是并没有把其精髓部分或真正具有价值的成分呈现给游客，相反，被歪曲或扭曲的现象仍不同程度地存在，如摩梭文化、他留文化等，今后还需要不断纠正和改善。而对自然科普旅游资源这一块，开发程度相对较低，有些甚至还属于没被开发的处女地，如高美古天文观测站、老君山国家公园腹地等；有些景区虽进行了一定程度的开发，但没有真正从科普旅游的角度和要求去做，如玉龙雪山冰川、长江第一湾、虎跳峡、黎明丹霞地貌区等。总之，相对人文科普旅游资源来说，丽江的自然科普旅游资源开发空间较大，而且自然科学更能够在短时间内让游客得到直观的感受和了解、认识，因此更适合大众旅游。

（一）丽江市科普旅游资源概述

丽江市地理环境特殊，居于青藏高原南端、横断山脉向云贵高原北部云岭山脉过渡的衔接地段，境内地形地貌多样，具有高原雪山、河谷、深峡、草甸、平坝相结合的地貌特征及自然景观资源，同时气候变化显著，生物多样性特征明显，形成了包括天文、地理、生物等多方面、多层次、多种类的自然科普旅游资源。

1. 天文科普旅游资源

丽江空气透明度高，多个区域远离城市灯光污染，加上独特的海拔和气候条件，使丽江具有优秀的视宁度、夜天光等天文观测条件。其中，位于丽江市太安乡的高美古天文观测站，是中国科学院云南天文台丽江天文观测站。"高美古"在纳西族语言中的意思是"比天还高的地方"。高美古海拔3193米，每年平均晴夜达254天，没有人为光线和沙尘的干扰，加之天光背景暗、空气透明度好，保持了良好的大气宁静度。

丽江天文观测站主要进行天文学高新技术创新，并针对国家安全和经济建设方面的要求提供高质量的天文应用研究服务，它是我国天文学前沿在南方的研究基地和高级天文人才的培养基地。丽江天文观测站拥有我国目前最大的天文望远镜,也是东亚口径最大的通用型光学望远镜,镜长2.4米,其光学像质、成像分辨率、指向和跟踪系统等均处于国内较高水平,可获得高清火星图像和遥望银河系。该望远镜是由英国TTL公司制造的,价值高达3000多万元人民币。观测站还有另外3台科研望远镜:1.8米望远镜、BOOTES-4全自动望远镜和TAT全自动望远镜。其中,1.8米望远镜是一个自适应光学技术试验平台,配备了中国目前最好的自适应光学系统;BOOTES-4和TAT全自动望远镜都是全球监测网的节点,尤其BOOTES-4自动化程度非常高,不仅能全自动观测,还能自动进行部分数据处理。

丽江高美古址点选定后,引起了国内外天文学家的广泛兴趣,许多天文学家先后访问了这里。高美古湛蓝色的天空,夜晚满天的繁星、清晰的银河,都让很多天文学家激动不已,特别是其视宁度达到世界优良台址的水平,让他们感叹从未见过这么美的夜空、这么好的天文观测条件。"晴空万里、群星璀璨"的丽江高美古,已逐步成为国内外天文工作者心中的一块圣地。

2. 地质地貌科普旅游资源

丽江的地质地貌科普旅游资源也十分丰富,有被称为"中国第一"的丹霞地貌区——丽江黎明丹霞地貌区,欧亚大陆距离赤道最近的玉龙雪山现代海洋性温冰川和雪海,金沙江(长江)上的第一大峡谷虎跳峡,改变了长江流向的著名的长江第一湾,等等。

(1) 黎明丹霞地貌区。

"地貌奇观"——黎明丹霞地貌群,是我国迄今为止发现的面积最大、海拔最高的一片十分神奇的丹霞地貌区。在2003年7月2日第27届联合国遗产年会上,国际自然保护联盟(IUCN)具有极高国际威望的吉姆·桑塞尔博士在关于中国"三江并流"的陈述报告中特别提到,"三江并流有中国第一的丹霞地貌区——丽江黎明,它无疑也是世界一流的"。

黎明丹霞地貌区主要分布在黎明傈僳族乡境内,包括黎明、黎光、美乐、堆美4个行政村片区,总面积达250平方公里,占全乡面积的43%,

是国内面积最大、发育最完整的丹霞地貌之一。黎明丹霞风光不仅分布广、面积大，而且山体壮观、景色绚丽、发育典型，具有顶平、身陡、麓缓的明显特点。黎明丹霞地貌以其高海拔（达到4200米）著名，由于高海拔形成极端的"冻融"气候，从而造就了神奇的丹霞地貌特征。其中，包括了"龟甲"地表分布类型，最为典型的有千龟山，因其红砂岩表面发生干裂，干裂的缝隙里发生了风化和侵蚀，于是就形成一系列有缝隙的凸形地形，形如乌龟。其景观的规模和质量在国内均最具代表性，堪称"中国一绝"，加之成因至今尚不清楚，还具有极高的科考价值。同时，黎明丹霞地貌的相对高度、绝对高度以及壮观程度，色彩绚丽程度均属全国之首，且发育完整，景观质量高，神鸟彩屏、睡佛、五指山、情人柱、自然佛、炼丹炉、石棺山等景观极具代表性和独特性。因此，黎明千龟山在2004年就被授予"丹霞国家地质公园"的称号。

(2) 玉龙雪山。

玉龙雪山在纳西族语言中被称为"波石欧鲁"，意为白沙的银色山岩。整座雪山由13座山峰组成，由北向南呈纵向排列，延绵近50公里，东西宽25公里，雪山面积960平方公里，高山雪域风景位于海拔4000米以上。玉龙雪山不仅气势磅礴，而且秀丽挺拔，造型玲珑，皎洁如晶莹的玉石，在碧蓝天幕的映衬下像一条银色的玉龙在做永恒的飞舞，故名"玉龙山"，又因玉龙雪山的岩性主要为石灰岩和玄武岩，黑白分明，故又称为"黑白雪山"。

玉龙雪山分布着欧亚大陆距离赤道最近的现代海洋性温冰川和雪海，冰川类型齐全，发育有19条现代冰川，总面积达11.61平方公里，其中"白水一号"现代冰川是目前最具游览条件的冰川。"白水一号"现代冰川长达2.7公里，位于玉龙雪山主峰扇子陡的正下方，从山脚望去如同一条瀑布悬挂天际，令人震撼不已。冰舌部分的冰塔林像一把把刀戟直刺苍穹，在阳光的照射下，不白而绿、绿雪万仞，仿佛一块块巨大的翡翠碧玉镶嵌在怪石嶙峋之间，此景即为已故的原台北"故宫博物院"副院长李霖灿先生笔下的"绿雪奇峰"。玉龙雪山最高峰称为"扇子陡"，海拔5596米，千万年来始终如一、源源不断地为冰川补给着新雪。

玉龙雪山是云南亚热带的极高山地，从山脚河谷到峰顶具备了亚热带、温带到寒带完整的垂直带自然景观。雪山自然旅游资源丰富，景观大致可分为雪域·冰川景观、高山草甸景观、原始森林景观、雪山水景等。

玉龙雪山还是纳西族及丽江各民族心目中一座神圣的山。纳西族的保护神"三朵"就是玉龙雪山的化身，丽江至今还举行一年一度盛大的"三朵节"祭祀仪式。唐朝时，南诏国主异牟寻封岳拜山，曾封玉龙雪山为北岳。元代初年，元世祖忽必烈到丽江时，曾封玉龙雪山为"大圣雪石北岳安邦景帝"。至今白沙村北北岳庙尚存，仍然庭院幽深，佛面生辉，拜山朝圣者不绝于途。玉龙雪山凭其迷人的景观、神秘的传说和至今尚无人征服的处女峰而令人心驰神往。

综上所述，玉龙雪山生态旅游区科普资源丰富，主要类型为构造隆升过程中、冰川地质作用和河流地质作用下、生物过程中所形成的自然景观类，具有典型的低纬高原及高山温性冰川景观，晚古生代以来的古地理变迁、区域构造运动、岩浆活动、全球气候变化与高原强烈隆升引发的山地温性冰川地质过程，展现了地质多样性与生物多样性的紧密联系和自然美景，具有极高的科普价值。

（3）虎跳峡。

丽江虎跳峡是金沙江（长江）上的第一大峡谷，更是全球著名的大峡谷。虎跳峡位于香格里拉（中甸）东南部，距香格里拉市区105公里，距长江第一湾35公里，距丽江60公里，分为上虎跳、中虎跳和下虎跳3段。长江水在这里被玉龙、哈巴两大雪山相夹，海拔高差3900多米，峡谷之深位居世界前列，最窄处仅约30余米。相传猛虎下山，在江中的礁石上稍一抬脚，便可腾空越过，故称虎跳峡。峡内礁石林立，有险滩21处，高达10多米的跌坎7处，瀑布10条。

丽江虎跳峡，以"险"闻名天下。首先是山险。峡谷两岸高山耸峙，东有玉龙山终年披云戴雪，银峰插天，主峰海拔高达5596米，山腰怪石嶙峋古藤盘结，山脚壁立直插江底，虎啸猿啼，狼豹出没；西有哈巴雪山峥嵘突兀，山腰间有台地，山脚为陡峻悬崖，西岸山峰高出江面3000米以上。国内三峡世称壮观，它的江面与峰顶高差仅1500米；美国的地狱峡谷世界著名，最大高差也仅 2400 米。因此它的深邃，可以想见！虎跳峡不仅深，而且窄，许多地方双峰欲合，如门半开；身入谷中看天一条缝，看江一条龙；头顶绝壁，脚临激流，令人心惊胆战。其次是水险。由于山岩的断层塌陷造成无数石梁跌坎，加之两岸山坡陡峻，岩石壁立，山石风化使巨石常崩塌谷底，形成江中礁石林立，犬牙交错，险滩密布，飞瀑荟萃。从上虎跳峡至下峡口落差达 210 米，平均每公里 14 米，江流湍急，不少段落差每秒达 6～8 米，因而江水态势瞬息万变，或狂驰怒号、石乱水激、雪浪翻飞，或漩涡漫卷、飞瀑轰鸣、雾气空蒙，构成世上罕见的山水奇观。

(4) 长江第一湾。

长江第一湾位于云南省西北部的丽江市石鼓镇与香格里拉市南部沙松碧村之间，海拔 1850 米。万里长江从"世界屋脊"——青藏高原奔腾而下，经巴塘县城境内进入云南，与澜沧江、怒江一起在横断山脉的高山深谷中穿行，形成了"三江并流"的壮丽景观。到了香格里拉市的沙松碧村，突然 100 多度的急转弯，转向东北，形成了罕见的"V"字形大弯，"江流到此成逆转，奔入中原壮大观"，因此人们称这一天下奇观为"长江第一湾"。那么，它是怎样形成的呢？其中的奥秘耐人寻味。

3. 生物科普旅游资源

地处横断山区的丽江生物多样性突出，被誉为"生物种质资源库"。丽江无论是植物资源还是动物资源，种类都非常多。

(1) 植物资源。

丽江植物资源种类繁多，是中国著名的植物保护基地之一、云南省重点林区之一。2015 年，全市林业用地面积 1.63 万平方公里，占土地面积的 79.36%；2017 年，全市森林覆盖率 68.48%，活立木蓄积量 1.05 亿立方米。境内有植物 1.3 万多种，仅种子植物就多达 2988 种，占云南省植物种类的 70%。热带、温带、寒带植物均有分布，有许多树种属国家珍稀植物，有云南铁杉、榧木、水青树等。云南八大名花和国家保护植物珙桐、红豆杉、三尖杉、榧木、银杏等在丽江广为分布。已发现中药材 2000 多种，是国家药典所列品种的 1/3 以上。

在丽江，植物多样性最为突出的当属老君山。老君山具有典型的立体气候特征，从金沙江河谷到山顶，其气候特征分别为亚热带干热河谷—温带—寒带，形成完整的垂直气候带及相应的自然景观，并分布有大面积的暗针叶林、硬叶常绿阔叶林和长苞冷杉、丽江铁杉等国家重点保护植物，特别是延龄草、云南榧木、红豆杉、棕背杜鹃均为濒危植物，云南松林、高山栎林、西南桦树林、小果垂枝柏林、云杉、冷杉、高山灌丛、山顶杜鹃矮曲林、石滩冻荒漠植物带、高山草甸构成了老君山景区旅游环境的绿色基调。老君山的高等植物有145科785属3200余种，其中濒危孑遗植物十分丰富，有香杉、红豆杉、三尖杉、水青树、黄杉等。老君山还是云南最著名的"药材之乡"，盛产云木香、当归、天麻、贝母、大黄、虫草、重楼、雪茶、龙胆、云茯苓、青阳参、珠子参、岩菖蒲、雪上一枝蒿、草乌、龙须草、杜仲、五味子、金不换、枸杞、白术等800多种药用植物。老君山的高山花卉种类也非常多，有杜鹃花56种、龙胆花50多种、报春花60多种、百合花20多种、兰花70余种、绿绒蒿8种。老君山因此被认定是一个不可多得的天然高山植物园、横断山脉的植物基因库，并作为"三江并流"自然保护区的重要组成部分，已于2003年被列入世界自然遗产名录。

玉龙雪山的植物资源也非常丰富，从甘海子草甸到4500米的雪线有各种各样的花草树木，如有报春花60多种、杜鹃花50多种、兰花70多种，还有野生牡丹、雪莲等，品种繁多，是云南省著名的园艺类观赏植物的主要产地；高大乔木有云南松、雪松、冷杉、刺栗、麻栗等；藻类植物有31科196种，地衣植物有17科20多种，苔藓植物分别有苔类45种、藓类130种，蕨类植物有220种，种子植物有145科3200余种，是中国植物标本的集中产地。

（2）动物资源。

植物资源为各种动物提供了生息繁衍的良好环境。据统计，丽江属于兽类的野生动物有8目21科42属83种，占云南兽类总数的29.6%。其中，国家一级野生保护动物有滇金丝猴（又称仰鼻猴）、野驴（原名霞羚、苏门羚，俗称"山驴"）、金钱豹、云豹；二级野生保护动物有恒河猴（黄猴）、小熊猫、原麝、林麝、马麝、黄麝、金猫、穿山甲、水獭、毛冠鹿；三级野生保护动物有石豹、岩羊、青羊、大灵猫、小灵猫等。除了野生动物以外，丽江的鸟类、昆虫、鱼类也是品种繁多，应有尽有，如鸟类有17目46科290多种，占全省鸟类分布总数的37.6%。其中，属国家一级保护鸟类的有黑鹳、中华秋沙鸭、雉鹑、黑颈长尾雉、红腹角雉、黑颈鹤等；二级的有白腹锦鸡、藏马鸡、灰鹤；三级的有血雉、勺鸡、大绯胸鹦鹉、灰头鹦鹉。

老君山山脉的茂密森林给各种野生动物提供了生息繁衍的条件，该区域生活着几百种动物。如虎、金钱豹、狐狸、小熊猫、水獭、旱獭、熊、鹿、麝、岩羊、麂、猴、黄鼬、野猪、野猫、黄腰狸、穿山甲、刺猬、飞鼠、竹鼠、松鼠、獾子、野兔、狼、豺及各种蛇类和蛙类。珍贵的飞禽有黑颈鹤、藏马鸡、绿尾虹雉、血雉、白鹇、白腹锦鸡等。据了解，滇金丝猴是老君山地区的生物"名片"，目前数量有300多只。

玉龙雪山也是动物的宝库，主要有60多种，属国家重点保护的珍稀动物有滇金丝猴、云豹、金猫、雪豹、藏马鸡、绿尾虹雉、穿山甲、小熊猫、大小灵猫、白腹锦鸡、血雉、白鹇等。

（二）丽江市科普旅游资源价值分析

丽江市科普旅游资源种类多，既有天文的，又有地质地貌的、生物的，而且品位都非常高，都是独一无二的。例如，天文的旅游资源在观测条件方面极具优势，是其他地方所不能企及的；地质地貌的旅游资源也是极具特色的，甚至是世所罕见的；生物多样性更是无与伦比的。

1. 独特性

从单个来说，丽江科普旅游资源具有独特性。无论是太安高美古天文科普旅游资源，还是玉龙雪山冰川、虎跳峡、长江第一湾或黎明千龟山丹霞地貌，都具有独一无二的特征。

高美古由于海拔高，几乎没有任何空气污染，再加上每年平均晴夜多达254天，以及没有人为光线和沙尘的干扰，天光背景暗、空气透明度好，因而保持了良好的大气宁静度，这些条件对于观测星空来说是非常有利的，堪称世界级的天文观测点；玉龙雪山分布着欧亚大陆距离赤道最近的现代海洋性温冰川和雪海，冰川类型齐全，发育有19条现代冰川，总面积达11.61平方公里，是典型的低纬高原及高山温性冰川景观；虎跳峡海拔高差3900多米，峡谷之深位居世界前列，从上虎跳峡至下峡口，落差达210米，平均每公里14米，江流湍急，不少段落差每秒达6~8米；长江第一湾改变了金沙江的流向，体现了大自然的神奇和伟大；黎明丹霞地貌总面积达250平方公里，是国内面积最大、发育最完整的丹霞地貌，其景观具有非常明显的独特性。

2. 多样性

从整体来说，丽江科普旅游资源还具有多样性。丽江的科普旅游资源不是单一的，而是有多种不同的类型，天文的、地质地貌的、生物的，有些地方还是几种类型并存的。例如玉龙雪山，其冰川公园属于地质地貌资源，同时其动物、植物资源也相当丰富；老君山景区以错落有致的高山湖泊、神奇壮丽的丹霞地貌、良好的生态系统和多种珍稀动植物资源，充分体现出"三江并流"的地质多样性、生物多样性和景观多样性。

3. 可开发性

丽江的科普旅游资源均具有可开发性。依托现有的基础设施和技术手段，丽江的科普旅游资源都能够得到有效的开发和利用，以满足游客的需求。因为这些科普旅游资源基本上都分布在现有的旅游景区景点，在基础设施方面已经比较完备，主要需运用一些先进的科学技术手段，充分挖掘它们的科普内涵，增强旅游产品的参与性、启迪性、趣味性等。

因为丽江科普旅游资源具有以上这些特征，所以本课题组认为其价值非常高，对丽江来说是一笔非常宝贵的财富。

三、丽江市科普旅游发展前景分析

除了拥有得天独厚的科普旅游资源之外，从全球旅游发展的整体趋势、旅游市场需求、国家政策导向、丽江旅游发展现状等方面来看，丽江发展科普旅游前景广阔、大有可为。

1. 从全球旅游发展趋势来看

科普旅游是当今一种全球性的新兴旅游形式。无论从国际还是国内旅游发展的整体趋势来看，科普旅游都将以一种新的方式吸引众多游客参与其中，这与全球不断提高的经济发展水平和日新月异的科技进步密切相关。由于科普旅游是以较强的经济实力和科技水平作为支撑，在一些发达国家已蔚然成风，这些国家都把科普旅游作为旅游项目中的一个重要产品加以开发，制定了干预科普旅游发展的相关政策，加大了对科普旅游的投资力度，形成了科学合理的科普旅游经营管理机制，使科普旅游呈现出蓬勃发展的良好态势。

在科普旅游发展成熟的欧美国家，人们的年龄、性别、文化程度等已不再是区分科普旅游者与一般旅游者的显著标志，即科普旅游已不是少数旅游者专有的旅游活动，而是一种逐渐被主流市场接受并广受欢迎的大众旅游形式。从发展趋势来看，无论是旅游人数或是旅游收入，科普旅游在国外旅游产业体系中都占据着越来越重要的地位。具体来说，国外科普旅游的发展特点主要有：①发展迅速，规模庞大；②主题多元，内容丰富；③设计精巧，形象新颖；④传播知识，重在参与；⑤公众支持，服务社会。

在我国，一方面，随着旅游的发展和普及，以及国民整体素质的不断提高，旅游者已不满足于传统的观光式旅游，不局限于听一些神话故事或传说，他们更想了解隐藏在那些现象背后的本质及成因，想通过旅游拓展自己的知识面。另一方面，政府也日益重视提高国民的科学素质。1994年12月，中共中央、国务院发布的《关于加强科学技术普及工作的若干意见》中指出："科学技术普及工作是普及科学知识、提高全民素质的关键措施，是社会主义物质文明建设的主要内容，也是培养一代新人的重要措施。"2006年2月，国务院又发布了《全民科学素质行动计划纲要（2006—2010—2020年）》，详细阐述了普及科学知识、提高我国全民科学素质的行动计划，并将科普工作提升到构建和谐社会的高度。在这种背景下，近年来科普旅游在国内悄然兴起，多个地方政府也将发展科普旅游视为提升市民科学文化素质，传播城市文明风采的重要窗口。同时，该趋势在由东部一线城市向二、三线城市蔓延，规模也越来越大。例如，上海市推出的"科普旅游观光巴士"，广州市科协每月定期组织多次"广州科普一日游"，北京联合天津、河北推出32条京津冀科普旅游路线等，张家港市打造"万人科普游"，常州市也将推出多条科普旅游路线，等等。无论从国际还是国内来看，在不久的将来科普旅游将成为一种新的时尚和消费潮流。

2. 从旅游市场需求来看

随着亲子游的日益火热，科普旅游因其能够更好地、更大程度上迎合孩子们的好奇心和求知欲强的特点，越来越受到家长和孩子们的青睐。驴妈妈数据显示，2016年该平台科普旅游景区预订人次增势明显，同比2015年增幅为109%，其中亲子游占比高达70%。科普旅游因为互动性强，孩子们能够在玩乐中轻松学到知识，满足了他们对科学、大自然好奇的天性，是许多家庭亲子游的重要内容。此外，科普游也是让孩子感受历史文化和国家建设成就的重要渠道。据了解，当前市场上科普旅游产品丰富多彩，较为常规的景区有动物园、科技馆、植物园、海洋馆、博物馆等。从科普旅游客源来看，目前在研学旅行和营地教育企业收客对象中，超过80%属于3~16岁人群。据统计，2018年全国小学在校人数为10339.25万人，初中在校人数为4652.59万人，普通高中在校人数为2375.37万人。未来几年，不断增长的适龄青少年人口将为研学旅行和营地教育发展带来巨大市场需求。2019年之后，我国3~16岁人群规模持续增长，整体规模保持在2.3亿人以上。以上数据充分说明，我国科普旅游的客源十分充足、科普旅游市场需求十分旺盛。

在家庭重视、社会关注、政府号召等多方推动下，我国科普旅游人次不断攀升。以上海科技馆为例，近年来年均接待游客量近400万人次，已超过2016年嵩山（少林）等风景名胜类标杆旅游景区的游客人次。调查数据也显示，上海、北京、广州、武汉、深圳、成都、天津、南京、杭州、西安等十大城市，居民科普旅游体验频次更高。

3. 从国家政策导向来看

科普旅游一方面能够提高全民的科学素质，另一方面也会极大地推动消费，这是利国利民的好事，所以国家一直大力支持科普旅游的发展，并且在政策制定中得到了体现。2016年底，国家发展改革委、原国家旅游局公布的《关于实施旅游休闲重大工程的通知》（发改社会〔2016〕2550号）中指出，到2020年要打造1000家新的自然生态环境良好、文化科普教育功能完善、在国内外具有较强吸引力的精品景区。原国家旅游局相关工作人员也表示，在"首批中国十大科技旅游基地"基础上，未来将继续深化部门合作，进一步挖掘科技旅游资源，打造高品质科技旅游产品。在政策与市场需求双重驱动下，我国科普旅游将迎来需求与供给的快速发展时期。

此外，为推进我国中小学生研学旅行，2016年11月30日，教育部等11部门印发了《关于推进中小学生研学旅行的意见》（教基一〔2016〕8号，以下简称《意见》），要求各地将研学旅行摆在更加重要的位置，推动研学旅行健康快速发展。《意见》指出，中小学生研学旅行是由教育部门和学校有计划地组织安排，通过集体旅行、集中食宿方式开展的研究性学习与旅行体验相结合的校外教育活动。开展研学旅行，有利于促进学生培育和践行社会主义核心价值观，激发学生对党、对国家、对人民的热爱之情；有利于推动全面实施素质教育，促进书本知识和生活经验的深度融合；有利于满足学生日益增长的旅游需求，从小培养学生文明旅游意识。《意见》提出，要将研学旅行纳入中小学教育教学计划，各中小学要结合当地实际，把研学旅行纳入学校教育教学计划，与综合实践活动课程统筹考虑，促进研学旅行和学校课程有机融合。《意见》强调，要加强研学旅行基地建设。各地要根据研学旅行育人目标，依托自然和文化遗产资源，红色教育资源和综合实践基地等，建设一批安全适宜的中小学生研学旅行基地，并探索建立基地的准入标准、退出机制和评价体系；打造一批示范性研学旅行精品路线，形成布局合理、互联互通的研学旅行网络；各基地要将研学旅行作为重要的教育载体，根据小学、初中、高中不同学段的研学旅行目标，有针对性地开发多种类型的活动课程。这一文件的出台，必将极大地推动以研学旅行为主的科普旅游的发展。

4. 从丽江旅游发展现状来看

目前，丽江旅游发展的前景依然十分广阔。首先，有充足的客源。这几年来，丽江的知名度在不断提高，对游客的吸引力也在不断增强，游客接待量一直保持了不断攀升的良好势头，这就为发展科普旅游提供了非常有利的条件。其次，丽江可开发的旅游资源也相当丰富，特别是科普旅游资源还处在起步阶段，开发空间很大。科普旅游能够为丽江旅游转型升级、提质增效起到推动和促进作用，为丽江旅游发展开辟出一片新的天地。所以，发展科普旅游对于丽江来说显得十分必要和迫切。

四、丽江市科普旅游发展对策研究

科普旅游的发展必须与全市旅游产业发展规划相统一，必须在全市旅游产业发展规划的指导下开展。所以，首先要对全市未来几年旅游产业发展规划做一次梳理和认识，明确旅游产业发展的目标和战略，这样才能站在全市的高度对科普旅游发展进行全方位的统筹和具体的谋划。

（一）丽江市"十三五"旅游产业发展目标和战略

《丽江市"十三五"旅游产业发展规划（2016—2020年）》中提出丽江旅游业发展的目标是：按照大众旅游的总体趋势和阶段特征，促进旅游产业持续健康的常态化发展，打造丽江旅游经济升级版，初步实现从国内旅游强市向世界旅游强市的转变，实现把丽江建成云南滇西北的交通枢纽和中国大香格里拉区域中心城市，辐射东南亚、南亚的重要窗口，致力创建"中国国际民族文化旅游目的地""国家全域旅游示范区"，使丽江成为国内一流、国际知名的旅游目的地与旅游集散地，最终实现把丽江建设成为国际精品旅游胜地的远大目标。

其发展战略是以转型、升级、扩容、提质、增效为主题，以优化产业结构，加强旅游资源深度开发，推动旅游机制体制管理创新为重点，合理布局和配置旅游要素，优化旅游产业结构，完善丽江旅游的产品类型和休闲度假功能；注重资源能源节约和生态环境保护，注重文化传承创新，走深度创新融合发展的丽江路径，推动旅游产业发展与新型工业化、信息化、城镇化和农业现代化相结合，实现经济效益、社会效益和生态效益相统一；坚持以人为本，积极营造良好的旅游环境，提高旅游体验质量和效益；加强行业管理,提升旅游服务水平;提高丽江作为云南旅游目的地的首位度,打造丽江旅游经济升级版,实现从旅游大市向旅游强市的转变,把丽江建设成为中国大香格里拉的区域中心城市,辐射东南亚、南亚,国内一流、国际知名的旅游目的地和游客集散地,继续向国际精品旅游胜地的远大目标迈进。

在旅游产品开发方面要实现旅游产品多样化。开发一批形式多样、特色鲜明的"真品""精品""绝品",丰富旅游产品体系,提升休闲度假产品品质,实现旅游方式由以观光型旅游为主向观光旅游、休闲度假、文化体验、商务会展、康体养生并重的复合型旅游转变,推动"全时旅游""全境旅游"。

从丽江旅游的发展目标和战略来看,对丽江来说发展科普旅游前景十分广阔,必将大大推动丽江旅游可持续、向前发展,也是实现丽江旅游提质增效、转型升级的一条康庄大道。但是,如何谋划、如何开发,真正让科普旅游成为一件利国利民的事,成为当前摆在我们面前的一个重大课题。研究这个课题时,我们首先要弄清推进丽江科普旅游发展的重大意义,提出总体目标,明确发展原则,在此基础上才能提出切实可行的发展对策和具体措施。

(二)推进丽江科普旅游发展的重大意义

丽江是国内外著名的旅游胜地,拥有三项世界遗产桂冠。通过多年的发展,自然资源、民族文化资源在保护的前提下,得到了较好的挖掘开发,有力促进了丽江经济社会的发展。同时,丽江还具有优质稀缺的天文资源、生物多样性资源以及丰富的地质地貌资源等,这些优质稀缺资源有重要的科普价值和再开发价值,但还未得到较好开发利用,因此潜力巨大。目前,国内把科普资源探索与研学(含科考)和旅游相结合,在发展科普旅游方面已经有比较多的成功案例,如三峡水利枢纽工程、南京紫金山天文台、西双版纳热带植物园、上海科技馆、湖北九宫山星光公园、贵州平塘天文小镇等,均取得了较好的社会效益、经济效益、生态效益。发展科普旅游,加强科普"一翼",是落实习近平总书记"两翼论"和"同等重要"指示精神的重要举措。无论从国际还是国内来看，科普旅游的发展都能够促进生产力发展，并在未来世界产业发展中发挥重要的支撑和黏合作用。丽江应将科普与旅游相结合，发展科普旅游产业，并将其打造成一张新的丽江名片，享誉中外。因此，发展丽江科普旅游具有重要的战略意义和时代价值。

（三）推进丽江科普旅游发展的总体目标

按照丽江市委、市政府打好绿色能源、绿色食品、健康生活目的地"三张牌"的部署，充分利用丽江优质稀缺的天文、生物多样性等优质科普资源，与丽江风光风情相结合，与三个世界遗产相结合。与丽江自身的知名品牌相结合。通过5年的持续发力，将丽江科普资源优势与研学、旅游优势相结合，着力打造丽江科普旅游，建设丽江科普旅游产业体系，开发一批特色鲜明的科普旅游品牌、路线和产品，培育科普旅游市场，扩大科普旅游市场规模，提高科普旅游管理、服务水平，助推丽江旅游转型发展迈向新台阶。

（四）推进丽江科普旅游发展的原则

坚持整体推进与重点突破相结合，政府引导与发挥市场主体关键性作用相结合，统一规划与分步实施相结合，科普事业与科普旅游产业双推进相结合，科普旅游产业与文化产业、特色农产业融合发展相结合的五项原则。

（五）推进丽江科普旅游发展的工作任务

1. 开展科普旅游发展研究

依托丽江经济发展研究中心，引进有研究实力的科研机构进行合作，对标国内外科普旅游产业发展的前沿水平，结合丽江发展基础、现状和资源优势进行专题研究，找准定位，提出可行的科普产业和科普旅游发展对策和措施。

2. 整体规划，分步实施

（1）整体规划。

丽江市科协、市旅发委牵头，引进高水平的科普旅游产业发展规划单位，对丽江科普、研学、科考的优质资源开展资源调查工作，在摸清家底、明确目标的基础上，科学编制科普旅游产业和科普景区、科普研学基地、科考基地等点面、纵向、横向相结合的发展规划。

（2）分步实施。

积极争取中国科协、中科院、科技部、文旅部等上级部门的支持，依托本地企业与招商引资相结合，以天文科普旅游项目为重点突破口，先期打造一批科普旅游小镇、科普研学示范基地、星空科普客栈、东巴纸坊科普教育基地等，推进全域科普旅游发展。

3. 逐步完善科普旅游产品

（1）加强科普旅游景区建设，完善科普教育功能。

以科普景区资源为依托，深层次挖掘科学文化内涵，实现自然资源的科普教育功能。增加科普长廊、科普解说步道、科普标识标牌、声像影厅等设施，丰富景区科普元素，营造景区科普氛围，提高科普教育功能。

（2）加强科普旅游基地建设，完善旅游服务功能。

对科普景区的自然资源进行保护性建设和开发，完善综合配套服务功能。强化旅游道路、景区停车场、游客服务中心、各类标识以及各种安全、环卫设施等旅游基础配套设施建设，完善科普旅游服务功能。

（3）开展科普旅游宣传活动。

丽江市科协、文旅部门等要充分利用全国科普日、科技活动周等重大科普活动平台举办科普旅游节日，积极开展"星空科普观测""科普旅游路线推介会""科普旅游摄影""科普讲座"等主题活动，扩大科普旅游的社会影响力。大力培育科普旅游市场，准确把握市场定位，积极拓宽营销渠道，充分利用媒体、网络、会展、宣传手册等各种宣传平台和途径，加大科普旅游产品的宣传和推销力度，全面提升科普旅游产品的知名度和综合效益。

（4）积极开发特色科普旅游商品。

支持企业开发一批富有科普教育特色和科学文化创意的科普旅游体验、科普旅游纪念商品，满足公众多样化、个性化的科普旅游消费需求。

(5) 加强科普旅游人才队伍建设。

丽江文旅、科协部门要根据实际需要，指导科普景区、科普旅行社等有关单位，逐步建立一批科普旅游从业人才培训和实践基地，发展科普旅游职业教育。加强对科普旅游景区管理人员、导游和解说人员的专业培训，提高全体科普旅游工作人员的科学文化素质，提高旅游场所开展科普旅游的策划能力、组织能力以及讲解科普知识的能力。鼓励专家学者加入科普旅游服务队伍，鼓励市内外科技工作者、科普志愿者、科技传媒人士发挥专业特长，积极参与科普旅游规划、建设、人才培养、宣传、讲解和科普志愿服务活动。

(6) 编写科普旅游导游词。

对于试点景区，组织专家学者集中编写科普旅游导游词，努力提升科普旅游景区解说系统的质量，促进科普旅游讲解科学性和趣味性的有机统一。

（六）推进丽江科普旅游发展的具体措施和建议

丽江旅游通过20多年的发展，已形成一定的规模，并取得了良好的经济效益和社会效益，成为带动丽江高速发展的重要引擎。以2018年为例，全年共接待海内外游客4643.3万人次，同比增长14.1%；旅游业总收入998.45亿元，同比增长21.48%，旅游业对丽江GDP增长的贡献率达到了50%左右。但是，要实现丽江旅游可持续发展，就必须不断推出新的亮点和增长点，旅游的可持续发展需要优化的产业结构做支撑，科普旅游弥补了旅游业的市场空缺与结构单一的不足，为旅游业的发展寻找到了新的闪光点，满足了旅游业可持续发展的需要。另外，科普旅游作为一种新兴的旅游形式，逐渐成为现代人追求知识的重要途径和旅游目标，正越来越受到游客的青睐，市场需求量很大。丽江有着丰富的科普旅游资源且科普价值非常高，发展科普旅游的前景十分广阔，但是相关的理论研究比较滞后，严重制约着丽江科普旅游的发展。本课题组试图通过运用科普旅游的相关理论，参考和借鉴其他先行地区的发展经验，提出适合丽江的一些对策建议，以期达到推动丽江科普旅游加快发展的目的。

1. 从国家层面深入研究并理解科普产业和科普旅游相关政策，强化政府职能，加强组织领导和工作保障

近年来，党中央实施"科教兴国"战略，把发展科技和教育摆在经济和社会发展的突出位置，为提高全民族科学文化素质，先后出台了《全民科学素质行动计划纲要（2006—2010—2020年）》《中华人民共和国科学技术普及法》等纲领性文件及相关配套的政策法规。2006年，国务院印发的《国家中长期科学和技术发展规划纲要（2006—2020年）》中也明确提出要大力发展科普，表明国家把加强科学普及建设作为一项重大的战略任务。2017年，国务院印发的《"十三五"国家科技创新规划》又进一步明确提出要推动科普旅游产业和市场的发展。在国家这些大政方针的指引下，河北、江苏、北京、上海和广州等省市探索了科普旅游的开发，取得了良好的经济效益和社会效益。

在深入研究并理解国家关于科普产业和科普旅游的相关政策基础上，还要进一步强化政府职能，即要充分认识到加强科普宣传工作是政府部门的重要工作，发展科普旅游能将科普工作以轻松娱乐的方式进行传播。丽江市委、市政府亟须将科普旅游工作纳入政府工作规划中，协调相关部门出台相关规定，提供政策支持，加强宏观引导。政府要科学合理地对旅游资源进行评估，明确其开发价值并提供理论指导和技术支持，还要对科普资源加大扶持力度，增加基础设施和配套设施的投入，给予政策、资金等优惠。

丽江一旦把发展科普旅游作为今后发展旅游的一个方向和目标，首先就要做好相应的准备工作，其中一个重要的方面就是运用政策手段设立专门的科普旅游管理机构。科普旅游涉及科技、教育、文旅等诸多部门，因此需要建立一个指导科普旅游发展的组织协调和管理机构。这个机构可以隶属于丽江市文化和旅游局或市科协，主要职责是制定发展科普旅游的政策、法规，编制科普旅游的发展规划并对科普旅游资源进行有效管理，且对科普旅游资源开发过程进行监督和指导等。此外，还要加强组织领导，成立丽江市科普旅游产业推进领导小组，由市政府分管领导任组长，市委

副秘书长、市政府副秘书长,市科协、市文旅局主要负责人任副组长,市教育、科技、发改、资源规划、生态环境、林草、农业、交通、公安等部门负责人为成员,领导小组下设办公室在市科协,建立科普旅游产业协调工作机制,指导全市科普旅游产业发展的规划、科普基地建设、市场培育、科普产品开发、科普企业打造等方面的工作。领导小组根据工作需要适时召开工作协调会议,及时研究解决困难和问题。为强化工作保障,建议在丽江市科协成立科普产业促进科,其主要职能是按照市委、市政府总体部署,开展科普旅游、科普研学、科普产品开发、科普成果转化利用的规划实施,推进科普产业贯彻新发展理念,促进科普产业科学化、资源化、集约化、绿色生态化、市场化发展,制定行业管理标准,推进行业自律,开展科普科研、学术、市场推介活动等工作,促进丽江科普旅游产业高质量转型发展。

2. 统一规划、有序开发

当前,丽江科普旅游还处在起步阶段,统一规划非常重要。要由政府牵头、规划先行,将科普旅游发展规划同全市旅游整体规划、全市城镇发展规划统一起来,形成以点带面、点面结合的整体旅游格局,实现资源的优化配置和有序开发。同时,要站在国际高度,不惜一切代价邀请国内外知名专家,充分借鉴国内外先进经验,高起点、高水平、高标准规划。然后,在规划的基础上进行有序开发,以点带面,先做一个或几个试点,等试点取得成功之后,再加大开发力度。丽江正在规划建设13个科普研学旅游景点,一是建设三个天文科普旅游示范点。基本完成太安高美古天文科普小镇、玉龙雪山、泸沽湖科普旅游示范点一期建设。二是建设完成10个星空特色客栈(酒店),容纳游客床位达到1000个以上,吸引全球天文爱好者来丽江开展科普研学旅游。另外,还要建设一批研学成果转化基地。争取中国科普产学研创新联盟在中科院丽江天文观测站、中科院丽江高山植物园、丽江东巴文化研究院、东巴谷旅游公司建设丽江研学成果转化基地,争取中央美术学院在丽江师专建立研学成果转化基地,促进有关科研成果、产品在丽江的转化、推广。引进中国科学院天文台在丽江建设天文数字运算中心。

3. 充分利用产品手段发掘现有旅游产品的科普内涵

开发科普旅游的总体思路是科教—新奇—玩乐—求知，即要使科普旅游融知识性、科学性、教育性为一体，突出趣味性，满足大众需求。发展科普旅游，产品的设计是关键。一般来说，应该遵循这样的原则：对于自然景观旅游资源，重点在地质成因、生态环境、气候条件等方面下功夫；对于人文景观旅游资源，则重点在建筑风格、物品用途及工艺和生产力发展水平等方面下功夫。同时，运用现代化科技手段增加旅游资源的科普内涵，用高科技制作出各种场景，变静态景观为动态景观，让人们在游乐中感受到生动的科普教育，即所谓"科普与游乐相结合"。

科普旅游的本质特征是一种寓教于乐的旅游活动形式，要解决的核心问题是如何让游客在娱乐的过程中、在趣味性的游戏中感受科学、认知科学、培养对科学的兴趣，既能实现科普旅游的教育目的，又为游客留下美好的回忆。所以，科普旅游产品的开发，一定要注重挖掘科普旅游资源中蕴含的丰富的科学文化内涵，提高产品的文化品位和档次，同时在产品设计中引入体验的理念，使参加科普旅游者得到更高层次的体验，而非单纯的感官体验。

（1）天文科普旅游产品。

从丽江的实际情况出发，天文科普旅游资源的开发升级主要依托现有的高美古天文观测站，在其周边建设具有一定规模、基础设施完备的帐篷酒店、"星空客栈""星空酒店"等，配备相关的天文观测设施，开展天文星空观测、天文科普知识讲座、天文知识竞赛等活动，以满足天文爱好者和游客增长天文科普知识的需要。同时，还要保留空旷的、自然的观测空间，让游客既能通过高科技设备近距离地观测到星空，也可以随意地、自由地仰望星空，最大限度地亲近大自然。除此之外，还可以组织以"畅谈星空"为主题的沙龙、绘画、摄影等多种活动，为游客提供一个相互交流、相互分享的平台，通过打造星空主题酒店把天文学知识融入丽江的教育、旅游层面，将有利于丽江旅游质量的整体提升。在此基础上，结合太安乡目前开展的乡村旅游活动，把太安乡打造成天文科普旅游小镇，从硬件到软件全方位提高旅游服务水平和质量。除了高美古天文观测站和太安外，丽江还有很多地方也适合观测星空，可以本着让更多的人了解星空、热爱星空的目的，根据天气情况和星空情况把观望星空、欣赏美丽星空作为长期的旅游活动项目，并借助天文望远镜观测月球、木星、金星等天体美景。另外，在中秋节等一些特殊的节日，还可以为来丽江的游客专门安排赏月活动。这样，通过开展丰富多彩的天文科普宣传活动，可以把丽江得天独厚的天文观测、天文科普、天文研究探索资源推介给广大市民和游客，使其成为游客的科考、科教、科普胜地，实现科普与旅游产业的有机结合，助推丽江旅游业转型升级。

（2）地质地貌科普旅游产品。

玉龙雪山目前是省级科普教育基地，并拥有一个冰川博物馆，是玉龙雪山冰川国家地质公园的重要组成部分，是发挥冰川国家地质公园科普教育和社会教育功能的重要场所，也是后续申报世界地质公园的必备条件之一。玉龙雪山冰川博物馆位于生态区集散地甘海子，布展面积1600平方米，布展内容分为玉龙雪山的儿女——纳西族、玉龙雪山览胜、初识冰川、白水一号冰川、玉龙雪山冰川的崛起、生物多样性等6部分。通过大量珍贵的标本和图片、场景复原、多媒体等科技手段，全方位、多角度地展示了地质多样性和生物多样性，在展馆内构成了融科学性、观赏性和趣味性为一体的冰川地学知识体系。在此基础上，还可以建设一个动态反映冰川变化过程的体验馆，利用现代化的科技手段模拟由于气候变化和人类活动的影响，冰川在不断融化、退化的现象，以及冰川融化后对人类产生的一系列影响，特别是会带来很多不堪设想的恶果，如水源匮乏、物种灭绝等，从而提醒、教育人们要保护大自然，最终要达到弘扬人类与自然界和谐相处的正确生态观的目的。

虎跳峡和长江第一湾是国内外著名的自然奇观，要着重把其形成过程呈现给游客，尽量让游客了解它们的成因，增加游客的地理地质知识，特别是可以针对青少年群体，开发出一些用于地理教学和研究方面的科普旅游产品，把地理课本上的内容与现实的自然现象和景观结合起来，让学生亲身体验大自然的神奇和美丽，激发他们热爱自然、热爱祖国大好河山的感情，进而激励他们奋发图强，树立长大后要为国家做贡献的豪情壮志。对于黎明丹霞地貌来说，首先要对中国最大的丹霞地质公园进行定位，围绕这一定位设计出一些高端的旅游产品，应尽快开辟几条原始风光科考旅游路线，同时将丹霞地貌科普知识如其形成原因和存在条件等融入黎明丹霞地貌已开发景区的解说系统，以提升观光游的品质。同时，还要加强对丹霞地貌的科学研究，深化其影响力，可以设计登山探险旅游活动以及适合青少年的科普家庭游，模拟丹霞地貌的形成过程，达到让人身临其境的效果，或者借用高科技加强科普旅游的感官刺激。

（3）生物多样性科普旅游产品。

在生物资源方面，可以在老君山、玉龙雪山等旅游景点开发专门的徒步旅游路线，然后通过高科技手段在沿途不打扰动物和安全距离内设立观察野生动物的站点；同时，给珍稀植物挂上介绍牌，让游客在徒步的过程中了解和认识这些植物；或者建设可以在森林进行空中漫步的路线和设施，使游客能够从空中观测到野生动植物。还可以专门开辟一个参与体验园区，让游客种植这些珍稀濒危植物；或收集植物的落叶，在专业人员的指导下亲手制作标本，制作完成后的标本还可以作为旅游纪念品赠送给游客等。拉市海湿地共有鸟类57种，每年来此越冬的鸟类有3万只左右，其中特有珍稀濒危鸟类9种，包括青藏高原特有鸟类斑头雁，国家一级保护鸟类中华秋沙鸭、黑颈鹤等。在拉市海开展以观鸟、介绍珍稀濒危鸟类为主要内容的科普旅游活动，也是一个非常适合青少年的项目。主要建设观鸟体验区，包括观鸟谷、观鸟步道、候鸟监测长廊和监测塔，也可以建设观鸟吧，游客可以在此观赏到成千上万只候鸟在碧水蓝天之间展翅高飞的动人画卷。观鸟吧可设在高处，游人既可以通过观鸟镜等设施远远地观赏鸟类活动，也可以依托掩体式的观鸟平台悄悄地接近鸟类，方便近距离进行科考活动，以及设置可供游客进行绘画、摄影的相关配套设施。

4. 通过招商引资、人才引进，加快科普资源产业化开发，助推丽江旅游转型升级

要对丽江丰富的科普资源进行产业化开发，就必须通过招商引资、人

才引进等办法，借助外力推动其发展。开发科普资源首先需要具备雄厚的资金实力，但仅仅依靠丽江是有一定困难的，所以要通过招商引资等方式拓宽融资渠道。例如，可以建立效益驱动、投向明确、产权清晰、政策配套的产业投资机制，采用项目特许权、运营权、旅游景区门票质押担保和收费权融资等方式，鼓励各类社会资本通过独资、参股、合作、兼并等形式投资旅游项目，推进旅游企业资本结构调整和机制创新，扩大旅游融资规模；鼓励采取 BOT、TOT、PPP 等融资方式，加快旅游基础设施和配套设施的建设步伐；利用丽江独特的国际影响力，争取各种国际援助资金、赠款、国际基金和 NGO，丰富旅游资金来源并使旅游资金得到充分利用。同时，还要引进高精尖科技人才队伍指导丽江制定出科学合理的科普资源产业化开发方案并帮助实施，最终使项目落地，从而加快推进丽江旅游的转型升级。具体来说，就是建立项目推进机制，加强统筹指导，研究国家政策导向，包装打造一批科普旅游资源开发项目，积极向上级争取立项支持，积极向省内外、国内外推介丽江科普旅游项目、科普产业项目，对标国际一流标准，打造国际一流科普旅游、研学产业。筹措资金加大对科普旅游专题研究、总体规划、品牌塑造、形象宣传、市场促销、产品研发等方面的投入。运用经济杠杆和有效的政策手段，积极倡导和鼓励社会各类资本投入科普旅游，开发研制与科普旅游相关的科普产品，建立起多渠道、多形式、多元化的科普旅游投入机制。

但是在开发初期，政府应当在资源深度开发、项目建设和基础设施配套的引导性投入，以及在宣传促销、教育培训方面给予投资倾斜，以引导科普旅游走上轨道。同时，大力提倡和鼓励多渠道、多形式、灵活多变的资金投入，并从政策和法律上真正保护投资者的利益，多方拓宽融资渠道，不断给科普旅游注入新的活力。

5. 打造科普旅游企业和科普基地品牌

发展科普旅游，必须依靠具有一定基础和较强经济实力的企业。就丽江来说，已经有一些发展得比较好的旅游企业，当前要做的就是使这些企业不断向科普旅游转型。另外，品牌非常重要，丽江要着力通过一系列科普活动打造长期持续的科普品牌，提升科普活动影响力。例如，可以通过定期或不定期开设面向市民和来丽江游客的科学大讲堂，邀请中国科学院、中国工程院院士以及知名专家学者作为大讲堂主讲人，或推出一批科普剧进行巡回表演，还可以举办青少年科技创新竞赛等，以此为契机建设一批科普旅游品牌企业和科普基地，充分发挥品牌效应。

同时，要力争把丽江市科技馆打造成知名的科普教育基地、特色宣传基地、文明传承基地、旅游休闲基地，并大力推进丽江科普旅游展馆建设，从而扩大丽江科普旅游的影响力。科普基地作为科技传播的基本渠道之一，其传播对象大部分为未能掌握丰富科学技术知识的普通公众，其功能就是促使科技知识走向公众，增进公众对科学的了解，取得公众对科技的支持，从而提高其科学素养，为科学技术的发展和应用营造良好的社会氛围。要加大对科普基地的经费投入，融合政府、社区、民间的力量，改善科普基地的设施和条件，不断加强科普教育基地的信息化建设和扩容，积极打造公众平台，并加强与周边大专院校的合作，借助高校的人才资源和技术优势加强科普工作。

6. 加强科普旅游与其他旅游项目的合作

科普旅游是旅游的一种类型，不能孤立地存在，要与其他旅游项目紧密联系并加强合作。合作途径可以从以下几个方面考虑：在总体布局上，科普旅游景点与其他旅游景点、景区要统筹规划；在设计科普旅游路线时，要多层次联系区内外著名景区；要从其他旅游项目中挖掘与开发科普旅游产品。丽江的科普旅游资源基本上都在一些著名的景区、景点。丽江现有2个5A级景区、7个4A级景区，当前要做的事情就是充分挖掘其科普内涵，增强体验性、参与性、趣味性，使游客在观赏优美自然风光的同时，增加自然科学知识，感受科学的奥妙。另外，科普旅游与生态旅游之间关系非常密切，在生态旅游中开展科普教育应该是今后旅游发展的一大趋势。生态旅游注重保护自然资源和生物的多样性、维持资源利用的可持续性，以实现旅游业的可持续发展。把生态旅游与科普旅游结合起来的旅游形式，能够让公众在旅游过程中，接受关于自然资源与生物多样性相关的科学知识,以及维护生态环境的科学方法,增强他们的环保意识,从而起到让游客在无形中接受生态环境教育和生态道德教育的作用。

7. 完善旅游景区的科普旅游产品解说系统

旅游解说系统是向游客传播科普知识的重要渠道。可适当建立科普展览馆或在景区内增加科普内容,将景区内的图片、实物或标本及有关的科普知识资料展示出来,图文并茂地让游客了解景区内的自然科学知识和人与自然的关系,或传播爱护生态、保护环境理念,从而满足游客的认知需求。同时,对于景点的解说词要以科学为依据,突出对其科学内涵的生动阐释和讲解,注重趣味性与科学性的有机结合。此外,还可建立以信息化为基础的游客服务中心,为游客提供关于景区整体的科普价值、科普旅游景点分布等方面的信息。例如,建设和完善全景牌示、指路牌示、景点牌示、植物介绍牌示、服务牌示等各类解说体系;配备即时解说设备将旅游路线、旅游地位置、旅游地特征等信息录制成带,在条件允许的情况下还可配置GPS仪,帮助游客进行自助旅游;出版具有科普知识的宣传资料;采用先进的光、声、电技术,以多媒体和动态演示的形式增强游客的理解力。丽江古城在这方面就做了很好的探索和实践,取得了良好效果,积累了一些经验,其他景区景点特别是在规划、开发科普旅游资源的过程中,要充分借鉴这些经验。

8. 建设一支高素质的专业科普旅游从业者队伍

在万事俱备的基础上,人就成了决定事情成败的最关键因素之一,旅游从业人员的素质直接决定了科普旅游产品质量的高低。科普旅游接待不同于常规旅游接待,其接待难度更大、要求更高,操作规律和方式更具有专业性。从事科普旅游工作的相关人员都必须具备丰富的相关知识、经验和操作技能,只有专业人士领队,才能让科普旅游"货真价实"。这就要求他们在上岗前必须经过职业培训,特别要重视对导游人员进行专业科学知识的培训,因为导游人员需要向游客进行主动的、动态的信息传导,让游客充分体验旅游对象丰富的内涵。所以,从事科普旅游的导游人员不仅要求具有丰富的旅游知识,还要具有相关的科普知识,重要的是要具有科普意识，懂得时时处处用科普知识和科学精神拓展科普旅游资源。另外，应对现有的科普旅游从业人员进行专门的科普教育，对于专业性较强的科普旅游项目，应该从专业人员中选择旅游从业人员，如可以与博物馆、高山植物研究所、天文台、高校等科学研究机构或相关部门进行合作，从中招募科技研究人员来担任科普旅游讲解员等。

9. 积极开展青少年科普研学活动

根据《关于推进中小学生研学旅行的意见》（教基一〔2016〕8号）的要求，丽江要积极开展青少年科普研学活动。丽江市科协与中国科普产学研创新联盟合作，中科院系统不定期组织青少年在丽江开展为期7天的科普研学专题活动，探索开发青少年科普研学旅游路线、产品开发新模式，积累经验和活动成果，积极向国内外推介丽江研学旅游产品。丽江可以在中小学广泛开展研学旅行实验区和示范校创建工作，充分培育、挖掘和提炼典型经验，以点带面，整体推进。同时，要积极开展宣传活动，不断创新宣传内容和形式，向家长宣传研学旅行的重要意义，向学生宣传"读万卷书，行万里路"的重大作用，为研学旅行工作营造良好的社会环境和舆论氛围。

与此同时，丽江要加强研学旅行基地建设，为发展青少年科普研学旅游打下基础。教育、文旅、共青团等部门、组织要密切合作，根据研学旅行育人目标，结合域情、校情、生情，依托丽江自然和文化遗产资源、红色教育资源和综合实践基地、大型公共设施、著名旅游景区景点、科研机构等，遴选建设一批安全适宜的中小学生研学旅行基地，打造一批示范性研学旅行精品路线，逐步形成布局合理、互联互通的研学旅行网络，根据小学、初中、高中不同学段的研学旅行目标，有针对性地开发自然类、历史类、地理类、科技类、人文类、体验类等多种类型的活动课程。

丽江发展科普旅游势在必行，首先要在全社会形成共识，为发展科普旅游营造良好的氛围；其次要从硬件、软件两方面为发展科普旅游打下良好的基础；再次要加大宣传和营销力度，为科普旅游发展赢得先机、赢得市场；最后要抓紧时间统筹谋划，举全市之力，推动科普旅游发展迈出坚实的第一步。

第六章　丽江市红色旅游发展研究

丽江作为全国重要的旅游目的地，旅游产业的持续繁荣对全市社会经济发展有着举足轻重的作用。在经济新常态下，充分挖掘特色旅游资源，扩充丽江旅游产业的内涵，为社会经济发展提供新的增长点，是丽江在旅游产业发展过程中一直努力探索的重要环节。近年来，红色旅游逐步发展成为旅游产业中的亮点，越来越受到国民的热捧，成为我国旅游产业中不可忽视的重要内容。丽江既是享有国际盛名的旅游城市，同时也是有着光荣历史的革命老区。在新的历史背景下，随着丽江旅游产业的持续发展，深入挖掘丽江红色文化资源，发展红色旅游，是当前丽江旅游产业全面发展的一个重要课题。为了深入研究丽江红色旅游与民族文化旅游产业，促进丽江经济社会的繁荣发展，本课题组对全市红色旅游资源进行了深入调研，结合市内外发展红色旅游的政策措施、具体做法和典型经验开展研究，形成了本章内容。

一、发展红色旅游在新时代经济社会发展中的重要意义

中国共产党带领中国人民在革命、建设、改革、发展过程中积累的优秀文化，是红色文化历史、红色文化符号与红色文化意义的有机统一，其核心就是对红色精神的传承。红色旅游是以中国共产党领导人民在革命和战争时期建树丰功伟绩时形成的纪念地、标志物为载体，以其承载的革命历史、革命事迹和革命精神为内涵，组织接待旅游者开展缅怀学习、参观游览的主题性旅游活动。"红色"是内涵，"旅游"是形式，它既是革命传统教育与现代旅游经济相结合与时俱进的结果，又是依托革命文物发展的

新型时尚旅游。目前，红色旅游作为革命传统教育大众化常态化的新方式、革命历史文化遗产有效保护和持续利用的新途径、革命老区社会经济协调发展的新引擎，发挥着积极作用。

为了更好地发挥爱国主义教育基地的作用，在"十二五"规划期间，党中央决定拓展红色旅游内容，将自1840年以来170多年的中国近现代时期中，在中国大地上发生的中国人民反对外来侵略、奋勇抗争、自强不息、艰苦奋斗，充分显示伟大民族精神的重大事件、重大活动和重要人物事迹的历史文化遗存，有选择地纳入红色旅游范围，这就更有利于传承中华民族优秀传统文化和优良革命传统。红色旅游把红色人文景观与绿色自然景观结合起来，把革命传统教育与促进旅游产业发展结合起来，是一种新型的主题旅游形式。发展红色旅游，对于加强革命传统教育，增强全国人民特别是青少年的爱国情感，弘扬和培育民族精神，带动革命老区社会经济协调发展，具有重要的现实意义和深远的历史意义。

（一）红色旅游是新时代加强创新爱国主义教育的有效载体

当前，我国在习近平新时代中国特色社会主义思想的指引下，社会经济发展已经进入全面建成小康社会、努力实现中华民族伟大复兴中国梦、加快推进社会主义现代化的新的发展阶段。在新的历史背景下，面对新形势和新任务，迫切需要对爱国主义教育方式进行改进和创新，使其不断适应新的形势和需要。积极发展红色旅游的核心和关键，就在于红色旅游可以切实做到通过这一新的载体，克服以往思想政治教育和爱国主义教育形式化、模式化、教条化的不足，用人民群众喜闻乐见的方式，寓思想道德教育于参观游览和休闲生活之中，通过切实有效的载体和渠道，把革命历史、革命传统和革命精神传输给广大人民群众，有利于传播先进文化，提高人们的思想道德素质，增强爱国主义教育效果，给人们以知识的汲取、心灵的震撼、精神的激励和思想的启迪，从而使人们满怀信心地投入建设中国特色社会主义事业之中。

（二）红色旅游是保护和利用革命历史文化遗产的重要手段

中国共产党多次强调，要大力扶持对重要文化遗产的保护工作，扶持老少边穷地区和中西部地区的文化发展，其重要目的就是建设和巩固社会主义思想文化阵地。在此前提下，中华民族在170多年来尤其是革命和建设过程中形成的历史文化遗产是中华民族宝贵的精神财富。特别是遍布全国各地革命老区的纪念馆、革命遗址、烈士陵园等爱国主义教育基地，既是社会主义思想文化教育的重要阵地，更是我国在全面建成小康社会、努力实现中华民族伟大复兴中国梦的世纪战略过程中凝聚力量、振奋精神、团结进取的精神财富。在加大国家投入的同时，通过发展红色旅游，采用经济的手段，借助产业化的渠道，融合足够的财力支持，把这些革命历史文化遗产保护好、管理好、利用好，对于建设和巩固社会主义思想文化阵地，大力发展先进文化，支持健康有益文化，努力改造落后文化，坚决抵制腐朽文化具有特殊的、重要而深远的意义。

（三）红色旅游是带动革命老区经济社会协调发展的独特优势

中国共产党团结和领导全国各族人民反帝反封建的革命斗争，走的是具有中国特色的道路。当年"农村包围城市""从敌人势力最薄弱的环节突破"的战略，使我们的革命老区大多处于偏远的地区，经济发展水平普遍不高。帮助老区人民尽快脱贫致富，是我们党对历史的担当，是共产党人不忘本、不变化的重要体现，同时也是当前各级党委和政府的重要任务。红色旅游资源既是我国特有的旅游资源，也是我国旅游资源的重要组成部分。革命老区虽然位于偏僻地区，但是往往有着丰富的自然资源和优美的风景。因此，发展红色旅游是带动老区人民脱贫致富的有效举措，可以将历史、文化和资源优势转化为经济优势，推动当地经济结构调整，培育特色产业，促进生态建设和环境保护，带动商贸服务、交通电信、城乡建设等相关行业的发展，扩大就业、增加收入，为革命老区社会经济发展注入新的生机活力。

（四）红色旅游是培育发展全域旅游业的新增长点

随着我国人均收入水平的不断提高，居民的旅游消费支出逐年增长，休闲时代已经到来，外出旅游已经成为很多人日常生活的重要选择。尤其是近年来，旅游产业已经成为国民经济体系中一个重要的增长点。在这样的时代前提下，要想旅游产业更加贴近人民群众的精神需求，就要不断丰富和拓展旅游服务的内容和产品。这就需要我们在设计和规划旅游产业发展过程中，面对人民群众对旅游内容和产品提出的新要求，进一步调整和完善产品结构，以便更好地满足人们多样化、多层次、多形式的精神文化需求。红色旅游作为旅游业的重要组成部分，对于满足旅游需求，促进旅游业发展，增强旅游业发展后劲，开拓更广阔的旅游消费市场具有积极作用。

近年来，我国发展红色旅游的实践充分证明，党中央、国务院作出的发展红色旅游的重要战略决策已经取得了突出的社会效益和经济效益。红色旅游日益成为新形势下广大人民群众了解我们党领导人民的创业史、革命史、奋斗史，坚持党的领导、巩固党的执政地位的政治工程；日益成为弘扬伟大民族精神、加强全民爱国主义教育特别是青少年思想道德教育、建设社会主义核心价值体系、促进文化大发展大繁荣的文化工程；日益成为推动革命老区经济社会发展，提高老区人民生活水平的经济工程。

二、中国红色旅游发展基本情况

党中央、国务院始终高度重视我国的红色旅游工作。2004年，党中央、国务院从实现党和国家长治久安的战略高度出发，作出了发展"红色旅游"的重大决策。党的十八大以来，习近平总书记多次视察革命老区，并对红色旅游发展作出一系列重要指示。习近平总书记指出，"每一个红色旅游景点都是一个常学常新的生动课堂；要把红色资源利用好、把红色传统发扬好、把红色基因传承好，让红色基因代代相传"。习近平总书记关于发展红色旅游的系列重要讲话内容丰富、全面深刻、明确具体，为新时期发展红色旅游提供了基本遵循，是推动红色旅游创新发展的行动纲领和科学指南，具有重要的指导意义和现实意义，为红色旅游的发展定了调、指明了方向。2014年8月，国务院发布的《关于促进旅游业改革发展的若干意见》中明确提出，"大力发展红色旅游，加强革命传统教育，大力弘扬以爱国主义为核心的民族精神和以改革创新为核心的时代精神，积极培育和践行社会主义核心价值观"。全国各省市积极响应党中央、国务院关于发展"红色旅游"

的号召，结合当地实际，因地制宜地开展了红色旅游。开展红色旅游10多年来，全国的红色旅游从小到大、从弱到强，已经逐步成为我国旅游产业中重要的力量。红色旅游给许多革命老区的发展和当地人民群众的脱贫致富奔小康带来了实实在在的契机和利益，甚至成为一些革命老区经济发展的支柱产业。现在，我国红色旅游进入了迅速发展的快车道，既给红色旅游带来了新的机遇，也对其赋予了新的使命、提出了新的要求。

中共中央办公厅、国务院办公厅先后印发了《2004—2010年全国红色旅游发展规划纲要》《2011—2015年全国红色旅游发展规划纲要》《2016—2020年全国红色旅游发展规划纲要》。这三份纲要，为全国红色旅游的可持续发展奠定了牢固的政策基础，为全国各省市区贯彻落实纲要精神，制定符合当地实际的红色旅游发展规划提供了纲领性文件。2005年，国家公布了《全国红色旅游经典景区第一批名录》，重点打造100个"红色旅游经典景区"，其中包括云南红军长征系列景区、景点（曲靖市会泽县水城红军扩军旧址、昆明市禄劝县皎平渡、寻甸县红军长征柯渡纪念馆、丽江市玉龙县"万里长江第一湾"——石鼓红军渡口、楚雄州元谋县龙街红军横渡金沙江渡口、昭通市威信县扎西会议纪念馆、昆明市"一二·一"四烈士墓及"一二·一"纪念馆）。2011年，国家又公布了《全国红色旅游经典景区第二批名录》，其中包括云南省普洱市民族团结誓词碑、保山市滇西抗战松山战役遗址及滇西抗战纪念馆、边疆民族抗英纪念遗址（怒江州泸水市片马抗英遗址、临沧市沧源县班洪抗英遗址）、昭通市罗炳辉将军故居及乌蒙回旋战旧址等共计249个红色旅游经典景区。2016年，国家又印发了《全国红色旅游经典景区第三批名录》，云南省又增加了南洋华侨机工回国抗日纪念遗址（畹町桥、黑山门战斗遗址）、怒江驼峰航线纪念馆、保山市施甸县杨善洲精神教育基地（善洲林场第一代场部、善洲墓园、善洲小道、陈列室）。截至2016年底，"全国红色旅游经典景区名录"中的景区从2004年的100个增加到300个。

全国各省市区党委、政府认真贯彻落实习近平总书记关于发展红色旅游的系列重要讲话精神，在三个"全国红色旅游发展规划纲要"的推动下，在全国红色旅游工作协调小组的指导下，依托"全国红色旅游经典景区名录",加大了对本地区红色旅游资源的保护、建设、开发、利用力度,使全国的红色旅游业呈现出蓬勃发展的态势。一是全国红色旅游景区、景点基础设施得到了进一步的改善。以前,有许多红色旅游景区、景点内的红色遗存、红色文物由于年代久远,急需保护、修缮。有些红色旅游景区、景点远离城市,交通闭塞,给前来参观的游客造成极大的不便。为此,国家和地方政府都对红色旅游景区、景点建设投入了巨大的资金,维护和修缮了大批的红色遗存、红色文物,建设了高速公路、飞机场、火车道、高速铁路等基础设施,让游客可以选择多种出行方式抵达红色旅游景区、景点。二是全国红色旅游精品体系建设已经逐步形成。我国开展红色旅游10多年来,进一步加强了对全国红色旅游精品路线、全国红色旅游经典景区的建设和管理力度,全面提高了二者的质量和服务水平,增强了它们对游客的吸引力和感染力。三是全国红色旅游景区与爱国主义教育基地高度融合,实现了红色旅游与红色教育"两促进、双丰收"。红色旅游刚刚起步时,全国红色旅游景区与爱国主义教育基地是"两张皮、两机构",相互之间的联系很少。红色旅游的基础设施和项目资金仅仅靠旅游组织机构建设和投入,红色旅游景区里景点解说员不足,许多游客只能走马观花地看一下,而没有受到多少红色教育,但爱国主义教育基地里又存在着硬件和软件建设水平提高了,但是没有人参观或者参观的人员太少的问题。国家把很多爱国主义教育基地纳入红色旅游景区景点以后,双方的硬件和软件建设都得到了加强,服务质量也得到了提升。游客在进入红色旅游景区景点的时候,既观看了红色遗存、红色文物,又对革命历史有了深刻的了解,受到了红色教育的熏陶和洗礼。四是全国红色旅游的区域合作得到了进一步加强。以前,各个红色旅游景区景点存在画地为牢、单打独斗的现象,造成全国红色旅游管理混乱、全国红色旅游资源浪费的恶果。后来,在全国红色旅游工作协调小组的努力下,全国各地实施了红色旅游行政区域内和跨区域的联合协作,全国红色旅游实现了"资源互享、优势互补、游客互送",全面增强了红色旅游宣传力度和产品的影响力。例如,湖南省伟人故里"红三角"等红色旅游区域合作品牌日趋成熟;晋豫粤的"太行山抗日烽火",赣南、闽西的"红色根据地",中山、湘潭、广安三市的"二十世纪三大伟人故里红色旅游联盟"，云南红军长征红色旅游系列景区（点），闽赣粤"三省八市"等几十个红色旅游区域联合体蓬勃兴起，对促进全国红色旅游的健康持续发展起到了积极的作用，并取得了丰硕的成果。

全国红色旅游人数从2004年的1.4亿人次增加到了2015年的10.27亿人次。到2015年底，接待人数超过100万人次的红色旅游景区达到118个。在纪念馆、博物馆免费开放的前提下，2015年红色旅游综合收入达到2611.74亿元，取得了显著的社会效益和经济效益。红色旅游成为党和人民群众密切联系的重要渠道，成为加强爱国主义和革命传统教育的重要载体，成为促进革命老区经济社会发展的重要途径。

三、丽江红色旅游发展基本情况

（一）丽江红色旅游资源概况

丽江除了拥有为世人所熟知的优美自然风光和民族风情外，还拥有丰富的红色旅游资源。丽江，一座获得了许多奖项的优秀旅游城市，是中国旅游的一张名片。丽江不仅有丰富多彩的民族文化、奇美秀丽的自然风光，深厚的红色文化底蕴更是赋予了丽江旅游丰富的内涵。中国共产党在领导人民进行长期的革命斗争过程中，在丽江市留下了许多珍贵的革命遗址，这些遗址铭刻着中国共产党和丽江人民为民族独立和人民解放而英勇奋斗的光辉历程，蕴含着中国共产党和丽江市各族群众艰苦奋斗、不屈不挠、勇往直前、敢于斗争的精神，这些遗址是进行爱国主义教育和革命传统教育的重要基地，是丽江市一笔宝贵的革命文化遗产。综观丽江市境内，无论是人民领袖毛泽东的祖居地——永胜县毛家湾，还是1936年红二、六军团长征时经过丽江古城及玉龙县境内直至石鼓沿江一带抢渡金沙江的历史壮举，都是不可多得的红色旅游资源。五个开国元勋曾在丽江境内指挥渡江，当地人民群众鼎力相助，以这一历史事件为核心的丽江红色旅游文化资源是中国红色旅游资源的重要组成部分，丽江因此被列为全国100个红色旅游经典景区之一。1936年4月24—28日，中国工农红军第二、第六军团在贺龙、任弼时、关向应、萧克、王震等人率领下，从大理的鹤庆兵分两路,由贺龙率红二军团经金山进丽江古城,再由大研古城经拉市、雄古到石鼓;另一路由萧克和王震带领,由鹤庆经太安、九河直接到石鼓渡口。两支部队在石鼓会合。从4月25日下午开始,在长达60余公里的江岸上,红军在丽江人民的积极帮助下从石鼓到海罗塘、木瓜寨、木取独、格子、茨柯和巨甸六个渡口抢渡金沙江,至4月28日下午胜利渡过了金沙江。历时4天3夜,仅借助7只木船、几十只木筏、28名船工,在国民党围追堵截的情况下,1.8万多名红军将士安全渡江,由迪庆藏区北上。中国现代史上的这一伟大壮举使"万里长江第一湾"的壮丽景色与绚丽的中国革命交织在一起,丽江境内由此留下了许多红军长征的足迹和感人故事。据不完全统计,在红军长征经过丽江期间,共有71人为红军当过向导,仅大研镇就有58人为红军当过炊事员,有的为负伤红军战士寻医问药,有的甚至为帮助红军渡过金沙江献出了宝贵的生命。

在红军精神的感召下,每逢国家民族危难之时,丽江人民总是万众一心,挺身而出,充分展现家国情怀、民族大义精神。抗战爆发后,丽江各族人民不遗余力地投入抗战,有钱的出钱、有力的出力,各尽所能。1924年抗日战争进入最艰苦的阶段,在中国政府的呼吁下,美军在中国云南至印度之间开辟了一条新的国际战略空运通道——驼峰航线。这条航线成为当时中国抗战的最后一条国际援华空中通道。这条航线经过的地区海拔高、气流强、气压低、气候恶劣。为了完成驼峰航线的导航、救护和加油等工作,有效保障飞行安全,美军在丽江白沙建立了航空导航站。作为昆明、重庆、成都至印度(阿桑)的中转站,陈纳德将军带领的飞虎队就常驻这里。在这条被称为"死亡航线"的通道上,坠毁飞机609架,牺牲或失踪机组人员近2000名。

通过普查,丽江市新民主主义革命时期(1919—1950年)的革命遗址、其他遗址共有99个,其中革命遗址88个,占89%。在88个革命遗址中,古城区有5个,占6%;玉龙县有17个,占19%;永胜县有49个,占56%;华坪县有11个,占13%;宁蒗县有6个,占7%。其中,重要历史事件和重要机构旧址有19个,占22%;重要历史事件及人物活动纪念地有53个,占60%;革命领导人故居有4个,占5%;烈士墓3个,占3%;纪念设施有10个，占11%；损毁遗址有13个，占15%（见表6-1）。

表6-1 丽江市革命遗址普查统计

县（区）名称	革命遗址总数	类别						保护级别					利用级别				
		重要历史事件和重要机构旧址	重要历史事件及人物活动纪念地	革命领导人故居	烈士墓	纪念设施	损毁遗址	国家级文物保护单位	省级文物保护单位	市级文物保护单位	县级文物保护单位	未定	国家级爱国主义教育基地	省级爱国主义教育基地	市级爱国主义教育基地	县级爱国主义教育基地	未定
古城区	5	2		2		1	2				2	3			1		4
玉龙县	17	6	3	1	1	6	4		1		7	9	1			4	12
永胜县	49	5	42	1		1	2					49					49
华坪县	11	2	7		1	1						11				2	9
宁蒗县	6	4	1		1	1	4		1		1	4		1			5
汇总	88	19	53	4	3	10	13	0	2	0	10	76	1	1	1	6	79

资料来源：《红色记忆——丽江革命遗址通览》。

丽江的红色旅游资源还有以丽江解放纪念碑为中心埋葬着英雄的革命烈士陵园，古城区的爱国主义教育基地方国瑜故居、李群杰故居，玉龙县太安乡红麦村红军墓，永胜县革命烈士陵园，永胜县海腰事件纪念碑，华坪人民革命起义纪念馆及纪念碑（为丽江市爱国主义教育基地），宁蒗县烈士陵园等。

（二）丽江红色资源保护、利用情况

全市88个革命遗址的保护级别分别是：属省级文物保护单位的有2个，占2%；属县级文物保护单位的有10个，占11%；未定保护级别的有76个，占87%。利用级别分别是：属国家级爱国主义教育基地的有1个，占1%；属省级爱国主义教育基地的有1个，占1%；属市级爱国主义教育基地的有1个，占1%；属县级爱国主义教育基地的有6个，占7%；未定利用级别的有79个，占90%。全市11个其他遗址的保护级别分别是：属省级文物保护单位的有1个，占9%；属县级文物保护单位的有1个，占9%；

未定保护级别的有9个，占82%。利用级别分别是：属省级爱国主义教育基地的有1个，占10%；未定利用级别有10个，占90%。

从以上数据可以看出，处于区县城内或旅游景区景点内的大部分遗址保护利用得较好。例如，位于大研古城的"方国瑜故居"和"中国工农红军第二、六军团过丽江指挥部旧址"，这两处遗址的所有权和管理权都属于古城管理有限责任公司，在投入资金修复过程中做到整旧如旧，保护和利用工作都做得较好。"方国瑜故居"于2007年被古城区政府公布为区级重点文物保护单位，2009年8月被省委、省政府列为"省级爱国主义教育基地"。现内设10个展室，已基本建设成为规范化、标准化的纪念场馆，免费对外开放。中国工农红军二、六军团过丽江指挥部旧址位于大研古城新华街科贡坊和宅，1988年11月被原丽江县政府列入第三批县级重点文物保护单位，设有红二方面军过丽江陈列馆，内设多个展厅，利用现代光电多种手段讲述红色经典故事。现为丽江市红色旅游基地、丽江市中小学爱国主义教育基地，并已正式对外免费开放。古城区开南研习所为云南省爱国主义教育基地。1977年，丽江县委、县政府在石鼓建立"中国工农红军第二方面军长征渡江纪念碑"；1985年，又分别在红军渡江遗址"木瓜寨渡""木取独渡""格子渡""士可渡""巨甸渡"等渡口建立了红军渡口纪念碑及其标志。现为县级文物保护单位，由县文馆所、石鼓文管所保护管理，保护管理状况良好。1999年，又增建了《金沙水暖》红军渡江青铜雕像。2004年，石鼓作为云南红军长征系列景区，被列入全国100个红色旅游经典景区，被云南省列入红色旅游精品路线；2006年，中宣部资助丽江建设以石鼓红军长征过丽江为主题的纪念馆等设施；2008年12月，红军长征过丽江纪念馆在石鼓落成；2009年5月，红军长征过丽江纪念馆被列入中宣部公布的第四批全国爱国主义示范基地。2011年11月，玉龙县九河乡香格里村"红军万岁"纪念碑落成，碑体中间的浮雕随着碑体的起伏形成折叠的造型，以体现红军长征路上的曲折与艰辛。整体的造型与硬质大理石材相结合，将革命先辈们刚毅、坚强的精神面貌展示给观众。"红军万岁"纪念碑主要记录红军长征足迹，为丽江的红色旅游增添了红色革命的色彩，并将成为传承爱国主义精神的又一个革命教育基地。红军从东元桥进入丽江，丽江古城民众代表数百人手持"欢迎义军"的彩旗，在城外东元桥欢迎中国工农红军第二、六军团，至今在桥头纪念碑上依然镌刻有"蛇山北塔风尘古　漾水恩桥岁月深"、横批"长征之路"的对联。在中央军事博物馆的材料上对此有唯一记载：红二方面军通过丽江，受到当地纳西族群众的欢迎。

四、丽江发展红色旅游存在的主要问题

红色旅游是以革命纪念地、纪念馆及其所蕴含的革命精神为载体，组织接待旅游者进行参观、游览和学习等旅游消费活动，是寓教于乐，加强爱国主义教育，弘扬中华民族精神的有效途径。发展红色旅游是党和国家作出的一项重要战略举措，是进行革命传统教育的客观需要，是红色旅游区加快脱贫致富的需要，也是促进我国旅游业更快发展的积极举措。它培育了旅游业新的增长点，带动革命老区经济社会协调发展，对于进一步发挥旅游业的特殊功能和爱国主义基地作用具有重要意义。近年来，红军长征经过的不少地方打出了"红色旅游"品牌，取得了良好的社会效益和经济效益。红色旅游已经成为全国加强新时期爱国主义教育，保护和利用革命历史文化遗产，培育旅游业新的增长点，带动革命老区社会经济协调发展的主流。自2004年党中央、国务院部署发展红色旅游并开始编制红色旅游规划以来，云南省委、省政府也通过了《2005—2010年云南省红色旅游发展规划纲要》。2012年，云南省制定出台了贯彻落实《2011—2015年全国红色旅游发展二期规划纲要》的实施方案，进一步明确了全省红色旅游发展的工作思路、目标、原则、重点工作和实施该方案的保障措施。丽江石鼓作为云南红军长征系列景区之一，被列为全国100个红色旅游经典景区之一。丽江市党委和政府抓住这一难得机遇，积极打造"红色旅游"品牌，加快丽江红色旅游工作的步伐，先后出台了《石鼓红色旅游精品旅游区的规划》《古城区红色旅游景区景点项目建设方案》，并于2006年3月召开了丽江市红色旅游工作座谈会。2008年12月，红军长征过丽江纪念馆在石鼓落成，年接待游客12万人次左右，充分发挥了爱国主义、民族精神、人文社科知识的宣教功能。但是，与其他地方的红色旅游发展相比较，丽江的

红色旅游发展还有很多差距和不足。

（一）对保护红色资源的重要性认识不够，对红色资源的建设、保护有待加强

改革开放以来，丽江的大部分革命遗址都得到了有效的保护。近年来，在各级党委、政府的重视下，一些纪念设施得到了修缮和兴建。但一些远离区县城，地理位置偏僻的遗址，则处于濒临废弃状态，急需抢救。一些有价值的历史遗址，虽然地理位置较好、交通便利，但由于缺乏宣传，没有得到挖掘、开发和投入使用，如永胜县"海腰事件"中30多位烈士的牺牲地和战斗遗址。玉龙县"驼峰航线美军白沙飞机场遗址"等4个遗址，于20世纪80年代初实行"包产到户"，遗址所在地文华村委会把飞机场土地分配到户进行开垦耕种，后来逐渐废弃。丽江旅游业发展起来以后，文华村委会又把它承包给玉龙山跑马场使用，导致现已看不出飞机跑道。随着时间的流逝，有的遗址会被历史的尘埃淹没，从而无踪可寻。如驼峰航线美军白沙飞机场、白沙美军飞机失事地、海西美军飞机失事地、四兴美军飞机失事地、老君山美军飞机失事地、龙蟠鲁南战斗地等遗址，随着时间的推移、知情人的不断离世，寻找遗址所在地都很困难，根本就谈不上保护、管理和利用。如不采取措施加以保护，现存遗址也有继续损毁的可能。宁蒗县的达坡协商会议旧址、永宁军政干部训练班旧址、大兴镇野战军驻地旧址和章思孝游击队指挥部旧址等已全部损毁。如"干箐干巴村战斗遗址""民众自卫十一大队大队部遗址""冯家山战斗遗址""锅盖山战斗遗址"等一些遗址，由于处于偏僻地区，地势险要，一般很少有人知晓，到此瞻仰的游客也寥寥无几；华坪、永胜、宁蒗等县的许多革命遗址，由于历史年代久远，逐渐淡出人们的视野，被历史尘封埋灭。年青一代对发生在身边的惨烈战斗了解很少。如木家桥等一些重要遗址没有得到很好的保护和修缮，比较破旧，与相邻的迪庆、大理、昭通扎西等红军经过地相比，差距较大。

（二）对外宣传力度不够，人们不太了解红色文化历史

对如何做好红色资源与丽江发展融合文章思考不深；对与丽江旅游相

结合，让红色资源成为丽江旅游的独特亮丽名片，为丽江旅游发挥重要作用缺乏思路和举措；红色资源的教育作用发挥得不够，未把资源制作成各种可移动的宣传资料进行发放，以发挥更大的教育作用，如观音峡、木家桥、红麦村等均未得到很好的包装宣传。自2004年国家提出红色旅游发展后，丽江于2006年掀起了对红色旅游的探索与发展，但是至今已经十多年了，与其他地区的红色旅游相比差距仍很大，很多没有落实到位，不能整合资源，优化旅游环境，红色旅游宣传也不够，没有形成融生态旅游、红色旅游、文化旅游为一体的精品旅游城市，甚至随着时间的推移，红军长征过程中最集中体现的党和人民奋勇向前、不怕牺牲、百折不挠的革命英雄主义精神被淡化了，乃至在局部人群中被遗忘了。例如，石鼓红色旅游没有形成红色精品旅游，红色旅游氛围不浓，在石鼓镇中心不但看不到红色旅游标语，连最基本的"全国一百个重要红色旅游景点之一、云南省红色精品线路之一"等最能吸引人眼球的红色标语也没有，红色旅游名镇从何而来？

（三）红色旅游市场没有形成有机合力

红军长征过丽江纪念馆、石鼓红军渡江纪念碑、石鼓亭、石鼓码头分别属于文化广电新闻出版局、石鼓镇政府、市投资公司，出现了资源闲置和布局不合理的情况。"红军长征过丽江纪念馆"展陈手段单一，静态有余而动态不足，缺乏实景厚重的历史感、独特的亲切感和"姹紫嫣红"的美感。虽然丽江社会各界人士每年都来凭吊瞻仰并进行爱国主义教育，但是与丽江的游客互动较少，没有与壮丽的"长江第一湾"有机整合，而且很少有相应的纪念品可买，让旅游者看到了"长江第一湾"奔入中原的壮丽景色，却不能领略到当年红军抢渡金沙江的"金沙水拍云崖暖"的独特魅力。玉龙县九河乡香格里村"红军万岁"纪念碑自2011年11月落成后，后续工程中的扶梯、公厕、碑释、绿化等配套设施至今没有建成，路口也没有醒目标识，仅仅由乡政府协调在一级路口建设了百米水泥台阶，有待进一步完善。古城区和万宝故居及其书屋破败不堪，甚至书屋内的图书和书稿腐蚀严重，与门口挂的"古城区重点文物保护单位"形成鲜明反差，与开南研习所作为全省爱国主义教育基地的地位不符。古城区范围内的红色旅游参与性低，游客容量有限，没有形成吸引力强的复合型旅游路线。

发展红色旅游是时代的需要，是进一步加强革命传统教育的需要。80多年历史的尘埃早已被流水般的岁月抹净，但中国工农红军二万五千里长征的伟烈丰功、红军在丽江留下的深深脚印，却随着时间的推移，放射出更加耀眼的光华。21世纪再没有什么比长征更令人神往和更为深远地影响世界前途了。这一切都值得我们重视发展红色旅游，重新体验红军长征，去感受那段军歌嘹亮、激情燃烧的岁月。追寻红军的脚步，首先是一次精神的洗礼，每个景点都记录着一段不平凡的经历，每段经历背后都有一种不平凡的精神在延续。长征是如此壮丽，山河也同样是无比壮丽。在这里，历史与现实被拉得很近，近得如在那滔滔江水中，仿佛还可以听到红军长征迈出的脚步声。"金沙水拍云崖暖"，这是丽江旅游的神奇所在，是红军长征过丽江的伟大之处，是云南"红色旅游"的灵魂。在新的历史条件下，继承革命传统，弘扬长征精神，积极融入"一带一路"建设，使之升华为建设中国特色社会主义理想信念，转化为全面建成小康社会、全面改革开放、全面从严治党、全面依法治国，实现中华民族伟大复兴中国梦的实际行动。

五、丽江红色旅游发展的对策和措施

红色旅游是"红色"与旅游的有机结合，旅游是形式，"红色"是内涵。近年来，我国红色旅游发展取得了丰硕的成果，但同时也面临着新的挑战。与国内红色旅游发展的情况一样，丽江红色旅游在发展过程中同样存在着内涵挖掘不够、发展模式单一等问题。在全域旅游和智慧旅游新理念的引导下，丽江红色旅游要在传承红色文化精神内涵的同时，注重从内容、形式、体验设计等方面创新发展，从而提升丽江红色旅游的影响力和知名度，为丽江建设国家全域旅游示范区奠定基础。

（一）加强宣传，提供丽江红色旅游新资源

丽江具有丰富的红色历史文化资源，要把红色资源纳入丽江旅游宣传

的内容中,制作宣传资料,通过电视、广播、新媒体、旅游推介会等面向全国进行宣传,让人们知道红军在丽江抢渡金沙江的重大历史转折意义,激发人们对红色资源的向往。每年4月,在全市组织开展"红色文化"宣传月活动,通过革命诗词朗诵、征文比赛、观看红色电影、重走红军长征路等形式广泛进行红色文化宣传,以做到红色资源家喻户晓。要加强对红色旅游资源的保护,由市、区、县文物部门、党史办和有关乡镇围绕红军走过的路程,继续挖掘和收集、征集文物资料,扩大和深化其内涵。要对丽江民间流传的很多红色故事进行抢救整理,争取建设一批红色雕塑,悬挂一批红色标语,彰显红色基因,重温红色历程,传承革命精神。

(二)统筹规划,打造丽江红色旅游新亮点

目前,全国已形成12个"重点红色旅游景区"、30条"红色旅游精品线路"和100个"红色旅游经典景区"的红色旅游规划大格局。红色旅游规划是指导红色旅游空间有序开发的关键,特别在丽江这样的以旅游业为支柱产业的地区,要使红色旅游开发与民族文化和自然山水旅游在空间上形成互补,统筹规划是关键之举。相关部门要积极配合旅游部门做好规划工作,在做好红色旅游资源调查研究的基础上,坚持"有所为,有所不为"的原则,即对革命意义重大、红色旅游资源地位突出的地区,必须制订红色旅游发展规划,而对红色旅游资源地位不突出的地区,则只需要对区域内红色旅游资源加以普查、保护和小规模建设,以供临时区域性纪念活动使用。丽江红色旅游规划应突出"红军长征过丽江"这一重大革命历史主题,着力打造"红色石鼓小镇"这一红色旅游品牌,带动丽江红色旅游发展。

(三)综合开发,形成丽江红色旅游新局面

做好红色旅游的综合开发,就是做好对红色旅游的景区、景点旅游路线的综合开发,形成"点""线""面"发展格局。"点"的开发是指选择重点景区、景点进行深度开发与特色开发。在开发中注意把红色旅游与当地历史文化相整合,展现历史文化的传承性和地域文化的独特性,如"红色石鼓小镇"开发要与"万里长江第一湾""纳西特色民居""茶马古道重

镇"等地域文化元素紧密结合。"线"的开发是指对红色旅游产品的联合开发，一是指红色旅游路线，二是指红色旅游品牌的联合协调开发。例如，对于"红军长征过丽江"旅游路线，可以把"红军渡江指挥部旧址"与"红军渡遗址""红军墓"等串联在一起，共享红色旅游主题品牌。"面"的开发主要强调红色旅游和其他旅游的整合发展，主要是指通过形成大旅游产业格局来延长旅游地的生命周期。丽江红色旅游发展依托丽江旅游支柱产业必将呈现出良好态势。

（四）创新思路，增强丽江红色旅游新动力

丽江红色旅游的发展要与民族文化旅游、生态旅游、探险旅游、体育运动旅游、休闲旅游、度假旅游等丰富的旅游项目相结合，不断挖掘其内涵，增强红色旅游产品的吸引力。对于红色旅游中的历史事件、人物、遗址以及其中蕴含的革命精神传统，要充分挖掘和妥善运用。在具体操作中，既可以充分运用现代声像技术给人以直观感受，还可以邀请一些事件的当事人或者参与者、见证者现身说法，给人以历史的真实感，也可以撷取革命历史片段，让游客模拟参与，寓教于乐。要努力做到创新思路，使红色与绿色相结合，即将红色旅游资源与自然山水资源相结合；红色与古色相结合，即将红色旅游资源与深厚的地域文化底蕴相结合；红色与民族相结合，即将红色旅游与丰富的民族文化资源相结合；红色与政治相结合，即将红色旅游资源与爱国主义教育、增强凝聚力、实现中国梦相结合。在发展红色旅游中增强红色旅游产品的竞争力，从而产生较好的经济效益。创新思路发展丽江红色旅游将助推丽江经济、政治、文化、生态、社会的可持续发展。

（五）结合丽江市旅游业发展良好的势头，全面实施红色旅游线路建设，丰富旅游产品资源

2019年9月16—18日，习近平总书记在河南考察调研时指出，依托丰富的红色文化资源和绿色生态资源发展乡村旅游，搞活了农村经济，是振兴乡村的好做法。把红色文化与大美丽江建设紧密融合，做好弘扬红色精神、推进丽江新发展这篇大文章，努力打造红色旅游精品，形成以点带面

的良好格局，使红色旅游规划有机地融入丽江社会经济发展的总体格局。2018年，丽江旅游共接待海内外游客4643.3万人次，实现旅游总收入998.45亿元，带动建筑、商贸、交通、信息、加工业和农业等相关产业发展，形成了"一业兴而百业旺"的良好局面。

古城区的"抗战阵亡将士纪念碑""中国工农红军红二、六军团过丽江指挥部旧址""方国瑜故居""丽江解放纪念碑""开南研习所"，玉龙县的"红军长征过丽江纪念馆遗址""红军渡江指挥部遗址""木瓜寨渡遗址""木取独渡遗址""格子渡遗址""士可渡遗址""巨甸渡遗址""石鼓双烈墓遗址"，宁蒗县的"达坡协商会议旧址""宁蒗县临时政务委员会、中共宁蒗县工作委员会驻地遗址""永宁军政干部训练班旧址""永宁抗日边胞服务站遗址"都处于旅游景区内，具有很好的开发前景。国家《2016—2020年全国红色旅游发展规划纲要》指出，要建设"内容丰富多彩，基础设施完善，方式灵活多样，服务规范高效"的红色旅游目的地，为丽江发展红色旅游指明了方向，也带来了难得的机遇。

（六）积极引导和组织民间投资者参与保护

例如，华坪县"龙洞革命烈士纪念碑遗址"处于交通要道，是观赏杜鹃花的风景区，具有旅游观光价值，可以使革命遗址在保护中得到利用，在开发利用中得到更好的保护。

丽江红色旅游发展要加快以基础设施，尤其是交通配套设施建设为重点的旅游服务配套设施建设，增强红色旅游区道路、供电、给排水等基础设施和宾馆、饭店、旅行社、消防、环卫等服务设施的支撑能力。丽江红色旅游发展要加大市场营销力度与提高管理服务水平。旅游管理部门要做好红色旅游景区、景点和旅游路线的宣传促销工作，通过参加国内旅游交易会和国际旅游交易会，投放广告、宣传册，利用网络等媒体渠道宣传红色旅游品牌景区、品牌路线，扩大红色旅游的影响范围，开拓红色旅游市场。同时，要抓好红色旅游景区、景点的服务管理和人员培训工作，要在经营管理和服务方面不断提高水平、提升档次，从而提高红色旅游的管理服务水平，促进丽江红色旅游健康发展。

(七) 进行党史成果的转化

以革命遗址为依托,收集历史资料、历史遗物,组织编写与革命遗址相关的重大事件和党史人物史实,与有关部门合作编撰通俗读本,拍摄电视文献纪录片,多层次、多角度搭建党史教育的平台。在丽江这块美丽富饶的土地上,大自然的鬼斧神工造就了秀美的山川,历史的长河积淀下深厚的文化底蕴。世界文化遗产丽江古城、世界记忆遗产纳西东巴古籍文献和世界自然遗产"三江并流"是丽江呈现给世人的三大世界遗产,丽江不仅风景如画,而且以独特的人文魅力驰名中外。丽江,更是一片洒满鲜血的红土地,历史在20世纪选择了这块红土地。以丽江深厚的经典文化内涵为载体,以打造红色文化旅游品牌为目标,以传承红色文化、弘扬革命精神、发展红色旅游为目的,通过挖掘深厚的红色文化资源,结合丽江红色资源特点,系统地介绍丽江红色旅游精品路线。重点突出红色文化,融入丽江特色民族文化,把红色人文景观与绿色自然景观结合起来,把革命传统教育与旅游产业发展结合起来,让更多的游客在接受革命传统教育、培养爱国主义情操的同时,领略丽江绚丽多姿的人文和自然美景,既介绍丽江人文风光又宣传丽江红色文化内涵。

当前,丽江干部群众正以加快振兴发展为主线、转型升级跨越为主题、改革开放创新为动力,努力把丽江打造成国际一流特色城镇、世界级旅游目的地、国家重要生态安全屏障、全国民族团结进步展示窗口。让更多的人认识丽江、爱上丽江,让每位到丽江的游客感受革命历史、领悟红色文化,在游乐中接受革命传统教育和革命精神教育,感受丽江的人文历史,从而真正感受到红色文化的魅力。

第七章　丽江市全域旅游发展研究

全域旅游是旅游业发展到现阶段的一种新模式，一经提出就受到业内普遍关注，已成为"十三五"期间我国旅游业发展的重要方向和模式。全域旅游围绕旅游发展相关产业，通过旅游业的关联带动作用，促进社会经济全面协调发展，为新时期旅游业发展注入了新活力。党中央、国务院做出全域旅游的战略决策，是对我国旅游发展新阶段的战略再定位，既符合我国旅游业发展的现实要求，更符合丽江这样的旅游城市发展旅游业的实际。推进全域旅游，对推动丽江从"景点旅游"模式向"全域旅游"模式转型，从行业管理向产业统筹协调转变，开创新时期旅游发展新局面等，具有十分重要的意义。

一、全域旅游概述

（一）全域旅游提出的背景

随着网络经济时代和体验经济时代的到来，旅游已不再仅仅是"上车睡觉、下车拍照"的走马观花，也不仅仅是"起五更、爬半夜"的奔波劳顿，更不是挤进购物店如"买大白菜"般的冲动消费。旅游需求呈现大众化、普遍化、个性化和多样化的特点，更追求深度观光、体验化、情感化、休闲化的旅游经历。旅游消费结构、产品结构也发生了相应的变化，旅游产业的拉动、融合、催化和集成作用越来越明显。过去，旅游只是一般性的观光游，旅游消费、生产、管理对象只是一个个景区和景点，这种传统的景点旅游模式已经不能满足现代大众旅游的需求。旅游方式的革命，促使我国旅游业步入了全新的时代，即"全域旅游时代"。2015年，为实现旅游业与其他行业的深度融合，原国家旅游局下发了《关于开展"国家全域旅游示范区"创建工作的通知》（旅发〔2015〕182号），对我国的全域旅游建设工作提出了要求，为全域旅游从理念走向实践起到了重要推动作用。而《"十三五"旅游业发展规划》更是把全域旅游确定为我国"十三五"期间旅游业发展的主线。

（二）全域旅游的内涵及特性

在2016年全国旅游工作会议上，原国家旅游局局长李金早在《从景点旅游走向全域旅游，努力开创我国"十三五"旅游发展新局面》的工作报告中指出："全域旅游是指一定区域内，以旅游业为优势产业，以旅游业带动促进经济社会发展的一种新的区域发展理念和模式。全域旅游是把一个区域整体当作旅游景区，是空间全景化的系统旅游，是跳出传统旅游谋划现代旅游、跳出小旅游谋划大旅游，是旅游发展理念、发展模式上的根本性变革。全域旅游已成为当今旅游业发展的重要方向。具体来讲，全域旅游的主体是将特定区域（区、县、省、市）作为完整旅游目的地。其做法是进行整体规划布局、综合统筹管理、一体化营销推广，促进旅游业全区域、全要素、全产业链发展。其本质是实现旅游业全域共建、全域共融、全域共享。"一句话，全域旅游是将区域整体作为旅游目的地发展的新理念和新模式。

综合分析，全域旅游具有以下特性：一是旅游管理的统筹性。不能按照过去的思维把旅游当成旅游部门一家的事，而是全社会的事，需要各部门联动。要创新管理体制机制，做好顶层设计、资源整合、全社会共同参与。二是旅游产业的优势性。旅游业应成为区域经济发展的支柱产业。全域旅游地区的旅游业对当地经济贡献率应达到一定比率（15%），对新增就业贡献率达到20%，成为区域经济社会发展的引导性产业。三是旅游发展的融合性。"全域"意味着不再把旅游孤立出来单独看，而是与各个产业、社会的各个层面相互渗透、相互促进；不再是只关心景区内的、度假区内的、酒店内的发展情况，而是区域联动，点线面结合，而不是旅游业孤军奋进。四是旅游产品的多样性。旅游目的地提供的产品不仅局限于过去意义上的景点、景区，体验、生态、休闲、娱乐、康养等都应该成为旅游产品。五是服务的便利性。通过各种设施、设备、方法、手段、途径，特别是利用先进的网络技术提供全时空、多方面的旅游服务。

（三）全域旅游的探索与实践

1. 提出阶段

早在20多年前，原国家旅游局着手开展创建和评选中国优秀旅游城市时，就有参创城市提出"人人都是旅游形象、处处都是旅游环境"，后来又进一步增加了"事事都是旅游资源、时时都是旅游时间"，"人人""处处""事事""时时"的提法和理念就已经具有全域旅游的意味。用全域旅游予以表达是在用简短的词语概念表达十分丰富的内涵基础上，让全行业和社会有关方面认识到中国旅游进入了崭新发展阶段。

2008年，从浙江绍兴市首次提出"全域旅游"发展战略并启动全域旅游区总体规划招标开始，我国各个景区开始了对全域旅游的探索；2009年，江苏《昆山市旅游发展总体规划（修编）》提出"全域旅游，全景昆山"；2010年，四川大邑县开始实施全域旅游休闲度假战略规划；2011年，《杭州市"十二五"旅游休闲业发展规划》提出了旅游全域化战略，浙江、四川、山东、湖南等一些省、市、县也相继提出区域旅游向全域旅游转变的口号；2012年，海南琼海市提出建设"全域5A景区"，提出"全域是景区、处处是景观、村村是景点、人人是导游"的发展思路；等等。

2. 地方试点探索阶段

各地提出全域旅游概念后，又纷纷对其进行了试点探索。2013年，宁夏回族自治区提出"发展全域旅游，创建全域旅游示范区（省），把全区作为一个旅游目的地打造"；桐庐县成为浙江省全域旅游专项改革试点县，诸城市被列为山东省首个试点市；重庆渝中区开始实施《全域旅游发展规划》。2014年，五莲县、临沂市、莱芜市、滕州市、沂水县成为山东省全域化旅游改革试点。2015年，河南郑州市政府发布《关于加快全域旅游发展的意见》（郑正文〔2015〕19号）。河南栾川县于2013年提出将全县作为一个大景区,打造山地旅游度假目的地。

3. 国家示范推进阶段

2015年8月,全国旅游工作会议研讨会首次提出发展全域旅游。同年9月,原国家旅游局下发了《关于开展"国家全域旅游示范区"创建工作的通知》(旅发〔2015〕182号),原国家旅游局局长李金早提出:"在2000多个县中,每年以10%的规模来创建。要推进200个县实现全域旅游,三年600个县实现全域旅游。"2016年1月,全国旅游工作会议谋划"十三五"和全域旅游发展思路;2016年2月5日,原国家旅游局公布262个市县成为首批国家全域旅游示范区创建单位,丽江市就是其中之一。2018年,国务院办公厅发布了《关于促进全域旅游发展的指导意见》。2019年3月,文化和旅游部办公厅先后印发《关于开展首批国家全域旅游示范区验收认定工作的通知》(办资源发〔2019〕32号)、《国家全域旅游示范区验收、认定和管理实施办法(试行)》和《国家全域旅游示范区验收标准(试行)》。同年9月,文化和旅游部公布了首批国家全域旅游示范区名单。

二、丽江市旅游发展模式变迁

(一)传统景点游时期

丽江旅游业起步于20世纪80年代,其发展紧紧抓住改革开放机遇,充分利用资源优势和环境优势,于90年代进入快速发展期。这一时期的旅游只是一般景点观光游,旅游消费、生产、组织管理对象只是一个个景区、景点和相关的支撑配套项目。旅游者从客源地到旅游目的地的交通路线比较单一。旅游项目封闭管理、建设,与外部系统包括自然和人文社会环境联系交叉比较有限,对外部系统的影响也很有限。再加上丽江地处西南边陲,经济文化落后,旅游交通欠发达,基础配套不完善,旅游投入力度不大,这个时期的旅游模式处在最原始的以景点、景区、宾馆、饭店等要素为主的初级阶段。

(二)全域旅游萌芽时期

1999年,为加快西部地区发展,解决东、西部地区差距大的问题,我国开始实施"西部大开发战略"。在这一战略的实施背景下,丽江市积极改善交通状况,在建成了云南第二大航空港、丽江第一个国际机场丽江三义机场的基础上,2009年9月28日,昆明—丽江铁路正式开通运营。同年12月,大丽高速公路开工兴建。丽江市审时度势,开始重视旅游业的发展,加大了旅游资金的投入力度,使丽江旅游业取得了一些成效,初步建成了丽江最典型的、最有代表性的"两山、一城、一江、一湖、一文化、一风情"旅游景点。"两山",即世界自然遗产老君山、神秘的处女峰玉龙雪山。"一湖",即高原明珠、神奇净土泸沽湖。"一江",即风光秀奇、险峻美丽的金沙江。这一时期的全市旅游业总体布局为,"以古城为中心,三片一带,五环二线和十大旅游支撑项目以及五条拟推线路"。这一时期的旅游业对相关产业的带动作用逐步增强,据初步统计,以旅游为龙头的第三产业税收占整个财政收入的46%,占据半壁江山。在注重旅游基本要素吃住行的情况下,逐步调整产业要素结构,加强了对旅游资源深度和广度的开发,如玉龙雪山雪麓湖的建设,老君山黎明千龟山栈道的建设,古城美化、亮化和完善基础设施的建设,新开束河茶马古镇、世界遗产公园、古城高尔夫球场、古城温泉度假山庄,规划、策划了驼峰航线俱乐部项目。推行了景区(点)的等级评定,先后评定了玉龙山、黑龙潭、玉水寨、文笔山、玉柱擎天、丽江古城、束河古镇7个A级景区(点),旅游区(点)质量等级因此得到进一步优化。这一时期旅游业的发展依然以传统的景点游为主,所以是丽江全域旅游模式的萌芽阶段。随着生活水平的提高和对旅游质量的追求,人们逐步开启了以全民旅游和个人游、自驾游为主的旅游新方式,传统的景点旅游模式已经无法满足消费者的需求。

(三) 全域旅游初步发展时期

2011—2015年,是丽江旅游产业快速发展的黄金时期,以"两山、一城、一湖、一江、一文化、一风情"为主要代表的丽江旅游品牌更加响亮。观音峡、拉市海、文笔山、玉水寨、东巴谷等一大批以休闲观光、文化体验为主的景区、景点开发建设稳步推进,乡村旅游正呈现出蓬勃发展的态势,带动了丽江旅游业的快速发展。丽江先后荣获"全球人居环境优秀城市、中国最美丽的地方、世界上最值得光顾的100个小城市之一、欧洲人最喜爱的中国旅游城市、中国最令人向往的10个小城市之首、中国青年人首选的旅游目的地、中国魅力城市、中国十大宜游城市之一、中国十大休闲城市之一、中国品牌城市、中国最具幸福感城市、最佳国际旅游度假目的地"等多项荣誉和桂冠。具体表现为：一是接待游客人数稳步上升。2015年接待国内外游客达3055.98万人次，比"十二五"确定的1600万人次预期目标增长91%。二是旅游助推经济发展明显。截至2015年，以旅游业为主的第三产业对经济增长的贡献率为55.3%，拉动经济增长2.8个百分点。全市直接从事旅游业的人员约6万人，间接从事旅游业的超过15万人。三是基础设施建设更加完善。一批国际知名品牌酒店建成开业，旅游综合体项目建设进一步加快。截至2015年10月底，累计完成旅游强省项目投资60多亿元。充分挖掘既有旅游交通区位优势，依托现有干线铁路、高等级公路、民航航线、金沙江内河航道，推动丽江旅游交通综合网络的发展，使丽江成为滇西北乃至云南省重要的旅游集散中心。2011年11月11日，国务院正式批复同意云南丽江三义机场作为航空口岸对外开放。截至2015年，机场吞吐量达562万人次，丽江机场已步入全国大中型机场行列。2011年10月29日，仁丽铁路正式通车运营，每天对开8趟列车；2012年12月，宁蒗县城至泸沽湖二级公路全线开通；大丽高速于2013年12月30日通车；2015年10月12日，泸沽湖机场正式通航。这些都极大地推动了丽江"东翼"旅游的发展。四是旅游产品结构不断优化。民俗之旅、文化发现之旅、避暑避寒休闲之旅、纳西婚俗游、浪漫游、自驾游、自助游、低碳游、亲子游等一批新的具有较强吸引力的黄金休闲度假旅游路线和产品不断推出。五是信息化建设进程不断加快。2013年8月5日，云南首个智慧旅游信息平台建设项目落地丽江；同年11月28日，"玩转丽江"手机电子商务平台正式推出。在玉龙雪山、丽江古城、老君山、泸沽湖、束河古镇、玉水寨、东巴谷等8家景区安装了全新的智慧旅游体验点，已在丽江机场、火车站、散客门店、景区、酒店等游客集中的地方安装了50台46寸触摸屏云端查询终端，打造了景区专属App。2014年5月1日，"微丽江"微信平台上线运行，邂逅丽江——微信导览图20万份投放市场；同时，"玉龙雪山AR多维导览"上线运行，2.5万份导览地图投放市场。2015年初，丽江市云旅游综合平台建设工作已全面展开，电商平台已上线试运行。

在这期间，丽江市始终遵循"保护自然、弘扬文化、彰显特色、融合发展"的原则，创新开发模式、加强资源保护、优化管理思路、破解发展难题，使旅游经济指标快速增长，产业结构不断优化，产业规模日益壮大，产业体系逐步完善，品牌效应不断扩大，丽江市已经逐步具备了由景点旅游向全域旅游发展的条件。

（四）全域旅游全面实践时期

在2016年全国旅游工作会议上，原国家旅游局提出全域旅游发展战略新定位。2016年2月17日，丽江市被列为"国家全域旅游示范区"。2016—2020年"十三五"规划期间，既是丽江社会经济发展的战略机遇期，也是丽江旅游产业转型升级、加快发展的战略机遇期。在《丽江市"十三五"旅游产业发展规划（2016—2020年）》中，明确丽江市拟致力创建"国家全域旅游示范区"，按照大众旅游的总体趋势和阶段特征，促进旅游产业持续健康的常态化发展。

围绕全域旅游发展主线，丽江市以项目建设为抓手，以解决旅游"短板"为重点，进一步加强旅游公共服务设施建设，打造多样化、个性化、品质化旅游产品。推动旅游产品从以观光型为主向观光、休闲、度假、专项旅游并重的复合型产品转变，持续增加旅游有效供给，助力丽江旅游产业转型升级。具体表现为：一是接待游客人数稳中有增。截至2018年，共接待游客4643.3万人次，同比增长14.1%。二是旅游重点项目建设有序推进。丽江复华国际度假世界、丽江"东巴秘境"国际康养度假区先后正式开业，为丽江旅游产业增添了标杆式、引领式的项目。2018年累计完成28.8亿元固定资产投资目标任务，完成年度目标任务的115.2%。三是旅游公共服务设施不断完善。以公共服务体系建设作为旅游供给侧结构性改革的突破口，大力度改善交通条件。以丽江为核心，构建融航空、高速公路、高速铁路等为一体的交通网络体系，深入开展旅游厕所整治提升、停车场优化扩容、景区无线网络全覆盖、旅游引导标识优化"四大专项行动"，促进景区旅游品质提档升级。2017—2018年，争取980万元资金建设旅游厕所，改善旅游条件。2018年丽江市旅游厕所建设已完工83座，共投入资金2082.3万元。完成市区交通标识标牌规划设计，有序分步实施主要路口的旅游标识标牌建设及完善。四是智慧旅游建设取得重大进展。"一部手机游云南"工作稳步推进并取得可喜成绩。在"一部手机游云南"建设工作第一阶段考核中，丽江市排名全省第2位。着力推进和完成城市、景区名片优化提升、直播、精品路线和旅行社上线、基础地理信息测绘、AI识物、扫景点铺码、指引标识铺设、智慧厕所建设、智慧停车场建设、诚信评价等工作。2018年10月1日，"游云南"App正式运营，随其正式上线运营，高效便捷的智慧旅游服务遍布丽江的每个角落。五是旅游市场营销形式多样。通过组织旅游企业参加重点旅游交易会，积极对外宣传推广丽江优质旅游资源、文化旅游产品、精品旅游路线，并开展招商引资、邀商洽谈等推广活动。以专题活动助力旅游市场拓展，参加"七彩云南·相约台湾"文化月系列活动；在台湾佛光山举办"丽江旅游推介会"；围绕"全域旅游·美好生活"的宣传主题，开展"中国旅游日"丽江旅游活动。通过统筹开展多样化、多渠道、多平台旅游宣传，已建立起电视、平媒、户外、地铁公交、移动互联网等立体式宣传格局。

三、丽江市全域旅游发展优势分析

丽江市作为云南省热门旅游景区，旅游资源丰富，以其独特的自然风光、迷人的文化魅力、浓厚的历史气息以及流传下来的原汁原味的原住民生活方式和生活习惯，在发展全域旅游中占据得天独厚的优势。

（一）旅游资源丰富

1. 旅游资源种类齐全

丽江市境内主要旅游资源景点有923处，其中自然旅游资源类合计375处（种），占40%；人文旅游资源类合计548处，占60%。在类型上，传统八大旅游资源主类均有分布。此外，丽江市内少数民族众多，在传统八大类旅游资源的基础上，增加了综合性地方民族文化风情类资源。其中，地文景观类占15%，水域风光类占12%，生物景观类占12%，天象与气候景观类占1%，遗址遗迹类占3%，建筑与设施类占35%，旅游商品类占10%，人文活动类占11%，综合性地方民族文化风情类占1%。以上统计数据显示：丽江市旅游资源基本类型共有98种，占国家旅游资源普查标准制定的115种基本类型的85%以上，全市旅游资源总量丰富、类型齐全，为丽江发展全域旅游奠定了坚实的基础。

2. 自然资源层次分明

从丽江市四大类自然旅游资源类型结构来看，地文景观旅游资源点有139处，占旅游景点总数的15%，其中AA综合自然旅游地（54）、AC地质地貌过程形迹（58）资源优势最为突出；水域风光类旅游资源景点有112处，占总数的12%，其中BA河段（45）、BD泉（28）、BB天然湖泊与地沼（25）资源优势最为突出；生物景观旅游资源景点有115处（种），占总数的12%，其中CA树木（62）、CD野生动物栖息地（31）、CB草原与草地（13）资源优势最为突出；天象与气候景观资源景点有9处，占总数的1%，其中DB天气与气候现象（8）资源优势最为突出。四大主类自然旅游资源均有涉及，玉龙雪山、老君山、金沙江、新主植物园、格拉丹草原、三川坝稻田与荷塘、华坪杧果园、泸沽湖、程海等代表性资源享负盛名，山、水、林、田、湖景观组合度极佳。丽江市平均海拔较高，其中玉龙雪山最高峰扇子陡海拔高达5596米，山地垂直带谱明显，从山脚至山顶依次呈现半湿润常绿阔叶林带景观/云南松林带景观、硬叶常绿阔叶林带景观/铁杉针阔叶混交林带景观、亚寒带针叶林带景观、高山草甸景观带、高山荒漠带、冰川积雪带等层次分明的景观，部分区域因地势垂直高差大，具有"一山分四季，十里不同天"的典型立体气候特征。丰富的自然资源景观、层次分明的垂直景观也让其成为大香格里拉生态旅游区的重要组成部分。

3. 人文旅游资源肌理突出

丽江市人文旅游资源中，遗址遗迹类29处、占3%，以社会经济文化活动遗址遗迹为主；建筑与设施类316处、占35%，以综合人文旅游地、居住地与社区、景观建筑与附属型建筑、单体活动场馆、交通建筑为主；旅游商品类90处（种）、占10%；人文活动类104处（种）、占11%，以人事记录、民间习俗、艺术为主。全市境内聚居着十多个民族，丰富独特的民族文化、绚丽多姿的民族风情、带有民族印记的建筑与设施构成了独特的人文景观。此外，各民族在丽江杂居，通过商贸往来、文化交流互相融合，形成了多民族共同发展的盛况，民族间的互帮互助、平等相处、共同进步的传统成为丽江民族文化最鲜明的特征。作为世界文化遗产的丽江古城，城市布局错落有致，既具有山城风貌，又富于水乡韵味，纵横交错、精巧独特的供水系统至今仍发挥着作用，为人类城市建设史研究、人类民族发展史研究提供了宝贵资料。流动的城市空间、充满生命力的水系、风格统一的建筑群体、尺度适宜的居住建筑、亲切宜人的空间环境，以及独具风格的民族艺术内容均彰显了古城丰富的文化肌理、鲜明的文化特质，为丽江人文旅游资源最杰出的代表。

4. 自然旅游资源和人文旅游资源相得益彰

丽江位于滇西北高原中部，立体地貌突出，兼具横断山区地貌和滇西北高原地貌特征，相对高差4581米，地貌复杂，加上高山深谷交错，立体气候十分突出，从而造就了以丰富多彩的生物资源和自然景观为代表的自然旅游资源。丽江旅游资源丰富且分布广泛。由于独特的地质地理环境和历史上各民族对生存环境的选择，以及古老的历史宗教文化等，该区域旅游资源在空间分布上又具有相对集中的特点，因此形成了"古城雪山、老君山、泸沽湖、三川镇—程海、金沙江沿岸"五大旅游资源集聚区。在这五大旅游资源集聚区内，九种资源类型在各个资源区都有分布，高山峡谷、原始森林、河流水库、湖泊湿地、高原农业、民族村落交错分布，人文与自然相得益彰，资源组合度极高。丽江是一个有16个民族交错杂居的地区，不同民族的聚落零星分布在丽江市四县一区内。在数千年的发展过程中，各民族创造了各具特色的民族传统文化，使丽江成为世界罕见的多民族、多语言、多文字、多宗教信仰、多种生产方式和多种风俗习惯并存的汇集区。自然旅游资源与人文旅游资源在同一空间、同一时间阶段、同一区域内实现了相互依存、和谐共处,构成了规模罕见、尺度宏大、内涵丰富的旅游吸引物。

(二)旅游交通体系逐步完善

近年来,丽江通过充分挖掘现有旅游交通区位优势,依托现有干线铁路、高等级公路、民航航线、金沙江内河航道,推动丽江旅游交通综合网络的建设,逐渐成为滇西北乃至云南省重要的旅游集散中心。2011年,衔接丽香、大攀、大丽铁路的仁丽铁路正式通车运营,随着丽香铁路的开建、大攀铁路的启用,丽江成为滇西北旅游交通网络的重要枢纽,成为滇西北交通网络的重要通道;2012年,宁蒗县城至泸沽湖二级公路全线开通,极大地推动了泸沽湖的旅游发展;大丽高速于2013年底通车,为省内外游客进出丽江提供了便利,促进了滇西北旅游产业的融合发展;2015年10月,泸沽湖机场建成并投入运营,对进一步完善云南省内机场网络布局、有力推动丽江"东翼"旅游发展起到关键作用;蓉丽高速、大丽高速、香丽高速3条高速交织而过,区位优势明显。2019年,5条在建高速公路和丽香铁路顺利推进,城市综合轨道交通1号线开工建设。动车实现从无到有,每天有10对动车进出丽江。丽江机场2018年完成年旅客吞吐量753.1662万人次,2019年新增国内航线15条,通航城市达78个。丽江旅游交通综合体系的不断完善,为丽江市从以丽江古城—玉龙雪山为核心的旅游格局向丽江市全域旅游格局发展提供了坚实的基础。

(三)旅游产品和产业要素体系日趋完善

随着旅游产业规模的持续扩大和辐射带动作用的持续增强,丽江旅游产品和产业要素体系日趋完善,已建成国家5A级旅游景区2家,国家4A级旅游景区7家。丽江古城—玉龙雪山核心旅游区综合旅游能力日趋完善,泸沽湖摩梭风情旅游、老君山生态体验旅游、石鼓"红色旅游"等一批新兴旅游产品持续开发,一批旅游新业态在丽江萌芽。直升机旅游、包机旅游、猎鹰文化深度游、老君山攀岩体育旅游等特殊旅游项目已经被开发,提高了游客体验参与性。旅游产品的空间组合度高,区域差异化明显,业态类型的多样性和丰富度不断增加,空间覆盖度不断提高。

（四）旅游带动产业扶贫成效初显

丽江市旅游业在促进就业增收、带动产业扶贫方面取得初步成效。丽江旅游带动产业扶贫主要有四种方式：一是通过景区开发，辐射和带动周边地区发展。如玉龙雪山景区，每年投入2000多万元资金用于19个村寨580多农户的产业发展和村容村貌、基础设施建设，社区群众人均年纯收入由原来的200元增加到9000元以上。二是通过发展乡村旅游，带动群众增收致富。一些乡镇以旅游发展为龙头，带动交通、餐饮、生态农产品等一系列产业发展，农民创收显著增加，旅游业成为农村发展新的经济支柱。三是通过旅游带动生态产业发展，增加农民收入。丽江雪桃、华坪杧果、宁蒗高海拔苹果、永胜螺旋藻等生态产品迅速崛起，促进了农民增收。四是通过旅游发展，带动农村劳动力转移就业。旅游业持续健康发展，农村劳动力参与度高，从发展乡村旅游的几个乡镇来看，极大地改善了农业生产环境，促进了农民增收，在一定程度上推动了脱贫攻坚工作。

（五）旅游市场治理稳步推进

针对丽江旅游市场中游客反映强烈、社会关注度高的热点难点问题，旅游市场监管部门加大了执法力度，制定了"丽江市旅游诚信指导价"，建立了旅游企业诚信档案和约谈问责机制、旅游联合执法机制、旅游市场行政监督检查机制、推进导游体制改革等旅游市场监管长效机制，创新采取"政府职能部门+行业协会"的旅游市场监管方式。拓展了旅游投诉受理渠道，开通了3条24小时投诉热线，在"微丽江"丽江市旅发委官网开通了投诉通道，并利用《丽江日报》、丽江电视台等丽江主要媒体及丽江旅游官网、官方微博、微信设立丽江旅游曝光平台，强化舆论监督。丽江古城荣获2019年大国之旅"最受欢迎景区"，玉龙县玉湖村获评农业农村部"2019年中国美丽休闲乡村"，使丽江知名度、美誉度进一步提升。2019年，接待游客首破5000万人次大关、旅游总收入首破千亿元大关。

四、丽江市全域旅游发展存在的主要问题

(一) 发展观念不适应

思想解放不足，旅游发展理念陈旧，还满足于过去的老经验、老办法，热衷于"门票经济"，对旅游发展的新情况、新常态关注不够。"全域旅游""旅游+"观念尚未全面树立，在理念创新、产品创新、业态创新、技术创新和主体创新等关乎旅游发展转型升级的新理念和新思想的树立及实践上相对滞后。

(二) 空间布局不合理

旅游发展冷热极化、老化严重，空间布局亟须优化。以丽江古城和玉龙雪山为主的"一体"发展靠前，丽江古城、玉龙雪山等热门景区热度过高，而以泸沽湖、程海为主的"东翼"，以老君山、金沙江沿线为主的"西翼"旅游资源开发相对滞后，产品开发层次低，旅游资源综合效益未充分发挥，全域旅游的目标尚未实现。此外，丽江古城、泸沽湖等核心景区以观光旅游为主，旅游产品老化严重，难以满足逐渐个性化、互动体验化的旅游需求。未来需要从发展理念、运作模式、基础配套、产品更新等各方面对丽江旅游进行空间布局调整。

(三) 发展模式不科学

发展模式过于依赖核心景区，全域旅游意识尚未建立。现阶段，以丽江古城、玉龙雪山、泸沽湖三大老牌核心景区为依托的团队旅游，依然在全市旅游接待规模中占较大比重，团队旅游的门票经济依赖性强、导游纠纷与旅游购物纠纷频发等特征，直接导致了丽江市旅游形象的污名化现象。与此同时，三大核心景区对周边区域的辐射带动作用薄弱，且以老君山旅游片区、金沙江旅游带和三川镇—程海为代表的后开发的优势旅游资源地的市场影响力不大，知名度不高，间接减少了游客的目的地选择，加剧了游客向三大老牌核心景区的聚集。景区接待持续饱和更凸显了旅游服务、旅游接待服务设施的不足，降低了游客体验质量，也间接导致了丽江市旅游形象的污名化现象。摒弃依托门票经济、团队旅游的传统发展理念，以

全域旅游发展理念统领全市旅游发展，坚持去门票经济、去团队旅游，既是丽江市去除旅游污名化的有效途径，也是丽江市全域旅游发展的必然要求。

（四）服务体系不健全

旅游公共服务体系有待建立，城市治理水平亟须提升。丽江市旅游公共服务配套不均，服务于全域旅游发展的旅游公共服务体系尚待建立。游客中心、旅游厕所、旅游交通服务、旅游休憩服务设施、旅游信息服务、旅游解说服务、旅游安全保障服务等主要沿大研古镇、玉龙雪山和泸沽湖集聚分布，其他旅游场所的旅游公共服务严重滞后。如不加大力量投入旅游服务设施建设，探索市场化旅游公共服务供给模式，将会不利于全域旅游可持续发展。目前丽江市城市建设水平不高，城市治理水平与建设世界级的精品旅游胜地有较大差距，这将深层次影响丽江市全域旅游发展。主要问题表现在：市政建设有待完善，城市风貌较为普通，古城以外的城区休闲游价值较低，城市背街巷道环境有待提升，城市绿化维护力度不大；城市公共休闲空间的服务配套设施不齐全；城管执法的服务意识有待提升，旅游汽车、城市出租车数量不足，以客运小面包车为主的低档乃至"黑车"占据旅游营运主体市场，出租车经营问题与矛盾严重影响丽江的城市旅游形象。如何有效推动城市建设和提升服务水平，实现城市善治，成为未来丽江市全域旅游发展的重要问题。

（五）产品体系太单一

旅游产品结构虽然逐步优化，但仍存在诸多问题。以大众观光旅游为代表的门票经济仍然占据主流。旅游线路老化，产品缺乏参与性和趣味性，游览项目单一，旅游产品吸引力不断下降。旅游产品结构层次低，体验型、度假型、娱乐型、养生型、康体型、创新型高端旅游产品规模较小。旅游购物千篇一律，旅游特色餐饮发展缓慢，产品开发与文化体验的结合度较低，不仅不能满足不断变化的旅游市场需要，更难以适应"商、养、学、闲、情、奇"新的旅游六要素带来的挑战。

(六) 管理体制不顺畅

旅游管理体制需要理顺，旅游市场化机制有待加强。旅游主管部门在旅游管理体制、激励机制方面尚有提升空间。文旅局与各旅游景区管理委员会的行政级别相同，存在"事权界定不清、权责划分不明"等问题，龙头景区各自为政，旅游管理缺乏权威，旅游发展任务执行力不够，职能部门协调性较差，在一定程度上影响了丽江旅游产业的整体协调发展。旅游市场机制的规范程度是旅游产业发展前景的关键。作为云南旅游的标杆，丽江旅游市场监管仍不够规范，更多地强调事前监管，事中、事后监管则不到位，旅游市场综合监管机制不健全，未能形成合力。面对借助微博、微信、QQ等社交媒体、淘宝等电商平台开展旅游经营的行为，缺乏有效监管手段。市场主体"弱、小、散、差"现象普遍存在，旅游企业缺乏市场竞争力，"大产业""小企业"的矛盾没有得到根本解决。市场准入渠道不畅，社会资本未能全面参与旅游开发建设，市场在资源配置中的决定性作用尚未完全发挥。

(七) 营销管理跟不上

营销管理滞后，全域整合营销、精准营销有待建立。虽然丽江古城、玉龙雪山和泸沽湖三大核心景区的全国知名度高，三大核心景区营销却各自为政、形象独立，在营销过程中缺少整合管理，旅游系统资料库不完备，电子推广平台影响力不足，高效的旅游目的地营销系统尚未建立。与此同时，核心景区所在片区的旅游品牌吸引力不足，特色路线产品推广较少，丽江市的金沙江旅游、老君山旅游和乡村旅游并未被纳入旅游营销的重点内容中，整合营销力度不够。此外，目前的营销工作以撒大网的大众营销为主，缺乏对主题产品的包装推广，缺乏面向不同人群的精准营销，难以满足逐渐个性化的旅游需求。总体上讲，目前丽江市旅游营销等同于"丽江古城、玉龙雪山和泸沽湖"三大景区的品牌营销，尚未建立服务于丽江全域旅游品牌的营销体系和实施路径。未来应更新营销理念，以丽江市全域旅游品牌为核心，以多元的产品路线体系为载体，整合丽江旅游的多元旅游吸引物，积极采用新技术、新方法推动丽江市全域旅游发展。

五、丽江市全域旅游发展对策研究

（一）更新旅游发展理念，强化产业融合

以改革创新思路统领旅游产业的提升发展，积极推进发展思路创新、产品创新、业态创新、营销创新、管理体制创新、投融资体制创新，全面推动丽江市旅游跨越发展。2019年6月27—28日，云南省省长阮成发在调研大滇西旅游环线建设时，对如何提升旅游业态的表述更为详细："全面提升旅游业态，在大滇西环线将给大家提供一个既享受绮丽的风光、民族特色，同时也享受智慧的、现代的旅游方式。要以旅游产业为支撑，做好顶层设计，制定长远规划，提升完善旅游服务设施，加快旅游重大项目建设，提升旅游数字化、智慧化水平，打造高品质的旅游业态，推动沿线州市人流、物流、资金流、信息流等经济要素自由流动，真正把滇西地区极为珍贵的生态优势，转变为产业转型升级和群众脱贫致富的发展优势。"在强化旅游六要素提档升级的基础上，不断开发新产品，积极培育新业态。创新区域旅游治理体系，创新引入多种方式提升城镇治理能力，完善城镇旅游公共服务功能，加强乡村社区综合治理，实现区域综合化管理。积极推进体制机制改革创新，理顺体制机制，实现旅游管理部门从单一业态向综合业态、从行业监管向综合服务升级转变，构建全域大旅游综合协调管理体制。大胆推进旅游市场改革创新和投融资机制创新，利用多种方式引进社会资本参与全域旅游开发建设，更好地发挥政府的导向引领作用，充分发挥市场配置资源的决定性功能，提升市场化水平。加快智慧旅游和智慧城市建设，依托大数据监测旅游交通、旅游安全、网络舆情等，建设智慧旅游城市系统，大力提升旅游管理能力和服务水平。

以融合发展为动力，积极推进"旅游+"，加快全域旅游融合发展。推动旅游与一、二、三产业融合发展，与新型工业化、城镇化、信息化、农业现代化紧密结合，拓展旅游产业与农林牧渔业、民族手工业、养生产业、体育产业、交通服务业、水利、房地产业融合发展的广度和深度。建立整体规划、统一协调、分工协作、共同推进的工作机制，形成产业结构更加

优化、城乡发展更加均衡、民族文化保护有效、生态文明建设成效显著、民生和就业稳步增长的"旅游+"和"+旅游"新机制。培育壮大市场主体，寻求旅游发展新动力，拓展旅游产业发展空间。

（二）优化旅游发展空间格局，放大区域旅游发展的综合效益

在"一体两翼、一带一路"的丽江旅游产业大布局指导下，立足各区域的资源基础和开发条件，点、线、面联合推进，实现设施、要素、功能在空间上的合理布局和优化配置。规划各区域的交通等基础设施、特色旅游产品和旅游公共服务。结合美丽乡村建设、传统村落保护和金沙江流域水库建设等工作，加快建设旅游小镇、旅游特色村寨，配套布局不同层次的旅游公共服务，培育老君山旅游、环玉龙雪山旅游、金沙江旅游和程海康养度假作为丽江旅游新的增长极，为古城旅游和玉龙雪山旅游减负，拓展丽江旅游发展空间，构建层次丰富、功能合理、结构优化的丽江全域旅游发展格局。要主动融入大滇西旅游环线，努力把丽江建成大滇西（大香格里拉）旅游的门户和集散中心、世界一流旅游目的地。把古城区和玉龙县创建为国家级全域旅游示范区，把永胜县打造成丽江旅游的"后花园"，促进华坪县全域旅游扮靓"杜果之乡"，把丽江泸沽湖、老君山建设成为国家5A级旅游景区。重点打造玉龙雪山旅游、古城文化旅游、白沙（玉湖）纳西人文体验、束河度假区等功能板块。加快发展体验非遗文化、汽车旅游营地、滑雪滑草、低空旅游、夜间经济、沉浸式体验、天文星空、户外徒步、溯溪漂流、攀岩探险、运动赛事等旅游新业态新产品。加快扶持金茂创意文化园、非遗产业园、影视产业园、玉水坊双创园、红谷坡地艺术区、束河工匠街等文旅项目。设立丽江市旅游产业发展基金，构建旅游投融资平台。加快推进"大一卡通"上线运行。

（三）加强基础设施建设，构建便捷多样的旅游交通体系

2019年4月16日，云南省省长阮成发在主持研究建设大滇西旅游环线时强调，要加强规划引领，优化方案设计，推进交通基础设施建设，完善旅游综合配套服务体系，加快建设大滇西旅游环线，全力打造世界独一无二的旅游胜地。"德钦—香格里拉—丽江—大理—保山—瑞丽—腾冲—泸

水—贡山—德钦"大滇西旅游环线,将滇西丰富的高原峡谷、雪山草甸、江河湖泊、火山热海、古城韵味、民族文化、边境风情、珠宝玉器等独特旅游资源串联起来,推动滇西旅游全面转型升级。2019年6月6日,大滇西旅游环线互联互通合作协同发展圆桌会议在香格里拉市举行。云南迪庆、丽江、大理、保山、德宏、怒江等6州市签署了《大滇西旅游环线建设协同推动备忘录》。2020年,华丽高速、丽香高速、宾永高速、鹤关高速和丽香铁路丽江段建成通车。加快推进永宁高速,开工建设古城至宁蒗、泸沽湖至香格里拉高速公路和大丽攀铁路,丽江至维西、华坪至宁蒗、华坪至楚雄、四川稻城至丽江高速公路拉伯至大东段等高速项目进入省"互联互通"和"十四五"及中长期规划。推进丽江三义机场三期改扩建和空港经济区建设,加快推动永胜、华坪通用机场建设。加快树底丽江港中心码头等航运基础设施建设,构建金沙江航运旅游服务体系。加快构建快速、便捷、高效、安全的现代化旅游立体综合交通网络。在铁路建设方面,与"一横两纵一连"的铁路网相对接,加快我国中长期铁路网规划中的丽攀铁路、丽香铁路丽江段建设;进一步加快泸沽湖至大理铁路线的建设步伐,促进丽江市东部地区旅游、特色农业等发展。同时,考虑丽江市充分运用铁路资源开行城际列车,考虑与周边城市间的城际出行服务。积极与"两横两纵一连"的公路网相对接,在国家和省级高速方面,加快丽江至香格里拉高速公路丽江段和宁蒗至永胜连接线、丽攀高速公路华坪至丽江段建设步伐,缩短丽江至攀枝花的旅行时间,改善川滇旅游合作的环境,促进大香格里拉区域旅游联动发展;在普通国、省道改造方面,加速推进丽江至宁蒗二级公路、永胜至丽江二级公路、华坪至永胜二级公路等改扩建工程建设;在沿江公路建设、旅游公路建设方面,加速推进宁蒗县泸沽湖机场旅游专线公路建设工程等项目建设,提高区内旅游通达性,依托干线公路网,高等级公路基本覆盖3A级(含)及以上景区,重点加强重要特色旅游路线及景区连接线布局,规划新增石鼓至老君山、金丝厂至黎明、拉市至太安高美古天文台、鸣音至文化、环泸沽湖、环拉市海等旅游公路,结合高等级公路网规划,形成覆盖充分、外通内畅的"旅游大环路"。成立国有控股的旅游运输公司,新增旅游车数量;成立国有控股的旅游出租车公司，新增出租车数量；成立国有控股的旅游景区专线车公司，开通直达主要旅游景区的旅游专线车，以方便自由行游客。在跨江桥梁建设、综合交通枢纽客运及金沙江航运方面，加快金沙江风光旅游带沿线水运设施建设，建设石鼓—虎跳峡航道整治工程，开通内河游轮航线；实施金沙江中游库区"一库八级"航运基础设施综合建设工程。

在机场建设方面，争取在丽江实施 72 小时落地签证；鼓励引导民营企业和民间资本，加快组建"丽江航空有限公司"，申办公共航空运输企业经营许可证；充分利用国家开放低空空域的政策，大力促进通用航空发展。积极推进白沙直升机机场的建设，科学规划永胜直升机起降点，将空中旅游与交通有机结合，加快丽江航空旅游基地项目的实施，完善直升机应急救援服务体系，为航空旅游服务和航空护林救援提供保障。

（四）创新公共服务供给方式，大力加强旅游公共服务建设

综合考虑全域空间内的旅游资源基础和开发潜力，以服务全域旅游、带动地方发展为原则，规划构建丽江市融"一级旅游集散中心、二级旅游服务中心、游客服务中心、游客服务站"为一体的全域旅游集散服务体系。以接待中心、信息中心、补给中心、印象中心为核心功能定位，着力优化提升综合接待功能、重点增强信息服务功能、加快建设补给配套功能，以强化打造丽江全域旅游品牌为主体思路，打造舒适、便捷、高效、安全的四级丽江市旅游集散服务体系。

在组织架构方面，发挥丽江市文化和旅游局在旅游信息及旅游管理方面的综合优势，依托丽江空港集散中心、丽江火车站旅游集散中心、丽江汽车站游客集散中心，构建丽江市旅游集散中心，统筹协调丽江市旅游集散中心的规划、建设，整合集聚全市范围内的旅游景区（点）信息服务，推动丽江市文旅局、旅游景区的管理机构和相关部门共建丽江市旅游集散中心，建议玉龙雪山、泸沽湖、老君山、拉市海、程海等景区的旅游管理机构在丽江市旅游集散中心设立旅游信息服务站，增强丽江市全域旅游的信息服务功能，形成规模效益，打造主体齐全、多方参与、服务集聚的丽江市一级旅游信息服务中心。

在功能建设方面，协调整合工商、交通、公安、法律等多个部门，打造交通集散、信息咨询、接待服务、产品预订、金融服务、免费 Wi-Fi、影视广播服务、旅游购物、导游服务、医疗服务、邮递服务、投诉处理、旅游安全、跨境管理和旅游法务等功能，有效引导游客进入市内其他县的各个景区景点集散。与此同时，加强与迪庆藏族自治州、怒江傈僳族自治州等周边州市在旅游信息服务和品牌营销方面的合作，打造大香格里拉区域旅游集散中心的核心服务载体。

（五）打造多层次、多种类的旅游产品

丽江旅游产业要着重开发培育以"商、养、学、闲、情、奇"构成的旅游新六要素。重点开发商务旅游、医疗养生旅游、体育健身旅游、研学旅游、情感旅游、探险旅游等旅游新业态。探索全球最新旅游业态在丽江的市场推广开发、试点示范。一是创新研发商务旅游产品。依托丽江的一类口岸优势，大力推动丽江新兴会展、商务旅游产品研发，与国际组织共同举办各类国际大会、学术会议、专业会议；通过商务洽谈、业务交易等商业性活动带动旅游交易会、商品交易博览会；与国内外大型企业开展定期合作，推出企业年会、奖励旅游等活动；以国际体育活动为依托，开发赛事旅游产品；鼓励以丽江地方特色为代表的商业街区集聚发展，形成中心游憩商务区（CRBD）；完善购物、休闲、餐饮、娱乐、商务、旅游、文化、演艺等综合服务功能，促进产业集聚、鼓励品牌输出。在全市培育一批集聚效应显著、文化底蕴深厚、建筑风格鲜明、基础设施完备、市场管理规范、拉动消费明显的地方文化旅游特色商业街区，形成定位准确、特色鲜明、消费便捷、服务优质的商业街网络体系。二是科学引导发展医疗养生旅游产品。作为新兴的旅游产品形式，医疗旅游逐渐升温，结合养生休闲度假，应该成为"十三五"期间丽江积极发展的重要旅游产品。还可以永胜程海养生旅游度假区优越的原生态人文及自然环境为载体，依托丽江旅游的知名度和独特政经人脉优势，积极引入国内外知名医院及医疗资源，改善旅游配套设施和环境，开拓新的旅游市场，创新医疗健康旅游产品形式，结合民族医药、宗教养生、"心学"养心，拓展养生养心饮食、修

行、疗养等产品，打造养心产业链。注重"医疗＋山水观光""医疗＋休闲度假""医疗＋养老养生""医疗＋生态体验""医疗＋体育运动""医疗＋民俗文化"的结合，加强与国际医疗组织的合作，打造面向国际的医疗养生旅游品牌。三是积极开发健康休闲体育旅游产品。利用老君山、文笔峰、文笔海、玉龙雪山、甘海子良好的自然、人文美景，积极开发高原体育休闲旅游产品和康体旅游产品，推出自行车、徒步、露营、定向、攀登、皮划艇等专项康体娱乐产品和自助旅游产品。探索举办丽江国际马拉松锦标赛、环泸沽湖公路自行车赛、程海湖铁人三项系列赛等赛事。四是精心培育研学旅游产品。依托丽江高等院校、科研院所、科技园区等资源，发展教学观光、教学体验、科技会展等旅游项目。利用寒暑假推出适合青少年的研学旅游产品和路线，并加强与有关部门协调，将研学旅游作为社会实践学习内容，纳入小学、中学和大学的教学计划。在省内外主要客源地加大丽江研学旅游的推介力度，推出包括修学旅游、科考、培训、拓展训练、摄影、采风、各种夏令营冬令营等活动在内的定制化研学旅游服务。五是做强乡村休闲和山水度假产品。依托丽江优美的自然山水生态环境和田园风光，推动全域旅游在全市范围落地实施，重点做好以华坪特色庄园、永胜美丽乡村、宁蒗精品民宿、玉龙山水驿站、古城郊野运动为特色的乡村休闲产品体系。强力推进程海湖、泸沽湖、金沙江梯级库区的湖滨度假酒店集群的招商引资工作，推动小微型、营地型、驿站型度假设施在黎明丹霞、虎跳峡等旅游景区、主要旅游通道、旅游小镇、服务区域落地运营。六是深度挖掘情感旅游产品。深度挖掘爱情、亲情、友情题材，开发具有丽江特色的情感旅游产品，组织开发若干条以原生态文化体验、宗教朝觐、艺术修学、历史访古等为特色的主题情感旅游精品路线。积极开发高规格婚庆旅游产品，加大丽江婚庆旅游的营销力度，组织婚庆旅游一条龙服务，加强旅行社与婚庆公司的合作，推出一批婚庆旅游基地和婚庆旅游经典路线；发挥丽江养生养老的综合优势，建设特定的康复理疗中心、疗养院、养老院等设施，针对老年人市场需求，开发异地养老地产，开发都市养老养生旅游；强化亲子旅游市场的开发力度，发挥家庭旅游带动性强的优势，将儿童旅游、家庭旅游、纪念日旅游作为丽江旅游的营销主导方向；与国内外高校学生组织、青年社团进行联系，积极开发毕业旅行、同学聚会等友情旅游市场。七是拓展生态探险猎奇旅游产品。创新生态旅游体验方式，以市场化运作为主导，推出一系列针对高端群体、小众人群，以探险猎奇为特色的旅游产品。做强金沙江虎跳峡徒步游品牌，推出老君山秘境科考、"三江并流"穿越等品牌，以产品拓展与事件营销相结合的方式，强化丽江旅游资源的独特性、唯一性。

（六）各部门联动，统筹推进全域旅游的体制和工作机制

一是创新旅游管理体制，逐步实现丽江市文旅局由旅游行业管理部门向部门协调转变、向职能整合转变、向制度保障转变，赋予旅游主管部门对园林、文物、农业、贸易、工商、体育等机构的协调整合功能，建立综合协调性强的旅游管理机构。二是进一步在全域范围内推广设置旅游警察、旅游工商所和旅游巡回法庭，加强全域范围内的旅游秩序维护、旅游市场监管和旅游法务服务，发挥体制改革、机制创新的保障作用，为全域旅游纵深发展保驾护航。

理顺旅游发展中各管理部门的权属关系，将丽江旅游的体制创新落到实处。按照国务院《关于促进旅游业改革发展的若干意见》和全国、全省旅游工作会议精神，进一步简政放权，将全市1～3星级酒店、特色民居客栈评定权下放至县（区）文旅局。放宽市场准入，建立公开透明的市场准入标准、运行规则和退出机制。加强丽江市文化和旅游局的统一管理和综合协调功能，统筹管理全市旅游产业，避免出现旅游管理机构重叠交叉、旅游产业要素管理分散的现象，将工作重点集中在旅游宏观调控、综合协调、宣传促销、市场监管、监督检查、营造环境等方面；成立丽江市旅游专家咨询委员会，就旅游发展的重大问题、重大事项实行专家咨询制度，对旅游项目的筹划、规划、立项、可行性等给予充分的论证；推动行业协会改革，实现旅游协会与政府部门"人、财、物"全面脱钩，更好地发挥行业自律管理作用，实现自我规范、自我发展、自我提高，进一步提升行业协会的行业监督和产业服务功能。各旅游重点县（区）要成立专门的旅游管理机构，对本行政区域内的旅游产业实行归口管理，并由各县（区）

委、县（区）政府牵头，成立旅游发展领导小组，负责旅游决策和旅游规划实施的监督、协调工作；重点为旅游景区所在乡镇配备相应的旅游行政管理人员，协调辖区内的有关工作。在规划期末，形成行为规范、运转协调、公正透明、廉洁高效的新体制。

协调各方面力量推动旅游产业发展。整合发改委、财政、交通运输、自然资源、住房和城乡建设等相关部门的力量，以文旅局成立为契机，任命与旅游发展密切相关的市直部门负责人为文旅局委员；以部门合力作为丽江市全域旅游示范区建设的主要力量，由旅游部门提出旅游诉求，其他行业主管部门围绕中心工作，结合旅游诉求树立与旅游业融合发展的工作意识，并形成权责统一、精简高效的旅游统筹协调工作机制。

（七）强化旅游市场拓展营销，保持丽江旅游持续竞争力

通过逐层的提取与分析，最终提出丽江全域旅游的形象口号为"同一个世界，不同的丽江"。用"同一个世界"作为口号，告诉游客丽江的优质旅游资源还在，优质旅游景区还在，优质旅游体验还在；"不同的丽江"这一口号，表达了丽江立志引入全域旅游发展理念，提升三大传统旅游品牌形象，积极拓展新业态、开发新产品，加强旅游管理体制机制改革，强化旅游监管，打破丽江在游客心中的刻板印象。对新形象的塑造和宣传推广，可以保持丽江旅游持续竞争力。不断丰富丽江旅游形象内涵，在国内外旅游市场上牢固树立丽江旅游的国际知名品牌形象。

积极拓展海外市场，以"文化"为核心，着力打造世界级文化交流平台，推进"国际东巴文化艺术节""丽江世界遗产论坛""人类母系文化学术研讨会""丽江东方文化论坛"等文化交流平台的建设，扩大丽江文化旅游品牌的国际知名度。加大北美、拉美、澳大利亚、俄罗斯、非洲等国家和地区机会客源市场的开发力度，促进海外市场与国内市场的协同发展。

加大专项市场的开发力度，重点开拓以休闲度假、商务会展、医疗养生、康体运动、文化探秘、生态科考、航空旅游、自驾游等中高端消费市场，促使丽江旅游提质增效。采取"联合、差异、主题"三大战略，加大旅游宣传促销力度，采取形式多样、不断探索的促销方式，通过网络营销、

事件活动营销策划等进一步提升丽江的知名度,为丽江打造世界旅游文化名城提供坚实的市场基础。

积极研究借鉴国内外先进旅游发展专业化、市场化的机制体制和推广方式、推广策略,结合丽江主要客源市场特点,研究探索成立丽江市旅游推广促进局,主要负责制定省内旅游、国内旅游、入境旅游的市场开发战略并实施,组织丽江市旅游整体形象的对外宣传和重大推广活动。加强旅游宣传促销方式、手段和机制创新,实施旅游目的地营销与旅游产品营销相结合,树立"游客"既是营销对象又是营销主体的营销理念,借助"微丽江"微信平台,大力推广"口碑"营销;加强旅游网络营销,积极引导和推动丽江旅游部门、旅行社、酒店、旅游景区利用信息资源和网络平台,进行旅游形象宣传、产品促销、旅游信息查询等业务;引入"智慧"营销体系,构建旅游营销效果评价系统,进一步完善旅游自媒体营销体系,加强微博、微信、多媒体互动地图的建设与传播,不断提高旅游市场宣传促销的针对性和有效性。在航空服务上,要逐步投资组建"丽江航空公司",加大与各大航空公司的合作力度,增加现有航线密度,增开热点旅游城市航线,拓展国际航线。重视四川省甘孜州稻城县亚丁乡—凉山州木里县俄亚乡—云南三江口—玉龙雪山—丽江古城这条黄金旅游路线。目前,川滇两省已沿金沙江两岸成对接之势,建成后将会对丽江和甘孜两州市产生重要影响。立足其独特的民族文化旅游资源,加强民族节庆活动的宣传促销、创意策划和组织指导,增强旅游节庆的市场吸引力,搞好节庆旅游市场,培育旅游节庆精品,打造节庆旅游热点,拉动丽江旅游消费。

近年来,全国各地的旅游业纷纷进入提速、提质、联动、升级的黄金期,也迎来了发展全域旅游的历史机遇,全域旅游已成为未来旅游业转型发展的重要方向。丽江作为国内知名的旅游胜地,应借助创建"国家全域旅游示范区"这一强劲动力,跟随时代进步的步伐,全面发展全域旅游,搭建全域旅游一体化服务平台,促使丽江达成"全景、全时、全业、全民"的全域旅游发展模式。加快推进全域旅游理论创新,在服务地方实践的同时,也为我国乃至世界旅游发展贡献经验和智慧。

第八章　丽江市全域自驾游可行性研究

进入工业化社会以后，旅游逐渐成为现代人不可或缺的一种生活方式，在经济、社会和文化生活中的作用和地位也日益突出。从时间范围来看，发达国家早已迈入休闲旅游时代，而我国的休闲旅游起步相对较晚，主要是在改革开放以后，目前已初具规模并呈现快速发展的态势。近年来，随着我国大众旅游从观光游向自主体验游过渡，加之私家车保有量的持续增加以及国家一系列鼓励、刺激旅游消费政策的出台，自驾游因其自主化与个性化、便捷性与舒适性兼顾的魅力，正迅速成为一种大众旅游体验的潮流。据统计，2018年全国自驾游达到5.5亿人次，比2017年增长10.8%，占国内出游总人数的60%以上，自驾游已成为国民旅游的主流方式。

我国旅游业发展已进入以全民旅游、优质游、自驾游为主的全新阶段，同时也存在旅游资源开发不充分、运营水平亟须提升、产业不成规模等问题。全域旅游发展理念契合行业发展趋势，成为当前旅游业高质量发展的重要战略，并提出"将一个区域整体作为功能完整的旅游目的地来建设"，全面优化旅游资源、基础设施、旅游功能、旅游要素和产业布局。在全域旅游倡导下，自驾游的发展则突出表现为一个地区与旅游相关的各类资源要素、行业的整合。

近几年来，国家对很多地区的自然景观进行了改造，形成了很多休闲娱乐景区，拉动了当地的旅游经济发展，但是有些旅游项目在开发投资前，没有进行科学的研究与探讨，致使投资项目失败，或者因在项目规划时缺少具体信息，从而浪费人力、物力、财力。为此，我们提出运用现代项目管理理论,在旅游项目开发前采用多种方法进行可行性分析与评价,论证该项目是否可行,通过可行性分析提出开发建议,为投资决策提供依据。

一、自驾游概况

(一)自驾游的定义

20世纪60年代,自驾游作为一种时尚的现代自助旅游方式在美国兴起。

"自驾车旅游"一词也最早出现于美国。起初,人们将周末开车出游称为"Sunday-Drive",后来"周末驾车游"演变成了"自驾车旅游"(Drive Travel)。

"自驾车"的字面含义为:驾车者为"自己",车辆以汽车(主要是轿车、越野车、房车)、摩托车和自行车等私有车为主,也可以采用借用、租赁及其他方式;驾车的目的具有多样性和随意性,决定权最终在于车主或出行团队。由此可见,旅游是自驾车的活动内容之一。当人们以自驾车作为旅游手段时具有以下特征:驾车者可以是车主或其同行者;驾车出行以休闲旅游为主要目的,而非工作、运输等;自驾车旅游带有私人出游性质,而非公众旅游。

因此,定义"自驾车旅游"时应明确:自驾游相对"旅游"属于大范畴内的专项市场研究,应以微观思想为指导并准确反映出自驾游的特点;自驾车旅游包括自驾汽车、自驾摩托车和骑自行车旅游等。本书以我国的自驾汽车旅游为主要研究对象,并将其定义为:自驾车旅游是指旅游者以私有或租借汽车为主要交通工具、以休闲体验为主要目的、以自发组织为主体前往目的地旅行的连续过程,以及由此引发的各种现象与关系的总和。

笔者就本定义说明如下:

第一,立足宏观、把握微观,突出自驾车旅游的主要特点。

第二,强调自驾游在组织方式、交通工具和出游目的等方面具有较大的灵活性和选择性,旅游者从出发到结束始终处于旅游状态,是一个连续的旅行过程。

第三，本定义适用于我国的自驾车旅游，中外自驾游在出游目的、方式等方面有较大不同，不宜一概而论。

（二）自驾游的特点

分析自驾游的特点有必要将自驾车旅游与传统组团旅游进行比较，以使自驾车旅游的特点更加明显。

1. 自驾游与组团游的成本区别

在旅行成本支出方面，自驾游成本由燃油费、过路（桥）费、停车费、餐饮费、住宿费、景点门票费等构成。组团游成本由交通费、餐饮费、住宿费、景点门票费、导游费、旅行社利润、购物费等构成。在餐饮、景点和住宿标准相同的情况下，自驾车出游无导游费及旅行社利润、购物等支出费用，同时在交通费用上的支出占总支出比例也低于组团游。如果是全家人跟团出游，那么交通费用会占旅游费用的大部分，这时自驾车出游反而会节约一大笔费用。尤其在国家法定节假日期间，对7座及7座以下车辆实行高速公路免收过路费政策，更为自驾车出游节省了大量资金。

2. 自驾游相较组团游，具有经历的多样性、过程的自由性及安全性，以及对景区体验程度深等优势

具体表现在以下几个方面。

①自驾游经历的多样性。由于自驾游的过程不同于组团旅游，所以自驾车的时候起，从居住地到旅游目的地的旅程便成了一项重要的体验。它包括旅行的驾驶经验、旅途中和到达目的地后的旅行体验。与组团旅游相比，在不同旅游目的地之间驾车旅行的经历往往使旅行过程更加有趣。

②自驾游过程的自由性。这种自由性主要体现在对旅行方式和时间的掌控上，自驾车旅游比组团旅游更便利、更自由。一辆自驾车搭载游客通常不多，在旅途中有一定的隐私空间。自驾游游客可以按照自己的喜好安排旅游行程。

③自驾游的安全性。选择自己驾车出游的往往是一家人或者亲朋好友，

彼此之间非常熟悉,有着共同的话题,这样有助于增进亲情、友情,使自驾游游客更有安全感。旅游景点的游览顺序可依据距离居住点的远近安排,行程舒适度可以自由掌控,这样可以减轻旅途中的体力负担,使自驾游游客获得身体上的安全感。另外,自驾游可避开人员密集的车站、机场,有利于保障游客的财物和人身安全。

④自驾游对景区体验程度深。自驾游游客可以避开高峰时间段进入景区,同时在景区内不会因急着赶赴下一景点而走马观花,可以对景区进行深度游,深层次了解景区的历史和文化,丰富旅游经历,增长旅游见识。

(三)自驾游的分类

自驾游从不同的角度,可以分为不同的类型(见表8-1)。

表8-1 自驾游分类

分类标准	出游类型	分类标准	出游类型
组织形式	自发组织	地域范围	省内自驾游
	汽车经销商组织		国内自驾游
	旅行社组织		
	汽车俱乐部组织		国外自驾游
市场类型	散客市场	车辆所属	私家车自驾游
	主题市场		租赁车自驾游
	定制市场		公车自驾游
出游距离	短途自驾游	车辆类型	汽车自驾游
	中途自驾游		摩托车自驾游
	长途自驾游		自行车自驾游

自驾游的出游形式较为丰富,主要的形式有以下3种(见表8-2)。

表 8-2 自驾游组织形式

组织形式	特征
自发组织	自驾游主要是旅行者自己组织的，倾向于在周边地区游玩，出游人数为 4~5 人，是自 2010 年以来特别火爆的一种旅游出行活动
旅行社组织	旅行社有时候也会组织相关自驾游的活动，而且绝大多数旅行社不会提供选车、异地还车服务，仅能做到规划路线、集合人群以及提供订房服务
汽车经销商、俱乐部组织	一些汽车俱乐部也会组织其成员自驾出游，也会提供相关的旅途配套服务

（四）自驾游体系的构建

参照国内外自驾游体系建设经验，自驾游体系由营地体系、产品体系、交通体系、服务体系、保障体系五大体系构成（见表 8-3）。

表 8-3 自驾游体系的构成

名称	内容
营地体系	以自驾车营地为主，为自驾游游客提供停车、餐饮、住宿、汽车维修保养、娱乐等服务。包括汽车旅馆、主题酒店、露营地、帐篷营地等，是自驾游体系的核心部分
产品体系	以自驾车线路为纽带，串联沿线营地及旅游吸引物，突出产品特色
交通体系	包括道路交通网络、自驾车景观廊道、自驾车导游、标识等系统
服务体系	包括自驾游信息咨询、线路设计、行程安排、汽车租赁等服务
保障体系	包括旅游安全、自驾车险、紧急救援等

二、国内自驾游市场发展现状

我国的自驾车旅游始于 20 世纪 90 年代，发展至今，时间并不长，根据中国自驾游产生和发展的状况大致可以将其分为两个阶段。第一个阶段从 20 世纪 90 年代至 2000 年。在这个阶段，自驾游的形式以旅游者个体出游、自行安排出游为主，出游者数量逐年稳步增加；从出游路线来看，更多的自驾游选择城市周边的旅游景点，或当天可达的旅游目的地。第二个阶段从 2001 年开始至今。在这个阶段，自驾车出行的旅游方式得到越来越多人的喜爱，团体自驾车的旅游形式出现，旅行社、汽车俱乐部等机构组织的自驾游数量快速增长，与个体的自驾游增长相叠加，选择自驾车旅游的旅游者数量快速增长。尤其在 2008 年以后，自驾车旅游开始呈现出爆发式增长。据估算，自驾游和自由行的游客从数量上已超越组团游人数并领跑旅游市场。由"自驾游经济"带动的相关产业更加广泛，其蕴含的经济潜力也更加巨大。

虽然国内自驾游起步较晚，但自驾游营地建设正在一步步紧逼国际发展，相关部门也正在逐步规划建设，以壮大我国自驾游营地规模。2004 年 9 月，中国汽车运动联合会直属部门汽车露营分会在北京设立，主要负责国内自驾车营地及各项自驾游活动。文化和旅游部对自驾车营地非常重视，大力倡导营地建设。2006 年，北京市延庆县（今延庆区）出台自驾车营地旅游规划。此后，北京第一个自驾游营地诞生，延庆县就是北京市第一个自驾车营地示范县。2007 年下半年，江西省也编制了营地发展规划，批准建设第一批 15 个自驾车营地。2012 年，我国首个地方标准——《云南省汽车旅游营地等级划分与评定》贯彻实施，在为云南省露营地建设提供理论依据的同时，也在全国露营地标准化建设里程中迈出了重要一步。2014 年，四川省自驾车营地发展规划也编制完成。2015 年初，四川省建成了第一个中法合资的自驾车营地。2015 年 12 月，由云南公投公路旅游开发投资有限公司负责运营的中国第一个高速公路自驾车房车露营地在龙留开营。龙留营地地处云南和广西交界处，成为昆明至北海高速公路旅游的大本营。营地基础设施完善，主要提供房车停靠、帐篷露营、汽车旅馆、宠物托管、医疗救援等服务。之后，青海、贵州等省也都开始编制自驾车旅游规划。

截至 2018 年，国内自驾游营地主要覆盖 7 个大区 31 个省（区、市）：包括上海、浙江、江苏、安徽、江西、山东、福建在内的华东区，包括北京、天津、河北、山西、内蒙古在内的华北区，包括黑龙江、吉林、辽宁在内的东北区，包括湖北、湖南、河南在内的华中区，包括广东、广西、海南在内的华南区，包括甘肃、宁夏、陕西、青海、新疆在内的西北区，以及包括四川、云南、贵州、重庆、西藏在内的西南区。

(一) 国内自驾游发展的机遇

我国经济的持续稳定发展及人民生活水平的提高,为自驾游发展提供了大的环境和条件。从与自驾游密切相关的环境条件要素来看,政策支持、道路建设等诸多相关要素,都从不同方面直接影响了中国自驾游的发展。

1. 政策支持

2016年12月26日,国务院出台《"十三五"旅游业发展规划》,明确指出要加快发展自驾车旅居车旅游,建设一批公共服务完善的自驾车旅居车旅游线路和旅游目的地,培育营地连锁品牌企业,增强旅居车产品设计制造与技术保障能力,形成网络化的营地服务体系和比较完整的自驾车旅居车旅游产业链。

《"十三五"旅游业发展规划》中指出,自驾车旅居车旅游推进计划具体包括:①编制规划与标准。出台国家旅游风景道自驾车旅居车营地建设规划,制定出台自驾游目的地基础设施和公共服务标准。②完善公共服务体系。将营地标识纳入公共交通标识体系。鼓励服务商利用北斗卫星导航系统智能服务平台提供自驾游线路导航、交通联系、安全救援和汽车维修保养等配套服务。完善自驾游服务体系。③加快营地建设。积极发挥社会资本在建设自驾车旅居车营地中的主导作用。评选一批建设经营和管理服务水平高的示范性营地,引导营地功能升级。到2020年建设2000个营地。④提升租赁服务。大力发展自驾车旅居车租赁产业,促进自驾游发展,开展异地还车业务。放宽旅居车租赁企业的资质申请条件和经营范围、经营规模限制,鼓励取得汽车租赁经营许可的企业从事自行式和拖挂式旅居车租赁业务。⑤加强科学管理。严格落实自驾车旅居车营地住宿实名登记制度。强化营地的安全防护和消防设施建设,加快自驾游呼叫中心和紧急救援基地建设,健全自驾游信息的统计、监测与预警系统。⑥发展相关制造业。将旅居车纳入汽车行业发展规划,建立旅居车整车和相关零配件制造技术标准体系。畅通旅居车零配件供应和维修渠道,延伸旅居车产业链。⑦推广旅居生活新方式。积极推广自驾车旅居车露营旅游新方式，传播自驾车旅居车旅游文化品牌，推广精品自驾车路线。举办自驾车旅居车旅游博览会。大力培育青少年露营文化。研究改进旅居车驾驶证管理制度。

2017年7月6日，原国家旅游局、国家体育总局等八部门联合发布《汽车自驾运动营地发展规划》（以下简称《规划》），要求共同做好汽车自驾运动营地建设管理工作，推动汽车运动发展。《规划》指出，随着国民生活水平的不断提升，群众健身休闲消费需求持续高涨，汽车自驾游比例逐渐攀升，汽车自驾运动营地也迎来快速发展。但从总体来看，我国汽车自驾运动营地的发展规模和水平还不能满足人民群众日益增长的多样化消费需求，迫切需要加强统筹规划和规范引领。《规划》对完善营地设施网络、培育多元化市场主体、强化营地运营管理、丰富体育赛事活动、引导大众消费等方面作出了具体要求。

《规划》还要求：一是加快政府职能转变，破除行业、地区壁垒，削减或放开汽车自驾运动营地活动相关审批事项。加快落实《行业协会商会与行政机关脱钩总体方案》，稳步推进各级汽车摩托车运动协会改革，探索建立法人治理结构，激发其内在活力和发展动力，提升规范引导、服务管理、自律维权等行业服务功能。二是切实落实国家支持体育产业发展的规划、税费、价格、土地等政策。充分利用现有各级各类资金渠道，对符合条件的汽车自驾运动营地予以支持。按照原国家旅游局等部门印发的《关于促进自驾车旅居车旅游发展的若干意见》（旅发〔2016〕148号）文件要求，加大对营地道路、停车场、厕所、电信、环卫处理等基础设施建设和用地的支持力度，充分保障营地项目用地，优先安排使用存量建设用地，对营地的用水、用电价格实行与工业企业相同的价格政策。鼓励和引导保险公司根据汽车自驾运动特点，开展营地的场地责任保险、运动人身意外伤害保险、场地设施财产保险等多样化的保险服务。三是大力推行汽车自驾运动营地的开放条件和要求等相关标准，健全营地活动的安全、秩序和质量保障体系。加强安全信息警示，规划建设汽车自驾运动集聚区一体化的导视系统、安全系统和救援系统，逐步建立融合公共救援、民间救援、志愿救援于一体的综合救援机制。建立协调有序的汽车自驾运动营地管理运行机制，完善汽车自驾运动综合监管体系，形成稳定的工作制度。四是完善汽车自驾运动营地信息发布平台和交互平台，引导展览展示平台、资源交易平台建设。鼓励校企合作，培养各类汽车自驾运动营地项目经营策划、运营管理、技能操作等应用型专业人才。全面推动汽车自驾运动营地标准体系建设，制定汽车自驾运动营地服务规范和质量标准，在服务提供、技能培训、活动管理、设施建设、器材装备制造等各方面提高行业标准化水平。建立汽车自驾运动营地大数据平台，制定营地发展动态评价与监测体系。五是各级有关部门要从全局高度，充分认识加快发展汽车自驾运动营地的重要意义，要结合本地区实际，将促进汽车自驾运动营地发展纳入当地社会经济发展总体规划，制定各项推进政策措施，建立协同机制，明确职责分工，推动汽车自驾运动营地发展。要健全规划实施的督查落实机制，对规划实施情况进行严格监督，以确保各项政策措施落实到位。

《规划》提出，到 2020 年要基本形成布局合理、功能完善、门类齐全的汽车自驾运动营地体系。重点打造多场精品汽车自驾运动赛事活动，培养多个专业化程度高的汽车自驾运动俱乐部，推出多条主题鲜明的汽车自驾路线，壮大一批具有影响力的汽车自驾运动营地连锁品牌企业，建成 1000 家专业性强、基础设施完善的汽车自驾运动营地，初步形成"三圈三线"自驾路线和汽车自驾运动营地网络体系。

以上相关政策红利为自驾游的发展提供了良好的机遇。

2. 中国经济高速发展

中国经济的强劲发展对当代世界经济发展可谓影响重大。自 1978 年改革开放以来，中国连续保持了国民经济高速增长。从国内生产总值的增长轨迹可以看出，从 20 世纪 90 年代开始，经济快速增长，到 2000 年后进入了更快的发展时期。国家统计局数据显示，2018 年我国人均 GDP 已达到 9608 美元，列世界第 67 位。而按照一般规律，当一个国家人均 GDP 达到 3000~5000 美元时，就将进入休闲消费、旅游消费的爆发性增长期。文化和旅游部数据显示，2018 年国内旅游人数达 55.39 亿人次，比上年同期增长 10.8%；出入境旅游总人数达 2.91 亿人次，同比增长 7.8%；全年实现旅游总收入5.97万亿元,同比增长10.5%。经初步测算,全年全国旅游业对GDP的综合贡献为9.94万亿元,占GDP总量的11.04%。旅游业直接就业2826万人,间接带动就业7991万人,占全国就业总人口的10.29%。由此可见,随着国内居民收入的不断增长,人们开始追求生活品质的提高,旅游消费已成为快速增长项目之一。

3. 道路建设快速推进

近年来,我国道路建设快速推进。截至2018年,我国公路里程已达484.65万公里,其中高速公路14.26万公里。《"十三五"现代综合交通运输体系发展规划》中明确指出,要加快推进由7条首都放射线、11条北南纵线、18条东西横线,以及地区环线、并行线、联络线等组成的国家高速公路网建设,尽快打通国家高速公路主线待贯通路段,推进建设年代较早、交通繁忙的国家高速公路扩容改造和分流路线建设。有序发展地方高速公路。加强高速公路与口岸的衔接。加快普通国道提质改造,基本消除无铺装路面,全面提升保障能力和服务水平,重点加强西部地区、集中连片特困地区、老少边穷地区低等级普通国道升级改造和未贯通路段建设。推进口岸公路建设。加强普通国道日常养护,科学实施养护工程,强化大中修养护管理。推进普通国道服务区建设,提高服务水平。积极推进普通省道提级、城镇过境段改造和城市群城际路段等扩容工程,加强与城市干道衔接,提高拥挤路段通行能力。强化普通省道与口岸、支线机场以及重要资源地、农牧林区和兵团团场等有效衔接。除少数不具备条件的乡镇、建制村外,全面完成通硬化路任务,有序推进较大人口规模的撤并建制村和自然村通硬化路建设,加强县乡村公路改造,进一步完善农村公路网络。加强农村公路养护,完善安全防护设施,保障农村地区基本出行条件。2020年,全国公路通车里程要达到500万公里,其中高速公路要达到15万公里。道路基础设施建设的快速推进为自驾游提供了更好的条件。

4. 汽车保有量迅速增长

随着我国社会经济持续快速发展,汽车保有量及汽车驾驶人数量迅猛增长。公安部交管局公布的数据显示,截至2019年6月,全国机动车保有量达3.4亿辆,其中汽车2.5亿辆;机动车驾驶人达4.2亿人,其中汽车驾驶人3.8亿人。在汽车保有量中,私家车保有量为1.98亿辆,2019年1—6月,共有1242万辆汽车注册登记。从各城市分布来看,在全国范围内汽车保有量超过100万辆的城市有66个,相比上年同期增加8个。其中,11个城市汽车保有量超过300万辆,北京、成都的汽车保有量更是超过500万辆。根据数据统计,截至2019年6月,全国机动车驾驶人数量较上年同期增加2576万人。目前,我国机动车驾驶人年龄主要集中在26~50岁,其中,在26~35岁年龄段的有1.44亿人,占驾驶人总量的34.12%;在36~50岁年龄段的有1.64亿人,占38.88%;超过60岁的有1221万人,占2.9%。

5. 休假制度发生变化,闲暇时间增加

从20世纪六七十年代的春节不放假,到八九十年代的单休制和双休制度,再到1995年3月25日国务院规定的职工每周工作不得超过40小时,中国由此开始全面施行"双休制"。人们短途旅游需求爆发,在经济发达的广州,已经有少部分人开始了自驾游。1999年9月18日,国务院颁布了《全国年节及纪念日放假办法》,决定将春节、五一、十一的休息时间与前后的双休日拼接,形成7天长假,从当年国庆节开始执行。黄金周的出台,大大刺激了旅游业的发展。到2007年12月7日,中国的休假制度又一次发生变革。国务院通过修订的《全国年节及纪念日放假办法》规定,从以往的3个7天长假模式变成"2+5"模式,自2008年1月1日起实施。具体来说,即除保留国庆和春节两个黄金周外,全年还有5个3天的小长假,分别是元旦、清明节、五一、端午节和中秋节,全年节日总放假天数由原来的10天增至11天,再加上双休日,这样全年的假日时间达115天,因此一年中有近1/3的休假期。休假制度的不断调整以及带薪休假制度的实施使人们的休闲活动安排成为可能,与家人和朋友一起驾车出游逐渐成为人们喜爱的休闲方式。

6. 旅游产业相关服务不断完善

随着中国旅游业的发展,旅游景区道路建设、酒店网络预订、采摘、农家乐等与自驾游高度契合的设施、服务、旅游产品逐渐丰富。旅游企业开始面对自驾车旅游这一大市场不断调整自己的服务和产品,从自驾游路线的设计和宣传,到景区停车场的改善、旅游接待形式的变化,旅游企业开始推出一系列针对自驾游量身定制的产品。应自驾游发展而产生的汽车俱乐部、车友会、自驾游协会蓬勃发展。同时,由自驾游引致的自驾游书籍、汽车导航、对讲、网站等相关产品日渐多样。这些服务和产品使自驾车出游越来越便捷、越来越舒适。

国内自驾游市场迅速发展壮大。《2019上半年中国自驾游发展报告》显示,2018年中国自驾游总人数达到55亿人次,比上年增长10.8%,占国内出游总人数的63.6%。《中国自驾车、旅居车与露营旅游发展报告(2018—2019)》显示,2018年国内建成及在建营地总数量为1100个,旅居车保有量已经达到100458万辆。

从总体来看,当前我国的自驾游呈现全民参与、快速普及的特征,汽车与旅游行业的共同助力使自驾游在国内、入境、出境三大市场实现全覆盖。自由多样的行为、长短相宜的路线,再加上旅游者多样的需求,创造了日益多样的自驾游产品。不断加强安全保障、完善基础设施、畅通信息传递、规范市场、提倡公益、培育龙头,为自驾游发展提供政策的支持和辅助,这些都促进了我国自驾游持续健康有序发展。

(二)国内自驾游市场现存主要问题

目前,国内自驾游营地主要有位于北京西北部延庆区龙湾村南的北京龙湾国际露营公园、位于山东潍坊白浪绿洲小镇绿洲湿地公园的山东星河·潍坊白浪河露营地、位于武夷山市度假区仙凡界路东侧的武夷山自驾游营地、位于陕西省宝鸡市陈仓区香泉镇大水川景区内的陕西宝鸡大水川露营地、位于永靖县新城区公航旅·黄河明珠国际酒店园区内的甘肃永靖公航旅·黄河三峡自驾游基地、位于宁夏银川市兵沟旅游度假区内的宁夏银川兵沟自驾车露营地、位于青海湖西北角海北藏族自治州刚察县泉吉乡的青海湖九号鸟岛自驾游营地、位于独山子城区南侧的新疆独山子冰峰自驾车营地等。

目前，国内自驾游市场存在的主要问题有：一是自驾游的蓬勃发展导致自驾游营地盲目投资与开发。随着国家、地方政府发布自驾游露营地建设开发的支持政策越发频繁，营地建设出现井喷式增长，全国各地都掀起了兴建自驾游露营地的热潮，导致业界盲目乐观地投资与开发，出现露营地供大于求的投资误区。营地开发的进程加快，从露营地的选址到功能划分、基础设施等方面都不够系统，一些营地未能进行科学的规划。据统计数据，目前重庆、陕西、青海和甘肃地区营地游客入住率普遍偏低，由于安全性、营地规模小等，自驾游游客或团体在出游时选择露营地的意愿较弱。二是选址单一，缺乏整体性的规划布局。我国已建成的营地选址原则过于单一，多局限于经济发达和旅游资源丰富地区，布点零散，未形成连续性路线，营地与营地间无沟通交流，客源无法共享，缺乏旅游路线网内整体性的规划布局。三是标准化管理体系不完善，营地管理松散。我国自驾游行业虽已经颁布相关的标准和规范文件，但在具体的自驾游营地建设、服务管理和设施设备建设方面依旧不健全，缺乏统一化和系统化。在自驾游营地建设中，在自然生态、地域文化等方面要综合考虑我国现阶段的国情，要坚持可持续发展，而不是一味地局限于营地的规模和配套设施等要素。我国自驾游营地建设多为个体开发建设和经营，缺乏系统性连锁化的管理。管理者大多不是自驾游营地运营管理方面的专业人才，大部分员工都是短期雇用的临近村庄村民或自家亲戚，专业知识培训不足，基本处于无组织、无管理的状态。四是缺乏具有特色的个性设计，同质化现象严重。目前，我国自驾游露营地的规划布局多为"房车＋木屋＋帐篷"的形式，辅以休闲娱乐设施，能够满足游客正常的休憩与补给，但对营地内整体环境的规划既无深入和有个性的设计，也无地域特色，营地的建设大同小异，缺乏特色塑造。五是自驾营地建设开发对周边生态环境考虑不周，可能造成环境污染。目前我国出台和颁布的政策中尚无明确的保护生态环境的法规条例，一些营地开发者为了眼前短期的利益破坏原有生态环境，砍伐树木、挖地造湖等，使营地内硬质铺装面积较大，绿地率大幅下降，加之后期对植物的养护工作不到位，违背了露营地建设的生态性原则。一些由个人开发建设的露营地为节约成本，对排水排污系统处理过于简单，对游客行为也没有过多的约束和管理，导致游客随意丢弃垃圾、随意排放生活污水,污染露营地环境。六是自驾产品结构单一,宣传推广力度不足。目前,我国自驾车出游受到气候、时间等因素的影响,出游的淡旺季明显。露营地虽有保暖措施,却不够完善,致使露营地的营业时间局限于4—11月,东北、西北地区的可开营时间更短,入住率大大下降。我国现有营地均以出租营位为主要收入来源,产品结构单一,无法吸引游客、增加游客的满意度,从而无法提高知名度;线上线下的宣传力度弱,仅仅局限于专业性露营网站、驴友圈、微信公众号等,缺乏与周围景区景点的捆绑式营销,除自驾露营地资深爱好者外,客源稀少;进行推广的多为房车和木屋别墅营位。笔者分别调研了我国南北方的露营地住宿费用,发现目前国内自驾游营地单价普遍较高,更增加了推广难度。

三、云南省自驾游市场分析

(一) 云南省自驾游出行决策分析

自驾车旅游者是旅游活动的主体,通过对自驾车旅游出行决策行为的研究,不仅可发现自驾车旅游者的决策行为规律,而且可为旅游路线设计与旅游交通网络合理布局提供重要的依据。自驾车旅游决策行为是自驾车旅游出行的直接原因,是旅游交通行为研究的核心部分,它不仅影响着旅游者主体、信息获取与出行选择偏好等,还决定着自驾车旅游出行空间模式选择的变化特征。自驾车旅游者的出行决策过程,实际上是自驾车旅游者对信息的收集输入、筛选对比、分析处理,并在个体属性、自身偏好等因素的影响下进行反馈的心理过程。本研究将自驾车旅游出行决策过程体系分为六个部分:自驾车旅游出行主体确定、自驾车旅游出行目的辨识、自驾车旅游出行信息搜寻、自驾车旅游出行偏好选择、自驾车旅游出行决策与自驾车旅游体验反馈。

自驾车旅游出行主体确定,主要受到旅游者年龄、性别、学历、职业、月收入与家庭结构的影响,自驾车旅游出行者在综合考虑个体属性基础条件的前提下,判断是否进行自驾车出行旅游;出行目的辨识是指在自驾车旅游者决定出行的基础上,剖析其自驾车旅游出行的精神需求;出行信息搜寻是指自驾车旅游者获取驾车旅游目的地、旅游线路与相关自驾车旅游配套设施等信息的过程；出行偏好选择是指自驾车旅游者基于出行信息获取与自身情况的分析，综合考虑出行偏好的时间段、自驾车旅游方式与出行目的地等方面，进行出游安排。自驾车旅游者通过上述四个方面的准备和计划，对各个影响因素进行分析对比，以确定自驾车旅游线路与旅游目的地，进而完成自驾车旅游出行决策，并基于自驾车旅游体验反馈为下一次出行提供意见，从而形成完整的自驾车旅游出行决策体系。

为探究自驾车旅游出行决策过程，获取自驾车旅游的出行特征，本研究选取云南省昆明市作为调查区域，对自驾车旅游者进行相关调查，获取实际的自驾车旅游决策行为特征。

云南省素有"彩云之南，万绿之宗"的美誉，拥有丰富的旅游资源和独特的少数民族文化，共拥有A级旅游景区231家，其中5A级8家、4A级71家、3A级70家、2A级77家、1A级5家，每年吸引众多国内外游客前来旅游。从20世纪90年代开始，云南省旅游业以高于世界旅游业平均增长率的速度发展，成为国际旅游业发展中的一个亮点。基于云南省各个旅游区域的地理位置，本研究将其划分为六大旅游区，分别是滇西北旅游区、滇中旅游区、滇西旅游区、滇西南旅游区、滇东南旅游区、滇东北旅游区（见表8-4）。

表8-4 云南省六大旅游区域划分情况

旅游区	州、市
滇西北旅游区	大理、丽江、迪庆、怒江
滇中旅游区	昆明、玉溪、楚雄
滇西旅游区	保山、德宏
滇西南旅游区	西双版纳、普洱、临沧
滇东南旅游区	曲靖、红河、文山
滇东北旅游区	昭通

随着旅游业的快速发展，云南省的公路网络逐步形成了网状（方格网和三角网交叉型）网络形态，主要依靠公路网络支撑区域旅游发展。滇中旅游区公路网密度在六大旅游区中居于首位，尤其在高速公路建设上，云南省高速公路系统基本形成以昆明为中心，向其他市内外甚至跨国境辐射

的布局形态。昆明是云南省区域旅游中心城市,由于受到其独特的政治、经济、人文、区位等因素的影响,滇中旅游区的交通基础设施建设力度远非其他旅游区可比拟。多样化的旅游资源、丰富的民俗风情与通达的公路网络,为云南省自驾车旅游发展奠定了良好的基础。

(二) 云南省自驾车旅游流时空特性分析

1. 云南省自驾车旅游流的时空分布特性

本研究以昆明为自驾车旅游出发地,对自驾车旅游者最近一次自驾车旅游的时间与目的地进行调查,以获取自驾车旅游的时空分布特性。

(1) 月份。

调查数据显示,云南省自驾车旅游主要集中于寒假的2—3月,暑假的6—7月,特别是节假日期间的4月清明节、5月五一小长假、10月国庆长假,并不倾向于出游时间段选择错开高峰期,反映出时间预算与出游时间段的关系密不可分。

(2) 旅游目的地。

调查结果显示,云南省自驾车旅游以省内旅游为主,占86%。云南省作为自然资源丰富、少数民族文化多样的旅游胜地,已成为众多自驾车旅游者的首选,而且云南作为与境外衔接的通道,境外旅游将会成为未来自驾车旅游的发展方向。

(3) 省内旅游区域。

调查结果显示,云南省内旅游区域呈现发展不均衡现象,并主要集中于滇西北旅游区,其中大理、丽江、香格里拉是云南省旅游热点区域,吸引了众多游客。其次为滇中旅游区,滇中是各个旅游区的交通中转区域,在自驾车旅游发展中占据重要地位。在未来的发展中,各个旅游区需不断提升区域知名度和服务水平,不断提升云南整体的旅游服务水平,以缩小各个旅游区的差异。

(4) 自驾车旅游景区选择特性。

通过对六大旅游区的对比分析可以发现,自驾车旅游倾向于知名度较高且交通便利的旅游景区。其中,滇中旅游区的抚仙湖位于玉溪境内,属于国家4A级旅游景区，是休闲娱乐和陪伴家人理想的旅游目的地，与滇中的昆明市和楚雄市的自驾车时间均为1~2小时，由国道、省道相连接，交通出行可达性较高，成为自驾车旅游者在滇中旅游区的首选；大理、丽江作为国内外知名旅游景区，也是云南省重点发展旅游目的地，旅游交通与旅游目的地的发展建设相对完善，成了滇西北旅游区中自驾车旅游者的青睐之地；滇西旅游区的旅游目的地中以保山腾冲发展较好，自驾车旅游出行选择该地偏多。在未来的滇西旅游规划发展过程中，需要以知名度较高的腾冲带动瑞丽共同发展，实现滇西旅游区发展的共赢局面；滇西南旅游区发展相对不均衡，自驾车旅游主要集中于知名度较高的西双版纳，区域中的其他旅游目的地需在完善旅游交通的基础上，提升旅游服务水平与旅游景区知名度，改善自驾车旅游发展不均衡的状态；滇东南旅游区的自驾车旅游分布较为均衡，各个州市均有所涉及，包括曲靖的罗平、红河和石屏；滇东北旅游区没有充分发挥其旅游资源的优势，且交通出行不便利，仅形成了以巧家为主的自驾车旅游出行选择目的地。

（5）省外、境外自驾车旅游区域选择比较。

省外自驾车旅游以邻省的四川、贵州和广西为主，境外则集中于老挝、泰国两个国家，这体现了自驾车旅游出发地与旅游目的地之间的距离对自驾车空间选择的影响。

调查结果显示，随着社会经济水平的提高以及道路交通网络的不断完善，自驾车旅游者数量逐年增加，特别在近几年呈现迅猛增长的态势，这与云南省旅游交通网络的不断完善密不可分。通过对自驾车旅游时间的调查可以发现，由于学习、工作等时间的限制，云南省自驾车旅游主要集中于寒暑假、3日小长假与7日长假期间。

基于旅游目的地的调查发现，自驾车旅游目的地形成了以省内旅游为主、省外旅游为辅的发展态势。随着云南省与老挝、泰国、越南等国家之间旅游交通网络的不断完善，境外旅游逐步兴起并迅速发展，将越来越受到自驾车旅游者的青睐。尽管云南省自驾车旅游逐步开始快速发展，却存在着旅游发展不均衡现象，这与省内旅游资源分布、旅游景区知名度，特别是旅游交通网络的构建密不可分。因此，完善旅游交通网络布局以适应短期旅游流冲击、构建便捷的旅游路线提高出行效率、增设境外旅游通道提高出境旅游的便利度，是促进云南省自驾车旅游发展、提高自驾车出行效率的必要手段。

2. 云南省自驾车旅游的空间使用曲线分析

自驾车旅游出行时间直接影响着自驾车旅游的空间距离，间接限制着自驾车旅游的出行路线与出行模式。为客观地获取云南省自驾车旅游空间分布特性，本研究引入时间预算的理论和方法来测定自驾车旅游空间行为过程。时间预算有广义和狭义之分。本研究运用狭义的概念，认为时间预算为个人或者群体在有限的时间约束下，合理分配有限的时间来满足物质文化与精神需求。旅游目的地的空间使用曲线是一种描述旅游人数随距离变化而变动的概念，能够很好地反映旅游流随距离的增加而不断变化的趋势。

这里通过对云南省旅游目的地的筛选，以昆明为自驾车旅游出发地，获取不同出行距离的旅游目的地（见表8-5）。

表8-5 自驾车旅游目的地的选取

旅游目的地	单程距离（公里）	单程时间
安宁	40.7	50分
抚仙湖	62.4	1小时30分
禄丰恐龙谷	83.2	1小时11分
石林	84.1	1小时10分
九乡	97.2	1小时53分
弥勒	148.3	2小时3分
楚雄彝人古镇	155.1	2小时24分
泸西	166.2	3小时
轿子雪山	178.5	4小时27分
元谋土林	194.7	2小时36分
建水	209.5	3小时2分
罗平	226.3	3小时26分
哀牢山	293.6	4小时20分
大理	333.7	4小时31分

续表

旅游目的地	单程距离（公里）	单程时间
元阳梯田	358.6	5 小时 29 分
昭通大山包	401.2	9 小时 56 分
普洱	414.4	12 小时 43 分
丽江古城	504.4	6 小时 30 分
临沧森林公园	537.7	9 小时 11 分
怒江	561	8 小时
泸沽湖	590	9 小时 39 分
西双版纳	513	6 小时 40 分
文山普者黑、坝美	320	4 小时
香格里拉	639	8 小时 30 分
腾冲热海、和顺古镇	650	8 小时 35 分
瑞丽	737	9 小时 27 分
丙中洛	953	15 小时 18 分

注：表中出行距离与出行时间计算不考虑道路拥堵等因素。

(1) 双休日的自驾车旅游空间曲线。

根据数据分析得到双休日自驾车旅游出行目的地随距离变化曲线。自驾车旅游者在双休日选择的旅游空间曲线呈现"U"形与 Boltzman 曲线复合形式，在抚仙湖与石林两个旅游目的地呈现小的凸起，而后随着距离的增加，选择自驾车出行的旅游者数量不断下降，直至单程距离 178.5 公里的轿子雪山处显示出了选择比例增加的现象，这与轿子雪山的知名度及其旅游专线公路的修建有关。旅游专线公路极大地提高了轿子雪山旅游的便利性，为自驾车旅游者的出行选择提供了条件。由此可见，在双休日两天的时间预算中，自驾车旅游者选择的出行距离为 0~200 公里的短途旅游。

(2) 3 日小长假。

3 日小长假自驾车旅游目的地主要为大理、丽江两个旅游景区，这与大理、丽江相对完善的旅游交通网络及其较高的知名度有关，并呈"U"形与 Boltzman 曲线复合的线型。可以发现，随着出行预算时间的增加，在 3 天小长假的时间预算下，自驾车旅游目的地的选择主要为 200~500 公里。

(3) 7日长假。

7日长假自驾车旅游目的地选择主要为香格里拉与西双版纳两个知名旅游景区，短途旅游选择比例较低，以长途旅游为主，其出行距离主要集中于500~800公里，呈现Boltzman曲线线型。

通过对自驾车旅游者出行时间和距离的实际调查数据分析可发现，在时间预算约束为2日时，自驾车出行以0~200公里的短途自驾游为主；在时间预算约束为3日时，自驾车旅游出行距离主要体现为200~500公里；在时间预算约束为7日时，自驾车旅游者主要选择500~800公里的长途自驾车旅游。可以发现，随着时间预算的增加，自驾车旅游偏好的旅游距离也在增加，自驾车旅游流的空间分布也出现相应移动。

3. 不同时间预算下自驾车旅游空间决策模型分析

(1) 旅游目的地基本条件。

通过对自驾车旅游目的地的筛选，选取不同距离范围内的星级景区，获取不同旅游目的地的交通出行时间与费用，具体如表8-6所示。

表8-6 旅游目的地基本数据

旅游目的地	星级等级	双程时间（小时）	交通出行费用 = 双程过路费 + 双程燃油费（元）
安宁	3	1.7	65.3
抚仙湖	4	3.0	100.1
禄丰恐龙谷	4	2.4	133.5
石林	5	2.4	134.9
九乡	4	3.8	155.9
弥勒	2	4.0	237.9
楚雄彝人古镇	4	5.0	248.8
泸西	4	6.0	266.6
轿子雪山	4	9.0	286.3
元谋土林	4	5.0	312.3
建水	4	6.0	336.0
罗平	4	7.0	363.0
蒙自	2	7.0	448.8

续表

旅游目的地	星级等级	双程时间（小时）	交通出行费用=双程过路费+双程燃油费（元）
哀牢山	2	8.6	470.9
文山普者黑、坝美	4	8.0	513.3
大理	5	9.0	535.3
元阳梯田	4	11.0	575.2
昭通大山包	3	20.0	643.5
普洱	2	25.4	664.7
丽江古城	5	13.0	809.1
西双版纳	5	13.3	822.9
临沧森林公园	2	18.4	862.5
怒江	2	16.0	899.8
泸沽湖	4	19.3	946.4
水富大峡谷	2	15.0	956.0
香格里拉	5	17.0	1025.0
腾冲热海、和顺古镇	4	17.0	1042.6
瑞丽	4	19.0	1182.1
丙中洛	2	30.0	1528.6

（2）模型计算结果。

通过对模型的计算，分别获取在不同时间预算下自驾车旅游前景值最高的四个旅游目的地，具体计算结果见表8-7。

表8-7 前景理论计算结果

时间预算	旅游目的地	前景值
$T=2$	石林	1143.375
	抚仙湖	802.152
	禄丰恐龙谷	727.714
	九乡	712.677
$T=3$	泸西	397.227
	建水	3807.243
	罗平	3750.652
	大理	3796.953

续表

时间预算	旅游目的地	前景值
$T=7$	丽江古城	5030.494
	泸沽湖	4796.953
	香格里拉	4650.460
	西双版纳	4143.103

通过对云南省自驾车旅游空间决策的分析与模型计算结果可以发现：一是随着时间预算的增加，自驾车旅游者获取的前景值不断增加，其获取的收益也不断增加，即自驾车旅游者选择长途旅游获得的效用最大。这是由于自驾车旅游者对长途旅游进行了更多的时间预算分配与成本投入，对长途旅行的期望值也随之提高。而云南省区域交通网络的不断发展，也为自驾车旅游的长途出行提供了保障。二是在时间预算为2天（周六、日）的条件下，获取收益最大的旅游目的地为石林、抚仙湖、禄丰恐龙谷与九乡，这四个旅游景区与出发地的距离在0~200公里，且道路交通可达性较高，是短途旅游者的青睐之处；在时间预算为3天的条件下，获取收益最大的旅游目的地为泸西、建水、罗平和大理，时间预算的增加为自驾车旅游者增加出行距离提供了条件，与出发地的距离在200~500公里；在时间预算为7天的条件下，获取收益最大的旅游目的地为丽江古城、泸沽湖、香格里拉和西双版纳，与出发地的距离在500~800公里，这四个旅游景区具备旅游知名度与便利的区域交通网络，这是自驾车旅游长途出行的基础保障。由此可见，模型计算结果与实际调查数据的空间曲线结果相互匹配，说明模型具有一定的有效性。

自驾车旅游流在一定的时间段内向各旅游目的地聚集，在2天、3天与7天的时间预算影响下，分别集中于选择某些特定旅游景区，进而产生了短期的旅游流集聚效应，甚至会发生井喷现象，严重影响了旅游区域交通网络的运行状态。一定时间内的旅游流冲击，对区域旅游交通网络承载能力提出了更高的要求，同时引发了交通拥堵、交通网络瘫痪与交通安全等问题。因此，在云南省自驾车旅游交通网络布局与线路设计的优化过程中，需结合不同假期时间预算，在双休日针对石林、抚仙湖、禄丰恐龙谷与九乡等短途旅游路线,在3日小长假针对泸西、建水、罗平与大理等中途旅游路线,在7日长假针对丽江古城、泸沽湖、香格里拉与西双版纳等长途旅游路线进行合理的预防疏导,提前发布旅游区域道路交通信息,对各个旅游州市的进、出路口进行引导管理,合理引导自驾车旅游路线,以改善自驾车旅游流对区域旅游交通网络的冲击,从而提高区域旅游交通网络运行效率。

(三) 云南省自驾车旅游空间模式分析

自驾车旅游目的地路线选择及其空间模式直接影响着自驾车旅游流的流向与流量,自驾车旅游流的空间分布情况反映了旅游目的地吸引力的强弱,同时对旅游目的地交通网络的承载能力提出了更高的要求。通过对自驾车旅游空间模式的划分,获取自驾车旅游空间分布特征对于旅游交通路线规划与网络组织具有重要意义。本研究通过对自驾车旅游路线基本空间模式,即直线游览式、直线—环游式、结构环游式、基点辐射式的分析,获取自驾车旅游典型的点—轴式空间模式。

自驾车旅游出行的组织形式主要包括私家车自驾游、租车旅游、汽车俱乐部组织与旅行社组织的自驾车旅游等,为获取云南省自驾车旅游路线及其空间模式,以入滇自驾车旅游者和省内自驾车旅游者游记、云南省自驾车旅游宝典、云南自驾旅游书、Lonely Planet 云南、云南省排名前十的旅行社网站、进入首届中国自驾游交易会优秀俱乐部名单的云南省俱乐部网站、云南省旅游协会自驾车与露营分会网站、行程无忧网等为调查样本,对以汽车为主要交通工具,经过云南省旅游城市节点的旅游路线进行统计分析,共得到175条自驾车旅游路线,通过对自驾车旅游路线的分类总结,得到不同自驾车旅游空间模式所占比例及其旅游区域(见表8-8)。

表8-8 云南自驾车旅游空间模式统计　　　　　　　单位:%

空间模式	出行频率	主要旅游区域出行频率		
		省内	省内—省外	省内—境外
直线游览式	43.43	42.97	39.53	100.00
直线—环游式	1.71	2.34	0.00	0.00

续表

空间模式	出行频率	主要旅游区域出行频率		
		省内	省内—省外	省内—境外
结构环游式	12.57	3.91	39.53	0.00
基点辐射式	42.29	50.78	20.93	0.00

直线游览式与基点辐射式为自驾车旅游的主要空间模式，分别占出行比例的43.43%和42.29%。其中，直线游览式包括昆明—丽江—丽江古城—玉龙雪山—束河古镇—昆明、昆明—安宁—楚雄—大理—丽江—香格里拉—昆明等多条路线，基点辐射式包括昆明—景洪—中缅边境打洛—景洪市区—傣族园—望天树—勐远仙境—勐仑植物园—基诺山寨—景洪—大佛寺—野象谷—昆明与昆明—大理—双廊—丽江—拉市海—香格里拉—丽江—泸沽湖—昆明等旅游热线。云南省自驾车旅游路线中为结构环游式的占12.57%，包括著名的省外环游路线成都—雅安—西昌—攀枝花—大理—双廊—大理—昆明—九乡—抚仙湖—昆明—会泽—昭通—宜宾—乐山—成都。自驾车旅游空间模式中比例最小的为直线—环游式，占1.71%，包括昆明—丽江—老君山—黎明—丽江—泸沽湖—昆明、昆明—六库—福贡—丙中洛—福贡—六库—昆明等路线。云南省空间模式的构成与云南省旅游交通网络布局及其路线设计紧密相关。

从上述分析可知，云南省省内自驾车旅游主要采取直线游览式与基点辐射式两种模式，共占93.75%的出行比例。云南省虽然旅游资源丰富，但各个旅游区之间的路线连通性较差，尚未形成完善的旅游交通网络可以将省内各旅游区进行有效的衔接，由此导致自驾车旅游交通出行成本增加，降低了自驾车旅游的出行效率。

云南省省内—省外自驾车旅游主要采取直线游览式（39.53%）、结构环游式（39.53%）与基地辐射式（20.93%）三种旅游空间模式，云南省与贵州、广西、西藏和四川等周边省区之间通过国道与省道等公路相连接，同时以成都、重庆及贵阳为起点至云南省的大部分旅游区形成了自驾车旅游环线。尽管云南省与周边部分城市之间建立了公路网络，但与绝大多数城市之间尚缺乏连接，导致直线游览式与基点辐射式空间旅游方式共占出行比例的60.46%。因此，构建完善的省内与省外旅游城市相衔接的旅游交通网络是云南省旅游交通发展的重点。

云南省省内—境外自驾车旅游采取直线游览式空间模式。云南省西部同缅甸接壤，南部与老挝、越南毗邻，境外旅游国家主要包括老挝、缅甸、泰国和尼泊尔四个国家，云南省急需建立与其他国家的自驾车旅游运输通道，与周边国家共同打造和推进自驾车旅游路线。

（四）云南省自驾车旅游目的地出现频次分析

自驾车旅游目的地出行频次与频率，体现了自驾车旅游目的地在所有统计旅游目的地中所占的比例，反映了该旅游目的地在自驾车旅游过程中的重要性及被接受程度。通过对自驾车旅游路线中经过云南省旅游城市节点旅游路线的统计分析，共获取583个自驾车旅游目的地，以获取不同旅游目的地在自驾车旅游目的地选择中的重要度。为了更好地体现旅游目的地选择的差异性，这里选取自驾车旅游目的地出现频次为5次及以上的旅游目的地（见表8-9）。

表8-9 云南自驾车旅游目的地出现频次和频率

旅游目的地	频次	频率（%）	备注	旅游目的地	频次	频率（%）	备注
昆明	170	9.64	昆明	文山	7	0.40	文山
大理	51	2.89	大理	普者黑	7	0.40	文山
丽江	46	2.61	丽江	玉龙雪山	7	0.40	丽江
成都	27	1.53	四川	长江第一湾	7	0.40	迪庆
西昌	24	1.36	四川	临沧	7	0.40	临沧
景洪	22	1.25	西双版纳	重庆	7	0.40	重庆
玉溪	21	1.19	玉溪	六库	6	0.34	怒江
香格里拉	19	1.08	迪庆	望天树	6	0.34	西双版纳
建水	19	1.08	红河	宜良	6	0.34	昆明
泸沽湖	17	0.96	丽江	九乡	6	0.34	昆明
昭通	17	0.96	昭通	陆良	6	0.34	曲靖
保山	17	0.96	保山	武定	6	0.34	楚雄
普洱	17	0.96	普洱	盈江	6	0.34	德宏
攀枝花	17	0.96	四川	勐腊	6	0.34	西双版纳

续表

旅游目的地	频次	频率（%）	备注	旅游目的地	频次	频率（%）	备注
雅安	17	0.96	四川	红塔	6	0.34	玉溪
楚雄	16	0.91	楚雄	沾益	6	0.34	曲靖
石林	15	0.85	昆明	文庙	6	0.34	红河
弥勒	14	0.79	红河	德钦	6	0.34	迪庆
贵阳	13	0.74	贵州	沧源	6	0.34	临沧
怒江	13	0.74	怒江	米易	6	0.34	四川
抚仙湖	13	0.74	玉溪	新平	5	0.28	玉溪
宜宾	12	0.68	四川	哀牢山	5	0.28	玉溪
蒙自	12	0.68	红河	丙中洛	5	0.28	怒江
泸西	11	0.62	红河	水富	5	0.28	昭通
西双版纳	11	0.62	西双版纳	拉市海	5	0.28	丽江
罗平	11	0.62	曲靖	燕子洞	5	0.28	红河
虎跳峡	11	0.62	迪庆	屏边	5	0.28	红河
丽江古城	10	0.57	丽江	河口	5	0.28	红河
红河	9	0.51	红河	巍山	5	0.28	大理
腾冲	9	0.51	保山	凤凰谷	5	0.28	曲靖
元谋	9	0.51	楚雄	丘北	5	0.28	文山
会泽	9	0.51	曲靖	恐龙谷	5	0.28	楚雄
曲靖	8	0.45	曲靖	大山包	5	0.28	昭通
元阳	8	0.45	红河	贡山	5	0.28	怒江
师宗	8	0.45	曲靖	奔子兰	5	0.28	迪庆
飞来寺	8	0.45	迪庆	芒市	5	0.28	德宏
傣族园	7	0.40	西双版纳	澜沧江	5	0.28	怒江
野象谷	7	0.40	西双版纳	稻城	5	0.28	四川
通海	7	0.40	玉溪	九龙瀑布	5	0.28	曲靖
瑞丽	7	0.40	德宏	合计	980	55.59	

注：表中部分景区分布在多个州市，文中将其标定在最具旅游观赏价值的州市。

根据自驾车旅游路线中旅游目的地的统计，可以发现：①昆明作为自驾车旅游目的地的选择频次达到了170次，是所有自驾车旅游目的地中最受欢迎的旅游目的地，这与昆明作为云南省省内、省外交通中转的重要交通枢纽地位密切相关。省内自驾车旅游目的地中的大理、丽江选择频次分别达到了51次、46次。大理、丽江作为滇西北旅游区中重要的旅游州市，具有丰富的旅游资源和较高的旅游知名度，且由大理、丽江、香格里拉等区域构成的滇西北旅游区形成了相对完善的旅游路线，为大理、丽江自驾车旅游提供了基础保障。②省外自驾车旅游目的地选择出现频次最多的是四川成都、西昌。四川位于云南北部，通过108国道与云南相连接，为两省之间的自驾车旅游奠定了基础。除昆明、大理、丽江及四川成都、西昌外，其他自驾车旅游目的地的选择频次与频率都相对较小，呈现平稳下降的趋势，主要集中于西双版纳、玉溪、香格里拉、红河州、曲靖、德宏、文山、迪庆、怒江等州市。③云南省省内自驾车旅游目的地选择体现出选择分布不均匀、差异化等特征，主要原因是各旅游区之间没有形成相互贯通的旅游交通网络，造成云南省各旅游区发展不均衡。

由上述分析可知，云南省自驾车旅游在整体上形成了以滇中旅游区为中心，以滇西北旅游区、滇西旅游区与滇东南旅游区为重点发展，滇东北旅游区、滇西南旅游区发展较弱的等级结构，特别是昭通、保山等旅游区受关注度较低。自驾车旅游目的地的选择直接影响着自驾车旅游出行的空间模式与空间格局，自驾车旅游目的地选择频次、频率和云南省省内旅游交通网络的合理布局与线路设计存在较强联系，旅游交通的可达性与自驾车旅游空间分布具有强烈的耦合协调关系，获取区域交通可达性与自驾车旅游的空间耦合对自驾车旅游的发展与旅游路线合理规划具有重要意义。

（五）云南省自驾车旅游空间格局研究结果分析

1. 自驾车旅游流向分布

云南省自驾车旅游主要呈现放射状，形成了以昆明为中心向四周散射的基点辐射式结构，这与云南省自驾车旅游出行空间模式的分析相匹配。其中，自驾车旅游节点主要通过昆明、大理、丽江、保山、建水、楚雄、攀枝花与成都等省内省外中转节点相连接，中转节点在自驾车旅游线路构成中起到中转衔接并连接整体网络的重要作用。在自驾车旅游整体网络中，中转节点之间、旅游线路各节点之间的连接均不紧密，且相对分散，各自形成相对独立的旅游支路，未能形成高效的环形旅游空间模式。基点辐射式的旅游空间模式主要受到云南省旅游交通网络布局及其路线设计的影响，不仅增加了自驾车旅游出行的时耗，而且降低了自驾车旅游出行的效率与服务水平，严重阻碍了自驾车旅游的发展。改善云南省旅游交通网络可达性与线路衔接贯通性，是优化云南省自驾车旅游出行空间模式，提高自驾车旅游出行效率的必要手段。

2. 密度

整体网络密度等级区间为 [0, 1]，密度值越大，表示自驾车旅游网络节点之间的联系就越多。当密度值为 1 时，说明所有自驾车旅游网络节点之间都存在联系；当密度值为 0 时，说明自驾车旅游网络节点之间都没有联系。这里通过对自驾车旅游网络的密度分析，得到整体网络密度为 0.0278，该数据表明云南自驾车旅游网络密度较低，各个旅游节点之间联系疏松，主要原因是各个旅游节点之间的旅游路线尚不完善，不能形成相互贯通连接的旅游交通网络，使自驾车旅游节点之间的关联性较低。

3. 中心度

云南自驾车旅游节点中，度数中心度最高的是昆明，达到了60.656。昆明作为云南自驾车旅游重要节点，处于自驾车旅游网络的核心，与其他旅游节点连接最为紧密；其次为大理、丽江，均达到了11.475。大理、丽江作为滇西北旅游区重要旅游中转点与旅游节点，是旅游路线上的重要旅游集散中心，衔接了旅游路线的各个旅游节点，其旅游路线的合理设计与旅游集散能力对自驾车旅游高效出行具有重要影响（见表8-10）。

表8-10　云南自驾车旅游节点中心度

地理位置	旅游区	旅游节点	度数中心度	接近中心度	中间中心度
省内	滇中	昆明	60.656	67.033	90.985
		玉溪	4.918	41.216	3.279
		元谋人遗址	4.918	41.216	3.279
		楚雄	3.279	40.667	0
		通海	3.279	41.216	0
		元谋土林	3.279	40.940	0
		石林	3.279	40.667	0

续表

地理位置	旅游区	旅游节点	度数中心度	接近中心度	中间中心度
省内	滇中	抚仙湖	1.639	40.379	0
		新平	1.639	40.397	0
		红塔	1.639	29.327	0
		武定	1.639	29.327	0
		轿子雪山	1.639	40.397	0
		宜良	1.639	40.397	0
		安宁	1.639	40.397	0
	滇西北	大理	11.475	45.522	2.046
		丽江	11.475	46.212	24.146
		丽江古城	4.918	32.447	6.503
		双廊	4.918	43.262	0
		怒江	4.918	41.216	3.279
		泸沽湖	3.279	32.973	0.667
		长江第一湾	3.279	32.105	3.279
		白马雪山	3.279	29.756	3.279
		香格里拉	3.279	32.105	3.279
		奔子栏	3.279	41.497	6.448
		玉龙雪山	1.639	24.597	0
		虎跳峡	1.639	24.400	0
		恐龙谷	1.639	40.397	0
		飞来寺	1.639	23.019	0
		束河古镇	1.639	24.597	0
		六库	1.639	29.327	0
	滇西	保山	4.918	41.216	3.297
		德宏	1.632	29.439	0
	滇西南	景洪	6.557	41.216	0.082
		普洱	4.918	41.216	0.055
		西双版纳	3.297	40.667	0
		基诺山寨	3.297	40.667	0
		勐腊	3.297	41.497	6.448
		磨憨	3.297	29.756	3.279
		嘎洒	1.639	40.397	0

续表

地理位置	旅游区	旅游节点	度数中心度	接近中心度	中间中心度
省内	滇西南	临沧	1.632	29.167	0
	滇东南	建水	6.557	41.781	4.891
		弥勒	4.918	41.216	3.279
		泸西	4.918	41.216	0.055
		红河	3.279	40.940	1.557
		蒙自	3.279	29.902	0.055
		菌子山	3.279	40.94	3.279
		文山	1.639	29.612	0
		元阳	1.639	29.612	0
		开远	1.639	29.327	0
		凤凰谷	1.639	29.187	0
		曲靖	1.639	40.397	0
	滇东北	昭通	4.918	41.216	3.279
		昭阳	3.279	40.940	0
省外、境外	省外	成都	8.197	42.361	3.722
		西昌	8.197	32.105	0.528
		攀枝花	6.557	42.096	1.024
		米易	4.918	41.781	0.826
		雅安	3.279	30.198	0
		贵阳	3.279	40.940	3.279
		重庆	1.639	29.187	0
		宜宾	1.639	29.327	0
		西藏	1.639	24.400	0
	境外	缅甸	1.639	29.327	0
		老挝	1.639	23.019	0

通过对云南省自驾车旅游节点中心度的分析,可以发现:①在云南省六大旅游区的自驾车旅游节点中,滇西与滇东北旅游节点数量较低,旅游节点中心度指数偏低,这是由于这两个旅游区的旅游资源尚未被充分利用,旅游景区知名度较低,且旅游交通网络尚不完善,不能与其他旅游节点相连通,阻碍了这两个旅游区自驾车旅游的发展。②各个旅游节点中,昆明

与丽江在接近中心度上均呈现较高的数值。可以说，这三个节点与其他旅游节点连接较多，处于云南旅游网络的重要位置，对云南旅游交通网络控制力较强。也可以说，这三个节点的旅游交通可达性直接影响了整体旅游网络的运营效率。③在中间中心度的测度中，有35个旅游节点的中间中心度为0，占到整体网络的53.85%。这说明，在云南自驾车旅游网络中，有一半以上的旅游节点缺乏对整体网络的控制影响力。由此可见，云南自驾车旅游网络节点间连接性弱，呈现网络结构松散的现象。

4. 核心—边缘

这里基于云南自驾车旅游网络节点的重要度，获取核心边缘旅游节点，运用UCINET软件对云南自驾车旅游的核心区、边缘区进行判断，得到云南自驾车旅游的核心—半边缘—边缘结构。其中，核心区包括昆明、大理、玉溪、成都、楚雄、丽江、保山、攀枝花与双廊9个旅游节点。半边缘区包括基诺山寨、西双版纳、米易、石林、贵阳、弥勒、抚仙湖、文山、景洪、轿子雪山、通海、菌子山、勐腊、恐龙谷、嘎洒、元谋土林、西昌、重庆、泸西、普洱、泸沽湖、雅安与香格里拉23个旅游节点。其余的旅游节点位于旅游网络的边缘处，与旅游节点之间的联系较少。云南自驾车旅游节点的重要度如表8-11所示。

表8-11 云南自驾车旅游节点重要度

核心—半边缘—边缘	旅游节点	重要度
核心区	昆明	0.711
	大理	0.213
	玉溪	0.201
	成都	0.198
	楚雄	0.194
	丽江	0.192
	保山	0.191
	攀枝花	0.190
	双廊	0.189

续表

核心—半边缘—边缘	旅游节点	重要度
半边缘区	基诺山寨	0.163
	西双版纳	0.163
	米易	0.149
	石林	0.141
	贵阳	0.141
	弥勒	0.141
	抚仙湖	0.136
	文山	0.136
	景洪	0.136
	轿子雪山	0.136
	通海	0.136
	菌子山	0.136
	勐腊	0.1326
	恐龙谷	0.136
	嘎洒	0.136
	元谋土林	0.136
	西昌	0.082
	重庆	0.027
	泸西	0.027
	普洱	0.026
	泸沽湖	0.024
	雅安	0.015
	香格里拉	0.009

（六）云南省自驾游发展思路

1. 存在的主要问题

云南省露营地与自驾游虽然总体上呈快速、有序的良好发展态势，但与国内其他省区的露营地和自驾游发展水平相比，与自驾友好型旅游目的地省的发展目标相比，与需求日渐旺盛的自驾旅游消费相比，整体发展水平仍相对较低，存在许多亟待解决的问题。

一是露营地总量少，且分布不合理。从数量来看，根据云南省自驾车与房车露营协会的统计,结合实地考察发现,露营地建设总量少,与庞大的自驾游客源市场规模不相适应;从分布情况来看,多数分布在昆明、大理、西双版纳等旅游热点区域,绝大部分区域的露营地建设仍处于空白状态。

二是露营地建设缺乏标准和规范的管理监督机制。就云南省目前已建和在建的露营地来看,相关政府职能管理部门和投资者对露营地概念认识不到位,没有与GB/T 31710《休闲露营地建设与服务规范》和DB 53/T417—2012《云南省汽车旅游营地等级划分与评定》等有关标准和要求进行充分衔接,造成露营地建设内容不完善,专业的露营旅游服务配套设施缺失现象。同时,在对露营地项目进行立项、审批和建设过程中缺乏规范化的管理和监督,使露营地项目有产品、无服务。

三是市场运营缺乏专业经验。目前,云南省露营地盈利模式较为单一,基本停留在露营场地租赁、餐饮、住宿等大众娱乐消费层次。多数露营地提供的服务以观光为主,只有少数的露营地开展休闲度假、养生、户外拓展体验等项目;在市场对接方面,主要通过旅行社、自驾车俱乐部、协会等旅游企业进行宣传营销,面对庞大的自驾游市场,市场精准营销渠道相对单一。

四是自驾游配套服务体系不健全。云南省自驾游发展所需的配套服务设施基本停留在旅游产业发展以及道路交通建设的配套服务设施层面,专门层次的配套服务体系不健全。如自驾车游客服务中心、自驾游标识系统、自驾车房车旅游主题餐厅、住宿等。同时,针对全省自驾车房车露营地的信息服务系统、救援保障系统等服务设施基本处于空白状态。

五是自驾游路线产品转化率较低。云南省虽然已经在中国自驾游路线评选活动上斩获15条年度主题路线,位居全国第一,但是自驾游路线产品转化率不高,与OTA平台互动性不强,驴妈妈、携程、途牛旅游网推出的云南自驾游路线都存在着自驾主题不突出、游玩内容同质化、目的地重复单一等问题;推出的自驾游目的地也主要为丽江、大理、香格里拉、西双版纳等传统热点地区,对于云南省内其他旅游资源优良、交通便捷、旅游服务设施完善的自驾游目的地宣传推介较少,与之相对应的自驾游路线产品更是寥寥无几。

六是自驾车租赁服务规模较小。截至2015年9月，云南省经过运管机构备案的汽车租赁业户共有1025户，租赁车辆3439辆。其中，经济较为发达且属于旅游热点的昆明、大理、西双版纳、楚雄和普洱等城市，租赁车服务企业及租赁车数量具有一定规模。全国知名连锁租赁车服务企业，如神州、一嗨、至尊、和谐等在昆明均有布点。但从总体上看，云南省汽车租赁服务体系仍存在着"散、小、弱"等问题，与云南省游客接待量以及机场游客吞吐量不相适应，难以满足落地自驾、异地还车等服务需求。

七是鼓励露营地发展的扶持政策有待深化。由于露营地所在的区域各不相同，涉及众多的部门，导致露营地项目建设在立项审批、用地供给、金融支持等方面还存在环节多、周期长、手续复杂等制约因素。同时，由于云南省的露营地建设尚处于起步阶段，鼓励、引导国内外企业参与投资开发、经营管理的扶持政策仍处于空白状态，需要尽快研究制定。

2. 发展思路

云南省露营地与自驾游发展应以科学发展观为指导，以结构调整、转型升级为主线，坚持消费引领、创新驱动、市场主导和制度保障，充分发挥市场在资源配置中的决定性作用，以满足日益增长的自驾游消费需求为出发点，积极提升云南省露营地与自驾游的产品和服务供给水平，系统梳理云南省露营地体系与设施内容，完善露营地与自驾游发展的服务配套设施，创新运营模式与体制机制，提高发展效能；策划推出具有云南特色、能展示云南旅游精髓的精品自驾游路线与露营地旅游产品，构建消费升级、产业转型、供给创新有机结合的发展路径，把云南建成国内外著名的自驾友好型旅游目的地和辐射南亚、东南亚的自驾游集散中心，为旅游强省建设做出贡献。其发展原则如下。

①规划引领，科学发展原则。以规划为先导，立足全省的旅游产业发展现状与旅游资源特色，结合国内外露营地与自驾游发展的经验，基于云南省实际情况，科学构建露营地的分类体系及相应的设施内容体系，并进行合理布局；围绕入境市场和区域市场编制设计具有云南标识的跨境、跨

省精品自驾游路线和区域性精品自驾游路线,以切实指导全省露营地与自驾游的有序、健康发展。

②市场主导,创新发展原则。以市场需求为导向,充分发挥市场在资源配置中的决定性作用,不断强化露营地与自驾游的供给侧改革,以切实满足广大自驾旅游市场的现实需求;创新露营地的开发模式,广泛调动、聚集社会各方力量不断壮大市场主体,共同推进云南省露营地与自驾游的发展;积极探索露营地与自驾游运营、管理、建设和营销的新模式,实现云南省露营地与自驾游的特色发展。

③建设特色化,配套标准化发展原则。按照"突出核心优势,彰显个性特色,增强自驾吸引"的发展要求,在持续提高可进入性的同时,紧密结合云南省丰富多彩的自然生态旅游资源、缤纷神奇的人文旅游资源以及坚实的旅游产业发展基础,培育打造具有云南省个性特色的露营地与自驾游产品体系,实现云南省露营地与自驾游的特色化发展。同时,严格按照国家相关标准,系统配置相关设施,积极推进露营地的标准化建设。

④兼顾省内外,开放共享原则。在全省范围内选取优质旅游资源分布区域、重点城市群,重要省际、国际交通干道布局建设露营地。在满足省内自驾游游客出行需求的基础上,统筹考虑省外自驾旅游者的需求,不断增加露营地的建设数量和规模,不断提升露营地与自驾游的服务质量和水平,使之不但能够满足省内游客的旅游需求,而且能满足省外游客以及入境自驾游游客或落地自驾游游客的旅游需求。

⑤环保优先,绿色发展原则。在露营地和自驾游服务设施的建设过程中严格执行环境评估,实施环保工程,控制生态环境指标,明晰政府、企业、自驾车游客的环保职责,加强监控,严把环境质量关,确保露营地周边生态环境的可持续发展。

3. 发展方向

应积极对接国民旅游时代,以旅游产业供给侧改革为着力点,紧紧把握好露营地与自驾游的发展机遇,以云南省丰富多彩的旅游资源、特殊的区位优势和不断完善的基础设施为依托,充分借鉴国内外露营地与自驾游发展的成功经验，大力推动云南省露营地与自驾游的发展。

①加速自驾游路线的精品化建设。按照"内外连通、互为市场、双向流动"的发展思路，以本地自驾市场、周边省份自驾市场以及远程落地自驾市场为主要服务客群，以彰显云南个性特色，培育塑造精品路线为目标，构建跨国、跨省和区域三个层次的自驾游路线，促进云南省自驾游跨境联动发展、省际联动发展和州际联动发展。

②推进露营地的特色化与标准化建设。以文化和旅游部2019年9月发布的《休闲露营地建设与服务规范》《自驾车营地质量等级划分》两项行业标准为准绳，充分考虑全省自驾游路线布局、道路交通状况、城市群分布以及景区景点分布等因素，遵循"交通条件便利、资源特色明显、产业发展坚实、场地条件适宜"的原则，以"布局合理、功能健全、设施完善、彰显地域特色"为目标，系统统筹全省露营地的选址、布局与建设，推动云南省露营地的特色化与标准化发展。

③推动自驾服务的体系化建设。参照《云南省自驾友好型旅游目的地省评价表》中"信息友好、政策友好、道路友好、设施友好、环境友好、市场友好"的相关要求，全面优化云南省自驾游配套服务体系，不断推进自驾友好型旅游目的地省的建设；在现有自驾车租赁企业的基础上，大力发展自驾车租赁市场，实现自驾车租赁网点全省多数量、高质量覆盖；积极推行异地还车服务，大力发展自驾车保险、担保等相关服务业，为中远程游客提供落地自驾的平台。

④加速露营地与自驾旅游的市场化运作和产业化培育。以健康、有序、可持续为原则，完善露营地与自驾游企业的许可证制度，进一步放开自驾游市场准入机制，按照市场规律不断提高云南省自驾游的市场化程度；完善产业要素，积极引进实力雄厚的自驾游企业，大力培育本地企业，激发企业发展活力，为全省露营地与自驾游的健康有序发展营造良好的环境。

4. 发展目标

（1）定性目标。

①建成中国首个自驾友好型旅游目的地省。按照自驾友好型旅游目的

地省的要求，完善自驾游信息系统、自驾游基础服务设施和自驾游服务体系，建成信息友好、路线友好、区域友好、景区友好、目的地友好和行为友好的自驾游目的地省。

②把露营地与自驾游培育成为推动云南旅游产业转型升级的重要抓手。以自驾游发展和露营地建设为重要抓手，创新旅游新业态，健全自驾游产业链。通过全省自驾游与露营地的发展，带动旅游户外产业、旅游装备制造业和旅游休闲产业的发展，以进一步推动云南省旅游产业的转型升级和供给侧改革。

（2）定量目标。

①推出一批主题突出的精品自驾游路线。在全省范围内优先建成十条跨国、跨省的精品自驾游路线和九条区域性的精品自驾游路线环线。同时，通过省级精品自驾游路线的辐射带动，促进州、市、县精品自驾游路线的开发，以带动全省自驾游产业的全面发展。

②建成特色突出、功能完善、布局合理的露营地体系。在全省范围内，以道路交通为基础，以旅游资源特色为核心，以自驾游市场需求为导向，力争在规划期内优先发展514个露营地。其中，景区依托型露营地231个，道路依托型露营地154个，乡村依托型露营地104个，城镇依托型露营地25个。努力建成特色明显、体系完善、功能齐全、布局合理、体验度高、休闲感强的露营地体系。未来，鼓励有条件的区域按照露营地的选址条件，开发一批不同类型的露营地。

四、丽江市自驾游现状分析及对策建议

（一）丽江市旅游资源概况

丽江市是云南省辖地级市，位于云南省西北部云贵高原与青藏高原的连接部位，市中心位于东经100°25′北纬26°86′，海拔2418米。北连迪庆藏族自治州，南接大理白族自治州，西邻怒江傈僳族自治州，东与四川凉山彝族自治州和攀枝花市接壤，总面积2.06万平方公里。辖古城区、玉龙纳西族自治县、永胜县、华坪县、宁蒗彝族自治县，共有69个乡（镇）446

个村民委员会,总人口1244769人(第六次人口普查)。

丽江属高原型西南季风气候,气温偏低,昼夜温差大。丽江大部分地区冬暖夏凉。年平均气温在12.6℃~19.8℃,最热月的平均气温为18.1℃~25.7℃,最冷月的平均气温为4℃~11.7℃,年温差小,但日温差较大。年极端最高气温25.7℃,最低气温-27.4℃。每年的5—10月为雨季,7月、8月雨水特别集中。境内有程海、泸沽湖、拉市海、文海、文笔海、九子海、中济海等大小数十个高原湖泊,其中集水面积在20平方公里以上的有4个。

丽江市共有旅游风景点104处,以"二山、一城、一湖、一江、一文化、一风情"为主要代表。"二山",即玉龙雪山和老君山;"一城",即丽江古城;"一湖",即泸沽湖;"一江",即金沙江;"一文化",即纳西东巴文化;"一风情",即摩梭风情。玉龙雪山是国家级风景名胜区、省级自然保护区和旅游开发区,景区面积约263平方公里。景区内有北半球距离赤道最近的现代海洋性冰川,分布有20多个保留完整的原始森林群落和59种珍稀野生动物,被誉为"冰川博物馆"和"动植物宝库"。老君山是"三江并流"的核心景区,总面积842.64平方公里。景区内有独特的丹霞地貌、茂密的原始森林和种类丰富、未遭破坏的动植物群落,分布有种子植物79科167属280多种,其中很多是珍稀濒危植物。

丽江境内地形地貌多样,含有高原雪山、河谷、深峡、草甸、平坝相结合的地貌特征及自然景观资源,同时气候变化显著。丽江地处高原,终年可见雪山,雨量充沛,干湿季分明。

丽江自古就是一个多民族聚居的地方,共有12个世居民族。2010年,丽江市5个县的人口中,汉族人口为537893人,占总人口的43.21%;各少数民族人口为706876人,占总人口的56.79%。其中,彝族人口为243282人,占总人口的19.54%;纳西族人口为240580人,占总人口的19.33%;傈僳族人口为115730人,占总人口的9.30%。各民族在语言文字、神话传说、音乐舞蹈、文学艺术、宗教信仰、婚姻、丧葬、生育、节庆、饮食、服饰、待客、礼仪、娱乐活动以及心理素质、生态环境等方面都保留了独特的民族个性和风格。如纳西族的正月十五棒棒节、三朵节,彝族的火把节,傈僳族的阔时节,普米族的吾昔节,摩梭人的转山节和他留人的粑粑节等。

丽江市国家 A 级旅游景区如表 8-12 所示。

表 8-12 丽江市国家 A 级旅游景区

序号	名称	所在地址	旅游景区级别
1	云南丽江古城景区	云南省丽江市古城区丽江坝中部	5A
2	丽江市玉龙雪山景区	云南省丽江市玉龙纳西族自治县	5A
3	丽江玉水寨景区	云南省丽江市玉龙纳西族自治县	4A
4	丽江束河古镇	云南省丽江市古城区束河路束河镇	4A
5	丽江黑龙潭	云南省丽江市古城区民主路 1 号	4A
6	丽江泸沽湖景区	云南省丽江市宁蒗彝族自治县永宁乡	4A
7	丽江观音峡景区	云南省丽江市古城区七河乡	4A
8	丽江东巴谷景区	云南省丽江市玉龙纳西族自治县	4A
9	丽江老君山国家公园黎明景区	云南省丽江市玉龙纳西族自治县黎明傈僳族自治乡	4A
10	丽江白沙壁画景区	丽江市	3A
11	丽江文笔山景区	云南省丽江市玉龙纳西族自治县	3A
12	丽江金塔景区	丽江市	3A
13	丽江东巴万神园	丽江市	3A
14	丽江拉市海景区	丽江市古城区安尚村	3A
15	玉峰寺	云南省丽江市玉龙纳西族自治县白沙镇白沙村	2A
16	丽江玉柱擎天景区	丽江市	2A
17	丽江东巴王国景区	丽江市	2A
18	丽江虎跳峡景区	丽江市	2A
19	丽江三股水景区	丽江市	2A
20	丽江北岳庙(三多阁)	丽江市	1A

(二) 丽江市全域自驾游市场存在的问题

丽江市作为知名的旅游城市,这些年颇受自驾游爱好者的青睐,丽江自驾游市场也逐渐发展壮大。统计数据显示,目前丽江市共有精品自驾旅游重点路线汽车旅游营地 15 个,其中已建成的有 3 个,分别是位于玉龙县白沙镇木都村的丽江雪山玫瑰庄园蜜橙营地、位于玉龙县白沙镇丽江东巴谷景区康养小镇内的丽江东巴谷汽车旅游营地、位于鸣音镇玉龙雪山观景台的丽江玉龙雪山艾米房车营地。

1. 自驾游营地建设缺乏科学规划

目前，丽江市全域自驾游营地还处于初级发展阶段，呈现"散、小、弱、差"等特点。由于开发建设缺乏统一性和长远性的规划，丽江自驾游营地建设缺乏创意，因此已经建成并开放的自驾游营地多属于自然风光型，且服务单一。营地活动项目也存在盲目"跟风"的现象，且丽江市自驾游营地建设目前未有统一的标准，各地各企业等也未达成共识，这让自驾游营地建设如同一盘散沙，自驾游营地虽遍地开花但精品较少。

2. 丽江全域自驾游营地建设尚未形成完整的产业链

自驾游虽已发展了几十年，且国内汽车行业发展迅速，但自驾游营地在丽江的发展却相对滞缓，有关自驾游营地的各种产业发展也是参差不齐，丽江自驾游营地建设相关产业不能很好地持续发展。目前丽江市的自驾游形式以露营或者自然观光，享受自然气氛，感受自然生活为主，对营地的开发建设较少。游客既不能从自驾游营地的旅游中获得更深入的体验，大多数营地也没有形成统一经营管理模式和统一商标，更没有专业的营地服务销售体系，对结束旅程的游客不能产生后续品牌效应。产业链既是旅游发展的后劲，更是自驾游营地发展的后续动力，完整的产业链的形成能够更多地惠利于民，促进丽江市自驾游营地多方面协调发展。

3. 旅游互动参与形式贫乏，旅游体验效果不佳

虽然丽江市自驾游营地较多，但是营地体验项目活动较少，大多属于观光类型的营地。相对来说，自驾游游客喜欢新奇的冒险体验，或者放松休闲，这就意味着他们在选择营地时会注重营地的特色。丽江市自驾游营地特征不明显，导致游客忠诚度较低。目前，丽江市自驾游营地还存在相关设施设备跟不上，或者信息不对称、网络资料与实际不符等问题，降低了自驾游体验值和游客满意度，因而游客的抱怨较多。这些都是丽江市自驾游营地在游客的参与度以及体验度方面做得还不够的体现。

4. 自驾游产品及营地营销缺乏创意

目前丽江市开发的自驾游产品以周边游和短期游为主，在宣传方面属于丽江市内游客广知，省内的游客略知一二，这说明自驾游营地旅游项目的宣传力度严重不足。当前，凭借高度发达的信息技术将信息有效地输送给目标对象，既是宣传的目的，也是开拓市场的关键。特别是丽江市旅游业发展偏向活力有朝气的自驾游旅游市场，更应该注重创意营销。在此方面，丽江市的自驾游营地做得远远不够。目前，丽江市自驾游营地的宣传局限在网络、报纸、旅行社、各个展销会以及政府等部门召开的旅游发布会等，有创意的营销方式较少。而且，丽江市自驾游营地的出游方式多为丽江本土的俱乐部或者自发组团出游，通过营地本身的营销来丽江自驾游营地旅游的外地游客较少，从这也可以看出，丽江市自驾游营地营销能力还有待进一步加强。

（三）丽江市全域自驾游营地建设对策建议

针对丽江市全域自驾游市场目前存在的问题，提出以下八点对策建议。

1. 加强政府引导和资金投入

2018 年，在相关部门的推动下，丽江自驾游房车旅游政策利好不断。在调研精品自驾游重点路线及沿线示范汽车旅游营地建设情况时，丽江市市长强调，要着眼发展全域旅游，优化精品自驾游重点线路，高起点规划、高标准建设汽车旅游营地，加大自驾露营旅游产品开发力度，提升旅游供给能力，推动丽江旅游产业转型升级。同时，不断完善基础设施，将丽江自驾车营地建设成为资本追逐的热点、企业青睐的重点、行业发展的亮点，从而使丽江市自驾游营地建设迎来新的发展"风口"。

政府作为各行各业的引导者，需要及时发挥引导作用，除了及时颁布制定相关政策法规以及大力推行外，还应与时俱进，及时了解市场动态，及时对当下的市场变化做出反应。为加快推进丽江地区营地建设，其相关工作要突出重点，落实营地建设的各项措施，推进具有丽江市区域特点的自驾车旅游产业结构调整，推动整个丽江市营地布局调整和优化。在资金方面，政府要加大对营地建设以及与营地建设相关产业的投入，应将补助支持营地建设的经费列入财政预算，督促市、区政府在预算中安排营地建设相关资金。市、区、县的有关部门要认真分析论证营地建设项目，积极争取国家对丽江市营地建设相关产业的资金支持。营地建设是一个综合性的发展项目，不仅需要政府的引导以及资金的投入，也需要各行业的大力支持。丽江市政府规划的营地建设以及部分企业建设的自驾游营地还不能满足日益旺盛的市场需求，因此在政府引导下加大对自驾游营地的资金投入势在必行。

2. 完善交通设施和营地服务

目前，自驾游游客对丽江市自驾游营地建设的总体评分不高，营地交通设施较为落后。交通是自驾游的灵魂所在，完善的交通又是自驾游营地发展的关键所在。丽江市自驾游旅游交通建设仍有许多需要改善的地方，如沿途自驾游旅游交通标识不清楚明确，加油、加气站等的距离设置不太合理，等等。

交通的完善不仅包括实际交通状况等的完善，还包括线上交通系统的完善，及时更新网络交通信息也很重要，要做到线上线下交通网络一体化，做到交通信息及时更新。在营地服务方面，目前丽江市自驾旅游的许多营地配套制度亟待完善，营地服务还存在较多瑕疵。例如，营地用地属性有待厘清，营地消防设施不够完善，部分从业人员服务意识不强，营地住宿登记、安全救援等也存在一些问题。要尽快告别行业粗放无序的发展状态，有效解决自驾游产品碎片化问题。

3. 丰富营地活动和营地体验

在营地活动方面，丽江市自驾游营地在引进国内外当下流行的娱乐活动方面也要因地制宜，只有综合营地本身的特征，才能给游客带来焕然一新的感觉。营地建设作为自驾游未来发展的重点，应该利用当下科学技术不断更新营地活动以及营地建设等的创意设计，丰富游客体验。例如，营地的造型以及建筑风格等要聘请有先进经验的专业人员，在兼顾安全的前提下时刻将游客体验作为最高准则，并且按照国际标准流程进行营地建设。

4. 引导和规划产业链的发展

丽江市自驾游营地建设虽然已逐步走上了健康发展的道路，但是仍然需要科学规划，同时需要完善自驾游营地产业链，保证产业集群中的相关企业不再是单打独斗地参与竞争，而是形成产业舰队，以提高丽江市自驾游营地建设整体竞争力。在规划方面，政府应按行业标准加快制订自驾游营地建设的相关规划，并且将这些规划落到实处，做到景区营地按规划建设。提高旅游业供给质量，倒逼各营地加快转型升级等。在完善产业链方面，自驾游包含"吃、住、行、游、购、娱"六大板块。丽江市以自驾游营地建设作为大板块的组成之一，应该加强各个板块之间的联系以及相互间的促进作用。例如，当游客选择在营地过夜时，营地应该加强夜间娱乐活动，以增强游客黏性，让游客流连忘返。另外，应加强产业间的联系，使丽江市自驾游营地建设形成大的产业链，健康有序地发展，为丽江市经济发展带来新的活力。

5. 做好市场监督和营地收费

相比较而言，国外的自驾游营地收费标准都是明码标价，根据服务内容收取相应的费用，但国内营地建设标准及收费不统一。丽江市很多自驾游营地还处于刚起步阶段，大多数营地依靠原有景区资源，景区内各项服务收费较高。丽江市自驾游营地应该规范收费标准，合理收费，从而提升游客体验度。另外，要加强市场监督。市场反应是产业兴衰的一面镜子，良好的市场监督机制可以使该产业更健康地发展。自驾游营地建设的发展离不开市场的监督，不能在景区附近圈一块地用以停车就称为"自驾游营地"，而必须按照国内外先进营地的标准对其进行规划建设，同时接受相关职能部门的有效监督，促进行业健康发展。

6. 增强广告意识和广告宣传

综观国内旅游市场，做得好的景点其广告宣传也是到位的，如重庆武隆每年在景区、景点广告营销上的费用都很高，为了加大宣传力度还推出印象武隆系列，吸引了大批忠实粉丝，可见其广告宣传卓有成效。丽江市自驾游营地处在起步阶段，更应该树立广告意识，在打造好自身的同时广而告之，以让更多的游客知道，提高自身的知名度。现在已经不是"酒香不怕巷子深"的年代，而是一个主动营销的年代。目前，国内营地做得较好的是长三角、四川等地，这些地方不仅积极地争取营地建设机会，更是积极参加各种营地宣传推荐会，提高营地的知名度。丽江市自驾游营地也应学习这些做法，加大营地的宣传推广力度。运用网络、报纸、车载广告、广播等各种渠道把自己推出去，让更多游客知道营地的存在。另外，营地的发展离不开汽车行业的发展，丽江市应该积极加强与营地建设相关行业的合作，如交通行业，汽车行业，传统团队旅游行业以及娱乐、户外运动等行业，在合作过程中也能起到较好的宣传作用。

7. 培养专业人才和专业团队

一要拓宽选才思路。坚持用"开放型"的眼光审视自驾游相关人才、甄选人才，牢固树立"能者为师"的理念，更加注重人才的经验和能力，积极引进旅游专业人才。对于急需的营地建设人才，可以用"不必常驻，但求常来"的用才理念，按照"季节型""假日型"等引才思路，分时间、分批次柔性引进旅游人才，切实推动丽江市自驾游营地建设人才发展。二要创新用才模式。要着眼于丽江市自驾游营地的实际，突出契约式用才方式，着力构建灵活实用的用才激励新机制。以顾问制引进决策参谋，聘请相关专业院校专家学者为丽江市自驾游营地建设发展顾问，为科学决策提供咨询。同时，邀请相关专家进行自驾游景点规划，邀请省市专家来丽江市自驾游营地开展调研、建言献策。以聘任制引进专业技术人才，面向社会公开招聘自驾游营地产业人才，进一步充实自驾游营地建设领域专业技术人才队伍。三要优化留才环境。对引进的优秀自驾游营地产业人才，实行"定期"联系和包办手续"一条龙"服务，积极帮助申报项目、申评"先进工作者"等荣誉称号。想方设法解决自驾游营地人才"安居"问题，落实优秀人才家属就业、子女入学、医疗保障等方面的优惠政策，切实解决人才的后顾之忧，大力营造重才爱才、感情留人、事业留人的浓厚氛围。四要实施育才工程。要大力实施丽江市自驾游营地产业人才培养促进工程。依托高等院校和职业教育机构，采取"请进来和走出去"、定向招生、联合办班、订单培养等方式培养专业人才。选派营地经营管理骨干人才到国内外星级营地跟班学习、挂职锻炼等。

8. 学习先进经验和标杆营地

目前，丽江市已有数量不少的自驾游露营地、房车营地，正在快速塑造一批功能齐全、服务完善的自驾游营地。

一要具备标杆思维。营地建设思想要始终引领前进的步伐。丽江人除了有艰苦奋斗、吃苦耐劳的精神以外，还要有标杆思维，即向行业的标杆看齐，看到自身的不足，特别是目前发展较落后的营地，一定要有标杆思想。二要取长补短。丽江市自驾游营地相关负责部门应积极邀请国内外的知名专家，举办自驾游营地建设、运营、管理等公益讲座，积极推动全市自驾游营地企业导入卓越绩效管理模式，积极学习国内外营地先进的建设经验，实现丽江市自驾游营地建设的跨越式发展。"走出去"观摩学习，既能开阔眼界，也能学到更先进的营地建设经验，从而促进丽江市自驾游营地建设的全面提升。鼓励大家采用"走出去"的学习方式，充分地了解自驾游营地行业先进的管理经验。结合丽江地区实际，加快营地转型升级，提高旅游供给质量，进一步激发文旅消费潜力。

五、丽江市全域自驾游项目分析研究

由丽江裕安房地产有限公司投资的丽江市全域自驾游项目主体，位于丽江市古城区开南街道办事处漾西居委会蛇山。

（一）建设规模

该项目预计总投资114亿元，分为三期推进。其中，第一期建设周期为3~5年，预计投资14亿元，并分为两个阶段。第一阶段：2019年1—12月，完成项目前期策划、规划、报批、办证以及先期道路、水电、通信等基础设施等工程开工建设，预计投资1亿元。第二阶段：2019—2020年，全面完成丽江市全域自驾游项目工程建设，预计完成总投资13亿元。其内容包括：①蛇山大本营旅游综合服务平台。该建设项目包括接待咨询大厅、自驾游设计定制中心、自驾游基地、户外运动基地、运动装备专卖店、救援服务中心、摄影服务中心、旅游创客示范基地等。②美丽乡村、自驾游营地及其配套服务设施。建设项目包括九个美丽乡村、九个自驾游营地、农副产品展示区、户外旅行配套服务设施等。③其他配套设施。

第二期：2019—2022年（3～5年），预计投入50亿元，全面完成蛇山大本营旅游综合项目建设。其建设内容包括纳西特色民居建筑群、康养服务中心、民族民俗精品主题酒店、灯光梦幻森林公园、森林SPA、水上乐园、森林四方街、国际化生态产业园区等。

第三期：2022—2032年，预计投资50亿元，用10年左右的时间，主动服务和融入大滇西旅游环线建设，全面提升旅游业态，完善旅游服务设施，加快旅游重大项目建设，提高旅游数字化、智慧化水平，打造高品质的旅游业态。构建丽江深度自驾游体系，推进全域旅游，推动旅游业高质量发展，真正把滇西地区极为珍贵的生态人文优势转变为产业升级和群众脱贫致富的发展优势。

（二）建设目标

①成为大滇西旅游环线中加强交通基础设施建设，完善旅游综合配套服务体系的标杆和高地。

②打造与国际一流旅游目的地和服务发展相匹配的，"商、养、学、闲、情、奇"等功能综合、特色鲜明、智慧集散的新型全域旅游集散目的地。

③进一步整合丽江全域旅游资源，促进旅游全域化发展，加快推进丽江旅游产业转型升级，配合政府创建国家全域旅游示范区。

④依托"一部手机游云南"和5G技术，建立一整套科学完善的丽江精品自驾游智慧服务综合体系，打造全时、全季、全域三维旅行信息共享平台，补齐丽江传统旅游的短板。

⑤成为促进丽江经济发展常态下"稳增长、调结构、增就业、惠民生"的旅游新引擎。

⑥发挥丽江得天独厚的生态资源优势，构建以丽江生物、医药为主的特色产业体系。推动丽江第一产业与第二、第三产业间相互促进融合。

(三) 项目开发背景

1. 国家政策

自 2013 年国家主席习近平提出共建"丝绸之路经济带"和"21 世纪海上丝绸之路",即"一带一路"倡议以来,从顶层设计到项目落实,"一带一路"在建设中前进、在发展中完善、在合作中成长,从梦想走进现实。云南作为我国向西南开放的桥头堡,"一带一路"建设为其发展提供了难得的机遇。云南处于古代南方丝绸之路要道,面向"三亚"、肩挑"两洋","一带一路"建设的推进让区域间的联系进一步加强,为云南境内旅游资源知名度的提升创造了良好的条件,为云南带来了大量的客流,进一步扩大了云南省旅游经济的市场份额。丽江要抢抓这一发展机遇,主动融入和服务国家"一带一路"建设,深入挖掘城市文化资源,广泛开展文化遗产的传承保护和交流共享,促进城市文化品牌的提升。

2. 区域发展政策

2019 年 4 月 16 日,云南省委副书记、省长阮成发主持研究建设大滇西旅游环线时强调,要加强规划引领,优化方案设计,推进交通基础设施建设,完善旅游综合配套服务体系,加快建设大滇西旅游环线,全力打造世界独一无二的旅游胜地。同年 8 月 12 日,云南省省长阮成发在国新办发布会上表示,通过 3 年努力,打造好"大滇西旅游环线"。为了实现这一目标,当前主要做好 3 件事:一是推进一体化的大滇西生态保护。要把保护好生态环境作为开发建设的前提条件。各级生态环境、自然资源等部门要充分借鉴国家公园保护与开发的先进理念,摸清各类保护地生态红线,用好禀赋资源,确保大滇西旅游环线的开发建设与生态环境保护相协调,走一条绿色发展之路。二是建设大滇西交通环线。在保护生态的前提下尽可能用高速公路将其串联起来,并积极推进滇西旅游铁路建设。提高交通互联互通水平,是打造大滇西旅游环线的基础。要遵循生态环保理念,优化大环线和小环线路网规划设计,统筹推进路网互联互通建设,因地制宜地提升道路等级,更好地把区域内核心旅游资源和主要旅游产品业态有机串联起来。三是全面提升旅游业态。大滇西环线要使大家既能享受绮丽风光、民族特色，也能享受智慧的、现代的旅游方式。要以旅游产业为支撑，做好顶层设计，制定长远规划，完善旅游服务设施，加快旅游重大项目建设，提升旅游数字化、智慧化水平，打造高品质的旅游业态，推动沿线州市人流、物流、资金流、信息流等经济要素自由流动，真正把滇西地区极为珍贵的生态优势转变为产业转型升级和群众脱贫致富的发展优势。

2019年6月6日，大滇西旅游环线互联互通合作协同发展圆桌会议在香格里拉市举行。迪庆、丽江、大理、保山、德宏、怒江等6州市签署了"大滇西旅游环线建设协同推动备忘录"。备忘录显示：云南省6个州市将紧紧抓住国家"一带一路"建设、长江经济带等机遇，依托大滇西旅游环线建设重要契机，大力推进旅游产业转型升级，进行整体规划布局、综合统筹管理、一体化营销推广。探索区域内旅行社业务、旅游车运营、导游服务等无障碍运行机制，逐步实现区域内旅游团队一站式服务。在交通基础设施建设、旅游项目开发、生态保护、文化传承、旅游扶贫、市场监管等方面紧密协作，共同争取省委、省政府乃至国家层面加大对大滇西旅游环线的投入。

丽江市印发的《关于创建国家全域旅游示范区实施意见》中指出："创建国家全域旅游示范区要做到：战略要高、定位要准、目标要明、规划要'深'、措施要实、力度要大、行动要快。"要从丽江实际出发，修改完善行动计划，大力推动丽江市旅游产业转型升级，积极创建"国家全域旅游示范区"，进一步加大旅游供给侧改革，促进丽江市旅游持续健康发展；从坚持规划先行、建立旅游数据中心、改造提升旅游基础设施、拓展旅游业态新领域、强化旅游市场监管等方面下功夫，扎实开展"国家全域旅游示范区"创建工作。同时，要在城市全面实施"四治三改一拆一增"，在农村全面实施"七改三清"环境整治行动，改善城乡人居环境，进一步推动"国家全域旅游示范区"创建工作。

3. 丽江旅游提质增效的需要

丽江在旅游业快速发展的同时，出现了"吃、住、行、娱、购"等各方面供给结构不平衡问题。调查显示，旅游者对丽江旅游的"风景"和住宿环节评价较高，而对交通、美食、娱乐和购物等方面的评价较低。

目前，丽江旅游存在的主要问题有：①旅游基础设施和公共服务不完善，城市间、城市内公共交通、旅游交通设施和运载工具落后，新兴旅游景区的外部交通与景区连接道路建设步伐缓慢，部分景区"最后一公里"瓶颈现象比较突出，旅游公共服务不完备，给游客的信息咨询、出行带来诸多不便。②旅游各要素供需错位。一方面，旅游产品结构单一，高品质产品供给不足；另一方面，酒店、客栈、餐饮、购物和地产等行业产能过剩，旅游消费时空不均衡明显。③旅游市场营销方式不够灵活多样，缺乏有效的市场拓展能力和渠道，宣传促销、市场开拓力度不够，国内客源市场占绝对地位的现状没有转变，海外入境旅游高端市场份额较小。④旅游服务供应链僵化不灵活，旅行社功能传统陈旧，不能满足旅游者多样化、定制化旅游需求，旅游管理体制有待优化。⑤科技创新不足，现代技术元素与旅游产品交融仅浮于表面。因此，丽江旅游迫切需要转型升级，力争早日实现丽江旅游业从门票经济向产业经济转变，从粗放低效向精致高效转变，从单一景区（景点）建设向全域统筹综合目的地转变。

丽江市委书记崔茂虎表示，丽江将坚持走民族特色内涵式旅游发展之路，抓住古城转型升级切入点，努力强基础、补短板，增内涵、显特色，以丽江古城的转型升级带动全市旅游的转型升级，推动旅游业由观景旅游逐步向度假旅游、门票经济向服务经济、外延式发展向内涵式发展转变，让广大游客有更愉快的体验及更大的安全感、获得感、幸福感。通过长期努力，丽江在以下各方面都取得了较好成效：一是在优化旅游业态布局，着力推进航空运动、体育赛事、康体休闲、民族文化节庆、商务会展、精品演艺等旅游新业态方面取得较好成效。二是大力推进智慧旅游，积极推进旅游大数据平台、非物质文化遗产产业园区等项目，着力抓好"一部手机游云南"的丽江试点工作，努力打造"政府监管无处不在，游客体验自由自在"的旅游新模式。三是全面提升城乡人居环境，大力推进城市绿化、美化、亮化、净化，高效利用现有水资源打造更多水景观和生态湿地，提升城市品质。

按照丽江市委、市政府提出的"把丽江建成全国全域旅游示范区、全国民族文化旅游精品目的地、世界级旅游目的地的丽江旅游发展目标",丽江西禅旅游开发投资有限公司针对目前丽江旅游发展现状,提出了依托蛇山项目开发丽江市全域自驾游项目的设想。打造丽江沿金沙江全域生态旅游示范区,推动丽江旅游扩容升级,提升旅游服务标准,助推丽江旅游产业和区域经济转型升级,带动金沙江区域社会经济的发展,实现周边村社脱贫致富。

(四) 项目一期规划

1. 项目开发建设思路

依照丽江市古城区发改局下发的《关于做好2018年贯彻落实国家高尔夫球场清理整治工作方案的通知》,丽江西禅旅游开发投资有限公司围绕国家实施长江经济带发展战略的机遇,针对现代游客对旅行的需求多元化、服务专业化的特点,以及丽江体验式生态旅游景点、风貌尚未被完全开发,新的旅游吸引点尚未形成的现状,深度挖掘丽江金沙江沿线全区域地带具有民族性、自然性、生态性、文化性的旅游资源,以"错位竞争、差异发展"的理念进行项目定位,打造了丽江市全域自驾游项目。该项目分为蛇山大本营开发建设项目以及丽江自驾游环线建设项目。其中,蛇山大本营融四季公园4A级景区、5A级自驾游营地群、旅游综合配套服务国际示范区为一体,兼具接待、服务、指挥、救援、结算、康养六大功能。丽江自驾游环线建设项目,即在金沙江流域经济带沿线到宁蒗泸沽湖再到永胜程海区域内,初步甄选出具有浓郁民族风情、文化亮点突出、景色宜人、物产丰富,具备生态旅游资源开发优势的9个美丽乡村、9个自驾游营地,进行旅游路线开发设计及服务设施规划,建立健全"一部手机游自驾环线"的智慧平台,形成一整套科学完善的丽江生态自驾游环线综合体系。项目建成后,丽江市全域自驾游项目将为丽江游客提供融"商、养、学、闲、情、奇"等功能为一体的综合旅游服务体系,以弥补传统旅游景点吸引力不足、商业化程度过高、体验深度不够的缺憾,从而大大延长游客在丽江旅行逗留的时间。较之传统的旅游观光景点,丽江市全域自驾游项目的开发也将成为在促进丽江经济发展新常态下"稳增长、调结构、增就业、惠民生"的新引擎。

2. 项目建设原则

一是市场导向性原则。企业的存在和发展必须以市场为导向，自驾游项目建设也应如此。丽江市全域自驾游项目建设作为丽江市区域经济发展的组成部分，必须以丽江市自驾游市场为导向。同时，自驾游营地建设计划及经营等，一定要建立在了解丽江自驾游市场情况、预测丽江自驾游市场未来、分析丽江自驾游市场动态的基础之上，以丽江自驾游市场需求作为项目建设的基本出发点。二是设施景观化原则。该原则是指设施即景观。在蛇山自驾游营地中，为满足自驾游游客观赏或者休憩等需要，设立了一系列称为"自驾游营地设施"的建筑、设备等。其中，最常见的有为满足游客健身娱乐、亲子嬉戏玩耍需要设立的游乐健身设施，为满足观赏、休憩需要设立的各式景观设施，还有为满足种植需要设立的种植设施，等等。自驾游营地的设施较多，这些设施不仅要发挥本身的作用，也将作为自驾游营地景观的一部分。丽江市是著名的旅游胜地，风景立体感强，许多景区景点都顺势而为，依山而建，这正是设施景观化的具体体现。因此，蛇山自驾游营地更应该遵循这个原则，给游客带来"设施中有景、景中有设施"的立体感。三是服务标准化原则。自驾游作为服务行业的一员，其服务标准化势在必行。目前，国家及地方都在大力倡导营地建设标准化，其中很重要的一个板块就是营地服务标准化。云南省文化和旅游厅出台的《汽车旅游营地建设与管理规范》中明确指出，汽车旅游营地应结合云南省民族风情，根据所在地经济和技术发展水平、民族习惯及传统等，做好自驾游营地服务。营地服务标准化是以自驾游游客为对象，为游客提供符合标准和更高质量的营地服务。开展营地服务标准化工作，不仅能帮助营地建立更好的服务标准，还能在提升营地质量的同时赢得游客的信赖和支持。"山好、水好、人更好"是丽江旅游的一大名片，丽江市全域自驾游也应该打造自驾游营地服务标准化的名片，让游客享受宾至如归的感觉。四是营地特色化原则。自驾游的灵魂是当地的人文脉络、现代文明的新风尚，以及当地产业的进化升级等要素共同融合的结果。其作用是提升自驾游项目的各种功能，让其有凝聚力，形成足够的信息差，具备品牌传播特性。不够聚焦的品牌，也就不具备传播特性。具体来讲，自驾游项目应解决的是：首先，要基于对当地人文脉络的深度梳理，包括历史故事、人物、遗址、风俗、物产、自然环境等，找到当地的差异基因。寻找该差异基因与现代社会诉求的契合点，并加以融合。其次，研究当地产业体系，寻找特色产业业态。特色产业未必是当地的支柱产业，但一定是有着品牌化潜力的产业，是具有当地特色且独有的产业。丽江市全域自驾游项目的开发应当遵循特色化原则，让游客在不同的景区、景点实现不同的旅游感受和体验。例如，在摩梭文化保存最为完整的摩梭古村落永宁乡温泉村和以"东巴之乡""云南省非遗保护传承基地""丽江市东巴文化保护传承基地"著名的鲁甸乡新主村，两种不同的自驾游营地为游客带来的应当是两种不同的自驾游产品体验，而不是所谓的"统一生产"，即不同地方生产同样的产品。

五是品牌输出化原则。目前，国内绝大部分的自驾游项目还处在盲目建设、粗放运营的阶段。文脉的融合提升，细致的人文交互，完整的产业生态都还处在摸索期。绝大部分自驾游的运营基础还是靠简单的业态体验，如露营、娱乐等。然而，即便我们所说的文脉、产业、交互都完成了，这个自驾游项目也不能称得上成功。只有当地的产业、文脉、原住民、自然等要素充分融合，形成了品牌并且被以完善的模式输出以后，这个特色自驾游项目才算是成功。就像美国的迪士尼、环球影城、好莱坞一样，当它们走出国门、走向世界的那一刻，在国外有了自己的品牌店、品牌园区的那一刻，这个品牌的价值才能真正体现出来。自驾游项目未来的趋势必定是不仅有自己的一片根据地，与本土文化充分融合，还将会有若干的品牌店在项目以外、虚拟店在线上，作为品牌输出的端口。国内乃至世界的自驾游文化也会因为各地方自驾游品牌经济的崛起而形成新一轮的自驾游文化与经济大融合。六是开发可持续原则。开发可持续原则是指营地在现有基础之上的建设，不仅要能满足当下丽江自驾游市场的需求，而且不能损害和妨碍自驾游营地的后续建设及发展。开发可持续原则使营地建设始终处于良性发展的循环之中。目前丽江已经运营或者在建的自驾游营地大多数属于自然风光类的营地，同时丽江市近年来吸引了越来越多的游客，逐渐接近景区承载极限。过多的游客也会对营地的自然景观、生态系统等造成一定的破坏。因此，在丽江市全域自驾游项目营地建设方面应该尽量减少对生态环境的破坏，注重对自然的保护，坚持可持续发展原则。无论我们的社会如何发展，其最终诉求都与物质无关，皆在于内心的平和与幸福感。自驾游项目的发展务必要与人文回归、人居和谐、产城融合相结合，只有这样才能更好地助推丽江市成为乐居、幸福、秩序井然、其乐融融的国际化旅游城市。

3. 项目规划建设内容

（1）蛇山大本营。

蛇山大本营位于丽江市区，距离丽江高铁站 1 公里、丽江古城 10 公里、丽江三义国际机场 21 公里、玉龙雪山 30 公里，还有蓉丽高速、大丽高速、香丽高速 3 条高速交织而过。交通便利，自然环境优良，地形多样，视野开阔，周边配套设施完善。

蛇山大本营又可分为 4A 级四季公园景区、5A 级自驾游营地群、旅游综合配套服务国际示范区三大部分。

4A 级四季公园景区位于蛇山大本营核心部位，占地面积约 1608.75 亩。景区采用"一轴多点"的空间设计结构。"一轴"，即园区入口与玉龙雪山之间连接形成的景观视轴。利用玉龙雪山位于蛇山大本营北偏西 15°方向的轴线，打造主景区景观视廊"玉龙 15°"。"多点"，即结合基地自然条件特征形成的分布于景观轴线周围的景观节点。这些主要景点有民族团结广场、纳西田园东巴小镇、森林四方街、古道雄关、摩梭女儿国、傈僳山寨、文化人类学博物馆、格桑花海、雪山圣境、西禅净土、儿童乐园、5A 级自驾游营地群等。

5A 级自驾游营地群占地约 1646.25 亩，包括游客服务中心、园林主题酒店、自驾游露营地、森林剧场，旨在为游客带来自然、生态、人文相互融合的全新体验。

旅游综合配套服务国际示范区占地约 1545 亩，包括客栈群、国际儿童福利院、国际野生菌产业园区、国际生态养生度假区、情人湖、水上剧场、救援中心等。国际化旅游综合设施配套齐全，为游客开启高品质生活。

（2）环线九大美丽乡村。

在丽江全域自驾游环线乡村选择上，主要遵循8个原则：①村落之中有独特自然风光。②村落受汉文化的影响较小，保持原有生活方式。③村落本身有博物馆潜质，对于村民生活方式有最直观的体会。④村落处于非热门景区范围内，可开发的潜力大。⑤村落经济欠发达或较为贫困，旅游开发有助于其加快经济发展。⑥村落有独特的民族文化特色。⑦村落与丽江世界自然遗产"三江并流"有地域联系，让游人体验世界遗产的同时，助力"三江并流"地区发展。⑧村落中尚保留原生态的生活方式，旅游体验感更强。

基于这8个原则，在丽江市全域范围内选择了古朴纯粹的白族古村——石头乡桃园村、神秘险峻的傈僳山寨——黎明乡美乐村、植物园边的纳西故里——鲁甸乡新主村、歌舞传承的纳西古城——塔城乡署明村、大山大水旁的宁静坝区——大具乡培良村、古老神秘的山间城堡——宝山乡石头城、优美纯净的摩梭之乡——永宁乡温泉村、宁静祥和的傈僳之城——通达乡腊姑河村、清新自然的海边净土——永胜县清水古镇9个村落。这些村落综合涵盖了丽江市全域村落的特征。

六、项目SWOT分析

（一）SWOT分析的意义与重点

SWOT分析法是项目可行性分析的科学工具，它把组织内外环境形成的优势、劣势、机会、威胁四个方面的情况结合起来进行分析，以找到制定符合组织实际情况的经营战略和策略的方法。SWOT分析实际是将内外部条件的各方面内容进行综合和概括，其中SW代表内部条件分析，OT代表外部条件分析，进而分析组织优劣势以及所面临的机会和威胁，并发扬优势，把握机会，规避威胁，减少劣势，最后实现发展的一种方法。SWOT分析法既有助于为自驾旅游提供参考，同时还能够有效、直观地反映市场需求，是确认旅游开发项目市场方面可行性的重要依据。在旅游开发项目可行性研究阶段，SWOT分析的重点是明确项目所处市场环境下的各种优势、劣势、机会和威胁。重点关注 SWOT 分析的细化程度及工作任务，将各因素相互匹配并进行综合分析以得出项目是否可行。

(二) 丽江市全域自驾游项目的 SWOT 分析

1. 丽江市全域自驾游项目优势分析

(1) 区位交通优势。

丽江市位于云南省西北部云贵高原与青藏高原的连接部位，距离昆明市 527 公里，北连迪庆藏族自治州，南接大理白族自治州，西邻怒江傈僳族自治州，东与四川凉山彝族自治州和攀枝花市接壤。蛇山大本营位于丽江市区内，距丽江高铁站 1 公里，丽江古城 10 公里，丽江三义国际机场 21 公里，玉龙雪山 30 公里，还有蓉丽高速、大丽高速、香丽高速 3 条高速交织而过。丽江主动融入大滇西旅游环线建设，联合怒江傈僳族自治州，打通丽江黎明至兰坪县大羊场旅游专线，实现怒江、丽江、迪庆之间游客相互流动；联合大理白族自治州，打通老君山内部旅游环线，有效连通剑川，依托正在建设的鹤庆—剑川—兰坪高速公路，实现丽江、大理、迪庆及怒江之间的游客互通性，形成 4 州（市）之间高效的客流互动通道。交通便利，区位优势明显。

(2) 旅游资源优势。

丽江市是全国唯一拥有三项世界遗产桂冠的地级市，拥有世界文化遗产——丽江古城、世界自然遗产——三江并流核心区域、世界非物质文化遗产——纳西东巴象形文字。丽江古城还与同为第二批国家历史文化名城的四川阆中、山西平遥、安徽歙县并称为"保存最为完好的四大古城"。2018 年，丽江先后荣获"中国最美休闲度假胜地""最美中国旅游目的地城市""中国十佳特色文化旅游名区""中国生态魅力名县""全国十佳生态休闲旅游城市""2018 年中国旅游影响力品牌"等荣誉，并入选 2018 年"旅行者之选"全球最佳目的地榜单。丽江古城图像被印入我国因公出国护照，陪伴无数人走遍了世界。当代著名作家阿来写的《一滴水经过丽江》一文入选人教版八年级语文教材。首部纳西族青少年励志电影《寻找雪山》先后荣获"第 26 届中国金鸡百花电影节少数民族优秀新片奖""中国首届少数民族电影节最佳故事片奖"等六项殊荣。

丽江市还是全国生态环境保护最好的地区之一，有"东方瑞士"的美称。丽江生物资源丰富，有1.3万多种植物，占云南省植物种类的70%，云南八大名花和国家保护植物珙桐、红豆杉、三尖杉、榧木、银杏等在丽江广为分布。中英合作复建项目——丽江与英国爱丁堡皇家植物园合建的丽江高山植物园于2001年5月18日奠基开工。丽江是云南省重点林区之一，林业用地1.5万平方公里，森林覆盖率达40.3%。丽江98.2%的面积属于金沙江流域面积，是中国实施天保工程的重点地区。

（3）资金优势。

项目投资方丽江西禅旅游开发投资有限公司属于重资产企业，企业团队有20多年房地产开发经验，经过诸多城市运营项目的开发历练，专业素质高、技术水平过硬、组织架构完整、执行力强，有着丰富的项目开发运营经验。丽江裕安房地产综合开发有限公司初期可投入14亿元用于项目一期建设，并计划通过招商引资等方式吸纳超百亿元资金，为项目后期建设开发提供资金保障。

2. 丽江市全域自驾游项目劣势分析

（1）旅游基础和公共服务不完善。

目前，丽江市内公共交通、旅游交通设施和运载工具落后，新兴旅游景区的外部交通与景区连接道路建设步伐缓慢，部分景区"最后一公里"瓶颈现象比较突出，旅游公共服务不完备，给游客的信息咨询、旅游出行带来诸多不便。

（2）市场营销不足。

目前该项目缺乏有效的市场拓展渠道，宣传促销、市场开拓力度不够，未来只能以国内客源市场为主，而无法占据海外入境旅游高端市场。

3. 丽江市全域自驾游项目开发机会

（1）政策利好。

2016年12月26日，国务院出台的《"十三五"旅游业发展规划》中明确指出，要加快发展自驾车旅居车旅游，建设一批公共服务完善的自驾车旅居车旅游路线和旅游目的地，培育营地连锁品牌企业，增强旅居车产品设计制造与技术保障能力,形成网络化的营地服务体系和比较完整的自驾车旅居车旅游产业链。

2019年4月16日,云南省委副书记、省长阮成发提出要建设大滇西旅游环线。将滇西丰富的高原峡谷、雪山草甸、江河湖泊、火山热海、古城韵味、民族文化、边境风情、珠宝玉器等独特旅游资源串联起来,推动滇西旅游全面转型升级,推动人流、物流、资金流、信息流等经济要素自由流动,实现旅游、文化、科技、扶贫等多项功能叠加,释放辐射带动发展的乘数效应,把大滇西旅游环线打造成为生物多样、生态优美、文旅融合、路景一体的世界独一无二的旅游胜地。

(2) 近年来国内自驾游市场火热。

自2008年以来,受政策支持、居民收入、道路建设等诸多直接因素影响,国内自驾车旅游开始呈现出爆发式增长,势不可当。据估算,自驾游和自由行的游客从数量上已超越组团游人数并领跑旅游市场。"自驾游经济"带动的相关产业更加广泛,蕴含的经济潜力更加巨大。

4. 丽江市全域自驾游项目开发威胁

(1) 丽江市内同行业竞争激烈。

受国内自驾游市场火爆影响,丽江市内自驾游项目建设的竞争也越来越激烈。统计数据显示,目前丽江市共有精品自驾游重点路线汽车旅游营地15个,这些都会为本项目的建设带来很大的压力。

(2) 丽江旅游淡旺季明显、门票经济根深蒂固。

丽江市旅游市场以自然山水景色为主,受季节影响较大,淡旺季明显。同时,旅游产品多为观光型的产品,旅游收入中门票收入所占比重大,难以让游客产生二次消费欲望,难以将游客留下来、将过境游客转化为过夜游客。

(三) 丽江市全域自驾游项目开发财务分析

1. 投资估算

丽江市全域自驾游项目预计总投资将达到114亿元,共分三期,第一期投入14亿元。其中,蛇山大本营项目和自驾游环线项目预算13亿元,基础工程投资预算1亿元。基础工程费用由自驾车旅游交通标识系统费用、各级租赁服务点费用、自驾游营销工程费用、道路交通建设工程费用等投资构成。第二期、第三期分别投入50亿元。整体费用估算见表8-13、表8-14。

表8-13 丽江市全域自驾游项目投资估算

单位：万元

序号	项目名称	建设时序	投资金额
1	基础工程建设	近期	10000
2	大本营	近期	100000
3	户外旅行服务配套设施	近期	12000
4	石头乡桃园村+营地	近期	2000
5	黎明乡美乐村+营地	近期	2000
6	鲁甸乡新主村+营地	近期	2000
7	塔城乡署明村+营地	近期	2000
8	大具乡培良村+营地	近期	2000
9	宝山乡石头城+营地	近期	2000
10	永宁乡温泉村+营地	近期	2000
11	通达乡腊姑河村+营地	近期	2000
12	永胜县清水古镇+营地	近期	2000
13	丽江市智慧旅游服务平台	三年内	500000
14	丽江市乡村景观规划	五年内	500000
合计			1140000

表8-14 丽江市全域自驾游项目基础工程估算

单位：万元

序号	工程名称	投资金额
1	自驾车旅游交通标识系统	200
2	各级租赁服务点	1850
3	自驾游营销工程	550
4	道路交通建设工程	7400
合计		10000

2. 自驾游营地开发项目的财务评价

（1）财务数据。

在丽江市全域自驾游开发项目中，需要大笔资金投入。开发项目涉及自驾游营地，自驾游营地的收入取决于建成后的游客量。这里以其中的清水古镇营地为例。

①营地投入估算。经估算，清水古镇自驾游环线预计投入2000万元（见表8-15）。

表8-15　清水古镇自驾游营地投入估算

单位：万元

建设项目	主要建设内容	投资估算
入口综合服务区	停车场、营地管理服务中心、汽车酒店、房车旅馆、餐饮中心、营地大门、汽车维修救援中心	800
露营体验区	20辆自有房车、30个房车营位、100个帐篷营位、60个自驾车营位	400
农业休闲区	采摘园、户外烧烤广场、农产品销售中心	250
道路交通	营地内车行道、步行道路系统建设	350
基础设施及景观系统建设	供水供电、给排水管网、通信等基础设施及营地	200
合计		2000

②人均消费数据。统计数据显示，2018年丽江市接待旅游人数4643.3万人次，实现旅游收入998.45亿元。通过这一数据可计算出丽江游客人均消费2150元，根据旅行社最受欢迎的报团旅游项目预估，游客平均停留5天左右，所以平均每人每天消费430元。

③游客承载量估算。按照清水古镇自驾游营地资金投入，估算出该营地的主要盈利项目是房车、帐篷、自驾营位和旅馆。如表8-16所示，清水古镇自驾游营地游客最大承载量为700人。

表8-16　清水古镇自驾游营地游客承载量估算

类别	房车	帐篷	自驾营位	旅馆	合计
数量	20辆	100个	60个	120间	
承载量	80人	250人	100人	270人	700人

④营地收入测算。考虑旅游的季节性差异，营地的运营期主要集中在每年的4—11月，因此按照每年240天计算。第一年为纯建设期，第二年露营地及餐厅可开始营业，陆续有游客进入，并呈逐年增长趋势。第3~6年为营销期，客源和接待能力呈增长趋势，第7~20年为稳定运营期，游客量基本趋于稳定。由于丽江市著名旅游景区较多，所以清水古镇自驾游营地

上客率保守估计为30%。按照清水古镇自驾游营地经营周期为20年，测算其营收收入，结果如表8-17所示。

表8-17 清水古镇自驾游营地收入测算

年份	上客率（%）	游客数（人）	每日营收（元）	全年游客数（人）	全年营收（万元）
第2年	5	35	15050	8400	361.2
第3年	5	35	15050	8400	361.2
第4年	10	70	30100	16800	722.4
第5年	10	70	30100	16800	722.4
第6年	10	70	30100	16800	722.4
第7年	15	105	45150	25200	1083.6
第8年	15	105	45150	25200	1083.6
第9年	20	140	60200	33600	1444.8
第10年	20	140	60200	33600	1444.8
第11年	25	175	75250	42000	1806.0
第12年	25	175	75250	42000	1806.0
第13年	25	175	75250	42000	1806.0
第14年	30	210	90300	50400	2167.2
第15年	30	210	90300	50400	2167.2
第16年	30	210	90300	50400	2167.2
第17年	30	210	90300	50400	2167.2
第18年	30	210	90300	50400	2167.2
第19年	30	210	90300	50400	2167.2
第20年	30	210	90300	50400	2167.2

⑤成本费用支出。自驾游营地的成本费用支出主要由员工工资成本、福利成本、管理成本、折旧费用以及其他费用如宣传广告费用等构成。按照前两年为建设期，第2~10年为运营前期，成本支出取前8年平均值核算，从第11年开始客户群体相对稳定，运营成本取固定值，具体成本支出测算如表8-18所示。

表8-18 清水古镇自驾游营地支出成本测算

单位：元

费用项目	计算标准	第2~10年	第10~20年
员工数	员工与游客按照1:10计算	9人	15人

续表

费用项目	计算标准	第2~10年	第10~20年
工资	平均工资按照每人每月4000元计算	432000	720000
福利费	福利费用按照工资总额的14%提取	60000	100000
管理成本	按照工资总额的10%提取	43000	72000
折旧费用	露营区费用折旧	1000000	1000000
其他	宣传营销广告等费用	300000	300000
合计		1835000	2192000

⑥净现金流量估算。自驾游营地20年经营周期内的净现金流量估算如表8-19所示。其中，净现金流量 = 全年现金流入量 - 全年现金流出量；净现金流量现值 = 各年的净现金流量×折现系数。此处选择行业基准投资收益率为10%。

表8-19 清水古镇自驾游营地20年经营周期内现金净流量估算

单位：万元

	总投资	收入	支出	净现金流量	净现金流量累计	净现金流量现值	净现金流量现值累计
第1年	2000	0	2000.0	-2000.0	-2000.0	-2000.00	-2000.00
第2年		361.2	183.5	177.7	-1822.3	161.53	-1838.47
第3年		361.2	183.5	177.7	-1644.6	146.78	-1691.69
第4年		722.4	183.5	538.9	-1105.7	404.71	-1286.98
第5年		722.4	183.5	538.9	-566.8	368.07	-918.91
第6年		722.4	183.5	538.9	-27.9	334.66	-584.25
第7年		1083.6	183.5	900.1	872.2	507.66	-76.59
第8年		1083.6	183.5	900.1	1772.3	461.75	385.16
第9年		1444.8	183.5	1261.3	3033.6	589.03	974.18
第10年		1444.8	219.2	1225.6	4259.8	519.65	1493.84
第11年		1806.0	219.2	1586.8	5846.0	612.50	2106.34
第12年		1806.0	219.2	1586.8	7432.8	555.38	2661.72
第13年		1806.0	219.2	1586.8	9019.6	506.19	3167.91
第14年		2167.2	219.2	1948.0	10967.6	564.92	3732.83
第15年		2167.2	219.2	1948.0	12915.6	512.32	4245.16
第16年		2167.2	219.2	1948.0	14863.6	465.57	4710.73
第17年		2167.2	219.2	1948.0	16811.6	424.66	5135.39
第18年		2167.2	219.2	1948.0	18759.6	385.70	5521.10

续表

	总投资	收入	支出	净现金流量	净现金流量累计	净现金流量现值	净现金流量现值累计
第19年		2167.2	219.2	1948.0	20707.6	350.64	5871.74
第20年		2167.2	219.2	1948.0	22655.6	319.47	6191.21

（2）静态投资回收期。

静态投资回收期是指项目自建设开始之日起，到项目每年获得的净收益抵偿全部投资所需要的时间。用公式表示为：

静态投资回收期（P）=（累计净现金流量现值开始出现正值的年份数-1）+上一年累计净现金流量现值的绝对值÷当年净现金流量

通过上述现金流量分析表和计算公式，可以计算出清水古镇自驾游营地的静态投资回收期：

$$P = (6-1) + 27.9 \div 900.1 = 5.03 （年）$$

即清水古镇自驾游营地的静态投资回收期为5.03年。

（3）动态投资回收期。

动态投资回收期是指在考虑资金的时间价值情况下，收回项目投资额所需要的时间。用公式表示为：

动态投资回收期（P）=（累计净现金流量现值开始出现正值的年份数-1）+上一年累计净现金流量现值的绝对值÷出现正值年份净现金流量的现值

通过上述现金流量分析表和计算公式，设折现率为10%，可以得出：

$$P = (8-1) + 76.59 \div 461.75 = 7.17 （年）$$

即清水古镇自驾游营地的动态投资回收期为7.17年。

（4）盈亏平衡分析。

通过对经营成本和经营收入的逐项对比，能够计算出项目的盈亏平衡点。通过分析，取各年份成本的最大值，即清水古镇自驾游营地的经营成本为220万元。用公式表示为：

$$N = F/(P-V)$$

其中，N表示盈亏平衡时的消费人数，P表示年度人均销售额，F表示年固定成本，V表示年人均可变成本。

则有：

$$N = 220 \div (430 - 0) = 0.512(万人次／年)$$

在上面的公式中，年度人均销售额为430元，年固定成本为220万元，由于自驾游营地支出成本基本固定，人均可变成本低，所以此处年人均可变成本取0。由上面的公式可以计算出，当每年的游客数量达到0.512万人次时，项目就处于盈亏平衡点。按照接待游客天数为240天计算，只需要每天上客率达到2.4%就可以达到盈亏平衡点，即保证不亏本。每年游客接待人数大于0.512万人次时，就是有利可图的项目，所以值得投资。

（四）丽江市全域自驾游项目开发效益分析

旅游项目的发展反映了当地的经济水平，旅游项目的开发不仅丰富了游客的生活，还能拉动当地的消费。丽江市全域自驾游项目的开发，不仅可以给企业带来巨大的经济效益，还能带来社会效益和生态效益。

1. 经济效益分析

经济效益是衡量经济活动的重要指标。它是旅游收入同生产成本之间的比例关系。在本研究中，设定自驾游营地的生产成本为固定数值，那么旅游收入就决定了经济效益。旅游收入是指销售旅游产品获取的收入总额。其对国民经济的贡献体现在两个方面：一方面是直接贡献，旅游收入将纳入地方经济收入核算，它的增加将直接促进当地经济收入的增长；另一方面是间接贡献，如游客的"吃、住、行、游、购、娱"等，旅游业与这些产业息息相关，其消费会间接带动相关产业的经济增长，带动旅游目的地的经济增长。丽江市全域自驾游营地的经济效益具体体现在以下几个方面。

一是促进丽江地区经济收入增长。丽江地处云南西北部，景点与景点之间路程遥远，开车时间长。这样的交通条件尤为适合发展自驾游。作为自驾游体系中有经营收入来源的自驾游营地，不仅丰富了丽江市的旅游产品，缓解了黄金周期间景区停车位稀缺、酒店住宿紧张的难题，还提升了丽江市各景区的吸引力，让游客不仅可以在景区游览，还可以在自驾游营地休闲放松，体验自由行的乐趣。自驾游营地建成后，因紧邻各个著名风景区，特有的民俗文化及美丽的自然风光可为自驾游营地吸引更多游客，提高自驾游营地的上客率，从而增加营地收入。同时还可以带动餐饮、农副产品等产业的发展，为丽江各个村落增加更多的经济收入。根据对清水古镇自驾游营地收入的大体估算，成熟的单一自驾游营地每年将为丽江市带来千万级的旅游收入，丽江市全域自驾游项目一期建成的10个自驾游营地，总体将为丽江市贡献数十亿元的旅游收入。

二是增强经济实力，拉动相关产业发展。以自驾车营地整合丽江市旅游资源，可以提升丽江市旅游知名度，吸引更多外地游客自助或自驾来到云南。通过对丽江自驾游营地的开发，使位于丽江较偏僻的村落都能够增加更多的旅游收入，同时游客流量的增大也可以促进周边村镇的"食、住、行、游、购、娱"等产业体系的完善。据保守估计，单一营地每年可以为当地村民增加上百万元的收入，可以有效带动这些村落的经济发展，增加村民的经济收入，助推村民脱贫致富。

三是促进经济发展和产业结构优化调整。丽江旅游正处于从观光旅游向休闲、度假多元化旅游转变时期，丽江市全域自驾游开发项目正好符合丽江市全域旅游发展规划。通过充分利用丽江自驾游营地的旅游资源和市场优势，可推动丽江市区旅游产业的发展，完善自驾游服务体系，满足自驾游游客需求，使自驾车旅游成为丽江旅游发展的新亮点，从而促进丽江旅游转型升级，对丽江市的产业结构优化、经济发展起到促进作用。

2. 社会效益分析

社会效益是指旅游者及其活动对旅游目的地文化、宗教、道德、公共秩序等的综合影响。旅游业给旅游目的地带来了更多的劳动就业机会，增加了居民收入，提高了旅游目的地的经济发展水平。丽江市全域自驾游项目的社会效益具体体现在以下几个方面。

一是推动相关行业发展，促进地区经济增长，增加就业机会。自驾游营地涉及辖区内的所有乡镇，带来的游客将直接或间接提供大量的就业机会，包括餐饮、住宿、购物等行业均会有大量的商机出现，这些都需要有大量的从业人员运作，从而为周边村镇居民创造大量的就业机会。根据项目成本估算，单清水古镇自驾游营地就将提供数十个直接的工作岗位，加上自驾游营地带动了周边配套设施的发展,预计总共将为清水古镇附近的村民提供上百个工作机会。除此之外,由于选择自由行旅游方案的人数越来越多,游客所到之处具有自主选择性,这就带动了景点附近农家乐、游乐设施、休闲度假场所的发展。伴随着汽车租赁业的发展,落地自驾游游客量会大量增加,也会推动保险行业、汽车租赁公司迅速发展。这一系列的产业链发展就带动了丽江地区"吃、住、行、游、购、娱"产业的发展,也直接或间接拉动了当地相关产业的发展,提供了更多的就业机会,促进了周边群众就业问题的解决。

二是促进旅游扶贫,带动农民致富,为乡村振兴做出贡献。通过自驾游营地的建设吸引更多游客的到来,为周边乡镇带来更多的商机,并在"吃、住、行、游、购、娱"等环节提供上千个就业机会,不断增加群众的收入,提高当地人民的生活水平,提高生活质量,将更好地促进旅游扶贫工作。同时,自驾游游客的到来将促进丽江地区的旅游消费,增加农产品和土特产品的附加值,通过餐饮和农家乐的建设促进周边村落的发展,加快地方的社会经济发展。据保守估计,单一自驾游营地每年将为当地村落增加上百万元的收入,可以带动更多的农民脱贫致富,为乡村振兴做出贡献。

三是改善交通和通信条件,丰富生活内容,有利于当地劳动者素质提高。根据丽江市全域自驾游项目的初期预算,将用1亿元资金进行前期的基础建设。自驾游营地的开发建设将改善当地交通和通信条件,带动当地人流、物流和信息流,促进当地居民接触各种新鲜事物,开阔视野、更新观念。此外,自驾游营地的发展需要高素质的人才,反过来也将促进当地劳动者素质的提高。旅游具有休闲文化属性,可以丰富人们的生活,对社会具有积极的影响。

3. 生态效益分析

生态效益是指根据生产中的生态平衡规律对生产、生活条件和环境条件产生的有益影响和效果,涉及优化环境、减少污染、保护生物多样性等内容,其基础是生态平衡、生态系统的良性循环。丽江市全域自驾游营地的生态效益具体体现在以下几个方面。

一是改善丽江旅游区生态环境，促进生态系统良性循环。自驾车旅游者最看重能够缓解城市环境污染和工作压力的自然生态环境。自驾游营地的建设依托风景秀丽的自然山水景区，旨在营造让游客回归自然的舒适氛围。这种开发建设理念有利于提高自驾游环线地区及周边村落的环境质量，增强周边居民的环境保护意识，加强对珍稀动植物资源的保护；同时，通过在各个村落建设一系列环卫设施，可以有效改善旅游区的生态环境，促进生态系统的良性循环，让游客更好地亲近生态和融入自然。

二是增强居民的环保意识，减少污染，促进生态可持续发展。自驾游环线地区优美的自然环境和良好的生态环境对游客有着巨大的吸引力，为了留住游客以及吸引更多的游客，良好的生态环境将是自驾游营地最好的宣传卖点。当地居民为了增加旅游收入，必定会加强环保意识，减少环境污染，主动作为，保护当地的自然和生态环境，以此更好地促进环线地区生态的可持续发展。

通过以上效益分析可见，丽江市全域自驾游营地的开发建设可以实现经济效益、生态效益和社会效益的统一，符合丽江市发展全域旅游的规划。

（五）丽江市全域自驾游项目风险分析及应对措施

1. 政策与社会风险分析及应对措施

丽江市全域自驾游项目面临的政策与社会风险主要包括：一是产业政策风险。国家对某产业政策的态度决定了该产业的兴衰。国家层面非常重视旅游业发展，云南省及丽江市也提出一系列鼓励、扶持旅游业发展的政策。丽江自驾车旅游开发项目得到了丽江市政府的大力支持。由于丽江市全域自驾游作为项目之一处于需要投资开工的项目名单中，所以发生产业政策风险的可能性小。但是，由于自驾游环线营运周期较长，一旦国家产业政策随着时间的推移做出相应调整，地方政府在宣传旅游、政策扶持、资金投入等方面也会随之有所调整，会给自驾游环线营地开发项目的实施带来巨大风险。二是税收政策风险。旅游项目成本随着税收政策的变化而变化。各种税费在成本中占较大比例。丽江市全域自驾游项目是利用空地，而不是占据周边居民住宅用地，属于政府扶持项目，所以在税收税率方面能够争取到一些优惠政策。然而，随着营地营运时间的增加，一旦税收税率提高，整个项目的成本也将显著增加，这将降低项目的利润，并使整个旅游发展项目面临巨大的成本风险。

针对以上风险，一方面，要与云南省和丽江市政府相关部门及时沟通，随时把握住政府在旅游产业项目策划方面的政策变化，为根据政策变化及时调整项目规划和建设做好准备，尽量降低政策风险。另一方面，要积极配合主管部门的相关政策，争取在项目规划审批、手续办理、银行贷款方面得到支持和帮助，加快项目审批和建设的进度，从而做到降低风险，顺利实施开发项目。

2. 经济风险分析及应对措施

丽江市全域自驾游项目面临的经济风险主要包括：一是市场供求风险。丽江市地处云南省西北部，是滇西北旅游环线上的重要节点，旅客人流量较大，但同时丽江自身拥有较多著名的景区，如丽江古城、玉龙雪山、泸沽湖、束河古镇、木府、拉市海等属于成熟的景区。新建的自驾游环线项目势必会与这些成名已久的景区争夺客流量，这对于新建的项目来说，存在较大的不确定性，将给该项目带来市场的供求风险。二是利率变动风险。丽江市全域自驾游项目预计一期投资约 14 亿元，环线自驾游营地投资约为 6 亿元，投资金额大，资金来源主要依赖银行贷款。而环线自驾游营地项目投资回报期较长，至少需要十几年的时间，在这期间一旦利率上涨，就会给项目方带来巨大的资金压力。自 2010 年以来，银行已经连续数次提高银行贷款利率，未来还有可能继续提高利率。所以，丽江市全域自驾游项目的开发存在着利率变动的极大风险。三是通货膨胀风险。一个地区的经济环境和发展水平、居民生活质量都影响着这个地区游客的消费能力和档次。环线自驾游营地项目针对的是有车一族或自助旅游一族，这部分游客群体通常消费档次较高，旅游开销相对较大。然而，伴随着不断加重的通货膨胀，人们的生活质量会受到一定的影响，有可能调整外出旅行计划或减少旅行开支。同时，通货膨胀也会导致在项目开发规划中增加运营成本，包括施工的原材料价格、用工的薪资等上涨,这样一来,为保证营地收益,营地必会提高收费标准,从而使自驾游游客和自助游客望而却步,选择费用较低的其他项目,以致预期收入下降。四是资金筹措风险。丽江市全域自驾游项目投资金额大,且资金的主要来源是银行贷款。该项目投资还有较长的投资回收期,投资数额大,容易导致项目融资困难。虽然目前中国的经济形势较好,货币政策比较宽松,融资风险较小,但如果银行在未来收紧放贷,将使项目方资金筹措出现困难,面临项目开发中缺少资金的难题。

针对以上经济风险,一要做好自驾游开发项目市场定位、功能定位、价格定位、企业形象识别,加强景点的游玩特色,以区别于其他自驾游营地的游玩项目,避免重复性规划,同时要使项目发展为生态旅游,成为具有独特优势的旅游项目。二要合理抉择运营模式,增强项目融资能力。丽江市全域自驾游项目投资金额巨大,需考虑以多种方式经营。可依附所在景区,引进实力雄厚、经验丰富的企业,以提高旅游项目开发成功的概率,降低资金筹措风险。

3. 经营管理风险分析及应对措施

丽江市全域自驾游项目开发中的经营管理风险主要包括:一是施工安全风险。施工安全风险包括人员、财务、环境安全。在项目建设过程中,一旦发生人员的安全事故,既耽误了工期,又需大量的赔偿金,这样就会使项目方损失财产,并且会降低项目进度。同时,施工的财务风险和环境风险也不容忽视,只有管理好财务、注重项目施工过程中的环境保护,项目才能顺利地完工。二是营销策划风险。制订合适的营销策略既是项目成功的重点,也是项目建设的关键。好的营销策划虽然会极大地增加项目的销售成本,但是也能大大增加项目的曝光度,吸引更多的潜在消费者,提高营地的上客率,从而带来更多的经济收入。所以,营销策划方案尤为重要,一旦营销策划方案对游客没有吸引力,将会带来巨大的资金流失。三是工期拖延风险。在施工过程中,项目设计规划确定的早晚决定了施工的开始时间,资金的到位情况和政府有关部门的手续办理效率决定了施工的进度，建设方关于自驾游营地的相应施工经验决定了施工能否按照进度要求顺利进行，而且恶劣天气也会延误工期进度。工期拖延越长，其他各种风险发生的概率就越大，就会增加项目成本，进而使收益降低。四是管理决策风险。管理决策风险体现在施工以及管理过程中项目经理的决策失误造成的损失上。在自驾游项目开发的管理定位上，既要考虑区别于其他同质化景区，又要考虑针对不同目标客户的营销定位。然而，旅游市场行情变化极快，管理者在营地的管理过程中难以准确预估游客的价格接受范围和营销定位，如果决策出现失误，将会使项目建成后收益不高，导致投资者的投资难以得到相应的回报。

针对以上经营管理风险，一要做好安全管理工作，在人员、财务、环境安全上设立严格的操作标准和规章制度，梳理排查安全隐患，将安全生产放在项目建设的第一位，以减少人员伤亡、财务混乱、污染环境等情况，杜绝安全事件的发生。二要做好项目规划。一个好的规划是决定项目开发成功的关键。作为环线自驾游营地项目，以独特的美丽乡村和民俗文化为项目宣传卖点，必将从其他同质化项目竞争中脱颖而出，吸引到更多的游客，从而增加营地收入。三要做好项目营销，提高营销水平。自驾游最吸引游客的卖点在于青山绿水、优美风光、人文历史、民俗文化、空气质量，以纳西特色民居建筑群、康养服务中心、民族民俗精品主题酒店、灯光梦幻森林公园、森林 SPA、水上乐园、森林四方街、国际化生态产业园区为进行推广，设立专门的营销策划机构，培养市场营销人才，不断丰富营销方法，与周边旅游城市开展联合营销，精心培育特色营地专题活动，充分挖掘消费者资源，并定期评估市场营销绩效，一旦发现营销偏差要及时修正，以提高营销水平。四要充实营地项目内的富有吸引力的内容，以免因旅游产品和服务内容单一无法吸引游客停留，从而造成游客的消费支出减少。同时，要完善营地的硬件和软件配套设施，提高服务的深度和广度，适当拉开消费档次，让不同的游客体验不同的服务，以此增加具有各种消费能力的游客流量。

4. 环境风险分析及应对措施

环境保护对景区的长期稳定发展是必要的。在环境承载压力过大时，环线自驾游营地建设容易对地理环境造成一定的破坏。而自驾游的定位之一为生态旅游，故对于环境保护尤其应该重视。通过归纳总结，丽江市全域自驾游环线自驾游营地建设所面临的环境风险主要包括：一是环境污染风险。环线自驾游营地建设必然会对当地的自然环境产生一定的污染。比如，砍伐树木修建营地和建造营地木屋、涌入营地的人流量过大产生的各种垃圾、项目施工过程中的机械噪声等，都会给环境的承载力带来一定的压力，对景区环境造成污染。二是破坏景观风险。在环线自驾游营地建造过程中砍伐树木，项目建成后游客生活带来的各种垃圾，这些都属于人为破坏景观，如果不进行合理规划，将会使景区的旅游资源所呈现的效果大打折扣，不利于景区的可持续发展。三是生态破坏风险。在环线自驾游营地的打造过程中，当地的自然植被、水力资源、动植物资源都将会受到不同程度的破坏，而这些生态系统一旦被破坏就难以修补，从而违背将自驾游营地打造成为生态旅游区的初衷。所以，景区的生态系统一定要得到良好的保护，才能够增加景区的吸引力。

针对以上环境风险，一要保护项目区的生态环境。在开发建设之前，要进行环境影响评估；在开发建设过程中，要循序渐进、逐步开发，避免对生态环境的破坏；在建成投入使用后，要充分考虑环境的整体承载能力，控制一定时间内的人流量，以免景区超负荷运作，不利于生态可持续发展。二要在项目实施进程中做好地质调查工作，合理控制资源的开发力度，尽量保持自然环境原原本本的样貌，避免过度开发。同时，在施工过程中要避免野蛮建设，减少对环境的破坏；建设完成后要加强对游客的管理，树立环境保护意识，减少游客对环境和旅游资源的损害。

通过对丽江市全域自驾游项目进行详细的效益评价分析，得出该项目实现了经济效益、生态效益和社会效益的统一，符合丽江市旅游业发展初衷的结论；通过对开发项目进行风险分析与评价，针对各种风险提出了应对措施，以便将可能出现的风险所带来的负面效应降到最低。通过以上分析，证明丽江市全域自驾游开发项目是可行的，并且值得投资，是一项符合生态可持续发展理念的项目。

七、丽江市全域自驾游项目可行性研究结论

通过对丽江市全域自驾游项目的投资环境和市场分析，论证了在开发该项目上市场具有较好的成长性，在本项目的周期内适合项目投资。通过风险整体评估的方式进行了方案优选，经过对项目的风险评价得出整体风险水平处于较低略偏于较高范围，其风险可以接受。

在规划设计和投资估算的基础上进行了财务评价，得出项目具有良好的盈利能力和较好的财务抗风险能力的结果。投资企业在选择合适时机、准确定位的前提下，能从该项目中获得理想的利润。

从战略上，本项目的成功开发对于丽江市旅游业的发展具有较大的推动作用。因此，从丽江市政府的角度进行战略分析，该旅游开发项目是目前较为理想与可行的投资项目。

在国家及当地政府对房地产进行调控的背景下，丽江市全域自驾游项目经过了充分的投资分析，并且对云南省丽江市的宏观经济环境、项目综合情况、市场定位、财务评价、项目风险进行了分析，加上当地政府支持该项目的建设，丽江市全域自驾游项目已经具备市场准入条件。

第九章　丽江市营商环境研究

为深入了解丽江市营商环境现状，推动中央、省、市优化营商环境决策部署和政策举措落实到位，破解企业在生产经营中的"难点""堵点""痛点"，全力打造法治化、国际化、便利化营商环境，促进丽江高质量跨越式发展，2019年5月20日至6月20日，由丽江市政府发展研究中心牵头，市政府督查室、市投资促进局、金山园区管委会、市工商联等单位参与组成3个调查组，围绕企业开办、不动产登记、投资项目审批、企业纳税、企业注销、企业用电用水用气报装、投诉、融资、减费降税、通关、政策宣传等23个方面，深入56户企业、1个工业园区、13个主管单位、7个窗口服务单位，通过收集材料、问卷调查、实地调研访谈等形式，对丽江市营商环境进行了研究。

一、丽江市营商环境现状

营商环境既是一个地区经济软实力的重要体现，也是一个地区提高综合竞争力的重要方面。近年来，丽江市认真贯彻落实中央、省决策部署，推进政府职能转变，深化"放管服"改革，落实减税降费措施，努力营造公平竞争环境，使企业和群众获得感不断增强，全市营商环境日趋向好。

（一）政策环境较好

近年来，丽江市委、市政府相继出台《丽江市促进民营经济健康发展12条措施》《丽江市人民政府关于保持经济平稳健康发展25条措施的意见》《丽江市支持民营经济高质量发展10条措施》《丽江市金融促进小微企业

（民营企业）发展15条措施》《丽江市进一步推动优化营商环境18条措施》等政策文件，逐步构建起优化营商环境的政策支撑体系，推动营商环境不断好转。

（二）办事环境改善

实施"放管服"改革以来，全市行政审批事项精简1/3以上，各类证明材料取消356项，累计为实体经济减负40.33亿元。市级涉及行政职权、公共服务及内部审批的部门43个，涉及事项5708项。市政务服务中心及分中心应进驻部门39个、应进驻事项719项，已进驻部门20个，进驻率51%；已进驻事项219项，进驻率30.46%。市级网上平台进驻部门43个，进驻事项5708项，网上可办率79%。全市"一部手机办事通"App用户6万余人，注册用户占人口比重全省排名第4位。政务服务初步实现"一窗受理、一号申请、一网通办"。自推行"一窗受理"服务以来，共办理业务2112件，按时办结率100%，群众满意率100%。市级设有市政务服务中心及就业和社保、住房公积金、车管3个分中心。各服务中心及分中心统一标识标牌、文字图案、宣传标语、制度机制，公开申请资料目录、示范文本和办理时限等信息，公示办事指南、收费标准以及信息咨询、投诉电话等内容。

（三）双创环境良好

丽江市委、市政府先后制定出台了"双创15条""英才计划"等政策措施，政策红利贯穿双创管理服务、融资担保、转型升级、成果转化、激励补贴、减税降费、人才引进等环节，初步形成了有力支持双创发展的配套政策体系。全市创新创业园区25个，其中省级众创空间4户，省级星创天地3户。市双创园被省人社厅评定为省级创业园区，已入驻招商、孵化企业及团队84户、创业团队20个。永胜县电子商务产业园暨物流园区被认定为省级小企业创业示范基地。金茂文化产业园、红谷创意园、市双创中心等创新创业基地建设稳步推进，雪山创投营、红岭云等创投机构积极引才聚智。丽江荣获"云南省人才特区"称号，刚性、柔性引进人才90名，颁发高层次人才服务证25个、高层次人才服务绿卡36张。建立了9个省级院士专家工作站、6个市级院士专家工作站、6个基层专家工作站。建成"全光网市"。2018年，网络就绪度39.4，云南省排名第3位。开通云南省首个5G网络试验基站，拨通云南省首个5G电话。

（四）融资环境向好

金融中介综合服务平台和银企互认信息共享平台加快建设，中小微企业贷款调头资金、贴息贷款、贷款风险补偿金规模加大，融资担保、再担保和融资保险力度加大。小微企业贷款利率稳步下降，2019年第一季度全市小微企业贷款加权平均利率为6.07%，比2018年降低了0.35个百分点。支小再贷款申请条件降低，支小再贷款利率下调0.5个百分点。调整完善《丽江市产业扶贫贷款风险补偿实施细则》《丽江市促进产业扶贫贷款担保实施细则》部分规定，放宽单户企业贷款额度限额，融资担保综合费率由2.5%降到1%。将原市级设立的3000万元工业信贷引导资金改为民营企业信贷引导资金，设立5000万元民营经济暨中小企业发展专项资金。

（五）法治环境优良

全市各级各部门不断强化法治理念，完善工作运行机制，促进投资者权益保护工作有效落实。结合扫黑除恶专项斗争，严厉打击整治强买强卖、强揽工程等违法犯罪活动，有力净化了营商环境。全面推行"双随机、一公开"监管，逐步形成了对违法者依法严惩、对守法者无事不扰的执法态势。针对旅游市场、安全生产、环境保护、食药品安全、交通管理、文明创建等重点工作，实行"红黑榜"制度和退出机制，形成了覆盖全社会重点领域的信用联合奖惩机制。2018年，丽江城市信用在全国262个参评地级市中排名第150位，进位95名，云南省排名第1位。

二、丽江市营商环境存在问题

丽江市营商环境改进大、成效明显，但与中央、省的要求相比，与先进地区相比，与广大企业、企业家和群众的期盼相比，还有很大差距和不足，还有不少突出问题。

（一）审批难、审批慢

据调查，丽江市投资项目从引进落地到竣工验收一般经过9个环节：用地调规—用地征转用—供地—核准（备案）—建设用地规划许可—建设工程规划许可—规划核实—施工许可—竣工验收。这9个流程平均用时394个工作日，与工程建设项目审批制度改革"政府投资项目全流程审批时间压缩至120个工作日以内，社会投资项目全流程审批时间压缩至90个工作日"的要求差距较大。例如，丽江爱必侬度假区项目仅审批建设工程规划许可就用了两年多时间。又如，到目前为止丽江实施较快的一个工程建设项目——丽江时光项目，从申请核准（备案）到竣工验收全流程审批时间用了175个工作日。审批难、审批慢是丽江优化营商环境的最大梗阻。

（二）融资难、融资贵

对中小微企业的金融服务不足，融资难问题普遍存在。2018年，全市贷款总额514.02亿元，其中向中小微企业发放贷款262.58亿元，增长3.61%。2019年4月末，中小微企业贷款余额263.67亿元，同比增加3.27亿元，增长1.26%。企业融资主要靠抵押贷款，而银行认定的抵押物范围小、折算率低，中小企业普遍缺少可抵押的资产，难以获得贷款。融资担保机构发展不充分。2018年，市融资担保公司为企业担保融资132笔共5.27亿元，其中小微企业担保比例占80%，担保品种主要是基地、产房等投入的农担项目。资产证券化、未来收益权贷款、知识产权质押贷款、产业链金融等金融产品创新尚未真正起步。企业融资成本高，除利息支出外，还有担保费、资产评估费、登记费等。一些小微企业办理贷款还要缴纳贷款风险保证金、贷款承诺费、资金管理费、咨询费、审计费、公证费等。信用体系建设相对滞后，借贷双方信息不对称，加重了融资难、融资贵问题。

（三）用地难、用地贵

据调查，丽江工程建设项目用地调规平均用时100个工作日，最长用时210个工作日，还不包括报省自然资源厅数据复核、审查等时间；土地征转用平均用时8个月，最长用时1年半。2018年，全市供应工业用地15宗，面积 500.77 亩，出让均价 18 万元/亩（不含基建费用），比全省基础地价高出 1 万元/亩。从各县（区）情况看，历年出让单价最高为 50 万元/亩，竞买人为云南烟草公司丽江市公司，签订合同时间为 2016 年，该宗地位于华坪县中心镇河东村三组；出让单价最低为 2.4 万元/亩，竞买人为云南省丽江水泥有限公司，2007 年签订合同，为华坪县 2000 吨/日新型干法水泥熟料生产线技改工程项目。从 2018 年供应情况看，各县（区）工业用地出让均价最高的是宁蒗县，为 27.22 万元/亩；均价最低的是玉龙县，为 9.8 万元/亩。从历年供应情况看，工业用地出让均价最高的是永胜县，为 19.74 万元/亩；出让均价最低的是华坪县，为 9.8 万元/亩。

（四）招工贵、用工难

从普通从业者、大中专毕业生到高级技术人才，均存在"孔雀东南飞"现象。与发达地区相比，丽江还存在就医、就学、养老等公共服务水平不高的情况，在很大程度上限制了外来从业者在本地就业，出现了"外地人才不愿来、本地人才留不住"的局面。很多企业反映，一方面，企业生产、经营、营销等人才和熟练工人缺乏，制约了企业生产经营和持续发展；另一方面，由于企业社会保险缴费贵、费率高和基数高，也造成了企业招工贵、用工难。据宋城集团反映，企业用工不仅面临找不到合适人才、人才留不住的状况，而且企业间为了争夺人才，形成了竞相抬高工资抢挖人才的恶性竞争，同时丽江由于职业培训机构匮乏，人才培训需送到市外或省外，人才培养成本高。

（五）中介少、收费高

尽管丽江市下大力气规范中介服务管理，但由于中介超市是全国公开征集组织入驻的，基层有资质的中介服务公司太少。许多企业反映，中介机构选择面窄、服务质量不高、耗时长。比如在不动产登记中，需要中介公司向平台推送数据，但公司推送速度慢，导致登记办理时间长。同时，中介收费标准随意性较大、收费高，增加了企业运行成本。据调查，目前编制环评报告每份需要 10 万~45 万元，编制水土保持方案每份需要 6 万元，编制压覆重要矿产资源报告每份需要 1 万元以上，编制地震安全性评价报告每份需要 8 万元以上,编制地灾评估报告每份需要 6 万~10 万元,编制节能评价报告每份需要 3 万~8 万元。

(六) 进驻少、审批绕

虽然设立了政务服务中心、分中心、"一站式"窗口,但有审批权限的部门进驻不到位,审批事项进驻不到位,即使进驻了也是授权不充分、放权不彻底,一些办事窗口仅起到"收发室"作用,"两头受理、体外循环"情况不同程度存在,办事成本高。一些单位进驻服务中心、分中心、"一站式"窗口仅是为了完成任务,而不考虑如何提高审批效率,存在"重接件服务轻办理服务、重窗口服务轻审批服务"现象。有的企业反映,食品流通许可证办理存在"推绕拖"现象,户外广告牌设置审批效率低下。

(七) 门好进、事难办

很多企业反映,近年来到政府部门办事"门好进了、脸好看了",但事依然难办。有的一次性告知不到位,审批材料反复、多次对接才能补充完善,导致企业和群众来回跑。有的窗口工作人员素质参差不齐,同一个窗口、同一件事情,办理的质量却不一样。有的干部担当不够,对合法合规的事积极办、主动办,但遇到政策没有具体规定或需要几个部门共同研究办理的事就推诿扯皮,不敢办、不愿办、拖着办。一位浙江籍企业负责人反映,在有关材料齐备的情况下,杭州办理房产证 4 个小时可以办结,而丽江的办理时限要长许多。

(八) 政策多、宣传少

丽江出台的优化营商环境和扶持民营企业、中小微企业发展的政策很多,但企业知晓度不高,没有让政策红利最大程度释放出来。有的企业反映,有些公共政策由少部分人研究、少部分人通过,出台后发给少部分人,只有少部分人知道,很多落实不到企业身上。据调查,丽江市稳增长 25 条措施、支持民营经济高质量发展 10 条措施、促进民营经济健康发展 12 条措施等政策企业知晓率不足 10%,即使知晓也是一知半解,不明所以。

三、优化营商环境的意见建议

（一）抓好工程建设项目审批制度改革

严格落实统一审批流程、统一信息数据平台、统一审批管理体系、统一监管方式的"四统一"要求，坚决确保政府投资项目全流程审批时间压缩至120个工作日以内，社会投资项目全流程审批时间压缩至90个工作日以内，小型项目、带方案出让土地项目以及开展区域评估的各类开发（开放）园区内项目审批时间进一步缩减，用审批时间的缩短换取项目建设的提速，以项目建设的速度助推丽江高质量跨越式发展。

（二）着力缓解融资难、融资贵问题

落实好降低支小再贷款申请条件、下调支小再贷款利率0.5个百分点的政策优惠。用好信贷风险补偿金、民营企业信贷引导资金、民营经济暨中小企业发展专项资金、政策性融资担保、贷款利息补助等政策，撬动更多信贷资源注入实体经济。鼓励金融机构加大对民营企业信贷支持力度，不盲目停贷、压贷、抽贷、断贷。坚决取消和查处各类违规手续费，不得向小微企业收取贷款承诺费、资金管理费，严格限制向小微企业收取财务顾问费、咨询费等费用，减少融资过程中的附加费用，降低融资成本。支持符合条件的企业上市融资，促进企业在主板、创业板、中小板、新三板等资本市场上市挂牌。

（三）加大项目用地保障力度

加大对批而未供和闲置土地的处置力度，2020年计划处置批而未供土地50%以上、处置闲置土地30%以上。新增建设用地计划与城乡建设用地增减挂钩，指标优先支持市级重点项目；市级预留部分用地指标，对5亿元以上产业投资项目予以保障。开通重点项目用地审批"绿色通道"，加快用地预审、征转报批工作，采取临时用地、先行用地、分段报批等方式保障重点项目用地。

（四）逐步改革返还地政策

一段时间以来，返还地政策既能保障政府征地工作的顺利进行，又能

保障被征地村集体和农民合法权益,促进社会经济发展,是对征地制度改革的有益探索。但返还地政策系地方出台政策,若处理不善会造成历史遗留问题。丽江返还地政策从2003年开始执行,至今已有16年时间,一些弊端已逐步显露。一是返还地给城市用地的平衡布局带来矛盾和冲击,会造成新的"城中村",影响城市整体规划和建设发展。二是以土地资源为安排手段的单一方式,给有限的土地空间造成压力。三是返还地的开发建设在招商引资、产业定位、建设运营、管理等各个环节都是以村、街道等基层组织自主把握为主,政府规划引导调控力度较弱,建设档次和水平参差不齐。四是返还地政策与现行土地招拍挂政策存在冲突。五是返还地政策不利于市场公平竞争。因此,建议逐步改革返还地政策。

(五)改革中心城市建筑限高政策

目前,丽江中心城市低层建筑(1~3层,9~12米)占比约38%,多层建筑(4~8层,15~24米)占比约52%,高层建筑(40~80米)占比约10%。建筑高度控制主要考虑了以下因素:一是保护古城及其历史环境,强化新区与古城一脉相承;二是延续古城历史文脉,协调村落周边风貌;三是尊重现有山水格局,维护以玉龙雪山为背景、古城为核心的空间秩序;四是丽江气候及居民生活习惯。但现行的建筑限高和高度分区控制也存在一些问题:一是局部区域建筑高度控制力度比较小,不利于土地节约集约利用;二是除新团片区外,建筑高度分区变化不明显,不利于城市天际轮廓线的塑造。因此,建议改革中心城市建筑限高政策。

(六)构建政企沟通绿色通道

对重点发展的行业,鼓励引导成立行业协会、商会,邀请其主要负责人列席党委、政府有关经济工作会议,给予等同部门主要负责人的发言权,为他们专门设置发文"户头",让他们及时看到有关政策文件,构建政企之间真正开阔畅通的"绿色通道"。由政府购买公共服务,聘请中介机构对涉及企业的相关政策进行研究梳理汇总,企业想申请什么政策不用与政府部门见面,找政府委托的中介机构即可,由中介机构依法依规帮助企业申请政策兑现,并且约束政府兑现政策。设立投资项目审批服务中心,专门负责协调办理企业建设项目涉及政府部门的审批事项，通过专业化的服务提高审批质量与效率。

（七）建立并推行"双招双引"制度

"双招双引"，即招商引资、招才引智。坚持把"双招双引"摆在经济工作的重要位置，党政一把手要做到"四亲"：重点企业亲自联系、重大项目亲自推动、重要客商亲自会见、重要工作亲自督导。部门领导主动开展"双招双引"，特别是综合经济部门和涉及一、二、三产业的部门应主动承担"双招双引"任务，积极开展行业领域"双招双引"工作。投资促进部门组织精干团队推进"双招双引"，提高"双招双引"的精准度和实效性。同时，建立领导干部为"双招双引"站台制度，不管国企还是民企，只要企业有需要，领导干部就出面站台，需要哪一级出面就由哪一级出面，从而做到既"亲"又"清"，既"清"又"亲"。

（八）建立干部体悟实训机制

优化营商环境意识必须渗透到干部的血液中，使之成为一种自觉和习惯。不能总是在逻辑上想明白了，一做起来就又回到原来的动作上了。建议建立干部体悟实训机制，全方位、持续地选派干部到珠三角、长三角等发达地区体悟实训，让干部换位思考、换位体悟，身临其境地感受。既了解企业的运作情况，也站在企业的角度体悟企业想要什么，着力提升干部市场化、法治化、专业化、开放型的素质和能力。

第十章　丽江市积极服务并主动融入大滇西旅游环线研究

2019年4月16日，云南省省长阮成发在主持研究建设大滇西旅游环线时提出，要全力将"德钦—香格里拉—丽江—大理—保山—瑞丽—腾冲—泸水—贡山—德钦"大滇西旅游环线打造成世界独一无二的旅游胜地。为认真贯彻落实云南省委、省政府决策部署，充分发挥丽江资源优势，积极服务和融入大滇西旅游环线建设，推动丽江旅游全面转型升级，助推丽江高质量跨越式发展，经深入调研、认真思考，现提出丽江市积极服务并主动融入大滇西旅游环线建设的思路和具体措施。

一、丽江市积极服务并主动融入大滇西旅游环线建设的基础和条件

（一）丽江旅游资源禀赋

丽江旅游资源得天独厚，以"两山、一城、三湖、一江、一文化、一风情"为代表。"两山"，即玉龙雪山和老君山。玉龙雪山是长江以南第一高峰，拥有北半球距离赤道最近的现代海洋性冰川，是国家级风景名胜区、省级自然保护区、省级旅游开发区、国家首批5A级旅游景区之一。老君山是世界自然遗产"三江并流"核心区，有亚洲单体面积最大的丹霞地貌、茂密的原始森林和种类丰富的动植物群落，是中国乃至全世界生物多样性的宝库。"一城"，即丽江古城。丽江古城有800多年历史，是我国保存最为完整、最具民族风格的古代城镇。丽江古城兼有水乡之容、山城之貌，

是世界文化遗产、国家历史文化名城、国家5A级旅游景区、全国文明风景区。"三湖",即泸沽湖、程海和拉市海。泸沽湖被誉为"高原明珠",是云南省九大高原湖泊之一、省级自然保护区、省级旅游度假区、国家4A级旅游景区。程海是云南省九大高原湖泊之一,是中国唯一天然生长螺旋藻的湖泊。拉市海是高原湿地省级自然保护区。"一江",即金沙江。金沙江流经丽江615公里,沿江自然景观和人文景观众多,最具代表性的有"万里长江第一湾"、虎跳峡、宝山石头城等。金沙江丽江段流域面积2.04万平方公里,占丽江市地域面积的98%。金沙江丽江段水能资源理论蕴藏量超过2500万千瓦,已建成梨园、阿海、金安桥、龙开口、鲁地拉、观音岩6个大型水电站,装机容量1376万千瓦,年均发电量650亿千瓦时。"一文化",即纳西东巴文化。东巴文化是融纳西古乐、东巴舞蹈、东巴经卷、东巴绘画、建筑艺术及宗教文化为一体的纳西文化体系,其中东巴象形文字是世界上唯一至今还在使用的象形文字,《东巴舞谱》是世界上最早的舞谱。东巴古籍文献被列入世界记忆遗产名录。丽江是汉、藏、白、纳西等多元文化的交汇区,26个民族、11个世居民族文化多姿多彩、各美其美、美美与共。"一风情",即摩梭风情。泸沽湖畔的摩梭人至今保留着"男不娶、女不嫁"的走婚习俗,被誉为"东方女儿国"。

丽江旅游起步于20世纪90年代初。以1994年11月云南省政府在丽江召开的滇西北旅游规划现场办公会为标志,丽江立足丰富独特的旅游资源,确立和实施旅游先导战略,逐步走上了一条以旅游业为主导带动其他产业发展的路子。经过20多年的培育发展,丽江旅游业从无到有、从小到大、从弱到强,发展成为先导产业、支柱产业。其主要特征体现为:①指标增长快。2018年,丽江市接待游客4643万人次,是1995年85万人次的54.6倍;旅游业总收入998.5亿元,是1995年3.3亿元的302.6倍。②产业规模大。目前,全市有A级旅游景区景点18个,其中5A级2个、4A级7个。全市直接从事旅游业人员约8万人,间接从事旅游业人员超过20万人。2018年,以旅游业为主的第三产业对经济增长的贡献率达45.7%,旅游业及相关产业的税收占一般公共预算收入的30%以上。③产业体系全。全市形成了涵盖"吃、住、行、游、购、娱"一体的完整产业链条。有希尔顿花园酒店、悦榕庄、铂尔曼度假酒店等国际品牌酒店和高端酒店15家。纳西古乐、《丽水金沙》《印象·丽江》、丽江千古情、纳西《创世纪》等文化旅游品牌享誉国内外。④品牌影响广。丽江先后荣获中国历史文化名城、国家重点风景名胜区、全国优秀旅游城市、国家园林城市、国家卫生城市、国家节水型城市、全国文化体制改革先进地区、国家文化消费试点城市、中国魅力城市、中国十大休闲城市（之一）、中国品牌城市等殊荣，在国内外具有较高知名度和影响力。

（二）丽江生态环境现状

丽江市总面积2.06万平方公里，其中林地面积2523万亩，占总面积的81.8%。包括公益林1125.84万亩，占林地总面积的44.6%；商品林1397.2万亩，占林地总面积的55.4%。森林覆盖率68.48%，活立木蓄积量1.11亿立方米，自然保护区面积406.56平方公里。根据云南省森林生态系统服务功能价值评估，丽江市森林生态系统服务功能总价值为每年1200.71亿元。其中，生物多样性保护价值占31.6%，为380.51亿元；年涵养水源价值占30.29%，为363.7亿元；年保育土壤价值占22.65%，为271.96亿元；固碳释氧价值占7%，为84.05亿元；积累营养物质价值占0.75%，为9亿元；净化大气环境价值占7.71%，为92.57亿元。丽江拥有亚热带、温带、寒带地区所拥有的多种类型生物资源。有1.3万多种植物，约占全国植物种类的一半，是我国著名的植物保护基地。丽江在气候类型上兼有亚热、温、寒带3种气候。大部分地区冬无严寒，夏无酷暑，年平均气温12.6℃~19.8℃。空气清新洁净，光照充足，到处绿水青山，特别宜居。丽江主城区空气质量优良率保持100%，空气质量常年为Ⅰ级。泸沽湖保持Ⅰ类水质，程海保持Ⅳ类水质（不含氟化物、pH值），拉市海保持Ⅲ类水质，主要河流水质达标率87%，城镇集中式饮用水水源地水质达标率100%。

（三）丽江经济发展现状

丽江市辖古城区、玉龙纳西族自治县、永胜县、华坪县、宁蒗彝族自治县，截至2018年末常住人口129.6万人。有汉族、纳西族、彝族、傈僳族、白族等世居民族12个，少数民族人口占总人口的60.6%。丽江的基本市情具有四个特征：一是名气大、实力弱。丽江在国内外具有较高知名度，但经济实力较弱。2018年，全市地区生产总值350.8亿元，仅占云南省总量的1.96%；人均地区生产总值27128元，仅为云南省平均水平的73%。二是资源多、发展慢。丽江旅游、文化、水能、生物、矿产等资源富集，但资源优势还没有真正转化为经济优势、发展优势，全市财政支出2/3靠国家和省转移支付。教育、卫生等领域短板突出，铁路网、公路网密度低于云南省平均水平。三是山水美、贫困深。丽江自然风光秀丽、生态环境良好、地理地貌独特，但玉龙县、永胜县、宁蒗县是扶贫开发工作重点县，其中宁蒗县是云南省27个深度贫困县之一，玉龙县则刚刚脱贫摘帽。2018年底，全市还有12111户46729人未脱贫，贫困发生率5.01%。四是旅游强、工业弱。旅游业是丽江的支柱产业，但工业起步晚、基础弱、发展慢。2018年，全市工业增加值63.6亿元，仅占全省工业增加值的1.4%；规模以上工业企业总数81户，仅占全省总量的1.9%（全省4260户）；销售收入10亿元以上企业3户，5亿元以上7户，1亿元以上20户。

（四）丽江基础设施现状

丽江具有"东进四川入内地、南下大理通南亚、西出怒江到境外、北上迪庆进西藏"的独特区位，是大香格里拉旅游圈的重要组成部分，是成渝经济圈的辐射地区。丽江已构建起集航空、公路、铁路为一体的交通网络。在航空方面，丽江机场通航城市74个（其中国内通航城市67个，国际通航城市及地区7个），运营航线200余条，是云南省第二大机场、西南地区第五大航空港。2018年，丽江机场旅客吞吐量753万人次。泸沽湖机场是云南海拔最高（3293米）的机场，通航城市4个，2018年旅客吞吐量16.4万人次。在公路方面，已建成大丽高速、丽江机场高速、丽攀高速华坪至攀枝花段，正在加快建设丽香、华丽、永宁、永宾、鹤关5条高速，2019年开工建设古城至宁蒗高速。在铁路方面，已建成大丽铁路、仁丽铁路，正在加快建设丽香铁路。2018年，大丽铁路完成提速改造，丽江开行动车，铁路运送旅客407.7万人次；丽江到昆明开行动车6对，2019年将达到10对。

二、丽江积极服务并主动融入大滇西旅游环线建设的思路和具体措施

从丽江的旅游资源禀赋、区位条件、生态环境、旅游产业发展情况、品牌优势等方面分析,丽江在大滇西旅游环线建设中可以大有作为。同时,云南省委、省政府建设大滇西旅游环线,是丽江高质量跨越式发展的机会,是丽江旅游全面转型升级的机会,是丽江难得的发展机会,丽江必须有所作为。丽江的作为主要体现在两个方面:一是对内的作为。立足丽江面向南、西、北,与大理、怒江、迪庆形成发展互动,进而延伸到保山、德宏,把6州市丰富的高原峡谷、雪山草甸、江河湖泊、火山热海、古城韵味、民族文化、边境风情、珠宝玉器等独特旅游资源串联起来,更好地实现市场统一、客源互送、资源共享、业态互补、品牌共建,打造经典旅游线路和知名旅游品牌,推动滇西旅游全面转型升级,把大滇西旅游环线打造成世界独一无二的旅游胜地。二是对外的作为。立足丽江面向东部,连通四川、重庆等地区优势,打造大滇西旅游环线面向四川、重庆等地区开放的门户,充分吸引四川、重庆等区域充足的客源,把丽江打造成大滇西旅游环线游客集散中心,持续不断向大滇西旅游环线引流,为大滇西旅游环线提供持续强劲的动力与活力。

从以上分析可见,丽江在大滇西旅游环线建设中既扮演"目的地"角色,又扮演"集散地"角色;既发挥"引流"作用,又发挥"赋能"作用。目的地和引流解决的是"融入"问题,是前提;集散地和赋能解决的是"服务"问题,是结果。目的地、集散地侧重自身发展,引流、赋能强调协同发展,彼此是辩证统一的。就目的地而言,丽江在国内外知名度较高、影响力较大,每年有成千上万的游客慕名前来,是名副其实的世界级旅游目的地。就集散地而言,丽江拥有5000万人次的庞大游客市场,在大滇西旅游环线6州市中旅游人次和旅游总收入位居前列,可以为大滇西旅游环线提供源源不断的客流。就引流而言,丽江东面和东北部与四川凉山州、攀枝花市、甘孜州接壤,接壤线长346.4公里,是大滇西旅游环线6州市中面向四川等地开放的门户,丽江30%的客源来自四川等地。随着2020年丽

攀高速通车及未来古城至宁蒗高速、永胜至宁蒗二级公路、盐源至宁蒗二级公路、西香高速泸沽湖连接线、西丽高铁等重要通道的建成，丽江必然成为四川等地大量游客进入大滇西旅游环线的中心节点城市。就赋能而言，丽江具有排他性的旅游资源。比如，丽江是中国唯一拥有3项世界遗产的地级市（世界文化遗产丽江古城、世界自然遗产"三江并流"、世界记忆遗产纳西族东巴古籍文献），玉龙雪山是世界唯一距离城市最近和北半球距离赤道最近的雪山，东巴文化、摩梭风情是世界独有的珍贵文化资源，永胜程海是中国唯一天然生长螺旋藻的高原淡水湖泊，"三江并流"是世界奇观，等等。丽江可以为大滇西旅游环线建设提供强劲动力，助推打造世界独一无二旅游胜地。丽江不仅具有服务和融入大滇西旅游环线建设的良好支撑基础和条件，也迫切需要通过大滇西旅游环线建设来助推发展。

丽江积极服务并主动融入大滇西旅游环线建设的思路是：以习近平新时代中国特色社会主义思想为指导，全面贯彻党的十九大精神，以打造世界一流"健康生活目的地牌"为牵引，认真贯彻落实云南省委、省政府大滇西旅游环线建设决策部署，加快旅游供给侧结构性改革，着力提升"一城"（丽江古城）、"两山"（玉龙雪山、老君山）、"三湖"（泸沽湖、程海、拉市海）核心景区品牌，实现"四季"可游（春观花、夏望云、秋赏叶、冬踏雪），重点打造旅游特色"五镇"［每个县（区）打造不少于五个旅游特色乡（镇）］，为游客提供"六心"服务（食之放心、住之安心、行之顺心、游之舒心、购之称心、娱之开心），推出"七旅"（山水风光体验之旅、民族文化寻踪之旅、休闲度假浪漫之旅、油画金沙观景之旅、体育运动时尚之旅、特色乡村感受之旅、幸福婚典甜蜜之旅），打造不少于100个旅游特色村（金沙江绿色经济走廊"百村示范"行动），形成宜游、宜居、宜业的城乡景旅一体化全域旅游新格局，努力把丽江建设成为国家全域旅游示范区、中国国际民族文化旅游目的地、世界一流旅游城市，为大滇西旅游环线建设做出应有贡献。

为实现上述目标，丽江市拟实施"3656工程"，即规划建设与大滇西旅游环线互联互通、深度融合的三大环线、六小环线、五大板块旅游综合配套设施和六条道路。

(一) 规划建设三大环线

①打造以老君山、梅里雪山景区为核心,连接丽江、怒江、大理、迪庆4州市,主要为迪庆、怒江引流游客的西南大环线。以丽江古城为集散地,连通老君山九十九龙潭、剑川、通甸、黎明景区、维西、德钦梅里雪山、香格里拉等地。当前,丽江正努力推进巨甸至塔城二级公路、中兴至黎光村至大羊场公路、S320九河至老君山九十九龙潭公路、大丽高速九河互通立交等交通基础设施建设。

②建设覆盖丽江、迪庆、大理3州市大部分重点景区的东北大环线。以丽江古城为始发点,途经普达措国家公园、白水台、虎跳峡景区、宝山石头城、宁蒗泸沽湖、永胜程海、宾川鸡足山、大理古城、洱源地热园等热门景点、景区。这条环线充分考虑了现有公路通达条件和即将建成的宁蒗至永胜、永胜至宾川、华坪至丽江、鹤庆至关坡4条高速公路,将有力地把3州市游客联通起来,扩大辐射效应。当前,丽江市正在全力推进与线路相关的交通项目建设。

③规划构建滇川互动的大香格里拉生态旅游圈东南大环线。该线路覆盖香格里拉、宁蒗、西昌、攀枝花等区域,主要引流川西方向进入云南的游客,打开云南面向东北方向的跨省旅游门户。当前,丽江市正全力推进华丽高速公路建设,积极配合云南省交通运输厅规划建设西昌—丽江、丽江—泸水—腾冲高铁、G7611都香高速,争取早日开工。

(二) 规划建设六小环线

①北环。玉龙雪山—虎跳峡旅游环(2~3日),串联丽江古城—白沙古镇—玉龙雪山—大具—虎跳峡—拉市海—丽江古城线路上系列景区、风景道。

②东环。宁蒗—泸沽湖—金沙江旅游环(2~3日),串联丽江古城—宁蒗—泸沽湖—金沙江—丽江古城线路上系列景区、风景道。

③西环。老君山—三江并流旅游环(2~3日),串联丽江古城—拉市海—石鼓—老君山—鲁甸—维西—九十九龙潭—丽江古城线路上系列景区、风景道。

④南环。永胜—华坪—金沙江旅游环(3~4日),串联丽江古城—永胜

（程海、边屯文化、他留文化等）—华坪（杧果小镇等）—金沙江（涛源红酒温泉休闲区）—丽江古城线路上系列景区、风景道。

⑤西南环（2~3日），串联石鼓—老君山九十九龙潭—大羊场—黎明景区—石鼓线路上系列景区、风景道。

⑥沿江库区旅游环（2~3日），串联丽江古城—虎跳峡—大具—宝山—金安桥—丽江古城线路上系列景区、风景道，体验梨园、阿海、金安桥电站风光。

（三）完善五大板块旅游综合配套设施

①生态乡村旅游板块。创建玉龙县三股水、石鼓吉北科美丽乡村、华坪县荣将镇果子山、永胜县红酒康养小镇、拉市海田园综合体等金沙江绿色经济走廊百村行动示范点，打造具有田园特色、景色宜人的生态乡村旅游。

②自驾游线路板块。建设东巴谷、三股水、拉市海等自驾车营地和黎明景区、九河龙应等汽车租赁服务中心，推进大香盐（大理—香格里拉—西藏盐井）、丽维福（丽江—维西—福贡）和老君山环线等精品自驾游线路建设。

③特色小镇板块。按照"大健康+全域旅游+康养+特色小镇"的思路，打造丽江古城特色小镇、石鼓特色小镇、黎明丹霞小镇、泸沽湖摩梭小镇、康美小镇等特色小镇。

④文旅产品板块。培育打造纳西《创世纪》、特色文化院落、纳西婚俗游、猎鹰文化、《神境玉龙雪山》《遇见丽江——马帮出行》《花楼恋歌》等东巴文化、摩梭风情、藏羌彝文化创意融合品牌。

⑤智慧旅游运营板块。以"数字云南"建设为契机，以"一部手机游云南"平台为载体，加快智慧城市、数字小镇、智慧景区、智慧企业建设，重点实施丽江古城数字小镇、玉龙雪山智慧游客服务中心、泸沽湖智慧旅游、老君山景区数字化等项目建设，打造智慧旅游运营板块。

（四）实施六条道路建设

①新建丽江至维西高速公路。连接老君山国家公园和迪庆滇金丝猴国家公园两个重要景区，对大滇西旅游环线建设、助力脱贫攻坚具有重大意义。

路线全长 178 公里，估算投资 261 亿元，目前已完成项目可研编制工作。

②改扩建玉龙雪山东环线古城区云大旅游学院至玉龙县大具桥及其连接线二级公路。对打造大滇西旅游环线，完善进藏公路网，连通玉龙雪山与哈巴雪山具有重大意义。项目估算投资 54 亿元，目前已取得工可、初步设计批复。

③提升改造中兴至大羊场公路，是老君山黎明景区直达怒江州、大理州的交通要道。路线全长约 52 公里，中兴至黎明段约 24 公里拟改建为二级公路，黎光至大羊场段约 28 公里拟改建为四级公路。项目估算投资 10.6 亿元，目前已取得工可、初步设计批复。

④提升改造九河至老君山（九十九龙潭）公路，是老君山景区路网规划中的南线。路线全长 50.3 公里，其中前段 25.3 公里为二级公路，后段 25 公里为四级公路。项目估算总投资 9.95 亿元，目前可研已通过评审。

⑤新建丽江市玉龙县石鼓至怒江州兰坪三级公路利苴至通甸段。打通该道路将连接维兰高速、丽香高速两条纵线，进一步完善老君山景区环线。路线全长 40 公里，项目估算总投资 9.3 亿元，目前已取得工可批复。

⑥新建玉龙县河源至大理州剑川县老君山镇公路，是老君山南部片区剑川县进入老君山景区的连接线。路线全长约 45 公里，拟按四级公路标准建设，项目估算总投资 4.6 亿元。

三大环线和六小环线覆盖了丽江特色优质旅游资源和丰富的产品业态；五大板块旅游综合服务配套设施建设丰富了沿途康养基地、自驾营地、徒步线路、乡村旅游示范点及各类特色小镇和传统村落，线路设计具有可行性、便捷性和前瞻性，对周边州市可起到较强的示范辐射带动作用；六条道路建设，对完善区域路网、服务大滇西旅游环线、促进沿线经济社会高质量发展具有十分重要的意义。

三、对云南省加快大滇西旅游环线建设相应政策配套等方面的意见建议

大滇西旅游环线对推动滇西边境山区经济社会发展，特别是助力怒江、迪庆、丽江等深度贫困地区稳定脱贫和高质量跨越式发展具有十分重要的

意义。本章在云南省加快大滇西旅游环线建设相应政策配套等方面，特提出如下意见和建议。

（一）坚持生态优先、绿色发展

大滇西旅游环线的核心优势在于地理气候的梯级多样性、物种和文化的多样性，其得天独厚的立体自然气候环境决定了生态旅游产品应成为旅游的绝品。因此，必须坚持在保护中开发、在开发中保护。科学开发和合理配置资源，加强森林生态系统、湿地系统、珍稀动植物等资源保护，使旅游开发与环线生态环境保护、经济社会发展相得益彰、美美与共，努力把大滇西旅游环线建设成为生态更优美、交通更顺畅、经济更协调、市场更统一、机制更科学的黄金旅游环线，探索出一条生态优先、绿色发展新路子。

（二）做好顶层设计、协调联动

大滇西旅游环线建设涉及6州市，应处理好整体推进和重点突破、总体谋划和久久为功、破除旧动能和培育新动能、单点引领和协同发展等关系，打破行政区划和经济板块限制，避免"肠梗阻"和"最后一公里"，避免各自为政、主题混乱、重复建设，加强改革创新、战略统筹、规划引导，使大滇西旅游环线成为引领滇西高质量跨越式发展的生力军。建议省级建立高规格的州市合作联动机制，强化州市间的支持与配合，打破行政区划界线，进行跨区域旅游开发。建议建立大滇西旅游环线联合宣传模式，加强在海内外客源地的促销活动，形成合作宣传、共同发展的全新营销格局。

（三）出台优惠政策、倾斜支持

大滇西旅游环线全长1600多公里，沿线大部分区域为世界自然遗产区、自然保护区，生态环境保护任务艰巨。打造大滇西旅游环线，必然涉及公路、汽车营地、休闲服务区等项目建设。在这些区域建设项目中，用地限制条件较多，审批层级高、难度非常大。比如，丽江市生态保护红线划定比例为35.29%，其中比例最高的宁蒗县为41.05%，最低的华坪县为28.96%。建议由省级层面协调林业、生态环境、自然资源等部门出台项目建设用地优惠政策，以保障大滇西旅游环线建设顺利推进。

(四) 组织专门力量、深度策划

滇西旅游资源丰富多彩且品位高,但州市一级受人力、能力等限制,存在低层次、低水平甚至是破坏性开发现象。建议由省级组织一流的专家团队对滇西旅游资源进行深度挖掘、深度设计,同时在招商引资方面帮助支持州市引入世界一流企业参与规划建设,确保高标准、高质量、高水平建设,全面提升"吃、住、行、游、购、娱"品质,充分展现滇西大自然之美、生物多样性之美、民族文化之美,打造融入大自然、享受大自然的高品质旅游业态。建议引入欧美国家汽车营地成熟的管理运营体系与星级划分标准,对大滇西旅游环线沿线进行整体规划,建设融汽车营地、休闲服务区、旅游景区景点为一体的复合型旅游服务基地。

(五) 坚持交通先行、打牢基础

目前,大滇西旅游环线主干线道路等级相对较高,具好较好的通达性。但进入景区的道路等级普遍偏低且断头路多,存在游客"进不畅、散不开、出不去"的现象,这也是制约大滇西旅游环线建设的最大瓶颈。大滇西旅游环线建设,交通至关重要。从一定意义上说,交通决定大滇西旅游环线建设成败。因此,建议省级按照大滇西旅游环线基本构架,精准定位,因地制宜,优化大环线和小环线路网规划设计,提升道路等级,改善交通运输条件。

(六) 建议把老君山作为大滇西旅游环线绿色发展先行试验示范地

以老君山为代表的不可多得、不可复制的生态旅游资源,是打造大滇西旅游环线的"根"和"魂"。老君山景区在大滇西旅游环线中具有"一山挑两江(澜沧江、金沙江)""一山连四地(丽江、大理、迪庆、怒江)"的区位优势,具有"落一子、带一片、活全局"的独特作用,又拥有"三江并流"世界自然遗产的品牌,且通达条件好、旅游开发难度相对较小,加之深圳华侨城集团重组云南世博旅游集团后拟对老君山景区进行开发。因此,建议把老君山作为大滇西旅游环线绿色发展先行试验示范地。

第十一章 丽江市贯彻落实城乡建设用地增减挂钩政策支持脱贫攻坚研究

为全面了解和掌握丽江市贯彻落实城乡建设用地增减挂钩政策支持脱贫攻坚情况，分析工作中存在的困难和问题，提出改进工作的建议和措施，促进政策有力有效落实，助力脱贫攻坚，丽江市政府发展研究中心组织调研组深入有关部门和县（区），对丽江市贯彻落实城乡建设用地增减挂钩政策支持脱贫攻坚情况进行了专题调研。

一、城乡建设用地增减挂钩政策基本内涵

城乡建设用地增减挂钩政策主要是指将若干拟整理复垦为农用地的农村建设用地和拟用于易地扶贫搬迁安置、城镇建设的地块共同组成建新拆旧项目区，通过拆旧建新和土地复垦等措施，将城镇建设用地增加和农村建设用地减少相挂钩，最终实现建设用地总量不增加、耕地面积不减少、城乡用地布局更合理的目标。该政策对脱贫攻坚工作的支持主要体现在有力保障了易地扶贫搬迁安置用地的同时，允许节余的用地指标在省内、省外有偿流转使用，为脱贫攻坚开辟新的资金筹措渠道，在保障用地和筹措资金两方面支持脱贫攻坚。

以 2015 年为节点，增减挂钩政策经历了两个重要发展阶段。第一阶段：增减挂钩试点工作（2008—2015 年）。由省级自然资源主管部门制定试点工作方案并向自然资源部提出申请，经批准后开展试点工作。政策特点是，建新区与拆旧区规模相当，不产生节余指标；拆旧区与建新区必须在县本级辖区内，即不允许节余指标跨县流转使用；增减挂钩试点规模实行限额

挂钩管理,国家统一下达各试点地区增减挂钩周转指标规模,省级审批的增减挂钩实施方案总规模不得突破国家下达的周转指标规模;建新安置和拆旧复垦所需资金由地方政府自筹,资金压力大。第二阶段:增减挂钩助力脱贫攻坚工作(2015—2020年)。政策特点是,允许增减挂钩节余指标跨区域流转使用,深度贫困县(包括宁蒗县)及乌蒙山集中连片贫困地区增减挂钩产生的节余指标可在全国范围内流转,其他贫困县(包括古城区、玉龙县、永胜县、华坪县)产生的节余指标可在省域范围内流转;在保障易地扶贫搬迁安置点用地的前提下,最大限度地产出节余指标,节余指标流转收益扣除前期工作费、拆旧区土地复垦资金后专项用于脱贫攻坚;国家下达指标规模向贫困地区倾斜,无限额管理;增减挂钩节余指标实行台账管理,流转前不与具体建设项目挂钩,使用方式灵活;增减挂钩节余指标实行预售许可制度,增减挂钩实施方案经省自然资源厅批准后即可按不超过节余指标总规模的50%核发"节余指标预售证书",取得预售证书即可进行流转交易,以取得流转收益,缓解前期工作和拆旧区土地复垦资金压力;剩余50%节余指标在增减挂钩实施方案整体验收后换发"节余指标备案证书",方可进行流转;批准的增减挂钩实施方案须在3个月内启动旧房拆除和土地复垦工作,确保在2年内完成并通过验收;确有困难的,经原批准机关批准,可延期1年完成;商服、住宅(保障性住房除外)用地按总规模的25%配套使用节余指标。

二、城乡建设用地增减挂钩政策红利

城乡建设用地增减挂钩政策支持脱贫攻坚被称为"自然资源部翻箱倒柜、倾囊相助"的一项含金量极高的政策。

(一)有利于充分保障易地扶贫搬迁安置用地

在易地扶贫搬迁工作中运用增减挂钩政策保障安置点用地,首先解决了耕地占补平衡和搬迁安置用地指标不足的难题;其次不征收耕地占用税,不需要缴纳新增建设用地土地有偿使用费、耕地开垦费、坝区耕地质量补偿费,解决了用地报批产生相关费用的问题。经初步测算,以上四项费用,丽江市平均为 7.7 万元/亩，通过增减挂钩进行易地扶贫搬迁安置点建设的，这四项费用可以直接减免。

（二）有利于解决城镇建设用地指标难题

使用增减挂钩节余指标的城镇、工业等各类城乡建设项目，不占建设用地规划指标和年度计划指标，不需要缴纳新增建设用地土地有偿使用费、耕地开垦费、坝区耕地质量补偿费。经初步测算，以上三项费用，丽江市平均为 6.2 万元/亩，使用增减挂钩节余指标可直接减免这三项费用。

（三）有利于筹集脱贫攻坚资金

城乡建设用地增减挂钩政策为破解脱贫攻坚项目建设资金严重不足难题开辟了重要途径。国家统一制定跨省域调剂节余指标价格标准。节余指标跨省域调出价格根据复垦土地的类型和质量确定，复垦为一般耕地或其他农用地的每亩 30 万元，复垦为高标准农田的每亩 40 万元。节余指标跨省域调入价格根据地区差异相应确定，北京、上海每亩 70 万元，天津、江苏、浙江、广东每亩 50 万元，福建、山东等其他省份每亩 30 万元；附加规划建设用地规模的，每亩再增加 50 万元。节余指标省内流转基准指导价每亩 25 万元。节余指标要求按下达增减挂钩指标的 50% 产出。深度贫困县宁蒗县节余指标要求按不低于 15% 的比例复垦为耕地，其余可复垦为林地、草地等农用地；非深度贫困县古城区、玉龙县、永胜县和华坪县要求复垦为耕地。

三、丽江市增减挂钩工作开展情况

丽江市于 2017 年 7 月 19 日召开了增减挂钩政策支持脱贫攻坚工作推进会，制定下发了《关于贯彻落实城乡建设用地增减挂钩政策支持脱贫攻坚的实施意见》，成立了市级工作领导小组。在市自然资源和规划局设立了城乡建设用地增减挂钩政策支持脱贫攻坚工作领导小组办公室，负责项目方案的编制、审查、上报等工作。在各级各有关部门的努力下，丽江市城乡建设用地增减挂钩工作取得初步成效。

(一) 增减挂钩项目审批情况

截至2019年8月底,省自然资源厅共批准丽江市城乡建设用地增减挂钩项目18个,涉及拆旧复垦规模7104亩,建新安置规模839亩,项目实施后预计产生节余指标6265亩。批准项目数量在全省16个州市中居第14位。

(二) 节余指标省内流转情况

截至2019年8月底,丽江市在省内流转节余指标352亩,交易金额8800万元。节余指标省内交易规模在全省16个州市中居第13位。具体为:2018年5月,华坪县向景洪市流转节余指标202亩,流转单价25万元/亩,收益5050万元;随后向古城区流转节余指标150亩,流转单价25万元/亩,收益3750万元。既解决了古城区商住用地供应量的25%使用节余指标的问题,又为华坪县脱贫攻坚筹集了资金。

(三) 节余指标跨省域调剂任务落实情况

2018年7月,自然资源部下达云南省当年3.33万亩跨省域调剂任务。经省政府审定,省自然资源厅下达宁蒗县2018年增减挂钩节余指标跨省域调剂任务1009亩(下达任务量为全省平均水平)。宁蒗县将跨省域调剂任务对应落实到两个项目,涉及拆旧复垦规模1155亩,现已完成复垦1135亩,复垦比例为98%,该比例在全省有跨省域调剂任务州市中居第2位。省财政厅于2019年7月下达宁蒗县跨省域调剂资金2.2644亿元。

(四) 拆旧复垦工作情况

截至2019年7月底,丽江市所有增减挂钩项目共筹集拆旧复垦资金1562万元(应筹集9734万元),已拆除旧房919户(需拆除旧房6399户),已完成拆旧复垦1328亩(应复垦6389亩),资金到位率、旧房拆除率、完成土地复垦比例分别为20.79%、14.36%、18.69%。完成土地复垦比例在全省16个州市中居第13位。

四、丽江市增减挂钩工作中的困难和问题

(一) 政策效应发挥不充分

2017年至今,全省共批准增减挂钩支持脱贫攻坚项目570个,丽江市

只有 18 个项目，仅占 3.16%；全省拆旧复垦规模 28.13 万亩，丽江市只有 7104 亩，仅占 2.53%；全省预计产生节余指标 20.76 万亩，丽江市只有 6265 亩，仅占 3.02%。实施项目少，拆旧复垦规模小，预计产生节余指标不多，增减挂钩政策含金量没有得以充分发挥。

（二）县级政府主体责任落实不到位

县级政府普遍对增减挂钩工作重视不够，对政策理解不全面、不深入，没有把增减挂钩这笔账算好、算透，没有列入"一把手"工程，没有用活、用足政策。政府主体责任仅停留在发文、开会层面，对完善安置点用地手续、组织旧房拆除、筹措土地复垦资金、落实土地复垦任务、协调各方抓好项目实施和验收等工作抓得不紧，使实际工作效果与上级要求差距较大。

（三）有关部门履职尽责不到位

增减挂钩工作涉及面广、群众工作难度大、项目实施情况复杂、协调各方任务重、政策落实标准要求高。一些部门担当精神不够，存在消极应付思想、畏难情绪，工程建设标准低，监管服务跟不上甚至无人监管，已完成复垦的项目只有少部分达到验收标准。市县两级自然资源主管部门增减挂钩工作力量薄弱，如市增减挂钩办公室仅有两名工作人员。

（四）县（区）之间工作不平衡

截至 2019 年 8 月底，古城区、玉龙县各报批了 2 个项目，永胜县报批了 3 个项目，华坪县报批了 4 个项目，宁蒗县报批了 7 个项目。全市共筹集项目实施资金 1562 万元，其中宁蒗县筹集 1152 万元（向农发行贷款），古城区、永胜县未落实项目资金。

（五）拆旧复垦等关键工作滞后

全市正在实施的 18 个项目中有 14 个项目须在 2020 年完成并通过验收，另外 4 个项目须在 2021 年完成并通过验收。目前，复垦工作全面推开的只有 4 个项目，其中宁蒗县 2 个项目、玉龙县和华坪县各 1 个项目。旧房拆除、土地复垦工作严重滞后，部分自行复垦的土地质量偏低。

（六）商住用地使用节余指标未达到规定要求

每年商服和城镇住宅建设项目，使用增减挂钩节余指标原则上不得低于当年同类用地供应量的25%。截至2019年7月底，丽江市商服和城镇住宅用地应使用节余指标628亩，目前仅使用142亩，未达到规定要求。

五、对丽江市加强增减挂钩工作的建议

城乡建设用地增减挂钩政策具有"窗口期"。不能让窗口期成为"过滤器"，而要成为"助推器"。必须用好这个窗口期，把政策的含金量充分展示出来，产生同频共振的效果，破解脱贫攻坚项目建设资金不足问题，助力脱贫攻坚，推动丽江高质量跨越式发展。

（一）充分挖掘潜力

认真开展摸底调查工作，对搬迁村庄建设用地、腾退的农村宅基地、其他农村集体建设用地及工矿废弃地等进行核实登记，全面掌握可用于增减挂钩的用地规模，统筹谋划好项目报批工作，最大限度地发挥政策效应。严格执行宅基地面积标准，落实好一户一宅、建新拆旧政策，节约集约用地，最大限度地产出节余指标。积极争取宁蒗县2019年跨省域调剂任务2000亩。

（二）压紧压实责任

县级政府是贯彻落实增减挂钩政策和组织项目实施的责任主体，增减挂钩政策效应的发挥取决于县级政府工作的力度，必须压紧压实县级政府主体责任。建议各县（区）建立健全增减挂钩工作领导机构，设立拆旧区土地复垦工作指挥部，由县级政府分管领导任指挥长，切实加强对增减挂钩工作的组织领导。建议各县（区）建立县级领导、县级部门挂包联系制度，各拆旧地块落实1名县处级领导作为责任领导、1个县直部门作为责任单位。挂联领导、挂联单位主要负责人深入联系基层进行蹲点指导，及时解决工作推进中的困难和问题。建议成立由市自然资源主管部门负责人任总督察、市纪委监委和组织部门等单位参与的督察工作组，专门监督和检查各县（区）增减挂钩工作落实情况，并把工作情况纳入全市年度综合考核内容。

（三）实行奖励政策

楚雄州武定县对增减挂钩工作实行奖励政策，即按每节余1亩指标奖励

5000元、每拆除1户建（构）筑物奖励1万元的标准给予乡（镇）工作经费补助；对农户自行拆除建（构）筑物的按人均6000元给予奖励。同时，为进一步调动乡（镇）积极性，加大项目推进力度，实行拆旧复垦按照时间节点提前完成1天奖励3万元、推迟1天惩扣5000元的奖惩机制。武定县的奖励政策效果较好，建议各县（区）借鉴推广，充分调动基层工作积极性，切实推动增减挂钩工作向纵深发展。

（四）加强资金筹措

为切实解决增减挂钩项目缺乏启动资金问题，省自然资源厅与中国农业发展银行云南省分行达成战略合作协议，由中国农业发展银行云南省分行向全省各地增减挂钩、新增耕地、土地复垦和城镇低效用地再开发等国土综合整治项目提供1000亿元额度的贷款。建议各县（区）加强与中国农业发展银行的对接，及时开展洽谈协商，积极筹措落实拆旧复垦实施资金，特别是纳入2018年跨省域调剂的项目需按照复垦规模每亩3万元的标准落实复垦资金，其他项目则及时、足额落实项目实施资金。

（五）抓紧拆旧复垦

只有项目通过验收，才标志着节余指标流转收益的最终实现、增减挂钩政策的落地见效。建议各县（区）组织强有力的工作力量，建立健全工作机制，切实加强项目实施和监管，有效解决拆旧复垦工作滞后、土地复垦质量偏低等问题。已批准项目要在两年内完成实施，纳入2018年跨省域调剂项目要在2019年底前完成整体验收，已在省内流转节余指标项目，必须在两年内完成项目实施和验收。

（六）加强业务培训

层层组织开展业务培训。通过深入扎实的培训，确保参与增减挂钩工作的干部职工、县乡村组负责人和村民，以及参与增减挂钩实施方案编制、拆旧复垦工程实施和监理、项目验收等工作的业务承担单位都熟悉政策要求，解决好"会干"的问题，达到"干得好"的效果。

第十二章　丽江市区发展夜间经济研究

当前,鼓励和支持夜间经济发展,已成为一些地方挖掘消费潜力、发展城市经济的重要举措。为学习先行先试地区的做法和经验,认真分析丽江市区发展夜间经济的优劣条件,提出丽江市区发展夜间经济的可行性研究结果,以供市委、市政府决策参考,丽江市政府发展研究中心组织人员对此进行了研究分析,并形成如下内容。

一、夜间经济的内涵及发展概况

"夜间经济"是 20 世纪 70 年代英国为改善城市中心区夜晚空巢现象而提出的经济学名词,是指在当日下午 6 点至次日早上 6 点,以当地居民、工作人群和游客为消费主体,以第三产业为主的包括线上及线下、实物及虚拟产品的现代城市消费经济。

(一) 夜间经济的发展阶段

国内夜间经济起步于 1990 年,经历了延长营业时间阶段、多业态粗放经营阶段、集约化经营阶段。

1. 延长营业时间阶段

餐饮、购物等传统上以白天活动为主的服务行业逐渐向夜晚延伸,成为夜间消费的重头戏。许多特色美食和风味小吃在城市划定的夜间餐饮区聚集,城市商业区中的品牌购物店也纷纷延长营业时间并推出夜间休闲项目。

2. 多业态粗放经营阶段

酒吧、KTV、迪厅/舞厅、夜总会等场所活动时间以夜晚为主、白天为辅的现代服务行业逐渐走向本土化、规模化。一些过去夜晚基本无人的文化类活动场所，如博物馆、展览馆、美术馆、音乐厅、影视厅、体育馆等也被开发为夜间城市中活跃的娱乐区域。

3. 集约化经营阶段

随着消费需求和层次的不断升级，夜间旅游的专项产品逐渐走向成熟，夜间经济开始集约化经营。各地依托历史街区、河流、湖滨、海滨打造夜间经济聚集区，夜间经济向包括"食、游、购、娱、体、展、演"等在内的多元夜间消费市场发展，逐渐成为城市经济的重要组成部分。

（二）夜间经济的特点

夜间经济因可以延长经济活动时间、提高设施使用率、激发文化创造、增加社会就业、延长游客停留时间、提高消费水平、带动区域发展，已成为城市经济的新蓝海。

1. 夜间经济在消费上呈现3个特点

（1）城市居民消费夜间强于白天。

据有关研究，夜间经济消费越来越成为市民的消费习惯，强于白天。如重庆主要街区商场一半以上的营业额发生在夜间，广州服务业产值的55%来源于夜间经济，北京簋街大食堂收入的70%来自夜间经济。北京、重庆2/3以上的餐饮营业额发生在夜间。

（2）夜间经济消费存在"胡焕庸线"。

"胡焕庸线"，即中国地理学家胡焕庸在1935年提出的划分中国人口密度的对比线，又称为"黑河—腾冲线"。这条线从黑龙江省黑河市到云南省腾冲市，大致为倾斜45度的基本直线。线东南方36%的国土居住着96%的人口，线西北方人口密度极低。这条线划出了两个迥然不同的自然和人文地域。据有关研究，夜间消费绝大多数集中在线的东南方，丽江刚好处于线东南方。

（3）夜间消费存在双高峰。

夜间消费存在18:00左右的晚高峰和21:00—22:00的夜高峰双高峰。滴滴网约车数据显示：北上广深和部分珠三角及东部沿海城市如佛莞厦为双高峰"不夜城",武汉、福州、长沙等城市存在大的晚高峰与小而长的夜高峰。东部城市无锡、烟台和中西部城市泸州、绵阳、南充等存在晚高峰,夜间出行则极不活跃。东北城市有晚高峰,22:00后基本不出行。夜间出行前10的城市依次是:北京、佛山、深圳、东莞、上海、丽江、西安、泉州、厦门、广州。

2. 夜间经济在空间布局上呈现3个特点

(1) 夜间消费场所普遍集中布局在城市各级商业商务中心的核心地带。

如上海的南京路、淮海路,天津的滨江道,广州的环市路,等等。

(2) 形成以自然或历史文化资源为依托的夜间旅游区域。

如丽江、桂林、凤凰等历史古城的夜间景观吸引着大量游客前往。

(3) 城市中心的"边缘地带"聚集着许多夜生活场所。

如香港兰桂坊酒吧一条街、北京三里屯酒吧街、成都少陵路酒吧街中的酒吧和夜总会等。

二、各地发展夜间经济的成功经验

(一) 出台文件支持夜间经济发展

2004年,青岛市出台加快发展市区夜间经济的实施意见。随后,杭州市、河北省、辽宁省相继出台文件或召开会议对夜间经济发展进行部署。2014年以后,各地对夜间经济发展的推动进入高潮。宁波、重庆、南京、西安、北京、天津等城市相继出台文件支持夜间经济发展。2018年12月19日,中央经济工作会议提出"促进形成国内强大市场",提振夜间经济、繁荣夜间消费成为许多城市的共同选择。上海、济南等城市专门出台支持夜间经济发展的指导意见。

(二) 着力打造夜间经济品牌

各地均十分重视对夜间经济品牌的打造。天津市打造"夜津城",形成6个市级夜间经济示范街区。上海市围绕"国际范""上海味""时尚潮"夜生活聚集区的目标,打造新版"夜上海"。济南市实施《关于推进夜间经济发展的实施意见》(济政办字〔2019〕34号)、《城管系统服务保障夜间经济十条措施》等系列政策，打造泉城"不夜城"。北京市着力发展"时尚活力型、商旅文体融合发展型、便民服务型"的夜间经济，打造具有全球知名度的"夜京城"品牌，促进国际一流和谐宜居之都建设。

（三）实施各项政策支持夜间经济发展

天津市适度安排市级财政和部门专项资金扶持夜间经济发展，同时将为美化街景设置的公共照明和装饰照明设施等非经营性用电接入市公共配电网，相关费用由各级财政承担。上海市统筹利用本市相关财政扶持资金支持夜间经济发展。济南市安排市级财政和部门专项资金扶持夜间经济发展，重点加大对夜间经济经营企业因延长营业时间增加的水、电、人工等成本费用的补贴力度，对发展夜间经济的市场主体按规定给予税收优惠减免。北京市对商圈商业设施的改造提升、开展促进消费活动等繁荣夜间经济的相关措施给予支持。

（四）完善相关基础设施与公共服务

天津市将重点建设的夜间经济街区纳入环境整治和亮化、绿化工程重点项目，提高净化、亮化、绿化、美化水平；晚 20：00—24：00 时放宽相关街区摆卖管制；完善夜间交通、食品安全、治安、消防、环卫等配套管理措施和服务功能。上海市在夜间特定时段将部分夜宵街、酒吧街所属道路调整为分时制步行街。济南市降低夜间经济街区经营主体准入门槛，简化审批程序，建立审批绿色通道；提升夜间经济特色街区、景区、酒店、旅游度假区等重点场所的免费 Wi-Fi 覆盖率。北京市编制《夜京城消费指南》，线上线下联动，便利夜间消费。

（五）加强组织领导

天津市建立市发展夜间经济工作协调机制，将发展夜间经济列入市政府年度重点工作，并加强监督考核。上海市建立"夜间区长"和"夜生活首席执行官"制度，各区分管区长担任"夜间区长"，招聘具有夜间经济相关行业管理经验的人员担任"夜生活首席执行官"，成立夜间经济行业组织。济南市制定夜间经济示范街区标准并适时开展评定工作，对符合标准的授予"夜间经济示范街区"称号。北京市设立市、区、街（乡镇）三级夜间经济"掌灯人",负责统筹协调本级夜间经济发展。

三、丽江市区发展夜间经济 SWOT 分析

(一)优势分析

1. 每年千万人次游客是夜间经济发展的天然优势

2018年,丽江市接待游客4643万人次,同比增长14.1%;实现旅游业总收入998.5亿元,同比增长21.5%。2019年1—9月,丽江市接待游客4518万人次,同比增长17.5%;实现旅游业总收入832亿元,同比增长3.6%。特别是假期、暑期旅游市场十分火爆。2019年,春节黄金周接待游客144.5万人次,同比增长78.5%;暑期(6—8月)接待游客1896万人次,同比增长14.2%;中秋节假期接待游客36.4万人次,同比增长19%;国庆黄金周接待游客139.9万人次,同比增长14.4%。假期、暑期,玉龙雪山、泸沽湖等景区景点游客连续超过最大承载量。2019年10月3日,丽江古城景区瞬时人流量突破9万人,创历史新高。蓬勃发展的旅游业、庞大的游客群体,是丽江市区发展夜间经济的天然优势。

2. 夜间旅游发展为夜间经济发展注入了强劲动力

据有关调查,2018年游客在丽江平均停留时间为2.5天,其中连续2晚体验夜间旅游的达60%,选择1晚体验夜间旅游的达98%;人均消费为2150元,其中夜间旅游消费占比达37%。游客普遍具有较强的夜间旅游和夜间消费意愿。据有关分析,近年来到丽江旅游的游客中,自驾游、散客游占比达到60%,25~44岁年龄段人群占比达到55%。这部分群体的夜间旅游需求旺盛,夜间消费能力强。据有关研究,丽江位列全国城市夜间出行排名前10。这说明丽江夜间出行极为活跃,夜间消费存在晚高峰和夜高峰双高峰。夜间旅游的发展为夜间经济的发展注入了强劲动力。

3. 丽江古城夜间经济形成了自己的特色品牌

丽江古城24小时全开放式景区社区合一的环境特点、方便快捷的进出通道、河道两岸与小休闲空间相结合的丰富露天场景,为游客和居民提供了无时间限制、面积可观的游览空间。丽江旅游"早游玉龙雪山及周边景

区、晚游丽江古城"的模式,使大量游客选择在下午和晚间游览古城,每天18时起客流大幅增长至23时后逐渐下降,稳定的客流量及停留时间成为夜间经济繁荣的基础。丽江古城已发展成为完整具备"吃、住、行、游、购、娱"六大要素的景区,特别是特色民居客栈、休闲酒吧、特色餐饮等夜间消费项目,在数量、质量、游客知晓度上都具备明显优势,宣传带动效应巨大。丽江独具特色的民族文化资源、丰富多彩的民族节庆活动,为夜间经济特色化发展提供了土壤,在增加游客体验感的同时不断拓展了夜间特色项目数量。2018年,丽江古城接待游客986万人次,其中约60%的古城游客和居民消费发生在夜间。

4. 文化演艺项目的不断推出为打造更有文化味的夜市风情提供了重要支撑

夜间经济不是纵欲式狂欢,不是无休止消费。夜间经济迫切需要解决的问题是提供满足各种消费人群的产品,满足差异性的精神文化诉求。有文化,夜间经济才能留住人。丽江打造推出了《印象·丽江》、丽江千古情、《丽水金沙》、纳西古乐、《花楼恋歌》《雪山神话》纳西《创世纪》《遇见丽江——永远的马帮》情景剧与《喜院故事》沉浸式话剧等一批精品文化演艺项目,并打造推出了木府博物院灯光秀。对狮子山景区延长了开放时间,推出了三联韬奋24小时书店,形成了燃放河灯、元宵灯会、火把节等一系列丰富多彩的夜间民族文化展示和节庆活动。这些文化类、休闲类项目的开发和推出,既为游客和居民提供了更为丰富的夜间消费内容,促进了夜间经济供给结构的持续优化,又创造了良好的经济效益,助推了夜间经济由商品消费向服务消费升级,同时也为高质量发展夜间经济提供了重要支撑。

5. 中心城市基础设施日益完善为夜间经济发展奠定了良好基础

国家园林城市、国家卫生城市、国家节水型城市的创建成功,全国文明城市、民族团结进步示范市、质量强市示范城市、禁毒示范城市、环境保护模范城市"五城"同创的深入开展,城乡"四治三改两增一拆"行动和"路长制""街长制"的深入推进,使丽江中心城市绿化、亮化、美化、净化品质不断升级、管理水平不断提高，促进形成了一批夜间经济的商圈和生活圈。市内公交路线发展到32条，70%的公交车收车时间延长到21：00，重点路线收车时间延长到22：00，方便了游客和居民在夜间出行，助力了夜间经济发展。

6. 信息技术的快速发展为夜间经济发展带来了新机遇、开辟了新途径

丽江已建成"全光网市"。2018年，网络就绪度达39.4，排名云南省第3位，宽带普及率、通信网络基础设施建设及智能终端普及率均处于云南省中上水平。开通云南省首个5G网络试验基站，拨通云南省首个5G电话。丽江古城数字小镇建设正在加紧推进，已建成5G体验厅、智能急救站、智慧消防、智慧酒店等应用系统，智慧厕所、智慧停车场、慢直播、导游导览、明厨亮灶、越界提醒等项目建设稳步推进，一种崭新的5G条件下的智慧旅游新体验逐步形成。依托信息科技，衍生出大量展示分享夜间特色景观、特色活动的网络直播活动，以及针对夜间经济项目及人群的各种快递外卖、清洁维护、出行接送等劳务服务，使夜间经济产业链拓展延伸，夜间经济业态不断丰富。

7. 加强社会治安管理特别是深入推进扫黑除恶专项行动为夜间经济发展创造了良好的治安环境

近年来，丽江市委、市政府着力加强平安丽江建设，严密防范暴恐活动，深入推进扫黑除恶专项斗争，严厉打击盗抢骗、黄赌毒等违法犯罪活动，刑事案件、"两抢一盗"案件明显减少。2018年，丽江市群众安全感综合满意率达92.79%，在全省排名由2017年的第12位提升至第9位，社会环境和谐稳定，为广大游客和居民开展夜间消费活动营造了良好的治安环境。

（二）劣势分析

1. 受季节和消费习惯影响，市民夜间消费积极性不高

丽江冬季夜间温度比较低，市民普遍不愿意在冬季夜晚外出消费。年龄稍大的市民在消费观念上存在重物质消费、轻文化消费的现象，导致夜

间文化娱乐市场在一定程度上发展缓慢，缺乏强劲内生动力。工作压力大、收入水平低和生活支出高等因素制约了很大一部分人的夜间消费行为。

2. **缺乏科学规划引导，夜间经济发展整体上呈现散、小、乱局面**

夜间经济业态多为自发形成，普遍缺乏科学规划，整体上呈现"散、小、乱"局面。夜间经济产品局限于餐饮、购物，供给结构不优，不能满足消费者日益增长的夜间消费需求。夜间经济形态同质化、单一化，缺乏特色，文化底蕴不够。夜间特色餐饮活动和文体娱乐活动主要集中在古城周边，覆盖面不广，吸引力不强。夜间旅游项目开发不足，缺乏高品位、高吸引力的拳头产品，游客"看得多，参与少"。据有关调查，近80%旅游企业夜游产品投资规模不足20%，73%的旅游企业提供的夜游品类不到30%。

3. **缺乏文化内涵，市场促销手段落后**

夜间经济发展局限于夜景灯光打造，通过营造夜景拉动相关产业发展不足，商业夜游、主题公园夜游、演艺夜游、娱乐夜游、水秀、庙会、灯会、特种夜游、运动夜游、天文夜游、特种摄影等游客参与性、体验性与学习性强的夜间经济业态发展不足。"90后"与"00后"成为夜间经济的消费主力，传统促销手段难以奏效，夜间经济亟须营销创新。

4. **配套设施不完善，服务质量不优**

城市绿化亮化、垃圾清运、污水排放、停车场所等基础设施建设有待加强，精细化管理水平有待提高。市区公交夜间通勤时间短、路线覆盖有限，夜间公共交通配套设施不完善。休闲娱乐场所经营者普遍重经济效益、轻服务质量。噪声污染、灯光污染、扰民等问题不同程度存在。

5. **夜间营业成本比日间营业高**

夜间经济市场中，消费者需要付出夜间交通等多种成本，商家需要增加劳动力等成本，社会管理需要增加灯光、安保、环卫等成本。

（三）机会分析

1. **国务院办公厅专门出台文件支持夜间经济发展**

2019年8月16日，国务院办公厅印发《关于加快发展流通促进商业消费的意见》，提出20条稳定消费预期、提振消费信心的政策措施。其中第12条提出："活跃夜间商业和市场。鼓励主要商圈和特色商业街与文化、旅游、休闲等紧密结合，适当延长营业时间，开设深夜营业专区、24小时便利店和'深夜食堂'等特色餐饮街区。有条件的地方可加大投入，打造夜间消费场景和集聚区，完善夜间交通、安全、环境等配套措施，提高夜间消费便利度和活跃度。"2019年以来，已有北京、天津、成都、重庆、上海、济南等地出台相关政策举措，推动夜间旅游走向成熟，激发夜间经济新动能。

2. 夜间经济发展前景广阔

据有关分析，目前中国夜间消费规模约占总体零售额的60%，并持续以约17%的规模增长。随着各地政府对夜间经济扶持力度加大、夜间消费场所的服务市场增加等，中国的夜间经济发展规模将呈现爆发式增长，并在2020年突破30万亿元。夜间经济将展现出十分广阔的发展前景。

3. 发展夜间经济是大势所趋

夜间经济对扩大内需、提升经济活力具有重要作用，发展夜间经济是大势所趋。人民生活水平的不断提高也将助推夜间经济多维度发展，其中最具潜力的是文化体验类。夜间相比日间，劣势在于人流量少而且分散，交通相对不够便利，商业运营成本上升。因此，将资源集中、人流集中是夜间经济发展的核心。

（四）威胁分析

1. 避免大规模打造固定夜市

很多人认为，发展夜间经济需要大规模打造一些固定夜市，集中场地、集中消费。事实上，随着信息化的高速发展，夜间经济刺激消费并非要以大规模固定夜市为特征，而且也完全没有必要。在新零售模式下，线上和线下消费已全线融入夜市消费范畴。所以，刺激网络下单也是刺激夜市消费的重要手段。

2. 避免街头游商小商贩简单组合

很多城市发展夜间经济仅仅是把白天街头的游商、小商贩的经济行为在夜晚进行扩大化、组织化、合法化，不仅给周边居民的日常生活带来很大困扰，还引发食品安全、交通安全、环境安全、治安等问题。

3. 避免重商业服务轻公共服务

夜间交通的便利性影响夜间经济商圈的活力。要提高夜间经济的受众面，就需要延长公共交通的运营时间。夜间外出的安全隐患是消费者对夜间消费的最大担心，夜间管制决定夜间经济能否健康发展。

4. 避免政府这只"看得见的手"过多干预市场经济

夜间经济也是一种市场经济，政府对夜间经济的支持重在规划引导、提供服务、营造环境，而市场能干的事应一律交给市场，努力形成市场作用和政府作用有机统一、相互补充、相互协调、相互促进的格局。

四、丽江市区夜间经济发展的思路和举措

总的来看，丽江市区发展夜间经济拥有良好的基础条件，面临难得的发展机遇，具有美好的发展前景。要用好基础条件，抓好机遇，加强规划引导，出台政策鼓励支持，激发市场活力，打造夜间经济特色品牌，形成强大消费市场。

（一）发展思路

以习近平新时代中国特色社会主义思想为指导，立足建设世界一流旅游城市的战略定位，坚持市场主导、政府引导、分类培育原则，打造"夜丽江"1个夜间经济消费品牌，推出"夜游""夜购""夜食""夜娱""夜宿"5项夜间经济消费体验活动，打造大研、束河、祥和、宋城4个夜间经济地标，培育N个夜间经济示范街区。完善特色化城市功能，着力建设一批夜间经济载体，营造高品质夜间营商消费环境，大幅提升城市开放活跃度，形成"1+5+4+N"夜间经济体系，助推丽江高质量跨越式发展。

（二）工作原则

坚持政府引导、市场调节，发挥企业主体作用；坚持突出特色、注重创新，形成统筹推进、业态多元、错位发展格局；坚持品质优先、示范引导，形成良好夜间消费服务氛围，建立管理规范保障机制；坚持属地管理、

行业监管，县（区）政府统筹本地区夜间经济街区的规划建设，由所在街道牵头负责日常管理，有关职能部门各司其职、协同实施。

（三）工作目标

经过3~5年的努力，在中心城市形成一批布局合理、管理规范、各具特色、功能完善的"夜丽江"地标、商圈和生活圈，以满足消费需求，打响"夜丽江"品牌，助力世界一流旅游城市建设，促进经济社会持续健康发展。

（四）主要任务

1. 打造"夜丽江"1个夜间经济消费品牌

围绕"夜丽江"品牌打造，加强宣传引导和氛围营造，唱响有一种夜称为"古城之夜"、有一种美称为"披星戴月"、有一种情称为"大美丽江，昼夜不舍"的夜间经济消费品牌口号，形成浓郁夜间经济消费环境，打造独具特色、业态多元、持续健康的"夜丽江"消费品牌，引领夜间经济繁荣发展。

2. 推出5项夜间经济消费体验活动

（1）推出"夜游"主题观光活动。

鼓励景区、景点在夜间开放，创新夜间旅游产品，开展灯光节、音乐节、露营节等夜游节庆活动。

（2）推出"夜购"时尚消费活动。

推动购物中心、大型商场延长营业时间，引导品牌商超建设24小时便利店。鼓励开展夜间推广、打折让利活动，引入深夜购物、市民庆祝活动、公园之夜、嘉年华等各种形式的时尚消费活动，以促进夜间消费，带动夜间旅游发展。

（3）推出"夜食"特色餐饮活动。

提升传统特色菜，举办各类美食节、小吃节，举行餐饮嘉年华活动，开展品牌餐饮评选，引导品牌餐饮企业延长营业时间，做大餐饮市场夜间消费规模。

（4）推出"夜娱"文化体验活动。

延长博物馆、图书馆、体育馆等现有日间设施开放时间，丰富剧场夜间文化演艺活动的品类和场次。依托文化创意产业园区，策划推出文化创意设计、成果展示等活动。规范发展 KTV、洗浴、足疗、电竞、点播影院等一批经营服务场所，大力引进知名连锁经营机构，满足市民及游客多样化需求。

（5）推出"夜宿"品质休闲活动。

大力发展特色精品民宿和主题文化酒店，提升酒店文化内涵和服务质量，让广大游客玩得好、住得好，有宾至如归的旅游体验。

3. 打造4个夜间经济地标

（1）打造大研夜间经济地标。

包括大研古城、黑龙潭景区、忠义市场片区、市一中片区、鱼米河片区。该片区位于古城核心商业区，串联国际购物广场、红太阳广场、玉水坊购物中心、国际民族文化交流中心（丽水金沙）、万达电影城、玉水坊电影城、七星街、民主路地下商场等众多商圈，集"游、购、食、娱、宿"为一体。完善基础设施，科学规划引导，提升夜间消费品质。

（2）打造束河夜间经济地标。

包括束河古镇、金茂谷镇、复华度假小镇、束河古镇哈里谷、云大旅游文化学院片区、清溪公园片区、体育中心片区。依托特色餐饮街、美食街、品牌餐饮店等餐饮集中区域，建设餐饮聚集型夜间经济聚集区；依托体育场馆、图书馆等载体，建设文体消费型夜间经济聚集区；依托高校，建设便利服务型夜间经济聚集区；依托街道里巷、社区等，建设百姓生活型夜间经济聚集区。

（3）打造祥和夜间经济地标。

包括祥和商业区、客运站片区、市政广场、康仲路沿线。依托沃尔玛商场、大地电影院、特色美食店、风味小吃店、品牌餐饮店等，建设餐饮聚集型和文体消费型夜间经济聚集区，创建集"吃、住、行、游、购、娱"为一体的、一站式消费的复合型商业综合体。

（4）打造宋城夜间经济地标。

包括宋城旅游区、丽江街、康美小镇、美林梦丝路、翔鹭酒店、中心坊美食城片区、文笔海等。依托宋城千古情景区资源，增加《丽江千古情》夜间场次演出，打造一批特色夜间旅游活动项目。提升改造周边夜间餐饮，规划美食街，挖掘特色夜宵、烧烤等体现丽江饮食特色的系列餐品。

4. 培育 N 个夜间经济示范街区

（1）培育大研古城夜间经济示范街区。

优化古城商业业态，划分餐饮示范街区（大石桥—五一街—饮玉巷）、演艺娱乐示范街区（大研花巷《遇见丽江——永远的马帮》情景剧—五一街—饮玉巷—七一街崇仁巷《喜院故事》沉浸式话剧）、休闲旅游示范街区（北线新华酒吧一条街—黄山下段—狮子山公园，南线白龙文化广场—光义街餐饮酒吧区域—木府灯光秀）以及传统特色文化路线。通过各主题街区和路线的培育、打造以及引导，把古城人员密集商业过热区域的游客有序引导到其他区域，减轻遗产核心区域夜间负荷，提升游客游览体验，延长游览时间。做好纳西古乐营销运营工作，推进木府博物院、狮子山景区、黑龙潭景区等景区、景点的夜间开放。

（2）培育束河古镇夜间经济示范街区。

对古镇内的购物、餐饮、旅游、休闲、保健、学习、教育、歌舞、影视、娱乐、酒吧等场所合理布局，调整优化供给结构，提升供给质量，打造品牌，推动夜间经济规模化、特色化发展。

（3）培育精品民宿夜间经济示范街区。

依托古城遗产 3 个区域内已形成的近 2000 户客栈，提升服务品质，丰富文化内涵，打造中国民宿产业发展示范街区。

（4）培育民主路地下商场玉河走廊夜间经济示范街区。

加大地下商场、玉河走廊铺面的招商促销力度，建设以风味餐饮、地方特色精品展销为主题的市集。

（5）培育鱼米河夜间经济示范街区。

串联国际购物广场、红太阳广场、玉水坊购物中心、国际民族文化交流中心（丽水金沙）、万达电影城、玉水坊电影城等众多商圈，打造"网红时尚餐饮夜市"示范街区。

（6）培育七星街夜间经济示范街区。

依托毗邻古城的区位优势，打造烧烤美食一条街，晚上8时至凌晨5时实行分时制，在不扰民、不影响交通前提下，划定特定区域支持夜市摊点设置，鼓励支持街区商铺延长营业时间。

（7）培育体育中心夜间经济示范街区。

延长体育场馆夜间开放时间，积极引进高质量、高规格并具有观赏性的中小型体育赛事和民间表演性文体活动，打造融体育、文化、教育、餐饮、娱乐、休闲等业态为一体的夜间经济示范街区。

（8）培育东干河夜间经济示范街区。

规范经营，提升质量，打造以烧烤为主的夜间经济示范街区。

（9）培育花马街夜间经济示范街区。

规范经营，提升质量，打造以烧烤、夜宵、住宿为主的夜间经济示范街区。

（10）培育祥和商业广场步行街夜间经济示范街区。

抓好祥和商业广场申报商务部"第二批步行街改造提升试点"的机遇，提升绿化、亮化水平，加强招商引资，高标准规划建设，打造全国知名步行街区。

（11）培育新团片区夜间经济示范街区。

依托丽江师范高等专科学校和"丽江时光"民宿，打造以餐饮、文创为主的夜间经济示范街区。

（12）培育颐养泰和片区夜间经济示范街区。

依托正在打造的融医院、湿地公园、学校、农贸市场、超市、健身和居家住宅为一体的新型康养休闲中心，完善片区基础设施，科学谋划布局，打造综合性夜间经济示范街区。

（13）培育七河片区夜间经济示范街区。

依托三义国际机场，积极培育发展以住宿、特色餐饮、特色农产品、汽车租赁、旅游咨询服务等为主的夜间经济示范街区。

(14) 培育丽江街片区夜间经济示范街区。

加大招商引资力度,科学规划引导,建设集美食名吃、休闲娱乐、文化休闲等消费特色于一体的街区。

(15) 培育遗产公园片区夜间经济示范街区。

依托遗产公园、文化馆、图书馆、市政广场,打造以文化休闲娱乐为主的夜间经济示范街区。

(16) 培育上吉片区夜间经济示范街区。

依托上吉市场、住宅小区密集等优势,引进超市连锁店,打造以购物为主的夜间经济示范街区。

(17) 培育火车站片区夜间经济示范街区。

利用人流及良好的地理优势,打造以住宿、娱乐等为主的夜间经济示范街区。

(18) 培育白沙片区夜间经济示范街区。

依托白沙景区群和东巴谷、玉水寨等景点,打造以民族文化展、互动文化活动及康养酒店住宿服务、餐饮服务、房车营地服务为主的夜间经济示范街区。

(五) 保障措施

1. 建立夜间经济协调推进机制

成立市发展夜间经济领导小组,由市政府分管领导任组长,市直有关部门和县(区)政府相关负责人参加,统筹推进全市夜间经济发展。明确重点夜间经济街区管理机构,统一规划建设、统一业态布局、统一协调管理。建立"夜间县(区)长""夜间乡(镇)长、主任"和"夜生活首席执行官"制度。由县(区)政府分管领导担任"夜间县(区)长",由相关乡(镇、街道)分管领导担任"夜间乡(镇)长、主任",统筹协调夜间经济发展。鼓励县(区)、乡(镇、街道)公开招聘具有夜间经济相关行业管理经验的人员担任"夜生活首席执行官",协助"夜间县(区)长""夜间乡(镇)长、主任"开展工作。

2. 创新夜市监督管理模式

建立审批绿色通道，在法律、法规允许范围内降低夜间经济街区经营主体准入门槛，简化审批程序。建立健全夜市管理规定，在登记、设施、区域、标识、时段、卫生等夜市运营相关方面建立统一管理标准。放宽夜间特定时段相关摆卖管制，在符合环境保护、安全生产、消防安全、市政环卫等相关规定，不扰民、不影响交通秩序等前提下，对部分路段的夜间经济街区配套设施进行规范充实。允许沿街商户利用街面开展形象展示推广活动。鼓励成立夜间经济发展相关行业组织和市场化运营主体，促进行业交流合作，引导行业自律发展。鼓励企业开展商品质量、服务水平、购物环境等内容的消费体验评价并公开评价结果，建立消费维权社会共治格局，保护好消费者合法权益。

3. 优化交通组织秩序

提升夜生活集聚区及周边动、静态交通组织管理水平，制定优化街面停车位管理、夜间临时停车、鼓励免收或减收停车费等具体措施。优化夜间经济街区附近公共交通路线设置，加密夜间运行班次，延长夜间运营时间。加强出租车管理，依法打击和取缔"黑出租"。

4. 美化亮化夜间环境

做好街景打造、装饰照明、标识指引等工作，营造良好夜间消费氛围。将夜生活集聚区纳入城乡环境综合整治工作重点，提高精细化、规范化、标准化管理水平。

5. 完善公共服务

根据夜间经济特点，完善水电气供给、污水收集排放、生活垃圾清运及处理、公共厕所改造提升等配套设施。以智慧城市建设为依托，推进无线移动网络基础设施建设，提升夜间经济特色街区、景区、酒店、旅游度假区等重点场所免费 Wi-Fi 覆盖率。完善提升机场、火车站、游客聚集区等重要区域交通指引标识的引导服务功能。完善食品安全、治安、消防等配套管理措施和服务功能，完善公共安全应急救援预案，有效应对各类突发事件。

6. 加大财政支持力度

安排市级财政和部门专项资金扶持夜间经济发展，县（区）财政配套安排相应规模的扶持资金，重点加大对夜间经济经营企业因延长营业时间而增加的水、电、人工等成本费用的补贴力度。夜间经济街区运行管理原则上实行"以市养市"，根据需求适当给予财政补助，对发展夜间经济的市场主体按规定给予税收优惠减免。支持运营商集中结算、统一核算，对纳入统计部门上限统计的给予一定资金扶持。为美化街景设置的公共照明和装饰照明设施等非经营性用电，可接入市公共配电网，相关费用由市、县（区）财政承担。

7. 加强督导考核

将发展夜间经济列入市、县（区）政府重点工作内容，明确推动夜间经济发展目标任务，加强跟踪督导，对有关部门和县（区）政府目标任务完成情况进行考核。研究制定夜间经济示范街区标准并适时开展评定工作，对符合标准的授予"夜间经济示范街区"称号。

8. 营造良好舆论氛围

通过报刊、广播、电视、网络、微信公众号等媒体和平台，广泛开展夜间经济系列宣传推广活动，向消费者提供形式多样、内容丰富的夜间消费资讯服务。构建多种旅游网络营销渠道，实现精准化、场景化、互动式旅游营销，吸引更多游客在夜间休闲娱乐。

第十三章　全面推进旅游业转型升级 努力建设世界一流旅游城市

根据《中共丽江市委 2019 年重大调研课题方案》，笔者围绕"全面推进旅游业转型升级，努力建设世界一流旅游城市"的课题，认真开展了调查研究。

一、丽江旅游发展历程

旅游业是丽江的先导产业、支柱产业。选择发展旅游业，是丽江秀美的自然山水使然、绚丽的民族风情使然、和合的交融文化使然。丽江因旅游而名，因旅游而兴。丽江旅游走过了极不平凡的发展历程。根据发展的阶段性特征，可以将近 25 年丽江旅游发展历程分为以下 4 个阶段。

起步阶段（1995—1997 年）：标志性事件是省政府滇西北旅游规划会。1994 年 10 月 24 日召开的省政府滇西北旅游规划会，提出"发展大理，开发丽江，带动迪庆，启动怒江"的发展思路，丽江旅游从此进入实质性开发建设阶段，丽江也由此走上一条以旅游业为主导产业带动其他产业发展的路子。

加快发展阶段（1998—2014 年）：标志性事件是丽江古城被列入世界文化遗产名录。1997 年 12 月 4 日，丽江古城被列入世界文化遗产名录，为丽江旅游业发展注入强劲动力。2003 年 7 月 2 日，以丽江老君山为主体的"三江并流"被列入世界自然遗产名录；同年 8 月 28 日，纳西族东巴古籍文献被列入世界记忆遗产名录。丽江成为中国唯一拥有 3 项世界遗产的地级市。接二连三获得的世界遗产桂冠不仅让丽江声名鹊起，更让丽江旅游迈入了发展快车道。

第十三章　全面推进旅游业转型升级　努力建设世界一流旅游城市

矛盾问题凸显阶段（2015—2017年）：标志性事件是丽江古城景区被严重警告。2015年10月9日，原国家旅游局给予丽江古城景区严重警告，指出景区主要存在的10个问题，限期6个月整改。2016年9月1日，丽江古城景区严重警告处分撤销。2017年2月25日，因女游客被打事件发酵，原国家旅游局再次给予丽江古城景区严重警告。这段时期，丽江旅游频频陷于舆论旋涡，频频被推到风口浪尖，面临"知名度越来越高，美誉度越来越低"的危险境地。丽江市委、市政府以猛药去疴、重典治乱的决心，以"刮骨疗毒""壮士断腕"的勇气，打响旅游市场秩序整治攻坚战，重构旅游生态。

新发展阶段（2018年至今）：标志性事件是黄坤明部长肯定丽江。在2019年2月12日全国宣传工作"四力"视频会议上，中央政治局委员、中宣部部长黄坤明指出："今年的丽江，整个春节期间没有任何的负面消息。前一阶段，中央媒体采访团到云南采访，云南的同志做了大量工作，效果非常好，丽江也甩掉了多年负面舆情的帽子。"2018年以来，丽江"好故事、好声音"频频出现，丽江品牌形象不断提升，丽江旅游进入新发展阶段。

总的来看，起步阶段是明确目标、总体布局的阶段。这一阶段，丽江深入贯彻落实省政府滇西北旅游规划会议精神，把旅游业作为支柱产业进行重点培育，启动实施"旅游带动"发展战略，绘就旅游发展"大写意"。加快发展阶段是高速增长、规模扩张的阶段。这一阶段的发展过程长，发展速度快，既是旅游支柱产业形成的重要阶段，也是量的积累的重要时期。由于量的增长较快，也在一定程度上掩盖或者忽视了质的提升问题，使丽江旅游出现了一些深层次的矛盾和问题。矛盾问题凸显阶段是积弊爆发、转型阵痛的阶段。这一阶段也是量变转向质变的阵痛期。丽江旅游的量已经积累到一定程度，质变的问题因此更为尖锐、更为突出，无论是因为市场需求还是产业发展需要，都必然要向质的提升转变，不可避免。新发展阶段是形象修复、焕发新生的阶段。这一阶段，丽江旅游从转型阵痛中逐步走出来，已站在新的发展起点上，正向高质量发展方向迈进。今后要聚焦重点、精雕细琢，共同绘制好精谨细腻的"工笔画"。

二、建设世界一流旅游城市取得的成效

25年来,丽江旅游在砥砺中前行,走过了极不平凡的发展历程,实现了从无到有、从小到大、从弱到强的跨越,走出了一条符合丽江实际的旅游发展道路。

(一)经济指标快速增长

与起步之初的1995年相比,接待游客从84万人次增加到2018年的4643.3万人次,增长了55倍;旅游业总收入从3.26亿元增加到2018年的998.45亿元,增长了306倍。目前,游客平均停留时间2.5天/人,人均消费2150元/天。旅游业对住宿、餐饮、民航、铁路客运业的贡献超过80%。2018年,以旅游业为主的第三产业增加值占GDP的比重达45.7%。

(二)产业规模日益壮大

目前,全市共有A级景区18个,其中5A级2个、4A级7个。高等级景区全省名列前茅,5A级景区占全省的25%(全省8个),4A级景区占全省的10.29%(全省68个)。有旅行社187家(包含2家导游服务公司、11家旅行社分社),取得电子导游证的导游2231人。旅游直接就业人数约30万人。

(三)产业体系逐步完善

全市已形成集"吃、住、行、游、购、娱"于一体的完整产业链条。有星级酒店146家,特色民居客栈99户,标准床位20万张。国际品牌酒店有悦榕庄、铂尔曼、金茂君悦、和府洲际、英迪格、安缦、希尔顿花园、丽世等8家共1215间(套)客房,高端国际品牌酒店数量居全省前列。有7家旅游汽车公司,共有587辆旅游车。有纳西古乐、《印象·丽江》、丽江千古情、《丽水金沙》《花楼恋歌》《云南的响声》《丽江恋歌》《雪山神话》等8个知名演艺娱乐节目,暑期、黄金周、节假日等游客集中时段平均上座率超过70%。文化体验游、乡村民宿游、休闲度假游、生态和谐游、遗产游、研学知识游、红色教育游、康养体育游、航运旅游、自驾车房车游等新业态产品不断涌现。

(四) 品牌效应不断扩大

丽江先后荣获"中国历史文化名城、国家重点风景名胜区、全国优秀旅游城市、国家园林城市、国家卫生城市、国家节水型城市、中国魅力城市、中国十大休闲城市（之一）、中国品牌城市、中国旅游影响力品牌"等殊荣。"丽江"已成为云南乃至中国一张响亮的旅游名片，成为旅游的代名词。

(五) 综合交通网络加快完善

丽江机场通航城市76个（其中国内通航城市69个，国际及地区通航城市7个），运营航线200余条，是云南省第二大机场、西南地区第五大航空港。2018年，丽江机场旅客吞吐量753万人次。泸沽湖机场是云南海拔最高（3293米）的机场，2018年旅客吞吐量16.4万人次。已建成大丽高速、丽江机场高速、丽攀高速华坪至攀枝花段，正在加快建设丽香、华丽、永宁、永宾、鹤关5条高速，即将开工建设古城至宁蒗高速。已建成大丽铁路、仁丽铁路，正在加快建设丽香铁路。丽江至昆明动车开行10对，并开通直达桂林班次。

(六) 依法治旅体系初步构建

构建了"1+5+N+1"旅游市场综合监管模式、"1+5+X"旅游投诉快速处置机制。建立了规范涉旅企业经营行为的诚信评价三项制度，从政府职能部门规范指数、第三方暗访专业指数、广大游客体验指数三个维度对涉旅企业进行考核评估。已完成全市1.3万户涉旅企业诚信评价，基本实现诚信铺码全覆盖。旅游"红黑榜"制度和30天无理由退货机制在全省得到复制推广。

(七) 智慧旅游建设扎实开展

依托"一部手机游云南"，建成旅游大数据中心、旅游诚信平台、旅游监管平台，实现旅游市场监管智慧化。利用云旅游综合服务平台，实现官方网站、微信、微博以及扫描二维码等多途径旅游咨询、投诉信息化，实现"一店一码、一人一码"和无现金支付、无感支付全覆盖。建成数字古城5G展示馆。

回顾丽江旅游25年的发展历程可以发现，丽江旅游之所以能够历经艰难困苦而不断发展壮大，很重要的一个原因就是历届丽江党委、政府像爱护眼睛一样爱护旅游业，像对待生命一样对待旅游业，矢志不移，久久为功，一届接着一届干，有力保障和推动了旅游业发展。

与新时代人民群众的旅游美好生活需要相比，丽江旅游业还存在以下突出问题。一是旅游区域发展不平衡与全域旅游发展要求不相适应。旅游空间布局失衡、发展不均衡，呈现"一体"独大、"两翼"薄弱局面。"一体"的接待能力、旅游产品的丰富度和服务水平，明显优于"两翼"。"两翼"也拥有较好的自然资源，具有发展旅游的天然基础，但因受限于交通基础设施、区域经济水平等因素，导致旅游发展相对粗放，市场化程度相对较低。二是旅游产品有效供给不充分与日益增长的旅游需求不相适应。旅游线路老化，旅游产品同质化，人性化、个性化、特色化服务不足，旅游购物创新不够，旅游特色餐饮发展不力。游客散不开，存在"扎堆"现象。丽江古城、玉龙雪山、泸沽湖等成熟老牌热点景区"超负荷"运转；老君山、程海等景区未发挥最大的资源优势，建设相对滞后；乡村旅游主要集中在热点景区周边，未能全面辐射带动。三是旅游产品结构不合理与日趋多元的旅游消费需求不相适应。旅游产品结构调整滞后于客源结构变化，多元化供给不足。大众观光游仍占主体，体验型、度假型、养生型、康体型、创新型高端旅游产品较少，产品开发与文化体验结合度不够，不能满足"文、商、养、学、闲、情、奇"新旅游要素带来的新需求，制约了消费增长和升级。四是旅游公共服务及交通等基础设施不完善、不充分，与旅游爆发式、井喷式市场需求不相适应。旅游厕所布局及建设管理存在差距。干线公路与旅游度假区、旅游景区、旅游名镇、旅游特色村的连接道路连通性差，旅游环线"断头路"多，旅游综合运输体系的便捷度和安全性与游客的现实需求存在差距。民航航线网络建设仍需完善。五是旅游人才队伍建设与旅游综合发展需要不相适应。旅游从业人员学历层次偏低，文化素质不高。旅游企业、旅游从业人员掌握新技术、开发新产品、拓展新市场、服务创新能力不强。旅游人才职业化水平不高、整体职业能力不强，旅游领军型人才、高层次人才缺乏。乡村旅游人才匮乏。六是旅游理论研究与快速发展的旅游产业实践不相适应。随着旅游业的发展，旅游新形式、新业态不断出现，相应的理论研究却较为滞后。比如，散客已占到了丽江旅游总人数的60%左右，相较于团队游的成熟理论和完善的管理模式，针对散客的管理和服务还缺乏理论研究和政策措施。民宿作为乡村旅游的重要产业，缺乏相应的行业标准引领，处于自我发展状态，难以规模化和持续健康发展。

三、建设世界一流旅游城市的方向路径

建设世界一流旅游城市是丽江旅游业高质量发展的必然选择，是丽江旅游业进入新发展阶段的题中应有之义，也是推动丽江四大产业之首——文化旅游产业全面转型升级的目标追求，与省委、省政府提出的"云南只有一个景区，这个景区叫云南"的理念和打造世界一流"健康生活目的地牌"的思路相吻合，涵盖了丽江建设国家全域旅游示范区、中国国际民族文化旅游目的地、世界一流旅游目的地等内容，对于推动丽江高质量跨越式发展、决战脱贫攻坚、决胜全面建成小康社会具有重要意义。

建设世界一流旅游城市就必须贯彻落实新发展理念，使创新成为第一动力、协调成为内生特点、绿色成为普遍形态、开放成为必由之路、共享成为根本目的，走内涵式旅游发展之路，走高渗透融合发展之路，走依法治旅之路，走科技创新发展之路，走全方位开放开拓之路。推动丽江旅游从高速增长向高质量发展转型，从景区旅游向全域旅游转型，从观光旅游向休闲度假、康体养生旅游转型，打造美丽经济、健康产业、幸福产业。

内涵式发展的重点是品质提升，实现一流资源、一流开发、一流服务。高渗透融合发展的重点是空间拓展，最大限度拓展发展空间，以"旅游+""+旅游"推动形成多产业融合发展新格局。依法治旅的重点是转变职能，主动适应旅游业改革发展需要，为旅游创造更加优良的法治供给环境。科技创新发展的重点是动能转换，通过智慧旅游等科技手段，优质高效整合旅游资源要素。全方位开放开拓的重点是激发活力，坚持"走出去、请进来"，形成全面开放新格局。

四、建设世界一流旅游城市的举措

建设世界一流旅游城市要着力提升"一城"（丽江古城）、"两山"（玉龙雪山、老君山）、"三湖"（泸沽湖、程海、拉市海）核心景区品质，实现"四季"可游（春观花、夏望云、秋赏叶、冬踏雪），建设"五镇"［每个县（区）打造不少于五个旅游特色乡（镇）］，做到"六心"服务（食之放心、住之安心、行之顺心、游之舒心、购之称心、娱之开心），推出"七旅"（山水风光体验之旅、民族文化寻踪之旅、休闲度假浪漫之旅、油画金沙观景之旅、体育运动时尚之旅、特色乡村感受之旅、幸福婚典甜蜜之旅），打造"百村"（金沙江绿色经济走廊"百村示范"行动），形成宜游、宜居、宜业的城乡景旅一体化全域旅游新格局。

（一）变集中整治为常态治理

构建旅游市场制度化、常态化治理"四种形态"。第一种形态：加强旅游行业自律，推行旅游团队电子行程计划书。依托旅游行业协会等社会组织，通过签署公约书、开展交叉检查等形式，形成有效的、良好的自我管理机制。做到旅游团队电子行程计划书全覆盖，上报统一平台管理，加强旅游团队运营监督。第二种形态：建立30天无理由退货机制，开展旅游企业诚信评价。建立健全游客购物退换货监理中心，收到游客退换货诉求后4~5小时内完成退换货，最大限度减少旅游投诉量。加强旅游企业诚信评价，对诚信分低于6分的（总分10分），纳入重点监管名单限期整改；拒不整改或者整改后诚信分仍不达标的，依法取消经营资格。第三种形态："红黑榜"制度。全面建立涉旅企业、导游"红黑榜"制度，上"黑榜"3次，取消其经营资格或从业资格。第四种形态："诉转案""行转刑"。加强涉旅案件行政执法与刑事司法的有效衔接，对涉嫌犯罪的一律移交司法机关，追究有关责任人刑事责任，并及时向社会公布，充分发挥警示教育作用。

（二）变景点开发为全域开发

加快推进旅游度假区、高 A 级旅游景区、旅游强县、旅游名镇、旅游名村、花田（农业）旅游示范基地创建工作，着力打造主题鲜明、交通便利、服务配套、环境优美、吸引力强、受广大游客欢迎的高品质旅游目的地，推动旅游产业从单一景区、景点建设管理向综合旅游目的地统筹发展转变。抓好大香盐、丽维福、泸香、老君山等精品自驾游路线建设，加快构建快行慢游的自驾游、自由行、自助游管理服务体系，主动服务和融入大滇西旅游环线建设。充分发挥"旅游＋"综合带动功能，推动产品、业态、产业融合发展，培育发展健康旅游、度假旅游、房车自驾、低空旅游、养生养老、体育旅游、会奖旅游等新产品新业态。

（三）变门票经济为服务经济

下大力气改变过于依赖门票经济的现状，让游客获得更好的旅游体验，通过为游客提供更多更好的服务增加旅游收入。围绕旅游"吃、住、行、游、购、娱"六要素做好文章。一是全面提升"吃"的品质。推进"明厨亮灶"工程，着力解决餐饮品质不高、食品安全隐患多等问题，大力弘扬丽江饮食文化，增强丽江餐饮的吸引力、影响力。二是全面提升"住"的品质。2020年底前，每个重点旅游县至少要建成1个五星级酒店。推进精品酒店、民宿标准化建设，规范旅游酒店、客栈住宿价格。三是全面提升"行"的品质。加快构建"快旅慢游"服务体系，使全市交通布局、运输能力和服务水平更好地适应旅游产业快速发展需求。四是全面提升"游"的品质。提升景区、景点品质和发展全域旅游，强化品牌意识和营销意识，培育产业发展品牌资产和竞争优势。五是全面提升"购"的品质。规范建设一批面向社会和游客的综合性购物中心、购物市场、购物街区，培育一批设施完善、诚信可靠、商品丰富、品质放心、消费安全、维权有效的购物经营主体。六是全面提升"娱"的品质。大力发展康养类、文化类、体育类、民族风情类旅游产品，增加游客停留时间，延长旅游产业价值链。

（四）变基础薄弱为全面完善

集中力量、整合资源、加大投入，持续推进"厕所革命"，在游客聚集公共区域、主要乡村旅游点、旅游小镇、旅游景区（点）、旅游度假区、旅游综合体、旅游交通沿线新建（改建）达到国家标准的旅游厕所，以"厕所革命"的深入实施促进城镇和乡村环境整治,努力营造全域旅游良好环境。尽快实现全市范围4G网络全覆盖以及Wi-Fi信号对主要旅游目的地和重点旅游集散地全覆盖,全面打通干线公路与主要旅游目的地"最后一公里"和环线"断头路"。高标准打造丽江至大理美丽公路,扎实开展四好农村路建设。抓紧在主要旅游交通路线、游客主要集散区域建设一批无障碍旅游设施,规范完善旅游标识、服务指引标识等旅游公共标识,努力营造环境舒适、配套齐全、服务优质的便利化旅游基础设施和条件。

(五)变行业监管为综合监管

旅游管理本质上是一种属地管理。旅游管理工作不仅是旅游主管部门的责任,而且应由行业监管走向综合监管。管好旅游从管好社区开始,把旅游要素渗透城市、小镇、乡村规划建设的各个方面,既要充分考虑对居民福祉的关怀,又要充分体现对游客的尊重,让游客享受到无处不有的良好旅游体验。完善旅游投诉快速处置机制,及时化解和处置好游客旅游过程中的矛盾和纠纷,让游客感受到无时不在的人性化服务和高效管理。发挥好行业协会专业管理职能,建立权威、高效的行业组织,实现规范、有效的自律管理。强化县(区)政府旅游行业管理的主体责任,为避免履职尽责不到位,出现问题就要严肃追责问责。

(六)变粗放服务为标准服务

抓紧建立健全并实施涵盖旅游产品业态、旅游要素设施、旅游公共服务、产业运营管理、涉旅安全生产、市场监督管理等领域的旅游服务标准体系。鼓励支持行业协会、商会、旅游企业、研究机构积极创造条件参与各类标准化活动,主动承担各级旅游标准制定和修订项目,争取将各类行之有效的旅游标准上升为地方标准、行业标准和国家标准,提升旅游发展话语权和影响力。

(七)变传统旅游为智慧旅游

以"一部手机游云南"平台建设为抓手,加快智慧城市、数字小镇、智慧景区、智慧企业等建设,实现"一机在手,说走就走,说游就游",做到"游客旅游自由自在,政府管理无处不在"。细化完善推进丽江古城数字小镇建设方案,争取于 2020 年 10 月 1 日前在丽江古城实现 5G 网络条件下的智慧旅游崭新体验,进而把丽江古城打造成数字小镇、数字古城、智慧古城。以丽江古城全面数字化为路径,逐步实现丽江全域"吃、住、行、游、购、娱"全面智慧化。

参考文献

[1] 丁风芹. 我国智慧旅游及其发展对策研究 [J]. 中国城市经济, 2012 (1): 32-33.

[2] 刘俊梅, 田晓霞, 闫敏, 等. 基于"智慧旅游"的新疆旅游产业转型升级策略研究 [J]. 市场论坛, 2012 (11): 93-95.

[3] 李睿仙, 乔晓梅, 刘军. 发展唐山智慧旅游的策略研究 [J]. 工业技术与职业教育, 2013, 11 (4): 44-47.

[4] 杨晓红. 基于智慧城市建设的智慧旅游发展研究 [J]. 东方企业文化, 2014 (2): 168-169.

[5] 金江军. 智慧旅游发展对策研究 [J]. 中国信息界, 2012 (12): 22-23.

[6] 杜鹏, 杨蕾. 智慧旅游系统建设体系与发展策略研究 [J]. 科技管理研究, 2013 (23): 44-49.

[7] 郑俊, 方旻蔚. 浅谈智慧旅游建设 [J]. 计算机时代, 2013 (5): 68-70.

[8] 于洪贤, 何卓, 朱井丽. 我国科普旅游的发展现状及发展对策 [J]. 东北林业大学学报, 2004 (3): 94-96.

[9] 吴昌南. 科技旅游浅探 [J]. 韶关学院学报 (社会科学版), 2001, 22 (4): 104-106.

[10] 黄丹斌. 从美国科普旅游的旺势看我国科普旅游的思路和对策 [J]. 科技进步与对策, 2001 (6): 84-86.

[11] 郭丽妮. 发展我国天文科普旅游初探 [J]. 泉州师范学院学报,

2002,20(6):58-62.

[12] 李绍刚. 浅析科普旅游开发 [J]. 科技资讯,2006(15):195-198.

[13] 幸岭. 云南发展科普旅游行动计划及实施方案研究 [J]. 学术探索,2007(2):69-71.

[14] 刘晓静,梁留科. 国内科普旅游研究进展及启示 [J]. 河南大学学报(社会科学版),2013,53(3):49-52.

[15] 葛永芳,许金如. 论江苏科普旅游资源开发的基本思路与对策 [J]. 扬州教育学院学报,2018(4):46-49.

[16] 丽江市人民政府. 丽江市"十三五"旅游产业发展规划(2016—2020年)[Z].2017-06-02.

[17] 文韬略. 辽宁省红色旅游发展研究 [J]. 农家参谋,2019(2):276.

[18] 朱东国,蒋晓煜. 全域旅游视角下井冈山红色旅游产业融合策略 [J]. 赣南师范大学学报,2018,39(6):108-111.

[19] 李保玉. 曲靖红色文化旅游发展的现状与问题 [J]. 曲靖师范学院学报,2018,37(5):41-45.

[20] 陆晓强. 乡村振兴战略下红色旅游资源开发研究:以三明市宁化县为例 [J]. 中外企业家,2018(28):155.

[21] 李保玉. 云南红色文化旅游发展的困境与出路 [J]. 百色学院学报,2019,32(3):102-105.

[22] 王川. 乡村振兴战略下丽江红色旅游资源开发路径探索 [J]. 经济师,2019(7):145-146.

[23] 陶琼. 丽江市石鼓镇红色旅游资源开发以及市场调查总结 [J]. 中国商论,2015(15):149-151.

[24] 中共丽江市委党史研究室. 红色记忆:丽江革命遗址通览 [M]. 德宏:德宏民族出版社,2011.

[25] 禹玉环,杨洋. 遵义市全域旅游发展研究 [J]. 遵义师范学院学报,2019,21(2):44-48.

[26] 丽江市人民政府. 丽江市"十二五"旅游产业发展规划（2011—2015年）[Z]. 2012-06-11.

[27] 李金早. 全域旅游的价值和途径[N]. 人民日报，2016-03-04.

[28] 石培华. 全域旅游系列解读：如何认识与理解全域旅游[N]. 中国旅游报，2016-02-04.

[29] 朱虹. 进全域旅游新时代[J]. 南昌师范学院学报，2018（4）：11-17.

[30] 王光文. 呼和浩特市全域旅游发展研究[J]. 四川旅游学院学报，2019（2）：54-58.

[31] 蔡慧敏. 南省腾冲市全域旅游发展模式分析[J]. 旅游纵览（下半月），2018（12）：85-86.

[32] 李金早. 从景点旅游模式走向全域旅游模式[J]. 紫光阁，2016（3）：28.

[33] 金仕琴，王桂英，董彬. 黔东南全域旅游发展探索[J]. 绿色科技，2019（11）：261-262.

附 录

附表一 丽江市乡镇"一镇一品"主导农业发展引导

县（区）	乡镇	主导产业	培育产业
玉龙县	塔城乡	道地中药材	羊猪鸡、肉牛、食用菌
	鲁甸乡	道地中药材	羊猪鸡、肉牛、食用菌
	巨甸镇	羊猪鸡	蔬菜、食用菌
	黎明乡	羊猪鸡	蔬菜、食用菌
	石鼓镇	羊猪鸡	蔬菜、食用菌
	石头乡	水产养殖	肉牛、羊猪鸡、蔬菜
	九河乡	道地中药材	蔬菜、食用菌
	太安乡	马铃薯种薯	道地中药材、蔬菜
	拉市镇	雪桃	高山花卉、蔬菜
	龙蟠乡	蔬菜	食用菌、羊猪鸡
	白沙乡	高山花卉	羊猪鸡、蔬菜
	大具乡	高山花卉	羊猪鸡、蔬菜
	鸣音镇	道地中药材	羊猪鸡、油橄榄、核桃
	宝山乡	道地中药材	羊猪鸡、油橄榄、核桃
	奉科镇	道地中药材	羊猪鸡、油橄榄、核桃
古城区	黄山镇	高山花卉	蔬菜、羊猪鸡
	大东乡	高山花卉	蔬菜、羊猪鸡
	文化街道	蔬菜	高山花卉、羊猪鸡
	开南街道	高山花卉	蔬菜、羊猪鸡
	金山街道	高山花卉	蔬菜、羊猪鸡
	金安镇	高山花卉	蔬菜、羊猪鸡
	七河镇	高山花卉	蔬菜、羊猪鸡
	金江乡	高山花卉	蔬菜、小米椒

续表

县（区）	乡镇	主导产业	培育产业
宁蒗县	拉伯乡	羊猪鸡（宁蒗高原鸡）	花椒、油橄榄、核桃
	翠玉乡	高原红米	花椒、肉牛、食用菌
	永宁镇	高原红米	花椒、肉牛、羊猪鸡
	红桥镇	苹果	花椒、羊猪鸡、蔬菜
	大兴镇	蔬菜	花椒、食用菌、羊猪鸡
	宁利乡	羊猪鸡	苹果、核桃、食用菌
	金棉乡	蔬菜	苹果、羊猪鸡、核桃
	西川乡	蔬菜	苹果、羊猪鸡、核桃
	新营盘乡	苹果	花椒、蔬菜、羊猪鸡
	西布河乡	苹果	道地中药材、核桃、花椒
	烂泥箐乡	马铃薯种薯	道地中药材、核桃、花椒
	蝉战河乡	马铃薯种薯	道地中药材、核桃、花椒
	跑马坪乡	苹果、马铃薯种薯	蔬菜、羊猪鸡
	战河镇	羊猪鸡	蔬菜、花椒
	永宁坪乡	马铃薯种薯	蔬菜、肉牛、羊猪鸡、核桃
永胜县	松坪乡	蔬菜	花椒、小米椒、蜜蜂
	光华乡	羊猪鸡	花椒、食用菌、蔬菜、蜜蜂
	三川镇	软籽石榴	高山花卉、蔬菜、羊猪鸡
	大安乡	蔬菜	花椒、核桃、油橄榄
	羊坪乡	肉牛	羊猪鸡、核桃、蜜蜂
	永北镇	蔬菜	软籽石榴、食用菌
	程海镇	螺旋藻	软籽石榴、高山花卉、食用菌
	顺州镇	软籽石榴	水产养殖、蔬菜、食用菌、油橄榄
	涛源镇	软籽石榴	水产养殖、蔬菜、食用菌
	期纳镇	软籽石榴	高山花卉、食用菌、蔬菜
	片角镇	软籽石榴	蔬菜、水产养殖、蜜蜂
	鲁地拉镇	软籽石榴	高海拔中药材、油橄榄、核桃、蜜蜂
	东山乡	软籽石榴	高海拔中药材、核桃、花椒、蜜蜂
	六德乡	羊猪鸡（他留乌骨鸡）	核桃、蜜蜂
	仁和镇	晚熟杧果	肉牛、羊猪鸡、核桃

续表

县（区）	乡镇	主导产业	培育产业
华坪县	通达乡	核桃	蔬菜
	新庄乡	沃柑	蔬菜、水产养殖、羊猪鸡
	中心镇	晚熟杧果	蔬菜、水产养殖、羊猪鸡
	荣将镇	晚熟杧果、沃柑	蔬菜、食用菌、羊猪鸡
	石龙坝镇	晚熟杧果	蔬菜、水产养殖、羊猪鸡
	兴泉镇	晚熟杧果	水产养殖、蔬菜、羊猪鸡
	船房乡	蚕桑、沃柑	食用菌、蔬菜
	永兴乡	茶叶、花椒	食用菌、蔬菜

附表二　重大项目分期实施计划

类别	分类	项目名称	项目内容	项目估算投资额（万元）				投资主体
				近期 2020年	中期 2025年	远期 2035年	合计	
生态保护	自然保护地申报工作	国家公园申报工作	老君山申报国家级国家公园试点，包括制定规划和申报材料等	500			500	政府
	生物多样性保护	老君山、玉龙雪山、泸沽湖等保护区生物多样性保护项目	加强生物多样性保护、保护物种多样性、生态系统和景观多样性，维护重要生态功能区	8000	6000	6000	20000	政府
		鸡冠山森林公园建设项目	鸡冠山森林公园建设，包括休闲、游览、健身的森林步道系统，防火公路、科普设施、旅游设施及监测管护等基础建设	3000	2000		5000	政府
		宁蒗县青龙海森林公园	青龙海森林公园建设，包括休闲、游览、健身的森林步道系统，防火公路、科普设施、旅游设施及监测管护等基础建设	13000	10000		23000	政府
		（宁蒗永胜）他尔波忍森林公园建设项目	他尔波忍森林公园建设，包括休闲、游览、健身的森林步道系统，防火公路、科普设施、旅游设施及监测管护等基础建设	5000	5000	5000	15000	政府

续表

类别	分类	项目名称	项目内容	项目估算投资额（万元）				投资主体
				近期 2020年	中期 2025年	远期 2035年	合计	
生态保护	森林保护	沿江生态林建设（暨水土流失预防）工程	沿江生态林建设工程，约15万亩	25000	25000	25000	75000	政府
		天然林资源保护工程	包含天保公益林建设项目、森林抚育项目等	7000	7000	6000	20000	政府
		宁蒗、华坪等人工造林和退化林修复项目	预计人工造林约2万亩	5000	3000	2000	10000	政府
	草原保护	市域退牧还草项目	草地退牧还草约5万亩	1000	1000		2000	政府
	江河湖库保护	全市小水电综合整治项目	全市小水电清查、综合整治、退出等工作	2000	1000		3000	政府
		江河湖库生态脆弱区域保护和修复工程	包括白水河、漾弓江、拉市海、程海湖、羊坪水库为主要规划河段及湖库，规划完成河湖水库的水环境及生境保护工程共18项	62000	202000	100000	364000	政府
		青龙河等6条入城河流生态廊道建设项目	青龙河、鲤鱼河、新庄河、宁蒗河、海河、乌木河等河流生态保护和防护林建设	6400	20600	13000	40000	政府
		鲁地拉程海补水工程	鲁地拉提水，补程海用水	11000	35000	29000	75000	政府
		泸沽湖、程海、拉市海等湿地生态保护工程	泸沽湖、程海、拉市海等湿地保护和滨湖环境治理、生态建设项目	14000	20000	25000	59000	政府
		文海水库等16个饮用水源地保护工程	三束河、吉子水库、文海水库、清溪水库等16个饮用水源地的保护工作保护和环境综合整治工程	21400	5000	8100	34500	政府

续表

类别	分类	项目名称	项目内容	项目估算投资额（万元）				投资主体
				近期 2020年	中期 2025年	远期 2035年	合计	
生态保护	水土流失治理	全市小流域水土流失综合治理项目	梭罗河、民主河、龙泉河、拖泽河、干箐沟等150平方公里流域治理项目	8000	12000	9000	29000	政府
		沿江石漠化综合治理项目	奉科至鲁地拉段金沙江土壤石漠化综合治理，人工植林（油橄榄、软籽石榴）约12万亩	15000	10000	5000	30000	政府
		永胜水土流失综合治理项目	三川、程海断裂地带、仁里河、马过河峡谷段水土流失防治工程	10000	8000	7000	25000	政府
	水环境综合治理	古城区漾弓江流域水污染治理和防治项目	渔米河沿线、长水路及沿线、民主路下段及沿线、金山街道排污管网，包括管道、检查井及附属构筑物，其中污水管尺寸为DN300-DN1050，总长度34613.728米，检查井739座，漾弓江河道治理7800米	12000	8000		20000	政府
		永胜县马过河流域污染综合防治工程	马过河流域农村面源污染防治	3000	3500		6500	政府
		程海、拉市海水环境治理项目	程海拉市海水环境及流域水污染治理	10000	10000		20000	政府
	农业面源污染治理	玉龙县农业面源污染防治项目	玉龙县农业面源污染防治	6000	4000		10000	政府
		宁蒗县农业面源污染防治项目	宁蒗县农业面源污染防治	6000	4000		10000	政府

续表

类别	分类	项目名称	项目内容	项目估算投资额（万元）				投资主体
				近期 2020年	中期 2025年	远期 2035年	合计	
生态保护	土壤污染治理	华坪县杧果种植土壤污染修复与治理技术应用示范项目	开展华坪县杧果基地土壤金属调查，明确华坪县杧果种植土壤重金属污染种类和程度。针对土壤中不同种类和程度重金属污染情况，在不影响农业生产的基础上，设计不同的重金属修复方案，达到土壤全量和有效态（DTPA提取态）重金属显著降低的目的，并选择修复效果较好、成本较低的方案，在华坪县种植杧果基地推广应用，形成技术导则，并对华坪县兴泉镇1500亩、石龙坝镇500亩杧果示范面积进行治理	1000	1000		2000	政府
		华坪县煤矸石污染调查及生态恢复试点示范工程	开展华坪县煤矸石污染调查、分析及风险评估。在华坪县石龙坝镇德茂二组对约108.31万吨（煤矸石堆场7处约105.88万吨；河道清矸2.43万吨）的煤矸石堆场开展原位封场并进行生态恢复，有效控制煤矸石堆场对周边环境产生的破坏；对被煤矸石冲刷的河道进行清理并修护堤坝，使河道生态环境得以保护且恢复其功能	2400	1000		3400	政府
		玉龙县拉市镇恩宗砂场矿山地质环境保护与恢复治理项目	矿山地质环境保护与恢复治理工程防治和矿山地质环境监测、地质灾害、含水层、地貌景观。面积约0.286平方公里	3100	3000		6100	政府

续表

类别	分类	项目名称	项目内容	项目估算投资额（万元）				投资主体
				近期 2020年	中期 2025年	远期 2035年	合计	
生态保护	城乡环境治理和配套建设	沿线乡镇污水处理设施建设	金沙江沿线乡镇污水处理厂建设，包括黎明污水厂、石鼓污水厂、大具污水厂、文化污水厂、金安污水厂、七河污水厂、涛源污水厂、片角污水厂、仁和污水厂、荣将污水厂	80000	20000		100000	政府
		沿江乡村污水处理设施配置	沿江乡村小型污水处理设施约500套	25000	25000		50000	政府
		沿江乡村垃圾收集转运装置	沿江乡村垃圾收集及转运装置约500套	25000	25000		50000	政府
		沿江乡村村容村貌整治	整治沿江200个自然村的农居风貌、私搭乱建等建筑乱象，整治村舍环境及村内道路	20000	30000		50000	政府
		程海流域村落污水收集处理系统提升改造工程	维护修缮沟渠系统、管网系统以及污水处理设施，完善农村一级、二级和三级截污沟渠的建设，使其正常发挥污染物削减效益。优先解决地处环境敏感区人口又比较集中的村落，优选13座污水处理系统进一步提升改造。配套管理人员，建立长期的运行管理机制	6000	2200		8200	政府
		泸沽湖（云南境内）环湖污水收集处理建设工程	四川泸沽湖出水口处新建污水处理厂，日处理能力近期（2016—2020年）5000立方米/日，远期10000立方米/日，配套管网自流主干管工程52公里	12000	6000		18000	政府

续表

类别	分类	项目名称	项目内容	项目估算投资额（万元）				投资主体
				近期 2020年	中期 2025年	远期 2035年	合计	
生态保护	城乡环境治理和配套建设	丽江市金山高新金山产业经济区文化片区污水处理工程项目	近期2020年，设计规模 0.5×10^4 立方米/日，远期2035年，设计规模为 1.5×10^4 立方米/日。服务范围：文化片区（近期规划面积4.046平方公里，远期规划面积10.435平方公里），包括厂区投资、管网投资、工程建设费用等	7000	6000		13000	政府
	岸线整治和地灾治理	玉龙县金沙江岸线整治修复项目	金沙江岸线绿化防护工程，内容包括培育管护现有中幼林，荒山荒坡植树造林绿化，沿线经济林质量提升绿化，砂（石）场植被恢复绿化		10000	7000	17000	政府
		金沙江干流治理工程	江堤10.6公里，护岸工程27.04公里。保护耕地面积1.2万亩，保护房屋2486栋	182000			182000	政府
		宁蒗县泥石流治理项目	宁利、翠玉、金棉、西川等乡镇泥石流综合治理	7000	4000		11000	政府
	环境动态监测	水土保持动态监测	以中分辨率影像遥感普查水土保持动态变化，高分辨率遥感影像详查长江经济带水土保持监测和无人机详查与现场复核相结合的水土保持遥感动态监测	300	300	100	700	政府
		程海、拉市海、泸沽湖水质动态监测项目	程海、拉市海、泸沽湖水质动态监测及预警	600	600	600	1800	政府
		金沙江流域水质监测自动站建设项目	在金沙江干流、支流及丽江市城镇集中式饮用水源地建设水质自动站20个	1200	1200	1200	3600	政府

续表

类别	分类	项目名称	项目内容	项目估算投资额（万元）				投资主体
				近期2020年	中期2025年	远期2035年	合计	
基础设施	水利工程	龙蟠提水工程	龙蟠综合水利枢纽提水，补拉市海、丽江坝用水	8000	25000	17000	50000	政府
		丽江坝水资源循环利用效率提升工程	包括丽江污水处理厂再生水处理项目、丽江坝中水循环利用工程、古城清水循环工程和束河古镇清水循环工程等，提升古城区水资源利用效率	12500	12500	20000	45000	政府
		全市大中型重点水库和水利工程建设项目	南瓜坪水库、兴隆水库、马鹿水库、小米田水库、梁子桥水库，中所河水库、宁利水库等大中型水库建设	130000	480000	364000	974000	政府
		沿江小型水利设施建设	文化、青龙湖、小长坪、大屋基、蒿枝地、忠义、中和、扎实德、马鹿塘、老鹰崖、左罗河、上库脚、席草地、寒坡林、建新等一批小型水库建设	275000	150000	75000	500000	政府
		沿江村落水窖、蓄水池建设工程	建设沿江村落水窖、蓄水池约4.5万个	33000	22000	33000	88000	政府
		沿江小型太阳能提水设施	沿江居民点小型太阳能提水设施500套	4000	4000	2000	10000	政府企业
		华坪高标准农田建设项目	建设三面光渠道21.32公里，机耕路11.90公里，管道6.60公里，水池1座	1641			1641	政府
		华坪石龙坝节水灌溉项目	建设300立方米水池15座，主管道22公里，支管道136公里，泵站1座，50立方米分水池130座。建设区域：石龙坝镇民主、德茂社区	888			888	政府
		古城区高标准农田建设项目	建设渠道12.97公里，田间道路5.64公里。建设区域：开南街道良美居委会、七河镇期和村委会	994.24			994.24	政府

续表

类别	分类	项目名称	项目内容	项目估算投资额（万元）				投资主体
				近期 2020年	中期 2025年	远期 2035年	合计	
基础设施	水利工程	古城区节水灌溉项目	建设300立方米水池4座，50立方米水池12座；钢管道敷设1.8公里，敷设给水管道（PE110、PE160）32.6公里。建设区域：开南街道良美居委会	391.38			391.38	政府
	交通设施	丽宁高速公路	古城至宁蒗高速公路，全长127.8公里		2520000		2520000	政府
		华坪荣将至宁蒗跑马坪高速	全长68.3公里		1260000		1260000	政府
		沿江农村公路建设项目	四级单车道标准建设沿江公路约5000公里	400000	100000		500000	政府
		G353丽江长水至巨甸小河口公路改扩建暨风景道建设项目	二级公路，全长109.1公里	120000			120000	政府
		G353永胜县大厂至丽江长水段改扩建暨风景道建设项目	二级公路，全长123公里		172000		172000	政府
		G353华坪德胜坪至永胜大厂段改扩建暨风景道建设项目	二级公路，全长96公里		222000		222000	政府
		G348宁蒗至四川省盐源公路项目	二级公路，全长25.2公里	59000			59000	政府
		巨甸至塔城二级公路	二级公路，全长42.6公里	85000			85000	政府

续表

类别	分类	项目名称	项目内容	项目估算投资额（万元）				投资主体
				近期2020年	中期2025年	远期2035年	合计	
基础设施	交通设施	玉龙雪山东环线大具至大东	二级公路，全长152.2公里	540000			540000	政府
		九河至老君山二级公路	二级公路，全长49.47公里，新建24.47公里，改扩建25公里	43000			43000	政府企业
		沿江公路龙蟠至大具	二级公路，约25公里	50000			50000	政府
		沿江公路拉伯过江大桥至阿海电站	二级公路，约40公里	120000			120000	政府
		沿江公路阿海电站至金安桥电站	二级公路，约80公里	200000			200000	政府
		沿江公路金安桥电站至永胜县城	二级公路，约54公里	54000			54000	政府
		沿江公路涛源至鲁地拉	二级公路，约30公里	50000			50000	政府
		沿江公路闸门口大桥至观音岩水库	二级公路，约30公里	50000			50000	政府
		中兴至黎明改扩建暨风景道建设	二级公路，约25公里	63000			63000	政府
		黎明黎光至大羊场公路建设	三级公路，风景道标准，约40公里	80000			80000	政府
		拉市海环湖路	三级公路，25.1公里		50000		50000	政府
		程海环湖路	三级公路，79公里	66000	60000		126000	政府
		宁蒗小环线延长线石佛山至永宁拖支公路	三级公路，42.6公里		45000		45000	政府
		大具大桥建设项目	大具—香格里拉过江大桥	15000			15000	政府

续表

类别	分类	项目名称	项目内容	项目估算投资额（万元）				投资主体
				近期 2020年	中期 2025年	远期 2035年	合计	
基础设施	交通设施	金沙江巨甸大桥	巨甸过江大桥	15000			15000	政府
		金沙江湾碧大桥	湾碧过江大桥	15000			15000	政府
		大丽攀铁路	大理、丽江（永胜）、攀枝花铁路共计166公里以及华坪、永胜站场建设		1200000	800000	2000000	政府
		交通枢纽客运、货运站场	宁蒗客运站、华坪县客运站、丽江东、南、西、北四个客运站、玉龙县公交枢纽站；永胜县、华坪县货运站等	130000			130000	政府
		丽江三义机场4E级改扩建项目	扩建为4E级民用机场（将现有跑道延长500米，按4E等级建航油站、停机坪，配套建设相关辅助设施等）	697000			697000	政府
		永胜通航机场	新建A1级通用机场		50000		50000	政府
		华坪通航机场	新建三类通用机场		70000		70000	政府
		石鼓通航机场	石鼓通航机场，服务老君山低空旅游	150000			150000	政府企业
		金沙江客运码头建设	金沙江干流12个客运码头、80个停靠点及海事搜救基地建设	100000	97900		197900	政府
	能源基础设施	太阳能光伏项目	华坪县干箐光伏电站、密落槽子光伏电站、永胜县四角山并网光伏电站、华坪县水子坪光伏电站	300000	200000		500000	企业政府
		风能项目	宁蒗火木梁风电场、胜落雪坪风电场、古城区七河风电场	150000	150000		300000	企业政府

续表

类别	分类	项目名称	项目内容	项目估算投资额（万元）				投资主体
				近期 2020年	中期 2025年	远期 2035年	合计	
基础设施	能源基础设施	电网建设	华坪德茂变等一批输变电项目及220千伏供电网络建设	300000	200000		500000	政府
		油气管道和网络	中缅油气管道、华坪攀枝花油气管道以及中心城区天然气管网和服务体系	200000	200000	100000	500000	政府
	通信基础设施	4G塔台建设	覆盖全域4G塔台建设	200000	100000		300000	企业
产业项目	文化保护与传承	文博场馆建设	丽江市博物馆、丽江市文化馆（非遗馆、美术馆）、古城区纳西文化博物馆等市区级场馆建设	20000	20000	10000	50000	政府企业
		国家级文化生态保护区申报	保护规划制作、申报材料制作等内容		500		500	政府
		文物保护单位保护修缮	国、省重点文保单位保护修缮	30000	40000	30000	100000	政府
		文化保护重点展示区建设	纳西东巴文化保护展示区、石鼓红色文化保护展示区等9个文化保护重点展示区		300000	200000	500000	政府企业
		民族文化研究项目	茶马古道、闽盐古道研究计划	100	200	200	500	政府
	文化旅游	民族文化观光和体验村落打造	拉市落村、拉市坝村、黎明村、格拉丹村、桃花村、玉湖村、石头城、落水村、永宁村、清水村、六德村、西马场村、梓里村、船房村等，近期重点为金沙江沿江风情旅游村落打造，主要为邑马珍、看牛坪村、西马村等沿江重点村落开发沿江观光休闲、民族文化体验、乡村旅游等项目建设	100000	100000		200000	企业

续表

类别	分类	项目名称	项目内容	项目估算投资额（万元）				投资主体
				近期2020年	中期2025年	远期2035年	合计	
产业项目	文化旅游	茶马古道国家历史步道	塔城—石鼓—拉市—丽江—梓里—线村落建设石质、木质原生态栈道100公里			100000	100000	政府
		民族文化节庆	丽江雪山音乐节、丽江国际文化旅游电影节、世界遗产丽江论坛、丽江国际非物质文化艺术节、纳西族三多节、东巴文化艺术节、永胜他留人粑粑节、边屯文化艺术节、小凉山彝族火把节、普米族吾昔节、泸沽湖摩梭朝山转海节、华坪傈僳族阔时节、华坪杧果节、华坪县水龙文化节等特色节庆活动	10000			10000	政府企业
		文创旅游项目	泸沽湖摩梭民俗传承发展及文化创意产业基地		40000	60000	100000	企业
		金江画廊文创村落集群（茨科村、格子村、新华村）	依托茨科、格子、新华等沿江开阔坝区，以文化、创意和休闲、度假为主题，打造若干个文创村落	30000	50000	70000	150000	企业
		拉市文创村落	依托美泉、南尧、均良、打鱼等沿拉市海村落，打造文化创意和休闲度假等旅游村落	30000	50000	70000	150000	企业
		玉湖文创村	升级玉湖旅游业态，打造艺术工坊、创作者之家、文化论坛等各种文创产业集聚的文创村落	30000	30000	40000	100000	企业
		民族文化旅游商品制作	珐琅银器、纳西族铜器、纳西族手工造纸、纳西服饰、彝族（他留人）火草纺织等制成旅游商品	2000	3000		5000	企业

续表

类别	分类	项目名称	项目内容	项目估算投资额（万元）				投资主体
				近期 2020年	中期 2025年	远期 2035年	合计	
产业项目	生态旅游	老君山生态文化旅游区项目	近期重点开发格拉丹草原及老君山生态步道系统	50000	50000	50000	150000	企业政府
		科普研学旅游项目	格拉丹星空公园、高美古天文研学基地、滇金丝猴繁育研究中心项目、石鼓三江并流世界自然遗产博物馆建设项目。近期重点为三江并流世界自然遗产博物馆、高美古天文研学基地	15000	15000	20000	50000	企业
		全市步道和露营系统	玉龙雪山步道系统、老君山生态露营点（地）体系、泸沽湖生态露营地体系	20000	100000	80000	200000	企业政府
		低空旅游产品	空中看世遗、空中看长江第一湾、空中看雪山、空中看泸沽湖、空中看金沙江峡谷等空中看丽江系列	5000	95000	100000	200000	企业
		全市自驾房车营地	石鼓、巨甸、大具、拉市、九河、期纳、永宁、顺州、涛源、荣将、船房等自驾营地30处	30000	150000	120000	300000	企业
		库区水上观光游览项目	依托库区两岸自然山水等景观资源，开发水上观光和游览等项目	2000	5000	3000	10000	企业政府
	特色小镇	石鼓特色小镇	依托长江第一湾景观、石鼓镇纳西文化、红色文化积淀，打造融山水人文为一体的特色小镇	150000	100000	50000	300000	企业
		大具营盘虎跳峡小镇	依托营盘村及周边雪山、虎跳峡等自然景观资源，以纳西文化、生态文化为内涵，打造文化休闲小镇	50000	100000	50000	200000	企业

续表

类别	分类	项目名称	项目内容	项目估算投资额（万元）				投资主体
				近期 2020年	中期 2025年	远期 2035年	合计	
产业项目	特色小镇	黎明红石街运动休闲小镇	依托红石街现有的攀岩和运动休闲条件，以及康益的景观自然环境，打造以攀岩、休闲、傈僳风情体验为主题的度假小镇	100000	100000		200000	企业
		塔城（拉市落村）勒巴纳西风情小镇	依托拉市落中国传统村落，打造勒巴风情的民俗小镇	50000	50000		100000	企业
		大东建新村温泉休闲小镇	依托温泉资源，开发养生度假休闲旅游小镇	3000			3000	企业
		涛源红酒康养小镇	依托温泉资源与葡萄种植产业，打造以红酒文化、温泉养生、休闲度假为主题的旅游小镇	5000	10000	10000	25000	企业
		增明村休闲度假小镇	依托增明自然风光及交通区位优势，发展融美食、度假、水上休闲为一体的旅游小镇	5000			5000	企业
		片角温泉旅游综合体项目	依托片角镇优质的旅游资源，打造以温泉休闲、商务会议、养生度假为主题的温泉旅游综合体	10000	5000		15000	企业
		荣将杧果小镇	以杧果为主题，打造融休闲娱乐、养生度假为一体的旅游小镇	40000	10000		50000	企业
		医养小镇	鲁甸中药材小镇、程海医养小镇		100000	50000	150000	企业
		其余小镇	巨甸茶马古道小镇、宝山石头城小镇、永胜边屯文化小镇、六德他留文化小镇、兴泉田园小镇、新营盘苹果小镇、永宁摩梭小镇等建设项目		500000	500000	1000000	企业

续表

类别	分类	项目名称	项目内容	项目估算投资额（万元）				投资主体
				近期 2020年	中期 2025年	远期 2035年	合计	
产业项目	休闲度假	企业戴维营	白沙戴维营、石头戴维营、拉市戴维营、程海戴维营、泸沽湖戴维营等VIP俱乐部		150000	100000	250000	企业
	运动健康服务	运动康养中心	丽江古城健康管理中心、白沙云药养生中心、大羊场高原运动中心、华坪运动康复中心、涛源红酒养生中心等建设项目	50000	100000	50000	200000	企业
	旅游支撑设施	丽江市旅游集散中心	包括旅游集散中心、交通接驳转换、信息建设等	5000			5000	政府
		县级旅游集散站	宁蒗、永胜、华坪等三个县级旅游集散站建设，包括公交、信息和咨询等内容	3000			3000	政府
		旅游服务点	老君山、石鼓镇、拉市海、虎跳峡、宝山石头城、玉龙雪山、泸沽湖、程海、他留、荣将、涛源等多个旅游服务站点建设	5000			5000	企业政府
	农业"一县一业"主导产业	古城区高山花卉生产基地	金山街道、金安镇、开南街道、七河镇等高山花卉生产基地20万亩	10000	20000	20000	50000	企业
		玉龙县道地中药材生产基地	滇重楼、云木香等高山药材种苗繁育及规范化种植基地5万亩。重点是塔城、鲁甸、奉科、鸣音等区域	82175	43225	34600	160000	企业政府
		玉龙县中药材科技支撑能力建设	与省内外中药材领域各高校及科研院所开展科技合作，建设省、市级院士专家工作站3个，中药材绿色生产技术研究项目1个，中药材领域"三品一标"及相关认证项目1个，建设省级生物工程技术联合实验室1个	6400	3600	5000	15000	企业政府

续表

类别	分类	项目名称	项目内容	项目估算投资额（万元）				投资主体
				近期2020年	中期2025年	远期2035年	合计	
产业项目	农业"一县一业"主导产业	玉龙县10万亩高标准油橄榄示范基地建设	新建基地面积5万亩；提质增效建设5万亩（含集约化喷灌管网）；建设示范基地果园简易公路、引水管网、提水设施、蓄水池等基础设施。重点在龙蟠乡、大具乡、奉科镇、宝山乡、鸣音镇	42700	23300	14000	80000	政府
		玉龙县烤烟生产基础设施建设项目	烟水配套：50立方米水池586个，总容量29300立方米；管网33件，管道总长180公里；沟渠368条，总长146公里；提灌站12座。砂石路面机耕路95条，总长50.50公里。购置烟叶调制设施烟夹650座。烟草农用机械360台套。育苗设施育苗大棚20座。整理土地17片1.7万亩。水源工程（江湾水库）1座，库容350万立方米	22431	21309	16260	60000	企业
		宁蒗苹果生产基地建设	宁蒗2700米太阳红苹果生产基地30万亩	10000	20000		30000	企业
		永胜软籽石榴生产基地建设	三川、程海、期纳、涛源、片角等软籽石榴生产基地30万亩		10000	20000	30000	企业
		华坪晚熟杧果生产基地建设	荣将、中心、新庄、石龙坝等晚熟杧果生产基地建设50万亩	20000	10000		30000	企业
		永胜、华坪沃柑生产基地建设	两县沿江主要乡镇沃柑生产基地20万亩	10000	10000		20000	企业

续表

类别	分类	项目名称	项目内容	项目估算投资额（万元）				投资主体
				近期2020年	中期2025年	远期2035年	合计	
产业项目	农旅融合产业	农业观光休闲基地	海南村花海旅游观光休闲基地、太安天红村观光休闲农业示范区、大羊场高原休闲牧场、六德乡玉水村他留乌骨鸡休闲农场、期纳镇文凤村软籽石榴休闲农场、拉伯托甸村宁蒗高原鸡休闲农场、顺州软籽石榴休闲园等一批农业观光休闲基地	30000	20000		50000	企业
		农业公园	拉市雪桃农业公园、太安村种薯农业公园、三川金官村稻禾文化公园、翠玉乡翠玉村红米文化园项目等一批农业公园	30000	20000		50000	企业
		田园综合体	汇源果色天香田园综合体、美丽三川田园综合体、白沙木都村鲜花田园综合体、大具头台村玫瑰田园综合体等一批田园综合体	30000	20000		50000	企业
	农产品加工	玉龙油橄榄加工产业园	油橄榄综合加工厂建设。包括特级初榨橄榄油加工厂、油橄榄果罐头和蜜饯加工厂、油橄榄叶有效成分提取工厂、油橄榄果渣生物提取工厂、油橄榄果水生物提取工厂	40500	49500		90000	政府企业
		玉龙县道地中药材加工基地	滇重楼等道地中药材加工基地，加强生物研发	30000			30000	企业政府
		宁蒗高原鸡生产加工基地	大规模繁育并进行相关制品加工，强化"宁蒗高原鸡"品牌优势	10000			10000	企业

续表

类别	分类	项目名称	项目内容	项目估算投资额（万元）				投资主体
				近期 2020年	中期 2025年	远期 2035年	合计	
产业项目	农产品加工	宁蒗县高原特色现代生态农业木本油料深加工项目	建设融核桃、花椒、青刺果为一体的木本油料深加工、配套产品仓储、物流与深加工基地，配置原料处理、烘干、精炼、速溶粉等配套生产线，完善木本油料深加工服务体系	10000			10000	企业
		永胜软籽石榴生产加工基地	依托软籽石榴精深加工基地，加工成绿色食品、旅游商品	10000			10000	企业
		翠玉高原红米种植加工基地	依托品质优良、在省内具有一定知名度的优质高原红米制成绿色食品、旅游商品	10000			10000	企业
	农产品配套	玉龙县道地中药材交易市场	依靠与云南白药集团等省内知名中药制药企业的合作，新建高山道地中药材交易市场1个，改造和建设县城高山道地中药材仓储物流及交易市场1个，改造产地交易市场10个，提升和改造鲁甸乡中药材批发交易市场	5000			5000	政府企业
		仁和农特产品交易中心	以服务永胜、华坪和大理、楚雄、攀枝花等周边区域为主，汇聚肉类、特色林果等农产品交易	2000			2000	政府企业
		片角农特产品交易中心	以服务永胜、华坪和大理、楚雄、攀枝花等周边区域为主，汇聚肉类、特色林果等农产品交易			2000	2000	政府企业
	绿色工业	金山工业园超算中心建设项目	项目总投资12亿元。建设一个融数据中心、办公为一体的超算产业园，将其发展成国内一流、国际领先的人工智能及区块链技术产业园	60000	60000		120000	企业政府

续表

类别	分类	项目名称	项目内容	项目估算投资额（万元）				投资主体
				近期 2020年	中期 2025年	远期 2035年	合计	
产业项目	绿色工业	金山工业园金融大数据中心项目	项目为金融大数据存储及数据开发应用。项目分2期建设，计划每期建设功率3万千瓦10座标准化机房	105000	110000		215000	企业政府
		华坪工业园多晶硅项目	年产4万吨多晶硅，占地800亩，年产值24亿元，年耗电14亿度，吸纳就业700人，其中一期2万吨，二期2万吨	150000	50000		200000	企业政府
		华坪工业园金沙云区块链项目	建设中心机房（含云计算机房167栋、网络机房4栋、智慧城市机房2栋），办公楼、宿舍楼、食堂等生产生活辅助设备；购置核心交换机、计算机、多媒体办公软硬件设备及安装网络安全设备，存储系统、安防系统、温控系统等设备	300000	280000		580000	企业政府
合计				7231620.62	11084434	3413060	21729114.62	

后 记

《金沙江绿色经济走廊发展之丽江篇章》，是以习近平新时代中国特色社会主义思想为指导，深入贯彻"创新、协调、绿色、开放、共享"新发展理念的又一研究成果。

该成果的形成，落实了丽江市委书记崔茂虎同志在丽江市社会科学界联合会第二次代表大会上提出的"在理论上有新突破、在跟进新时代上有新突破、在决策咨询上有新突破、在服务群众上有新突破、在改革创新上有新突破、在精品力作上有新突破"的要求。

丽江师范高等专科学校党委书记张祖武同志以高校服务地方经济发展为抓手，提出要把丽师建设成为为丽江市委、市政府建言献策和成果转化的创新高地。在本书编撰过程中，张祖武书记提出了可行性、可操作性的意见和建议，在此表示感谢！

《金沙江绿色经济走廊发展之丽江篇章》主要由序、前言、第一至十三章、后记组成。前言中对本书的立项出版做了简要介绍。本书首先介绍了研究背景、云南金沙江绿色经济走廊建设的意义；其次，重点介绍了丽江以"创新、协调、绿色、开放、共享"的新发展理念开展的一系列支撑丽江金沙江绿色经济走廊建设的举措；最后，在分析丽江金沙江绿色经济走廊建设意义和作用的基础上，得出丽江及金沙江绿色经济走廊发展的三个定位，即大滇西重要枢纽、长江经济带重要生态安全屏障、大香格里拉文旅经济圈核心区。

生态文明是人类回归自然的终极目标，区域经济合作是走向经济全球化的基础和条件。以"创新、协调、绿色、开放、共享"的新发展理念为

/后 记/

引领，结合国内、国外发展形势，科学定位与谋划丽江金沙江绿色经济走廊发展，是丽江在以"一带一路"、长江经济带等为代表的生态文明、大区域经济合作时代下的创新发展。建设大滇西重要枢纽，打造世界级旅游城市，是丽江全面提升的出发点。建设丽江金沙江旅游经济走廊，培育绿色经济产业链，并推动云南省7州市一体化建设金沙江绿色经济走廊，是生态文明建设的重大举措。打造金沙江绿色经济走廊流域的大香格里拉文旅经济圈，培育新的经济增长极，是国家发展的跨越式西进战略决策。

《金沙江绿色经济走廊发展之丽江篇章》在编写过程中，和文平、刘继生、刘东业、和一兰、曾松涛、胡绍华、杨琦等子课题负责人和课题组各位专家、学者付出了大量心血，为此书的顺利出版奠定了基础，在此一一表示感谢！在此书编撰期间，也采取、引用了许多专家学者和领导的见解和研究成果，在此深表感谢！

本书是校政结合、集体智慧的结晶，是丽江市高校新型智库科研团队、专家学者充分发挥智囊团和思想库的作用，积极投入、主动作为，紧紧围绕丽江市委、市政府提出的发展思路群策群力、深入研究、建言献策的有益尝试及成果展示。希望通过本书的编写，形成校政合作的创新模式，践行高校责任担当，服务地方经济发展。更希望通过本书的研究成果，提供理论支撑，将丽江市建设成为云南省乃至国家生态文明示范区，打造金沙江绿色经济走廊，开创"丽江篇章"。推动全省7州市23个市县区一体化建设金沙江生态安全屏障，主动服务并融入长江经济带，打造生态文明的云南篇章。最终能以金沙江绿色经济走廊流域为主体，链接青、藏、川、滇四省区共筑国家安全屏障，共推生态文明，共同打造西部地区生态安全、经济发达、民族文化繁荣的新的增长极。

丽江市委书记崔茂虎同志提出"丽江怎么了？我们怎么办？"的"丽江发展之问"为我们的研究提供了思路。我们依次出版《丽江市发展蓝皮书》系列：《丽江市经济发展研究》（此书荣获2020年云南省第23次社科省政府三等奖）、《我国自驾游理论与实践研究——以丽江市为个案》和《金沙江绿色经济走廊发展之丽江篇章》。在大规模建设高速铁路和高速公路的高速度、快节奏发展的时代背景下，为丽江如何对接周边城市，如何融入区域中心城市的发展,如何参与"一带一路"建设,利用更多的信息流、人才流、资金流创造经济一体化,把握机遇、提出挑战,也为编撰下一部《迎接高铁时代 丽江准备好了——高铁时代背景下丽江发展战略决策研究》,开启了更进一步的"丽江发展之问"。

由于田野调查不足,研究主题比较单薄,加之水平有限,本书难免有不完善的地方,敬请读者批评。

杨 琦

2020 年 3 月 27 日于丽江古城